国际航运中心建设前沿丛书/於世成主编

上海市“十二五”重点图书

轮机系统仿真技术

王海燕　胡以怀　编著

上海浦江教育出版社

图书在版编目(CIP)数据

轮机系统仿真技术/王海燕,胡以怀编著. —上海：上海浦江教育出版社有限公司,2013.9
(国际航运中心建设前沿丛书)
ISBN 978-7-81121-302-7

Ⅰ.①轮… Ⅱ.①王… ②胡… Ⅲ.①轮机—系统仿真 Ⅳ.①U664.1

中国版本图书馆 CIP 数据核字(2013)第 223814 号

上海浦江教育出版社出版
社址：上海海港大道 1550 号上海海事大学校内　邮政编码：201306
电话：(021)38284910(12)(发行)　38284923(总编室)　38284916(传真)
E-mail：cbs@shmtu.edu.cn　URL：http://www.pujiangpress.cn
上海双宁印刷有限公司印装　上海浦江教育出版社发行
幅面尺寸：185 mm×260 mm　印张：15.5　字数：367 千字
2013 年 9 月第 1 版　2013 年 9 月第 1 次印刷
责任编辑：黄丽芬　封面设计：赵宏义
定价：56.00 元

内 容 提 要

本书以满足轮机仿真的实际需要为宗旨，以船舶轮机系统特别是主动力装置为研究对象，系统介绍了仿真工程中应用的建模方法、数值算法以及实时仿真工具等所需的整套技术，介绍了船舶动力装置的数学模型和仿真结果，并简要介绍了轮机模拟器技术。通过阅读本书，读者能够全面了解轮机仿真所需的常用技术。在结构上，本书注重将理论和实践相结合，将同一仿真对象贯穿全书始终，便于读者掌握轮机仿真的全过程，有利于实现理论与实践的结合。本书可供轮机工程及相关专业研究生和工程技术人员使用。

内容提要

[illegible]

前言

仿真技术是以控制论、系统论、相似原理和信息技术为基础的一门多学科的综合性技术，用于对研究对象进行分析、设计、运行和评估，已成为现代科学、工程、教育、国防等领域不可或缺的重要工具和手段。

早在20世纪60年代，仿真技术就已经应用于船舶领域的各个方面，并逐步发挥重要的作用，到目前为止，已经成为船舶设计、实验、制造等领域不可或缺的工具。同样，在轮机工程领域，系统仿真技术也得到广泛应用，取得了丰富的成果，在动力装置设计、控制系统研究、性能计算、模拟器制作、船员培训等方面发挥了重要作用。

上海海事大学作为知名的高等航海学府，在轮机系统仿真领域取得了一定的成绩。早在2000年，就开发了第一代大型集装箱船舶网络型轮机模拟器，代表了当时的领先水平。该模拟器历经改进，已在多所学校、多个培训中心和部队推广应用，取得了良好的经济效益和社会效益，同时也培养了一批轮机仿真领域的人才。

笔者多次担任上海海事大学研究生课程《轮机系统仿真技术》的主讲教师，在授课过程中发现适合轮机工程及相关专业使用的仿真教材较少，多数教材要么讲授仿真通用原理及技术，不涉及轮机系统及设备，要么仅介绍轮机模拟器的组成及使用，几乎不涉及仿真技术原理。这些不仅造成教材选用困难，仿真理论与实践脱节等问题，还影响了课程效果。虽然学生对仿真技术及其在轮机领域的应用很感兴趣，也投入了不少精力，但却难于达到理想效果。因此笔者萌生了为轮机工程及相关专业研究生编写一本仿真教材的想法，这一想法得到了上海海事大学研究生部的支持，遂结合教学经验、讲义及科研成果，编著成本书。书中的内容不仅包含了作者多年研究生教学的经验与体会，也反映了作者相关的研究成果。

本书以满足轮机仿真的实际需要为宗旨，以轮机工程及相关专业研究生和工程技术人员为读者对象，在内容上选择轮机系统为研究对象，系统讲解轮机系统动态仿真中的建模方法、数值算法、仿真实现等所需的整套技术，使读者能够全面了解轮机仿真所需的常用技术。本书在结构编排上，将同一仿真对象贯穿全书始终，在仿真技术中的建模、求解及实现等部分都以主动力装置为例进行讲解，便于读者掌握轮机仿真的全过程，有利于实现理论与实践的结合。

全书共分5章，第1章为概述，介绍轮机仿真的现状、发展及仿真软件；第2章为轮机系统建模，讨论建模的基本理论、方法和船舶动力装置模型；第 3 章为连续系统的数值仿真，讨论连续系统的各种数值仿真算法，包括病态系统和间断特性的仿真算法，介绍了船舶动力装置的仿真；第 4 章为基于 xPC 的硬件在环仿真，介绍 xPC 系统的使用及船舶动力装置的硬件在环仿真；第 5 章为轮机模拟器，介绍了轮机模拟器的功能、设计及实现技术。

本书第 1,5 章由胡以怀教授编著，第 2,3,4 章由王海燕编著，李精明参加编写第 2 章部分内容，全书由王海燕统稿。硕士研究生李又一对本书第 4 章亦有贡献。

作者在撰写过程中，参阅了国内外许多同类著作和相关文献，并引用了他们的成果和论述，在此向本书所引文献的作者们表示衷心的感谢。

本书获上海海事大学研究生教材建设项目资助，在此谨表示衷心的感谢。

同时，还要感谢上海浦江教育出版社的同志们，是他们的支持和辛勤劳动，使本书能以高出版质量奉献给读者。

由于编著者水平有限，书中定有错误和不当之处，恳请专家、读者批评指正。

目录 Contents

第 1 章　概述 …………………………………………………………………… (1)

1.1　仿真技术简介 …………………………………………………………… (1)

1.2　轮机系统仿真 …………………………………………………………… (7)

1.3　轮机模拟器开发现状 …………………………………………………… (10)

1.4　常用仿真工具 …………………………………………………………… (13)

第 2 章　轮机系统建模 ……………………………………………………… (21)

2.1　系统的数学模型 ………………………………………………………… (21)

2.2　系统建模的基本原则及方法 …………………………………………… (26)

2.3　柴油机船舶主动力装置模型 …………………………………………… (39)

2.4　基于容积法的船舶柴油机故障模拟 …………………………………… (60)

2.5　轮机辅助系统模型 ……………………………………………………… (80)

第 3 章　连续系统的数值仿真 ……………………………………………… (88)

3.1　常微分方程的数值解法 ………………………………………………… (89)

3.2　数值解法的收敛性和稳定性 …………………………………………… (101)

3.3　误差估计与步长控制 …………………………………………………… (105)

3.4　病态系统及其仿真 ……………………………………………………… (109)

3.5　间断特性的仿真 ………………………………………………………… (125)

3.6　主动力装置模型的数值仿真 …………………………………………… (130)

第 4 章　基于 xPC 的硬件在环仿真 ………………………………………… (153)

4.1　硬件在环仿真概述 ……………………………………………………… (153)

4.2　基于 xPC 硬件在环仿真系统 …………………………………………… (167)

4.3　主动力装置的硬件在环仿真 …………………………………………… (208)

第 5 章　轮机模拟器的开发技术 …………………………………………… (215)

5.1　轮机模拟器的系统概述 ………………………………………………… (215)

5.2　轮机模拟器的软硬件开发系统 …………………………………………………… (219)
5.3　轮机模拟器的实现技术 ………………………………………………………… (221)
5.4　虚拟现实技术及应用 …………………………………………………………… (235)

主要参考文献 ………………………………………………………………………… (240)

第1章　概　　述

1.1　仿真技术简介

仿真技术是以相似原理、系统技术、信息技术以及仿真应用领域的有关专业技术为基础，以计算机系统、与应用有关的物理效应设备及仿真器为工具，利用模型对系统（已有的或设想的）进行研究的一门多学科的综合性的技术。

仿真本质上是一种知识处理的过程，典型的仿真过程包括系统模型建立、仿真模型建立、仿真程序设计、仿真试验和数据分析处理等步骤，涉及多学科、多领域的知识与经验。随着现代信息技术的高速发展以及军用和民用领域对仿真技术的迫切需求，仿真技术也得到了飞速的发展。仿真技术经过探索、出现、形成和发展等阶段，到今天已相当于人的中年，集经济性、易用性、超强的建模和环境模拟能力于一体，已成为现代科学、工程、教育等领域不可或缺的重要工具和手段。

1.1.1　系统、模型与仿真

从广义上讲，仿真技术是应用于系统的，也就是说系统是仿真的研究对象，而模型化又是进行仿真的核心和必要前提。因此，系统、模型和仿真三者之间是密切相关的。

所谓系统一词很难用简明扼要的文字准确地定义，这里给出一种普遍接受的定义：系统是由相互联系、相互制约、相互依存的若干组成部分（要素）结合在一起形成的具有特定功能和运动规律的有机整体。为了研究系统，从理论上讲可以用实际系统进行试验，但是往往出于经济、安全及可能性方面的考虑，人们往往不希望或者不能够在真实系统上进行试验，而希望进行基于模型的仿真试验；另外，在一个系统未建立之前，为预见它的性能，用实际系统进行试验也是不可能的。

模型是系统某种特定性能的一种抽象形式，通过模型可以描述系统的本质和内在的关系。模型一般分为物理模型和数学模型两大类。物理模型是实际存在的物理实体，与实际系统有相似的物理性质；而数学模型是指用数学方法描述的系统内部物理变量之间的关系。由于物理模型制作困难、成本较高，而且难于灵活改变，所以现代仿真技术中，更常用的是建立数学模型。

由于具体系统的特点不同，所适用的数学模型和建模方法也不同，建立的模型也是不同的，如工程系统一般在时间上是连续的，因此可以用常微分方程描述；而社会系统一般是离散的，可以用差分方程描述。简单而言，数学模型的分类见表1-1。

表 1-1　数学模型分类表

模型描述变量的轨迹	模型的时间集合	模型形式	变量范围	
			连续	离散
空间连续变化模型	连续时间模型	偏微分方程	√	
空间不连续变化模型		常微分方程	√	
离散(变化)模型	离散时间模型	差分方程	√	√
		有限状态机		√
		马尔科夫链		√
	连续时间模型	活动扫描	√	√
		时间调度	√	√
		进程交互	√	√

仿真的定义也十分广泛。综合国内外仿真学者对仿真的定义，做出以下描述：仿真是建立在控制理论、相似理论、信息处理技术和计算技术等理论基础之上的，以计算机和其他专用物理效应设备为工具，利用模型对真实或假想的系统进行试验，并借助于专家经验知识、统计数据和信息资料对试验结果进行分析研究，进而做出决策的一门综合性的和试验性的学科。

由此可以看出，“系统、模型、仿真”三者有着十分密切的关系。系统是研究的对象，模型是系统的抽象，而仿真则是通过对模型的实验以达到研究系统的目的。由于现代仿真技术均是在计算机支持下进行的，因此，仿真有时也被理解为计算机仿真。因此，“系统、模型、计算机”有时被称为仿真的三要素。联系仿真三要素的是仿真的三个基本活动，即系统建模、仿真建模和仿真实验，它们的关系可用图 1-1 来描述。

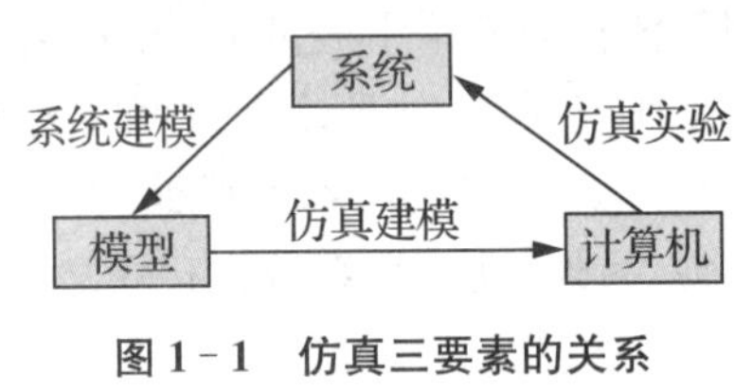

图 1-1　仿真三要素的关系

1.1.2　仿真过程

仿真的一般步骤如图 1-2 所示。由于仿真是基于模型的活动，所以，第一步是针对实际系统建立其模型，并将模型形式化。建模与形式化的首要任务是根据研究和分析的目的，确定模型的边界。这是因为任何一个模型都只能反映实际系统的某一部分或某一方面的性质，在建立的模型中必须对其有所取舍。另一方面，为了使模型具有可信性，建模人员必须具有对系统的先验知识及必要的实验数据。特别要注意的是，还必须对模型进行形式化处理，以得到计算机仿真所要求的数学描述。模型的可信性检验是建模阶段的最后一步，也是必不可少的一步，只有可信的数学模型才能作为仿真的基础。

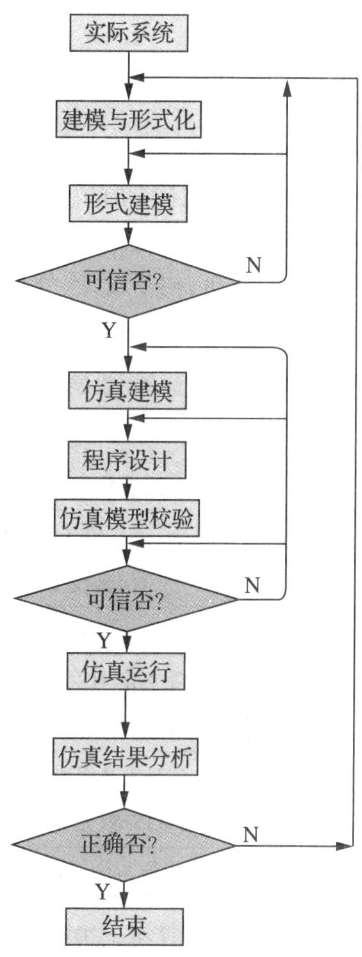

图 1-2　仿真的一般步骤

第二步是仿真建模。它的主要任务是：根据系统的特点和仿真的要求选择合适的算法。当采用该算法建立仿真模型时，其计算的稳定性、计算精度、计算速度应能满足仿真的需要。

第三步是程序设计，即将仿真模型用计算机能执行的程序语言来描述。程序设计中还要考虑对仿真实验的要求，如仿真运行的参数、控制参数、输出要求等。

第四步是仿真模型校验，它是不可缺少的步骤。在这一过程中，一方面是程序调试，保证程序的正确性；更重要的一方面是要检验所选仿真算法的合理性。

第五步是仿真运行。有了正确的仿真模型，就可以对模型进行仿真实验，这是实实在在的仿真活动。它根据仿真的目的对模型进行多方面的实验，相应地得到多组模型的输出。

第六步是对仿真结果进行分析，这个过程是非常关键的。通过对仿真结果的分析从而确认模型的正确性、合理性，也可以分析、研究系统在某些条件的性能，为实际系统的建立或改进打下良好的基础。

在这里，仅仅对仿真过程的主要步骤进行简要说明。在实际的仿真过程中，上述每一个步骤往往还需要多次反复和迭代。

1.1.3 仿真技术的发展历史与应用

1. 仿真技术的发展历史

仿真技术的发展与控制工程、系统工程及计算机技术的发展紧密相联。控制工程和系统工程的发展促进了仿真技术的广泛应用，而计算机的出现以及计算机技术的发展，则为仿真技术提供了强有力的手段和工具。仿真技术在工程系统研究的各个阶段均发挥显著的作用，如方案论证、系统对象和基本部件的分析、初步设计、分系统试验等。表1-2简单回顾了建模和仿真领域的发展情况。

表1-2 建模与仿真的发展历史

年代	发展的主要特点
1600—1940年	在物理科学基础上的建模
20世纪40年代	电子计算机的出现
20世纪50年代中期	仿真技术应用于航空领域
20世纪60年代	工业操作过程的仿真
20世纪70年代	包括经济、社会和环境因素的大系统仿真
20世纪70年代中期	系统与仿真的结合，如用于随机网络建模的SLAM的仿真系统
20世纪70年代中期	系统仿真与更高级决策结合，如决策支持系统DSS
20世纪80年代中期	集成化建模与仿真环境，如美国Prisker公司的TESS建模仿真系统
20世纪90年代	可视化建模与仿真，虚拟现实仿真，分布交互仿真

20世纪50年代初连续系统仿真在模拟计算机上进行，50年代中期出现数字仿真技术，从此计算机仿真技术沿着模拟仿真和数字仿真两个方面发展。20世纪60年代初出现了混合模拟计算机，增加了模拟仿真的逻辑控制，解决了偏微分方程、差分方程、随机过程的仿真问题。而在数字仿真方面，除了计算机的运算速度不断提高外，20世纪60—70年代还广泛应用CSMP，CSSL，DSL，MIMIC，这使得仿真人员摆脱复杂的程序设计。70年代我国就使用了DSL，DARE-P和CSSL系统。

20世纪80年代末90年代初，以计算机技术、通信技术、智能技术等为代表的信息技术的迅猛发展，给计算机仿真技术在可视仿真基础上的进一步发展带来了契机，出现了多媒体仿真技术。它采用不同媒体形态描述性质不同的模型信息，建立反映系统内在运动规律和外在表现形式的多媒体模型，并在多媒体计算机上运行，产生定性、定量相结合的视觉和听觉媒体的处理和合成技术，更强调头脑、视觉和听觉的体验，仿真中人与计算机的交互手段也因之更加丰富。我国在多媒体仿真技术正处于快速发展时期，清华大学、北京大学、华中科技大学和一些部队院校有关这方面的研究都颇有成效。

2. 仿真技术的应用

随着科学技术的不断发展，各种系统都趋向于大型化、复杂化，实物仿真很难适应发展的需要；一种新的仿真技术——数学仿真或称计算机仿真迅速发展起来。计算机仿真技术

(Computer Simulation)是以数学理论、相似原理、信息技术、系统技术及其应用领域有关的专业技术为基础，以计算机和各种物理效应设备为工具，利用系统模型对实际的或设想的系统进行试验研究的一门综合技术。

计算机仿真采用一组能够描述系统运动或运行过程的数学方程式作为数字模型，将数学模型放在计算机上进行分析计算，从而得到系统的全部特性。这种仿真技术具有速度快、精确度高、重复性好、灵活性大、使用方便等优点，已被广泛应用于不适于做实物仿真的许多领域，如大型、复杂系统的方案设计等。

将物理仿真与数学仿真结合起来的混合仿真技术是更为实用且使用最多的一种仿真技术。它通常用实物作为物理模型，系统本身的动态特征则采用数字模型。例如，培训原子能电站，大型自动化工厂操作人员和训练飞行员、宇航员的培训仿真器、仿真工作台和仿真机舱等，都是混合仿真系统。有关培训人员可在与工作环境和工作条件相同的情况下，接受各种操作训练，如同操作真实系统一样。现代仿真技术已发展成为以相似原理、计算机、控制论为基础，以计算机和各种物理效应为工具，借助系统模型对真实系统进行试验研究的一门综合性高技术。仿真技术具有很高的科学价值和巨大的经济效益。新型的武器系统、大型的航天飞行器，在其设计、定型过程中，都要依靠仿真试验，进行修改和完善；空战、电子战、攻防对抗等演练，导弹、火箭的设计研制也都离不开仿真技术。据美国对“爱国者”等 3 个型号导弹的定型试验统计，采用仿真试验可减少实弹发射试验次数约 43%，节省费用达数亿美元。我国某种型号导弹在设计和定型过程中，通过仿真试验，缩短研制时间近 2 年，减少进行 20 多次实弹射击，节省费用数千万元。如果不进行仿真试验，导弹改型 1 次，就要重新进行多次实弹发射，型号定型往往需要进行数十次甚至上百次发射试验。采用仿真器培训工作人员，经济效益和社会效益也十分明显。实践证明，经仿真器培训的人员，上岗后操作水平大大提高，失误率大为减少。

1.1.4 建模与仿真发展趋势

计算机仿真技术无论是在理论上还是在实践中都已经取得了丰硕的成果，积累了大量的系统仿真模型和行之有效的仿真算法。但仿真技术目前仍然存在一些缺陷，例如，建模方法尚不完善，研究同一个系统的同一个问题可以建立出不相同的模型，而且有些社会经济系统中的问题尚无法建立准确的模型进行求解。同时，决策者必须通过建模者和仿真实验人员才能介入到对系统的仿真分析中。随着对建模与仿真的理论和方法的研究的不断深入，以及作为其支撑技术之一的计算机技术的不断发展和进步，在应用计算机仿真技术过程中出现的问题将逐步得到解决。进入 20 世纪 90 年代，计算机技术各个方面都取得了异乎寻常的进展。微处理器性能的增强使得利用微型计算机和工作站进行复杂系统的仿真分析成为可能，再加上计算机图形技术的进步，仿真过程中的人机交互越来越方便、直观，人越来越容易地介入仿真过程中。总之，计算机仿真技术正朝着一体化建模与物理环境增强模拟的方向稳步发展。

近年来，由于问题域的扩展和仿真技术的发展，仿真方法学致力于更自然的属性特征，寻求使模型研究者更自然地参与仿真活动的方法等。在这些探索的推动下，产生了一批新的研究热点：

(1) 面向对象仿真(Object-Oriented Simulation, OOS)。从人类认识世界模式出发,使问题空间和求解空间相一致,并提供更自然、更直观且具有高可维护性和高可重用性的系统仿真框架。

(2) 定性仿真(Qualitative Simulation, QS)。定性仿真一般应用于复杂系统的研究。由于传统的定量数字仿真的局限性,仿真领域引入定性研究方法以提高仿真的可信性,从而拓展了仿真的应用范围。定性仿真力求非数字化,以非数字手段处理信息输入、建模、行为分析和结构输出,通过定性描述模型推导系统的定性行为。

(3) 智能仿真(Intelligence Simulation, IS)。智能仿真是将以知识为核心和人类思维行为为背景的智能技术引入整个建模和仿真过程,构造各种处理知识的仿真系统,即智能仿真系统(Knowledge Based Simulation System, KBSS)。智能仿真技术的开发途径是人工智能(如专家系统、知识工程、模式识别、神经网络等)与仿真技术(如仿真模型、仿真算法、仿真语言、仿真软件等)的集成化。因此,近年来智能算法(如模糊算法、神经算法、遗传算法)的探索也形成了智能建模与仿真中的一些研究热点。

(4) 分布交互仿真(Distributed Interactive Simulation, DIS)。分布交互仿真是通过计算机网络将分散在各地的仿真设备互联,构成时间与空间互相耦合的虚拟仿真环境。实现分布交互仿真的关键技术是网络技术、支撑环境技术、组织和管理。其中网络技术是实现分布交互仿真的基础,支撑环境技术是分布交互仿真的核心,组织和管理是完善分布交互仿真的保证。

(5) 可视化仿真(Visual Simulation, VS)。可视化仿真用于为数值仿真过程及结果增加文本提示、图形、图像、动画表现,使仿真过程更加直观,结果更容易理解,并能验证仿真过程是否正确。近年来提出的动画仿真(Animated Simulation, AS)主要用于系统仿真模型建立之后的动画显示,所以原则上仍属于可视化仿真。

(6) 虚拟现实仿真(Virtual Reality Simulation, VRS)。虚拟现实是一种由计算机全部或部分生成的多维感觉环境,给参与者产生各种感官信号,如视觉、听觉、触觉等,并使参与者有身临其境的感觉,能体验、接受和认识客观世界中的客观事物。同时人与虚拟环境之间可以进行多维信息的交互作用,从定性和定量综合集成的虚拟环境中,参与者可以获得客观世界中客观事物的感性和理性的认识,从而深化概念和建造新的构想和创意。人的参与分两种情况:一种使人根据虚拟环境做出实时的操作和控制决策响应,另一种使人对虚拟系统的仿真结果进行观察分析和调试修改。虚拟现实仿真是在多媒体仿真的基础上强调三维动画、交互功能,支持触、嗅、味知觉,从而得到 VRS 系统。

(7) 基于 Web 的网络仿真。1995 年以来,由于 Internet 的迅速崛起,利用面向对象的互联网程序语言,已经开发了多种面向 Web 的仿真系统,如美国海军研究院的 Simkit 可以在网上浏览器(Web Browser)的支持下进行分布式仿真,用 Simkit 建立的仿真模型可以在世界任何地点的网络用户机上运行,使分布在各网点的用户仿真模型可以在其他网点上运行或者进行全球范围内总体仿真模型的分布式仿真运行。近年来,利用面向 Web 的程序语言开发离散事件仿真系统,基于 Web 的仿真建模以及互联网上的仿真运行已成为仿真中研究工作的热点。

目前,仿真技术不仅在航空、航天、军事、电力、化工、原子能等工程领域得到广泛应用,而且在生物、社会和经济等领域的应用也日益广泛。

1.2 轮机系统仿真

1.2.1 轮机系统简介

轮机机舱是船舶的“内脏”，是船舶各种机械、电力等能源设备集中的舱室，设置有船舶电站、船舶辅机系统、船舶推进装置和其他辅助机械设备。

船舶电站一般包括发电柴油机、发电机、主配电屏和应急配电屏等，负责向全船各种设备提供电能。发电柴油机多为中速机，应急发电柴油机多为小型高速柴油机。船舶电站从单台或数台发电机源源不断地收集电能并给全船各处大大小小的电动机或其他用电设备供电，使其能够长期稳定地安全运行，构成了一个完整的电气设备系统。

船舶推进装置是指用力推动船舶前进的设备及系统，包括推进器、轴系、主机等重要设备及为其服务的辅助系统。船舶推进装置为船舶主机产生推进能源的机械，是整个机舱的心脏。推进器中以螺旋桨应用最为广泛；轴系将主机发出的功率传递给螺旋桨。目前绝大多数商船上都是以柴油机作为主机和发电机的原动机，大型低速柴油机是当前万吨级船舶的主要机型。为了保证正常运行，除柴油机本身之外，还必须有燃油系统、滑油系统、冷却系统、压缩空气系统和操纵系统。

燃油系统的任务是按柴油机气缸燃烧的要求，保证将燃油按质、按量、按时地送入气缸进行燃烧。燃油系统可分为两个部分：燃油喷射系统和燃油驳运系统。燃油喷射系统直接将燃油按质、按量、按时地送入气缸进行燃烧，一般作为柴油机本身的辅助系统。燃油驳运系统是指将燃油从油舱驳运到燃油日用柜中，供燃油喷射系统使用，其功能包括储存、沉淀、加热、分离净化、过滤等。

滑油系统向各运动部件之间提供一定压力的足量的滑油，保证机器的各运动部件在摩擦时不致温度过高，将磨损减到最小程度。与其他部位使用的滑油不同，大型低速柴油机中气缸与活塞之间使用的滑油称为气缸油，而其他部位一般使用柴油机系统油（简称机油），气缸油和系统油两者互为单独的系统。中速柴油机一般不单独设置气缸油系统，它供给增压器各摩擦部件的滑油为汽轮机油。

由于燃油在气缸中燃烧时的温度高达 1 400～1 800 ℃，气缸盖以及活塞等如不加以适当冷却，其温度就会急剧上升而过热，因此柴油机均配置冷却系统。船舶内燃机一般均用淡水冷却机件，冷却用的淡水再用海水冷却，即采用间接冷却系统。

压缩空气系统用来提供总量满足要求的高压空气以起动主机和柴油发电机，并向柴油机的气动操作供应控制空气。压缩空气系统一般包括空压机，空气瓶和相应的阀件、管路。

船舶在不同情况下，对主机有不同的操作要求，例如，进出港时要求前进、后退、变速或停车等操作，大风浪时船舶的摇动使主机可能在超速或超负荷中工作，所以主机必须有良好的操纵系统。操纵系统包括起动装置、换向装置、调速装置等，这些装置形成总体，共同协调该系统工作。

此外，蒸汽锅炉产生蒸汽，用于加热燃油、滑油和一些低压饱和蒸汽，特别对于油船还需要使用蒸汽加热货油。机舱内有各种船用泵，如舱底水泵、燃油输送泵、滑油输送泵、锅炉给水泵、冷却水泵、压载水泵、卫生水泵等；还有制冷和空调系统、船舱通风系统、防污染系统、消防系统等。

总之，如果将一艘船比作一个浮动的城市，那么轮机系统就是维持这个移动的城市正常运转所需的全部设备及其系统的总和。

1.2.2 船舶推进装置仿真

由于现代船舶轮机系统机械装置的复杂性，运行工况的多变性，因此对其控制系统和操作过程有很高的要求。而传统的实船试验和台架试验，从理论上讲，也可以找出最优控制策略，但试验过程繁杂、耗费大、调试周期长。因此，完全通过试验进行研究和操作培训是不现实的。在这种情况下，计算机仿真技术的应用成为必然。

国外计算机仿真技术在船舶领域的应用研究始于20世纪60年代末，70年代取得重大进展，到80年代，计算机仿真技术已作为一门十分成熟的技术应用到船舶领域的各个方面，21世纪的今天，计算机仿真技术已是船舶设计、试验、制造不可缺少的重要的方法和手段。

从应用范围来说，轮机系统仿真大体上可以分为两类：一类以研究系统性能、控制、优化等研究型应用为主；另一类以操作、培训人员为主要目的，以轮机模拟器为主要成果。本小节以介绍第一类为主，轮机模拟器在1.3节中介绍。

以研究型应用为主的轮机系统仿真主要集中在船舶推进装置的研究方面，如同一些先进技术来源于美国海军一样，仿真技术在舰船推进装置方面的应用，也是从美国海军开始的。1972年美国海军某舰发生燃气轮机超速损坏，1974年美国海岸警备队又发生了试航时调距桨桨叶折断等事故之后，仿真更加引起了各国海军的重视。在美国海军的支持下，美国耗时近20年(其主要部分是从1976年到1982年，共6年)研制了一个舰船推进系统动力学及其控制系统研究的发展纲要。

20世纪70年代初期，C. J. Rubils对一艘由带调距桨的柴-燃联合动力装置(Combined Diesel and Gas Turbine Power Plant, CODAG)驱动的单桨驱逐舰进行了正车稳定工况和加速工况动力特性的仿真研究，提出了螺距/转速的组合控制思想。C. J. Rubils还对CODAG的舰艇仿真提出了动力学模型。同时，R. S. Benson和Ernst E. Streit等分别对增压柴油机的仿真进行了进一步的研究。随后R. V. Tompson针对一艘扫雷艇，研究了由柴油机定距桨推进系统的控制策略。1982年，C. J. Rubils又对燃气轮机推进舰艇的仿真提出了全面的观点。

1984年，美国密歇根大学的J. B. Woodward教授和R. G. Latorre教授对船用增压柴油机的瞬态仿真建模提出了新的观点。他们在前人的基础上，利用准稳态建模法将四冲程柴油机模型用14个方程式来表示，其中包括16个变量和10个常量，并着重介绍了如何通过分析柴油机运行参数对容积效率、中冷器效率等5个量进行估值。同年，他们根据热动力学和流体力学原理，并结合一些必要的经验公式，分别给出了二冲程和四冲程柴油机的各部分模型。

20世纪80年代后期，A. Fowler则对采用CODAG的护卫舰进行了仿真专项研究，着重研究了柴油机带调距桨的机动过程，给出了由起航到全速前进、全速前进到全速倒退(急停)、半速前进到全速前进 3 种情况下的仿真结果。柴油机模型同样采用的是准稳态法。

进入 20 世纪 90 年代,舰船推进装置的仿真研究进一步发展。1996 年,日本神户大学的 Lan 等在 Woodward 的基础上将船用柴油机模型用 7 个经验公式,加上 16 个解析方程式来表示。在这个柴油机模型基础上,提出了一个新的柴油机电子调速器控制策略的设计方案。

国内的计算机仿真在舰船推进装置方面的应用始于 20 世纪 80 年代初。上海交通大学、海军装备论证研究中心、海军工程大学(原海军工程学院)、哈尔滨工程大学、武汉理工大学(原武汉交通科技大学)等高校和研究单位都相继从不同侧面和角度开展研究工作,分别在船舶柴油机、舰船推进装置及控制系统设计、机舱自动化等方面开展了计算机仿真技术的应用研究,取得了较大的成果。

20 世纪 80 年代初,上海交通大学开始进行对舰船推进系统仿真技术的研究。80 年代中期自行研制了第一台并行处理实时仿真机——多微机仿真系统,使当时的计算机仿真工具得到了很大的改善,这套系统基本上能满足一般动力装置仿真研究的实时性要求。80 年代末期,海军装备论证研究中心完成对某舰 CODOG 控制的非实时仿真,其中的柴油机模型和燃气轮机模型都是用以稳态工况为基点的片段线性化方法来建立的,其仿真的结果与国外某公司提供的仿真结果基本一致。

20 世纪 90 年代初期,上海船用柴油机研究所使用常规的柴油机特性资料建立了涡轮增压柴油机准稳态数学模型,并使用该模型对一台 MTU20V956 柴油机带调距桨推进装置在无负荷控制和带负荷控制两种情况下进行了数字及混合计算机实时仿真,结果表明使用准动态数学模型进行仿真可以兼顾仿真的精度和速度。海军装备论证研究中心则对某舰的机桨匹配动态特性进行了仿真研究,对某综合运输补给船的动力装置进行了动态仿真,对该舰推进装置建立了控制系统模型、柴油机模型、离合器及轴系模型、螺旋桨和船体直线运动模型以及回转操纵运动模型。其中柴油机模型也是使用准稳态建模方法。利用开发的仿真软件对该舰的稳态性能、直线航行动态性能和机动性以及回转机动性进行了预测、分析,并检验和评价了其柴油机动力系统的动态特性和可使用性。

1996 年,上海交通大学完成了对 35 000 t 油船推进系统的 Sulzer 6RTA52 低速二冲程柴油机及其装置的建模和实时仿真。在 1997 年召开的中国造船工程学会上,上海交通大学总结了船用柴油机建模方法和仿真技术当时的发展状况,介绍了船用柴油机动力装置的 4 类建模方法,即线性化模型、准稳态多阶非线性模型、容积法模型和压力波模型。其中重点介绍了准稳态模型的建立,并提供了用图形建模仿真软件 IEAS 实现的船用柴油机仿真实例。20 世纪 90 年代后期,国内多数研究单位开始使用通用性强的仿真环境 MATLAB/Simulink 对增压柴油机的动态仿真进行研究,并且取得了一定的成果。

21 世纪初,上海交通大学、上海船舶运输科学研究所、海军工程大学以某舰船为研究对象,首次将舰船推进装置和数字控制系统模型合在一起,并进行了舰船推进装置及控制系统的半物理实时仿真研究。通过仿真研究,得到推进装置动态特性,同时,也得到推进装置控制系统的控制参数和合理的控制策略。计算机仿真技术在舰船推进装置方面应用的进展,对于我国新型舰船的优化设计、缩短舰船推进装置及控制系统实船的调试时间起到了十分重要的作用。

1.3 轮机模拟器开发现状

轮机模拟器是现代化航海教育设施。实践已证明，运用轮机模拟器能有效、快速地培养现代高级轮机管理人员，运用模拟器的培训来替代船员的一部分海上经历，也已成为国际、国内航海教育界的共识，并受到国际海事组织（International Maritime Organization，IMO）的特别关注。根据STCW公约，对轮机长的资格考证，从2000年开始就增加了轮机模拟器的操作评估项目。

1.3.1 国内外开发现状

在国外，轮机模拟器的开发自20世纪80年代就已开始，由于受到当时计算机技术的限制，整个船舶动力装置的数学物理模型及对动态过程的分析和显示均较为简单。当时较有代表性的有英国AVEN公司和挪威NORCON公司，前者为英国华什西航海学院建造了轮机仿真模拟器。进入90年代以后，随着计算机技术的飞速发展，NORCON公司率先研制出调距桨船舶动力装置的仿真系统。

挪威NORCON公司生产的轮机模拟器基于真实的船舶机舱类型，主要部件与实船一样，如主机遥控系统、机舱就地控制箱及控制器、车钟、报警系统、电力供给系统、机器声响等学员在模拟器上操作训练，感觉就如同身临实船操作。它的数学模型包括不同的船型、不同的配置，不同的主机类型。模拟器的子系统包括主机控制系统、淡水冷却系统、海水冷却系统、燃油供应系统、燃油净化系统、滑油和活塞冷却系统、压缩空气系统、扫气和排气系统、警报系统、机舱污水及油水分离系统、故障排除系统等。同时，该公司开发出了一种有效的轮机模拟器教练员系统，该系统提供了一套练习方案，教练员可方便地设置机舱各设备的工作状态并保存，以便下次直接调用不同的仿真环境；还可以设定基于时间或事件的故障，依据自身编辑好的考核模式进行评分，以从不同角度客观、准确地评估学员的知识和技能水平，减少教练员评判时的主观性。该公司研制的轮机模拟器，系列、种类齐全，在技术上居于世界领先地位，但是其仿真的母型船船型偏旧，子系统有些已经不符合当今标准。

英国TRANSAS公司生产的轮机模拟器分为3个类型，即ERS2000，ERS3000和ERSSolo型轮机模拟器。ERS2000型轮机模拟器基于PC网络，由1个教练员工作站和1～12个学员工作站组成，教练员工作站可以在线监视和控制学员工作站的操作，学员工作站可运行不同的柴油主机模型和电站模型以及与其相配的控制系统和设备；ERS3000型轮机模拟器是全任务轮机模拟器，采用实际的控制设备面板、仪表和控制台，并且可与航海模拟器相互联网组成驾机综合训练中心；ERSSolo型轮机模拟器是单台PC桌面型轮机模拟器，特别适用于海船船员的适任评估和相关的知识更新培训。这3种类型的轮机模拟器可以单独配置，也可以结合起来配置。

我国轮机仿真的研制起步较晚，但研究起点高、发展很快。具有代表性的就是国内几大航海院校，如武汉理工大学、上海海事大学、大连海事大学和集美大学。其中武汉理工大学1991年开始研制轮机仿真，1994年研制成功以教学为对象的轮机仿真模拟器，2005年开发了化学品船船员培训的相关仿真软件。上海海事大学也于 1998 年研制成功以大型集装箱船舶为对象的轮机仿真模拟器，2007 年开发出以 5 600 TEU 和 10 000 TEU 集装箱船舶为母船型的轮机模拟器，其全部功能符合 IMO 和中华人民共和国海事局对船员发证要求，以后又相继开发出 VLCC、散装化学品船、LNG 和 LPG 船的液货操作模拟器。大连海事大学 2006 年为山东交通学院的威海海运学院开发建造了 DMS02005 大型集装箱船轮机模拟器，它是以交换机为中心将各个子系统仿真工作站、服务器、相关控制台、配电盘和虚拟工作站以星型网络结构构成的分布式仿真系统，系统以虚拟现实技术，配合集控室控制台、配电盘和驾驶室控制台等实物再现船舶的实际机舱。

1.3.2　SMSC－2000 型轮机模拟器

上海海事大学以大型集装箱船舶为对象，结合油船和可调桨船舶的特点，研制的网络型大型轮机模拟器，占地面积 500 m^2，其功能完全符合国际 IMO STCW78/95 公约和中华人民共和国海事局对轮机模拟器的评估要求，其总体技术已达到 20 世纪 90 年代中期国际先进水平。该系统主要包括模拟机舱、集控室、驾驶室和教员室，设有机旁操纵盘台、集控台、泵浦遥控台、集中监视报警台、轮机长远程监视和延伸报警台、驾控台、大型辅机管路图解板。电站系统包括 3 套发电机屏、1 套并车屏、2 套负载屏、应急发电控制屏、负载屏、15 个学员培训终端。可仿真船舶主机系统、辅机系统和电站系统的 300 多个故障，其主要技术特点包括：

（1）基于网络化技术实现系统的总体设计。采用基于 Windows 操作系统和 Genesis for Windows 实时工控软件平台，提出了网络环境下的实时平行仿真技术，实现了集装箱船舶机舱系统的分布式实时仿真。整个系统由三层网络构成，即电站、辅机、主机、监视报警和教员台 5 个工作站构成的仿真主网络，应用 PC/ISA－BUS 多功能数据采集系统和 CONLOG Maxiflex 1000 系列智能型 I/O 系统构成的数据采集与通信网络，并可实现全线、隔离和独立 3 种方式的运行。目前又通过网关实现了与其他实验室的远程信息交换和监控。另有 20 台学生工作站构成的扩展培训网络。

（2）软硬集成的机舱仿真操纵设备。采用硬件操纵盘台和软件操作界面相结合的方式，用软件方式实现辅机系统操作面板的控制设备（旋钮、开关按钮、转换手柄、报警指示等），以取代传统的机旁控制箱，节省了大量的硬件设备，也为系统的升级和功能扩展提供了很大的余地。研制的模拟机旁操纵盘台、模拟集控盘台、模拟电站配电板及模拟驾驶台可实时操作。

（3）大型实时监控型图解板。研制的 14 m^2 大型实时监控操作型图解板，采用模式马赛克拼装结构，扩展性强；实时可操作性和工况参数实时动态显示；油柜液面 CRT 动态显示和燃油管路动态变速流动显示；可实时仿真 19 种典型机舱声响（已获得 2 项国家专利）。

（4）模块化建模技术。模块化建模技术完成了大型集装箱船舶机舱系统的 29 个子系统的仿真建模。主机建模以容积法为基础，结合了准稳态模型方法；遥控系统建模采用智能化方法；辅机、电站系统采用机理建模方法。基于“客户/服务器”结构、面向对象和面向过程的编程技术相结合以及网络数据通信技术，成功开发了仿真对象的仿真软件。

（5）机电系统的多媒体实时故障仿真。运用仿真模型、多媒体仿真和动画仿真技术对船舶电站、辅机和主机系统的 282 个典型故障进行了模拟，另有主机封缸、停增压器、拉缸、敲缸、扫气箱着火、曲轴箱爆炸等重大故障的仿真，和不同船舶舵角、船舶污底、船舶吃水、航行风浪、航行风向、航行区域的实时仿真。各故障不仅有热工参数的变化、应答操作的自动评分系统，还伴有异常声响和动画显示，大大增强了仿真培训效果。应用多媒体技术开发的机舱动力装置与设备的声响仿真、油柜液面视频显示及燃油管路的动态流动显示等，显著地增强了该系统的教学培训功能。

该模拟器运用嵌入式数字仿真技术和并行仿真技术，在智能型计算机网络、多媒体软件开发平台上，成功研制出国内第一套大型集装箱轮机模拟器，是国际上少数技术最新、功能最强、规模最大的船舶机舱仿真系统。特别在大型实时监控型图解板、软硬集成的机舱操纵设备、模块化建模方法、典型故障的多媒体仿真方面有创新之处，成功解决了网络环境下的超实时并行仿真(获发明专利 3 项，获奖专利 2 项)。其核心技术的开发，获得上海市优秀职务发明一、二等奖。目前，本项目已开发同类产品 60 多套，正在向国际市场推广。该系统主要包括以下几部分：

(1) 自动化船舶电站仿真系统。可实现发电柴油机的起动、停车，发电机单机手动/自动起动、合闸、调速、调频、调压的操作，任意 2 台发电机组的手动/自动并车、负载均分、负载转移、解列以及停机后负载变化时发电机运行台数的自动控制操作，欠载时自动减机，重载时自动增机并询问自动起动备用机组。多台发电机运行时的调频调载、无功功率自动调节的控制，应急发电机手动/自动起动和供电测试，自动电站的发电机过载、短路、欠频、欠压及逆功率保护的操作，能进行岸电供电保护、绝缘电阻过低报警、并车失败和故障停机操作等。

(2) 船舶机舱辅机管系仿真系统。可实现船舶辅机的压缩空气系统、海水系统、低温淡水系统、高温淡水系统、滑油及净化系统、燃油驳运与供给系统、锅炉供气系统、污水处理系统、燃油黏度调节系统、燃油和润滑油温度 PID 自动调节系统的操作及故障仿真，还可实现集中控制室的遥控启动/停止操作。

(3) 船舶主机及遥控仿真系统。可在机旁操纵盘台、集中控制台和驾驶台上实现主机冲车、起动、换向、加减速的操作，并具有换向逻辑控制、转速限制、燃油限制、加减速限制功能，可进行自动调速、机旁手动、集控室手动/自动操作、安全保护、MMI 界面操作、遥控系统状态及图形显示、平均压力工况监测等。

(4) 船舶机舱集中监视和报警仿真系统。可实现故障声响报警、故障延伸报警、故障延时报警、值班报警、失职报警、故障报警闭锁、故障参数分组显示、故障信息打印，并具有报警屏试灯、报警功能测试、报警设置参数修改、轮机长远程监视和人工神经网络故障诊断等功能。

(5) 教员主控管理系统。可实现各仿真工作站的文件完备性检查、软件功能检查、硬件 I/O 线预检、声响控制、仪表噪声控制、仿真外部环境(如船舶航行模式、大气温度、海水温度、气候、海况)的设置，并可以控制整个轮机模拟器各仿真工作站的起动、冻结、运行速度、过程记录和过程回放。

1.3.3 模拟器研究的新课题

目前远洋船舶正趋于大型化、高速化、少人化和智能化，在运输管理方面则趋于集成化和一体化，出现了机电合一、驾机合一、船岸一体化的趋势。如何解决在新的船舶运输控制模式下的各种新的技术问题，培养综合性高级航运管理人才，是我们面临的新课题。利用轮机模拟器，除了可以培养轮机人员之外，还可以研究船舶运输控制领域中诸多理论和实际问题，主要包括：①网络化无人值班机舱中主机遥控和工况监控系统、轮机最优控制和可靠性技术；②船舶管理信息系统中主机故障诊断机理分析、诊断方法选择和诊断系统的建立；③集成驾驶系统中驾驶桥楼与机舱集控室的联网和信息交互、综合导航、航线控制、电子海图显示等问题；④船队控制系统中船岸通信、避台指挥、多式联运、航务管理、机务管理和安全监督等问题。

在上述问题中，将模拟器用于故障诊断机理分析方面的研究更有现实的意义。特别是运用仿真技术可以进行船舶动力装置故障诊断机理的研究，揭示主机热工参数、表面局部振动和轴系扭转振动与船舶航行状态、主机运行工况和装置零部件故障之间的内在联系，解决热工特征参量的优化选择、诊断层次的划分、诊断知识的不确定性和标准模等问题，克服振动诊断中的试验建模的困难。模拟器可以通过建立各种工况下故障与特征参量的数量关系为人工神经网络的诊断应用提供训练样本，促进船舶动力装置工况监测技术的智能化和振动分析技术的实用化。

1.4　常用仿真工具

目前，应用于轮机系统仿真领域的仿真软件很多。开发轮机模拟器一般使用高级语言编程，如 Visual C＋＋，Visual Basic(简称 VB)等，可以提供丰富的操作界面和完善的功能，但需要投入大量的人力和时间。研究系统性能和控制等可以采用通用仿真软件，如MATLAB/Simulink，或者也可以采用专业仿真软件，如 ADAMS，AMESim 等。每种软件都有其特点和应用范围，应根据项目的具体情况进行合理的选择。

1.4.1　高级语言编程

使用高级语言编程虽然需要消耗大量的精力和时间，但可以对模型及算法进行精细的控制，且计算速度快，并根据需要可以实现丰富的操作界面。使用高级语言编程的另一个好处是可以节省购置专业软件所需的较大的初投资。现在常用的高级语言有 Visual Basic，Visual C＋＋等。

高级编程语言一般都提供可视化的集成开发环境、大量可视化控件，自动生成相关代码；采用面向对象的编程思想，易于实现代码的重用；采用动态链接技术，便于实现团队的协作。高级编程语言的这些特点有助于减轻程序员编写代码的工作量，提高开发效率。

上海海事大学在研制 SMSC-2000 型轮机模拟器时，最早是以 Windows 98 为操作平台，采用 Visual Basic 5.0 作为开发工具编写仿真软件。

Visual Basic 编程语言的前身是 QBASIC，其语言基础是 Basic，它是微软公司推出的可视化编程工具之一，是当时世界上使用最广泛的程序开发工具。Visual Basic 是基于对象的可视化程序开发工具，它的优点在于能够快捷、简易地建立 Windows 应用程序。

Visual Basic 在原有 Basic 语言的基础上进一步发展，包括了数百条语句、函数及关键词，它们大部分和 Windows GUI 有直接关系。Visual Basic 经历了从 1991 年的 1.0 版到 1998 年的6.0版的多次版本升级，Visual Basic 6.0 较以前的版本差别是：能够提供更多、功能更强的用户控件；加强了多媒体、数据型软件和网络的功能，应用更加广泛。Visual Basic 6.0 具有了一些新特征，具体如下：

(1) 数据访问的特征。Visual Basic 在数据访问技术方面比以往有了更大的增强，它采用了一种新的数据访问技术 ADO(Active Data Object)，使之能更好地访问本地和远程的数据库。在数据环境方面，允许程序员可视化地创建和操作 ADO 连接及命令，为程序员操作数据源提供很大的方便。

(2) Visual Basic 在 Internet 方面的增强使得它成为当前最强有力的开发工具之一。用 Visual Basic 可以直接创建网络应用程序，响应用户的要求；还可以直接通过 Visual Basic 代码实现动态网页设计。

(3) 控件和语言特征。DataGrid，DataList 和 DataCombo 等新增的数据控件，都支持新的 ADO 控件，使 Visual Basic 数据库操作更加灵活、方便。可以创建自己的数据源和数据绑定对象。函数可以将数组作为返回值，并且可以为可变大小的数据赋值。

(4) 创建 ActiveX 控件更加轻松、快捷。用 Visual Basic 创建的 ActiveX 控件，其外观和行为均和用 C 语言编写的控件一样，可以用于 Visual Basic，Visual C＋＋，Delphi 甚至 Word 和 Access 中。

Visual Basic 具有容量超大的控件库，极大地方便了开发人员的设计。Visual Basic 的控件有 3 种广义分类：

(1) 内部控件，如 CommandButton 和 Frame 控件等。这些控件都在 Visual Basic 的 .exe文件中。内部控件总是出现在工具箱中，不像 ActiveX 控件和可插入对象那样可以添加到工具箱中，或从工具箱中删除。

(2) ActiveX 控件是扩展名为.ocx 的独立文件，其中包括各种版本 Visual Basic 提供的控件(DataCombo，DataList 控件等)和仅在专业版和企业版中提供的控件(如 Listview，Toolbar，Animation 和 TabbedDialog)，另外还有许多第三方提供的 ActiveX 控件。

(3) 可插入的对象控件，例如，开发船舶机舱系统仿真人员用的比较多的控件 Valve，Pipe，Gauge，Tank，Button，Filter 等，使用这些控件可在 Visual Basic 应用程序中编程控制另一个应用程序的对象。

上海海事大学在模拟器最初的开发过程中，采用了 Visual Basic 与 GENESIS 的结合方式，解决了 GENESIS 与 Visual Basic 进行数据通信和交换信息的问题。GENESIS 与 Visual Basic 之间的通信方式有两种：一种是通过 GFW 的 DDE 动态连接来实现；另一种是利用 GFW 提供的 7 个关于读写数据点的函数来实现。通过比较，模拟器采用了第二种方法。

GFW 提供的 7 个函数为：

WWXRegisterClient( )	注册客户函数
WWXRequestPoint( )	请求数据点函数

```
WWXReadPoint( )            读数据点函数
WWXWritePoint( )           写数据点函数
WWXReleasePoint( )         释放数据点函数
WWXReleaseAll( )           释放全部数据点函数
WWXRemoveClient( )         释放客户
```

GENESIS 与 Visual Basic 进行数据通信和交换信息具体实现步骤如下：

（1）在 Visual Basic 全局定义部分声明库函数。

```
Declare Function WWXRegisterClient Lib"DB_ACC.DLL"(ByVal hWnd As Integer)As Integer
Declare FunctionWWXRequestPoint Lib"DB_ACC.DLL"(By Val hWnd As Integer,By Val ptHnd As Long, By Val PointName As String, By Val PointType As Integer)As Integer
Declare Function WWXReadPoint Lib "DB_ACC.Dll"(By Val hWnd As Integer, By Val ptHnd As Long, PointType As Integer, Data Val As Single, By Val Str Val As String)As Integer
Declare Function WWXWritePoint Lib "DB_ACC.Dll"(By Val hWnd As Integer, By Val ptHnd As Long, By Val PointType As Integer, By Val Data Val As Single, By Val StrVal As String)As Integer
Declare Function WWXReleaseAll Lib "DB_ACC.Dll"(By Val hWnd As Integer)As Integer
Declare Function WWXRemoveClient Lib "DB_ACC.Dll"(By Val hWnd As Integer)As Integer
```

（2）定义从 GFW 读入 Visual Basic 的参数点。

```
Dim PointName As String
Dim PointType As Integer
Dim FltVal As Single
Dim StrVal As String
Dim StrTemp As String
Dim PointHnd As Long
Dim Code $ (90)
Dim Desc $ (90)
Dim Actions $ (90)
Dim SelectCode As Integer
```

（3）注册客户。

```
Sub ClientRegister()
      Dim Ret As Integer
      Ret = WWXRegisterClient(h Wnd)
      If Ret<>0 Then
         MsgBox "Client Not Registered Succesfully"
      End if
End Sub
```

（4）请求数据点，Visual Basic 申请从 GFW 读入数据点。

```
Sub RequestPoint()
    Dim Ret AS integer
```

```
        PointName = "[SCR].FailureCode.F_MECode"
         PointHnd = 0
        PointType = -1
        Ret = WWXRequestPoint(hWnd,PointHnd,pointName,pointType)
        If Ret<>0 then
          MsgBox"Request Point Failed"
          Exit Sub
        End if
End sub
```

（5）读数据点的值，Visual Basic 从 GFW 获得有关参数值。

```
Sub RequestPoint()
Dim Ret   As Integer
PointName = "[SCR].FailureCode.F_MECode"
        PointHnd = 0
        PointType = -1
        Ret = WWXReadPoint(hWnd, PointHnd, pointType, FltVal, StrVal)
         If Ret<>0 then
           MsgBox"Read   Data Failed"
           Exit Sub
         End if
End sub
```

（6）在 Visual Basic 中运行有关仿真程序。

（7）将运算结果回写到 GFW 中，供 GFW 使用。

```
Sub WriteNewCode()
        Dim Ret As Integer
         Ret = WWXWritePoint(hWnd, PointHnd, PointType, FltVal, StrVal)
         If Ret<>o Then
               MsgBox "Write Error"
           End if
End Sub
```

（8）结束此次数据通信。

```
Sub RemoveClient()
        Dim Ret As Integer
        Ret = WWXReleasePoint(hWnd,PointHnd)
        Ret = WWXremoveClient(hWnd)
End Sub
```

1.4.2 MATLAB/Simulink 简介

MATLAB 是矩阵(Matrix)和实验室(Laboratory)两个英文单词的前三个字母的组合。MATLAB 作为通用计算软件，由于其强大的计算能力和编程的灵活性，在计算机仿真方面得到了广泛的应用，在船舶仿真领域也不例外。

1. MATLAB 的发展应用

20 世纪 70 年代后期，身为美国 New Mexico 大学计算机系系主任的 Cleve Moler 博士，在给学生讲授线性代数课程时，发现学生用 FORTRAN 编写程序很费时间，于是他利用业余时间为学生编写了矩阵运算程序，并取名为 MATLAB。在以后的数年里，MATLAB 在多所大学里作为教学辅助软件使用，并作为面向大众的免费软件广为流传。

1983 年春天，Cleve Moler 博士到 Stanford 大学讲学，MATLAB 深深地吸引了工程师 John Little。John Little 敏锐地觉察到 MATLAB 在工程领域的广阔前景。同年，他和 Cleve Moler 博士、Sieve Bangert 一起，用 C 语言开发了第二代专业版。这一代的 MATLAB 语言同时具备了数值计算和数据图示化的功能。

1984 年，Cleve Moler 博士和 John Little 成立了 MathWorks 公司，正式把 MATLAB 推向市场，并继续进行 MATLAB 的研究和开发。

在当今 30 多个数学类科技应用软件中，就软件数学处理的原始内核而言，可分为两大类。一类是数值计算型软件，如 MATLAB，Xmath，Gauss 等，这类软件善于数值计算，对处理大批数据效率高；另一类是数学分析型软件，如 Mathematica，Maple 等，这类软件以符号计算见长，能给出解析解和任意精度解，其缺点是处理大量数据时效率较低。MathWorks 公司顺应多功能需求之潮流，在其卓越数值计算和图示能力的基础上，又率先在专业水平上开拓了其符号计算、文字处理、可视化建模和实时控制能力，开发了适合多学科、多部门要求的新一代科技应用软件——MATLAB。经过多年的国际竞争，MATLAB 已经占据了数值型软件市场的主导地位。

时至今日，经过 MathWorks 公司的不断完善，MATLAB 已经发展成为适合多学科、多种工作平台的功能强大的大型软件。在国外，MATLAB 已经经受了多年考验。在欧美等高校，MATLAB 已经成为线性代数、自动控制理论、数理统计、数字信号处理、时间序列分析、动态系统仿真等高级课程的基本教学工具；成为攻读学位的大学生、硕士生、博士生必须掌握的基本技能。在设计研究单位和工业部门，MATLAB 被广泛用于科学研究和解决各种具体问题。

2. MATLAB 的语言特点

MATLAB 的基本数据单位是矩阵，它的指令表达式与数学、工程中常用的表示形式十分相似，故用 MATLAB 来解算问题要比用 C，FORTRAN 等语言简捷得多。因此，MATLAB 被称为第四代计算机语言，是比高级语言更灵活的一种编程语言。以下简单介绍 MATLAB 的主要特点：

(1) 语言简洁紧凑，使用方便灵活，库函数极其丰富。MATLAB 程序书写形式自由，利用其丰富的库函数避开繁杂的子程序编程任务，压缩了一切不必要的编程工作。由于库函数都由本领域的专家编写，用户不必担心函数的可靠性。

(2) 运算符丰富。由于 MATLAB 是用 C 语言编写的，MATLAB 提供了和 C 语言几乎一样多的运算符，灵活使用 MATLAB 的运算符将使程序变得极为简短。

(3) MATLAB 既具有结构化的控制语句（如 for 循环、while 循环、break 语句和 if 语句），又有面向对象编程的特性。

(4) 语法限制不严格，程序设计自由度大。例如，在 MATLAB 里，用户无须对矩阵预定义就可使用。

(5) 程序的可移植性好，基本上不做修改就可以在各种型号的计算机和操作系统上运行。

(6) MATLAB 的图形功能强大。在 FORTRAN 和 C 语言里，绘图都很不容易，但在 MATLAB 里，数据的可视化非常简单。MATLAB 还具有较强的编辑图形界面的能力。

(7) 功能强劲的工具箱是 MATLAB 的另一重大特色。MATLAB 包含两个部分：核心部分和各种可选的工具箱。核心部分中有数百个核心内部函数。其工具箱又可分为两类：功能性工具箱和学科性工具箱。功能性工具箱主要用来扩充其符号计算功能、图示建模仿真功能、文字处理功能以及与硬件实时交互功能。功能性工具箱能用于多种学科。而学科性工具箱是专业性比较强的，如 control，toolbox，signal processing toolbox，communication toolbox 等。这些工具箱都是由该领域内的学术水平很高的专家编写的，所以用户无须编写自己学科范围内的基础程序，而直接进行高、精、尖的研究。

(8) 源程序的开放性。开放性也许是 MATLAB 最受人们欢迎的特点。除内部函数以外，所有 MATLAB 的核心文件和工具箱文件都是可读可改的源文件，用户可通过对源文件的修改以及加入自己的文件构成新的工具箱。

有人认为 MATLAB 的缺点是：它和其他高级程序相比，程序的执行效率较低。由于 MATLAB 的程序不需要编译，也不生成可执行文件，而是通过 MATLAB 引擎解释执行，所以速度较慢。但实际上，作为快速建模仿真工具，它提供了设计精良的算法和工具，如果工程人员采用 C 语言等高级语言编程计算，且不论耗费的时间，但就其算法效率一般情况下也远不如 MATLAB 内置的算法效率高。因此，总体而言，对速度要求不是特别高的场合，MATLAB 的优势是很明显的。

3. Simulink 简介

Simulink 是 MATLAB 软件应用最广泛的一个工具箱组件，是一个用来对动态系统进行建模、仿真和分析的 MATLAB 软件包。Simulink 支持连续、离散以及两者混合的线性和非线性系统，同时也支持具有不同部分拥有不同采样率的多种采样速率的仿真系统。

Simulink 工具箱提供了丰富的仿真模块，其主要功能是实现动态系统建模、仿真与分析。用户可在 Simulink 中通过简单的拖拽动作建立对应系统的模型，从而可以预先对系统进行仿真和分析，并可按仿真的最佳效果来调试及整定控制系统的参数。

Simulink 模块库提供了丰富的描述系统特性的典型环节，有信号源模块库（Source）、接收模块库（Sinks）、连续系统模块库（Continuous）、离散系统模块库（Discrete）、非连续系统模块库（Signal Routing）、信号属性模块库（Signal Attributes）、数学运算模块库（Math

Operations)、逻辑和位操作库(Logic and Bit Operations)等,此外还有一些特定学科仿真的工具箱。

Simulink 为用户提供了一个图形化的用户界面。对于用方框图表示的系统,通过图形界面,利用鼠标单击和拖拉方式,建立系统模型就像用铅笔在纸上绘制系统的方框图一样简单,它与用微分方程和差分方程建模的传统仿真软件包相比,具有更直观、更方便、更灵活的优点。

Simulink 仿真与分析的主要步骤按先后顺序为:从模块库中选择所需要的基本功能模块—建立结构图模型—设置仿真参数—进行动态仿真并观看输出结果—针对输出结果进行分析和比较。

Simulink 不但实现了可视化的动态仿真,也能够与 MATLAB,C,C++,FORTRAN 和 DotNet 语言实现数据交换和相互调用。而且通过实时仿真工具箱(RTW),用户用 Simulink 建立的模型还可以直接与计算机硬件进行数据交换,可以实现对实际物理系统的监视和控制功能以及硬件在环的实时仿真功能。这些功能大大扩展了 Simulink 的功能和应用范围。

关于实时仿真的详细介绍请见第 4 章。

1.4.3　专业仿真软件简介

除了高级语言和通用仿真软件 MATLAB 外,在轮机仿真领域还有一些专业软件也得到了较广泛的应用,如 ADAMS,AMESim 等,分别简单介绍如下。

1. ADAMS

ADAMS 即机械系统动力学自动分析(Automatic Dynamic Analysis of Mechanical Systems, ADAMS)软件。该软件是美国 MDI 公司(Mechanical Dynamics Inc)开发的虚拟样机分析软件。目前,ADAMS 已经被全世界各行业的数百家主要制造商采用。

ADAMS 软件的仿真可用于预测机械系统的性能、运动范围、碰撞检测、峰值载荷以及计算有限元的输入载荷等。ADAMS 软件由核心模块、功能扩展模块、专业模块、工具箱和接口模块 5 类模块组成。ADAMS 软件一方面是虚拟样机分析的应用软件,用户可以运用该软件非常方便地对虚拟机械系统进行静力学、运动学和动力学分析;另一方面,又是虚拟样机分析开发工具,其开放性的程序结构和多种接口,可以成为特殊行业用户进行特殊类型虚拟样机分析的二次开发工具平台。

目前,ADAMS 软件已在汽车、飞机、铁路、工程机械、一般机械、航天机械等领域得到广泛应用。在船舶领域,用于船舶运动模拟、动力装置的多体动力学仿真、船舶隔振计算等。

2. AMESim

AMESim(Advanced Modeling Environment for Simulation of Engineering Systems)是多学科领域复杂系统的建模仿真平台。该软件最早由法国 IMAGINE 公司推出,2007 年被比利时 LMS 公司收购。

AMESim 提供了一个系统工程设计的完整平台,使得用户可以在一个平台上建立复杂的多学科领域系统的模型,并在此基础上进行仿真计算和深入分析。用户可以在 AMESim 平台上研究任何元件或系统的稳态和动态性能。AMESim 处于不断的快速发展中,现有的应用库有机械库、信号控制库、液压库(包括管道模型)、液压元件设计库(HCD)、动力传动库、液阻库、注油库(如润滑系统)、气动库(包括管道模型)、电磁库、电机及驱动库、冷却系统库、热库、热液压库(包括管道模型)、热气动库、热液压元件设计库(THCD)、二相库、空气调节系统库。作为在设计过程中的一个主要工具,AMESim 还具有与其他软件包丰富的接口,如 Simulink, Adams, Simpack, Flux2D,RTLab,dSPACE,iSIGHT 等。

目前,AMESim 已经成功应用于航空航天、车辆、船舶、工程机械等多学科领域,成为包括流体、机械、热分析、电气、电磁以及控制等复杂系统建模和仿真的优选平台。在船舶仿真领域,AMESim 用于船舶推进装置仿真、船舶柴油机燃油、滑油系统仿真、船用液压系统仿真等。

3. ANSYS

ANSYS 软件包由世界上最大的有限元分析软件公司之一的美国 ANSYS 开发,是一个多用途的有限元法计算机设计程序,可以用来求解结构、流体、电力、电磁场及碰撞等问题。软件主要包括 3 个部分:前处理模块、分析计算模块和后处理模块。前处理模块提供了一个强大的实体建模及网格划分工具,用户可以方便地构造有限元模型;分析计算模块包括结构分析(可进行线性分析、非线性分析和高度非线性分析)、流体动力学分析、电磁场分析、声场分析、压电分析以及多物理场的耦合分析,可模拟多种物理介质的相互作用,具有灵敏度分析及优化分析能力;后处理模块可将计算结果以彩色等值线显示、梯度显示、矢量显示、粒子流迹显示、立体切片显示、透明及半透明显示(可看到结构内部)等图形形式显示出来,也可将计算结果以图表、曲线形式显示或输出。

ANSYS 软件是融结构、流体、电场、磁场、声场分析于一体的大型通用有限元分析软件。它能与多数 CAD 软件接口,实现数据的共享和交换,如 Pro/Engineer,NASTRAN,Alogor,I-DEAS,AutoCAD 等,是现代产品设计中的高级 CAE 工具之一。因此它可应用于以下工业领域:航空航天、汽车工业、生物医学、桥梁、建筑、电子产品、重型机械、微机电系统、运动器械等。在船舶领域,ANSYS 软件主要应用于结构分析,也有应用到轴系校中等方面。

第 2 章　轮机系统建模

船舶是浮动的“城市”，该“城市”配备了从生活到工作所需的各类机电设备和动力装置。这些设备与装置通过各种方式联系起来，相互作用、相互依存，共同构成轮机系统。轮机系统设备种类繁多，涉及热能、机电、控制等多个学科，遵循不同的物理规律，具有多种多样的特点，任何单一的方法都难以全面考察轮机系统的工作状态。因此，仿真已经成为轮机系统分析和设计的重要手段，而建立合理、适用的数学模型是实现仿真工作的基础。

2.1　系统的数学模型

系统是具有特定功能，按照某些规律结合起来，相互作用、相互依存的事物总体。系统包括工程系统和非工程系统、自然系统和人工系统。也可分为复杂系统和简单系统、中小系统和大系统等。

系统的数学模型是从系统概念出发的关于现实世界的一小部分或几个方面的抽象的“映像”。为此，系统数学模型的建立需要建立如下抽象：输入、输出、状态变量及其间的函数关系。这种抽象过程称为模型构造。抽象过程中，必须联系真实系统与建模目标，其中描述变量起着很重要的作用，它可观测，或不可观测。

从外部对系统施加影响或干扰的可观测变量称为输入变量。系统对输入变量的响应结果称为输出变量。输入、输出变量对的集合，表征着真实系统的“输入-输出”性状(关系)。

真实系统可视为产生一定性状数据的信息源，而模型则是产生与真实系统相同性状数据的一些函数、规则、指令的集合，抽象在其中起着媒介作用。系统数学建模就是将真实系统抽象成相应的数学表达式(一些函数、规则、指令的集合)，如图 2-1 所示。

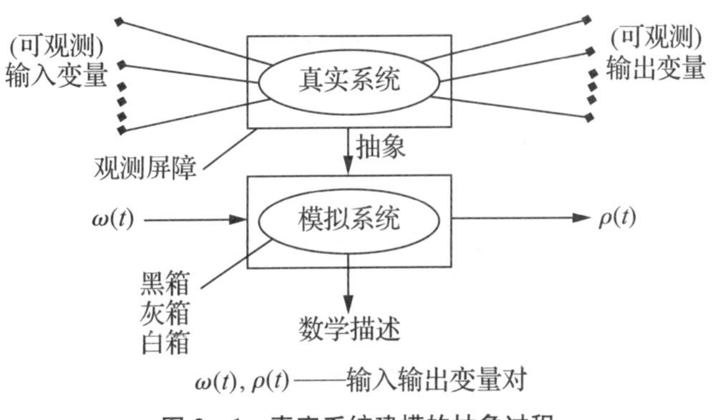

图 2-1　真实系统建模的抽象过程

2.1.1 模型的描述及描述水平

模型是实际系统本质的抽象与简化，可以分为两大类：一类是物理模型，采用一定比例尺按照真实系统的“样子”制作，如沙盘模型；另一类是数学模型，用数学表达式形式来描述系统的内在规律。

一个数学模型可以用如下集合结构来描述：

$$S=(T,X,\Omega,Q,Y,\delta,\lambda) \tag{2-1}$$

式中：T 为时间基，描述系统变化的时间坐标。T 为整数则称为离散时间系统，T 为实数则称为连续时间系统。X 为模型输入集，代表外部环境对系统的作用。X 被定义为 R^n，其中$n\in I^+$，即 X 代表 n 个实值的输入变量。Ω 为模型输入段集，描述某个时间间隔内的输入模式，是(X,T)的子集。Q 为模型内部状态集，是系统内部结构建模的核心。Y 为模型输出段集，系统通过它作用于外部环境。δ 为模型的状态转移函数，定义了系统内部状态的变化规律。它可以表示成一个映射，即 δ：$Q\times\Omega\rightarrow Q$，其含义是：若系统在 t_0 时刻处于状态 q，并施加一个输入段 ω：$<t_0,t_1>\rightarrow X$，则 $\delta(q,\omega)$表示系统处于 t_1 状态。λ 为模型的输出段集。它是映射 λ：$Q\times X\times T\rightarrow Y$，表示由输出函数决定的一个输出段集。

按照系统论的观点，实际系统可在某种级（水平）上被分解，因此可以有不同的描述级（水平）的系统数学模型。

1. 行为描述级

行为描述级（行为水平）也称为性状描述级。在此层级上，系统的描述是将真实系统描述为黑箱，真实系统的物理结构等性质在数学模型中没有体现。对系统施加输入信号，同时测得输出响应，建模的结果是得出一个输入-输出对：(ω,ρ)及其关系 $R=\{(\omega,\rho):\Omega,\omega,\rho\}$。

因此，系统的行为级描述只给出输入-输出观测结果，其数学模型为五元组集合结构：

$$S=(T,X,\Omega,Y,R) \tag{2-2}$$

行为描述级模型的不足在于无法了解系统的机理。

2. 状态描述级

在状态描述级（状态结构水平）上，系统模型不仅能反映输入-输出关系，而且应能反映出系统内部状态以及状态与输入、输出间的关系。数学模型不仅定义了系统的输入与输出，而且定义了系统内部的状态集及状态转移函数。这种描述也称之为白箱，也就是系统的全部结构都可见。

系统的数学模型对于动态结构可用七元组集合来描述：

$$S=(T,X,\Omega,Q,Y,\delta,\lambda) \tag{2-3}$$

对于静态结构可以用四元组来描述：

$$S=(X,Q,Y,\lambda) \tag{2-4}$$

状态描述级模型虽然能够完整地描述系统的状态和行为，但由于实际系统的复杂性，建立完全透明的状态描述级模型几乎是不可能的，而且在很多情况下也没有必要。

3. 复合结构级

实际系统一般可看作由若干个子系统组成，对每个子系统都分别给出行为级或状态级描述。每个子系统被视为系统的一个“部件”。这些部件有其本身的输入、输出变量以及部件间的连接关系和接口。通过建立每个子系统的行为模型或状态模型，并将各子系统通过接口联系起来，就可以建立起系统在复合结构级(分解结构级)上的数学模型。这种复合结构级描述是复杂系统和大系统建模的基础。

这类模型介于黑箱和白箱之间，称为灰箱模型。

建立灰箱模型时应注意：①系统分解为复合结构是无止境的，即每个分系统还会有自己的复合结构；②一个有意义的复合结构描述只能给出唯一的状态结构描述，而一个有意义的状态结构描述本身只有唯一的性状(行为)描述；③系统上述概念必须允许分解停止，又允许进一步分解。

2.1.2　数学建模过程

数学模型是描述实际系统内、外部各变量间相互关系的数学表达式，可以是数值表达式，也可以是逻辑表达式，或者其他形式的表达式。常量、变量、方程、不等式、并、交、图形、表格、曲线、序列以及程序等都是数学模型的重要形式，在不同的领域得到了广泛的应用。

1. 模型的有效性

合理的数学模型应是能够正确反映系统表征和特性的最简数学表达式。这一最简表达式在不同的需求水平上可能具有不同的形式，或者较为简单，或者较为复杂。

假定真实系统 S 在某个强制输入 u 的作用下产生输出 $yS(u)$，为真实系统 S 所建立的数学模型是取决于某个输入 u 而产生输出 $ySM(u)$ 的一组数学模型 SM。如果模型 SM 理想化地代表系统 S，那么，对系统 S 和模型 SM 输入同样的函数 u 将获得相同的输出：

$$yS(u)=ySM(u) \tag{2-5}$$

但是，实际上任何理想化的数学模型都不可能无误差地描述实际系统，因此，式(2-5)是不可能得到的，实际的模型应是一个近似表达式：

$$yS(u)=ySM(u)+\varepsilon(u) \tag{2-6}$$

式中：$\varepsilon(u)$表示模型描述误差。

既然针对任何实际系统所得到的数学模型都是一个被简化的近似数学模型，那么建模过程中必须保证模型的有效性。

模型的有效性就是在对模型所作的预测精度为基准下，反映实际系统数据与模型数据之间的一致性。理论上讲，即实际系统与模型的输入-输出关系一致，也就是模型描述误差 $\varepsilon(u)$应该足够小。

模型的有效性水平可以根据获取的困难程度有强度轻重之分，一般分为三级：①复制有效指模型产生的数据与实际系统所取得的数据相匹配，属于模型有效性的最低水平；②预测有效指从实际系统取得数据之前就能够至少看出匹配数据，属于有效性稍强水平；③结构有效指不仅能够复制实际系统行为，而且能够真实反映实际系统产生此行为的操作，属于更强的有效性水平，可看出实际系统的内部工作情况。

2. 建模过程框架

有效数学模型的建立是一个创造性的科研过程，没有固定的模式可循。简单而言，一个实际系统的建模过程可用图 2-2 来描述。

首先应明确建模的目的，并以目的为基础，协调数学模型的精确性、简明性、可靠性等目标之间的矛盾,提出建模的整体目标和技术指标,从而明确所建模型的结构特性。然后,通过观察和分析实际系统,利用已有的先验知识,通过演绎、分析、实验等方法,提出模型框架定义,进一步确定模型的结构特性,求解或估计模型的参数。第三步是对模型求解,并进行模型的有效性分析(包括模型校核、验证与确认),进一步修改模型和参数。对模型及其参数的修改和修正往往要进行多次。最后,经过实验确认的模型成为最终的有效后验模型,可以投入使用。

经过上述一系列建模过程所得到的模型才可能是有效的模型,而利用这种后验模型进行仿真研究或做其他用途才能保证其可靠性,所得到的仿真结论才能较好地反映实际系统的特性或行为。

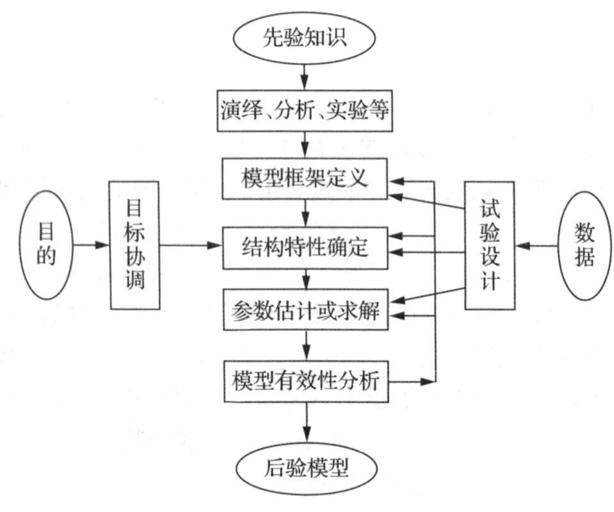

图 2-2　数学建模过程框架

考虑到模型的有效性水平,在建模和模型使用时要重点考虑以下几个方面:

(1) 先验知识的可信性。数学描述的有效性取决于先验知识的可信性,实际上是保证建模前提的正确性。

(2) 实验数据的可信性。所选择的数据段要能反映系统的行为特征,模型数据与实际系统数据的偏离程度要符合目标要求。

(3) 模型应用的可信性。要从实际出发,考虑模型运行能否达到预期目标。

2.1.3　连续系统数学模型

实际系统多种多样,有工程系统、社会系统,有连续系统、离散系统,有集总参数系统、分布参数系统等,对不同的系统需要用不同的数学模型来描述。

虽然实际的物理系统往往是分布参数的,其数学模型通常由偏微分方程(组)来描述,但是,如果以研究系统的动态特性为目的,则不需要考虑分布参数对系统的影响。因此,一般将轮机系统和设备看作集总参数的连续系统,由此建立的模型是有效的。

对于实际系统,还可以采用一定的方法将模型线性化,其简化数学模型一般可采用线性常微分方程、状态空间表达式、传递函数、零极点增益和部分分式等形式来描述。实际上这些不同的形式的模型都是对同一系统的描述,它们之间在本质上是一致的,因此也可以相互转换。采用不同的形式，更多的是为了建模、仿真计算的方便。

1. **微分方程形式**

设线性定常系统输入、输出量是单变量，分别为 $u(t)$，$y(t)$，则两者间的关系总可以描述为线性常系数高阶微分方程形式：

$$a_0 y^{(n)} + a_1 y^{(n-1)} + \cdots + a_{n-1} y' + a_n y = b_0 u^{(m)} + \cdots + b_m u \tag{2-7}$$

式中：$y^{(j)}$ 为 $y(t)$ 的 j 阶导数，$y^{(j)} = \dfrac{\mathrm{d}^j y(t)}{\mathrm{d}t^j}$，$j=0,1,\cdots,n$；$u^{(i)}$ 为 $u(t)$ 的 i 阶导数，$u^{(i)} = \dfrac{\mathrm{d}^i u(t)}{\mathrm{d}t^i}$，$i=0,1,\cdots,m$；$a(j)$ 为 $y(t)$ 及其各阶导数的系数，$j=0,1,\cdots,n$；b_i 为 $u(t)$ 及其各阶导数的系数，$i=0,1,\cdots,m$；n 为系统输出变量导数的最高阶次；m 为系统输入变量导数的最高阶次，通常总有 $m \leqslant n$。

对式(2-7)描述的数学模型，可以用以下模型参数形式表征：

输出系数向量 $\boldsymbol{a} = [a_0, a_1, \cdots, a_n]$，$n+1$ 维；

输入系数向量 $\boldsymbol{b} = [b_0, b_1, \cdots, b_m]$，$m+1$ 维；

输出变量导数阶次 n；

输入变量导数阶次 m。

通过上述模型参数可以简便地表达出一个连续系统的微分方程形式。

微分方程模型是连续控制系统其他数学模型表达形式的基础，以下所要讨论的模型表达形式都是以此为基础发展而来的。

2. **状态方程形式**

当控制系统输入、输出量为多变量时，可用向量分别表示为 $\boldsymbol{u}(t)$，$\boldsymbol{y}(t)$。由现代控制理论可知，总可以通过系统内部变量之间的转换设立状态向量 $\boldsymbol{x}(t)$，将系统模型表达为状态方程形式：

$$\begin{cases} \dot{\boldsymbol{x}}(t) = \boldsymbol{A}\boldsymbol{x}(t) + \boldsymbol{B}\boldsymbol{u}(t) \\ \boldsymbol{y}(t) = \boldsymbol{C}\boldsymbol{x}(t) + \boldsymbol{D}\boldsymbol{u}(t) \end{cases} \tag{2-8}$$

式中：$\boldsymbol{x}(t)$ 为状态向量（n 维）；$\boldsymbol{u}(t)$ 为输入向量（m 维）；$\boldsymbol{y}(t)$ 为输出向量（r 维）；$\boldsymbol{A}$（$n \times n$ 维）为系统系数矩阵；$\boldsymbol{B}$（$n \times m$ 维）系统输入矩阵；$\boldsymbol{C}$（$r \times n$ 维）系统输出矩阵；$\boldsymbol{D}$（$r \times m$ 维）直接传输矩阵。为了系统能够启动，应包含状态初始向量 $\boldsymbol{x}_0(t) = \boldsymbol{x}_0$（$n$ 维）。

对式(2-8)表示的数学模型，可以简记为($\boldsymbol{A}$，$\boldsymbol{B}$，$\boldsymbol{C}$，$\boldsymbol{D}$)形式的参数模型来表示系统。

应当指出，控制系统状态方程的表达形式不是唯一的。通常可根据不同的仿真分析要求而建立不同形式的状态方程，如可控标准型、可观测标准型、约当标准型等。

3. **传递函数形式**

将式(2-8)在零初始条件下，两边同时进行拉普拉斯变换（简称拉氏变换），则有

$$(a_0 s^n + a_1 s^{n-1} + \cdots + a_{n-1} s + a_n) Y(s) = (b_0 s^m + b_1 s^{m-1} + \cdots + b_{m-1} s + b_m) U(s) \tag{2-9}$$

输出拉氏变换 $Y(s)$ 与输入拉氏变换 $U(s)$ 之比为

$$G(s) = \frac{Y(s)}{U(s)} = \frac{b_0 s^m + b_1 s^{m-1} + \cdots + b_{m-1} s + b_m}{a_0 s^n + a_1 s^{n-1} + \cdots + a_{n-1} s + a_n} \tag{2-10}$$

即为单输入单输出系统的传递函数，其模型参数可表示为：

传递函数分母系数向量 $\boldsymbol{a} = [a_0, a_1, \cdots, a_n]$，$n+1$ 维；

传递函数分子系数向量 $\boldsymbol{b}=[b_0,b_1,\cdots,b_m]$,$m+1$ 维;

分母多项式阶次 n;

分子多项式阶次 m。

用 $\boldsymbol{num}=\boldsymbol{b}$,$\boldsymbol{den}=\boldsymbol{a}$ 分别表示分子、分母参数向量,则系统可简练地表示为($\boldsymbol{num}$,$\boldsymbol{den}$)。

式(2-10)中,当 $a_0=1$ 时,分母多项式为

$$s^n+a_1s^{n-1}+\cdots+a_{n-1}s+a_n \tag{2-11}$$

式(2-11)称为系统的首一特征多项式,是控制系统中常用的标准表达形式。在相应的模型参数中,分母系数向量只用 n 维分量即可表示出,即 $\boldsymbol{a}=[a_0,a_1,\cdots,a_n]$,$n$ 维。

4. 零极点增益形式

如果将式(2-10)中分子、分母有理多项式分解为因式连乘形式,则有

$$G(s)=K\frac{\prod_{i=1}^{m}(s-z_i)}{\prod_{j=1}^{n}(s-p_j)}=K\frac{(s-z_1)(s-z_2)\cdots(s-z_m)}{(s-p_1)(s-p_2)\cdots(s-p_n)} \tag{2-12}$$

式中:K 为系统的零极点增益;$z_i(i=1,2,\cdots,m)$称为系统的零点;$p_j(j=1,2,\cdots,n)$称为系统的极点。z_i,p_j 可以是实数,也可以是复数。

式(2-12)为单输入单输出系统传递函数的零极点表达形式。其模型参数为:

系统零点向量 $\boldsymbol{z}=[z_1,z_2,\cdots,z_m]$,$m$ 维;

系统极点向量 $\boldsymbol{p}=[p_1,p_2,\cdots,p_n]$,$n$ 维;

系统零极点增益 K,标量。

因此,系统可简记为($\boldsymbol{z}$,$\boldsymbol{p}$,K)形式。

5. 部分分式形式

传递函数也可表示成为部分分式,如式(2-13)所示

$$G(s)=\sum_{i=1}^{n}\frac{r_i}{s-p_i}+h(s) \tag{2-13}$$

式中:$p_i(i=1,2,\cdots,n)$为该系统的 n 个极点,与零极点形式的 n 个极点一致;$r_i(i=1,2,\cdots,n)$是对应各极点的留数;$h(s)$表示传递函数分子多项式除以分母多项式的余式,若分子多项式阶次与分母多项式相等,h 为标量,若分子多项式阶次小于分母多项式阶次,该项不存在。

模型参数表示为:

极点留数向量 $\boldsymbol{r}=[r_1,r_2,\cdots,r_n]$,$n$ 维;

系统极点向量 $\boldsymbol{p}=[p_1,p_2,\cdots,p_n]$,$n$ 维;

余式系数向量 $\boldsymbol{h}=[h_0,h_1,\cdots,h_l]$,$l+1$ 维,且 $l=m-n$,原函数中分子大于分母阶次的余式系数,$l<0$ 时该向量不存在。

模型可简记为($\boldsymbol{r}$,$\boldsymbol{p}$,$\boldsymbol{h}$)形式。

2.2 系统建模的基本原则及方法

系统建模有两大类方法:一类是机理分析建模方法,称为分析法;另一类是实验建模方

法，通常称为系统辨识。

机理分析建模方法是通过对系统内在机理的分析，运用各种物理、化学等定律，推导出描述系统的数学关系式，通常称为机理模型。采用机理建模必须清楚地了解系统的内部结构，所以，常称为“白箱”建模方法。机理建模得到的模型展示了系统的内在结构与联系，较好地描述了系统特性。但是，机理建模方法具有局限性，特别是当系统内部过程变化机理还不是很清楚时，很难采用机理建模方法。而且，当系统结构比较复杂时，所得到的机理模型往往比较复杂，难以满足实时仿真的要求。另外，机理建模总是基于许多简化和假设之上的，所以，机理模型与实际系统之间存在难于避免的建模误差。

系统辨识是利用系统输入、输出的实验数据，构造数学模型的实验建模方法。因为系统辨识方法只依赖于系统的输入输出关系，即使对系统内部机理不了解，也可以建立模型，所以常称为“黑箱”建模方法。由于系统辨识是基于建模对象的实验数据，所以，建模对象必须已经存在，并能够进行实验。而且，系统辨识得到的模型只反映系统输入输出的特性，不能反映系统的内在信息，难以描述系统的本质。

最有效的建模方法是将机理分析方法与系统辨识方法结合起来。事实上，人们在建模时，对系统并不是一点都不了解，只是不能准确地描述系统的定量关系，但了解系统的一些特性，如系统的类型、阶次等。因此，系统像一只“灰箱”。实用的建模方法是尽量利用人们对物理系统的认识，由机理分析提出模型结构，然后用观测数据估计出模型参数，这种方法常称为“灰箱”建模方法，实践证明这种建模方法是非常有效的。

2.2.1　系统建模的基本原则

对于同一个系统所建立的数学模型往往不是唯一的，这是因为研究、分析系统的目的往往不同，所关心的方面就不同，收集与系统有关的信息也就不同。所以，描述一个系统的数学模型并非是唯一的。系统建模没有一定的规则，但需要遵循一定的原则：

(1) 必须满足数学模型的精确性、简明性、层次性、多用性、可靠性及标准化等一般要求。

(2) 建模时须经常考虑，模型功能是否满足所研究问题的需要；在满足需要的条件下，模型形式是否合理、经济；模型是否容易实现；模型运转是否稳定；是否可以达到预期的精度要求。

(3) 为了缩短建模周期，获取高质量的数学模型，必须合理选择建模方法。

一个系统的数学模型是采用数学符号和方程式对该系统进行描述的，而这种描述本身不可能做到无所不包，不可能做到完全精确。而且在建立模型的过程中，除了不考虑与系统研究无关的因素和内容外，往往由于系统研究的条件，或者是系统研究目的，或者是技术的、经济的原因，对某些次要因素也进行了忽略。

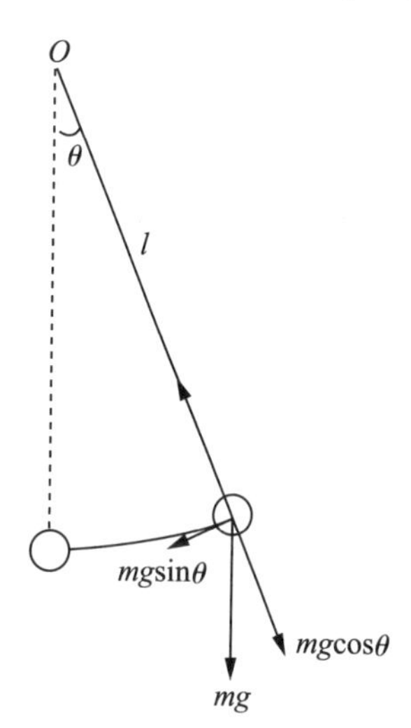

图 2-3　单摆运动

比如物理学中经常讲到的单摆运动方程，一般设一质量为 m 可看作质点的小球，系于长度为 l(不可伸长)，质量可以忽略的细绳下端，绳子的上端固定，如图 2-3 所示。当小球稍微向

右偏移(规定单摆在平衡位置右方为正),使细绳与铅垂方向形成一个小角度 θ 再释放,根据刚体转动定律可得

$$I\frac{\mathrm{d}^2\theta}{\mathrm{d}t^2}=G \tag{2-14}$$

式中: I 为转动惯量; G 为合力矩。

进一步计算有:

$$ml^2\frac{\mathrm{d}^2\theta}{\mathrm{d}t^2}=-mgl\sin\theta \tag{2-15}$$

整理即

$$\frac{\mathrm{d}^2\theta}{\mathrm{d}t^2}+\frac{g}{l}\sin\theta=0 \tag{2-16}$$

又因偏移角度 θ 很小,可取 $\sin\theta=\theta$,得

$$\frac{\mathrm{d}^2\theta}{\mathrm{d}t^2}+\frac{g}{l}\theta=0 \tag{2-17}$$

这样得到的是一个二阶的常系数线性微分方程,求解比较容易。如果不利用偏移角度 θ 很小的条件,不取 $\sin\theta=\theta$,则不能得到式(2-17),而只能利用式(2-16)这一非线性微分方程求解,则难于得到这个方程的解析解,即使进行数值求解也会变得更为复杂。

再比如,对于图 2-4 所示的电学系统,应用基尔霍夫电压定律,用电量 q 作为变量,可用下列微分方程来描述这个系统的性能,即

$$L\frac{\mathrm{d}^2q}{\mathrm{d}t^2}+R\frac{\mathrm{d}q}{\mathrm{d}t}+\frac{1}{C}q=E(t) \tag{2-18}$$

式(2-18)是著名的电压定律,但是,如果考虑到电流流经电阻产生热量,方程则会大不相同。电流流经电阻产生的热量大小与流经电阻的电流的二次方成正比关系,它使电阻的温度上升。由于温度的变化,电阻本身的电阻值会发生变化。电阻值的变化量正比于温度的变化量。即将实际的电阻值表示为:

$$R=A+Bi^2=A+B\left(\frac{\mathrm{d}q}{\mathrm{d}t}\right)^2 \tag{2-19}$$

式中: A 和 B 都是比例系数。

将式(2-19)代入式(2-18),则

$$L\frac{\mathrm{d}^2q}{\mathrm{d}t^2}+\left[A+B\left(\frac{\mathrm{d}q}{\mathrm{d}t}\right)^2\right]\frac{\mathrm{d}q}{\mathrm{d}t}+\frac{1}{C}q=E(t) \tag{2-20}$$

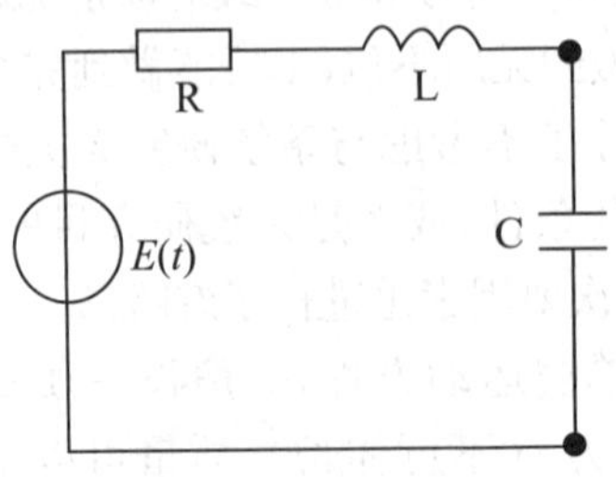

图 2-4　电学系统

由此得到的是一个更为复杂的微分方程，求解此方程非常困难。所以，一般情况下，都是假设电阻受电流影响较小，温度变化不大，电阻值是个常数，这样利用式(2-18)，可以方便地得到解的结果。

所以，在建立模型的过程中，必须要认真考虑系统研究的目的和条件，确定模型的边界，对某些次要因素进行适当的忽略，在保证满足计算精度要求的前提下，尽可能地简化数学模型。

舰船轮机系统设备多样、结构复杂，在建模的过程中必须首先明确建模的研究对象、研究目的，确定系统模型的边界，整体上应该采用各种方法的综合运行建立其数学模型。针对机理较清楚的设备，可以采用机理建模方法；对于机理还不掌握或者所建立的模型过于复杂时，可采用实验建模方法等。

2.2.2 机理建模法

机理建模法主要是通过理论分析推导的方法建立系统模型。根据确定元件或系统行为所遵循的自然机理，如常用的物质守恒定律(用于液位、压力调节等)、量守恒定律(用于温度调节等)、牛顿第二定律(用于速度、加速度调节等)、基尔霍夫定律(用于电气网络)等等，对系统各种运动规律的本质进行描述，包括质量、能量的变换和传递等过程，从而建立起变量间相互制约又相互依存的精确的数学关系。通常情况下，给出微分方程或者状态方程、传递函数等形式。

建模过程中，必须对系统进行深入的分析研究，善于提取本质、主流方面的因素，忽略一些非本质、次要的因素，合理确定对系统模型准确度有决定性影响的物理变量及其相互作用关系，适当舍弃对系统性能影响微弱的物理变量和相互作用的关系，避免出现冗长、复杂、繁琐的公式方程堆砌。最终目的是要建造出既简单清晰，又具有相当精度，能基本反映实际物理量变化的系统模型。

建立机理模型还应注意所研究系统模型的线性化问题。大多数情况下，实际系统由于种种因素的影响，都存在非线性现象，如机械传动中的死区间隙、电气系统中磁路饱和等，严格地说都属于非线性系统，只是其非线性程度有所不同。在一定条件下，可以通过合理的简化、近似，用线性系统模型近似描述非线性系统：其优点在于可利用线性系统许多成熟的计算分析方法和特性，使系统的分析、设计更为简单方便，易于实用。但也应指出，线性化处理方法并非对所有系统都适用，例如对于包含本质非线性环节的系统就需要采用特殊的研究方法。

1. 机理建模实例

例 2-1 R-L-C 无源网络如图 2-5 所示，试列写输入电压 u_r 与输出电压 u_c 之间的微分方程。

解： 这是一个电学系统，根据基尔霍夫电压定律可写出

$$u_r(t)=Ri(t)+L\frac{di(t)}{dt}+u_c(t)$$

$$i(t)=c\frac{du_c(t)}{dt}$$

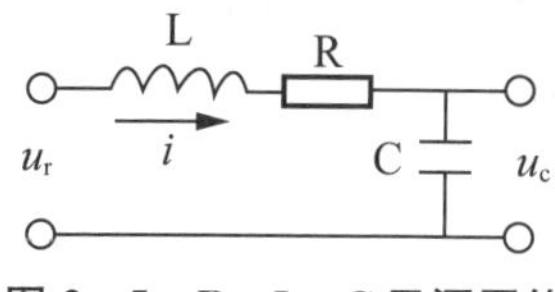

图 2-5 R-L-C 无源网络

消去上两式的中间变量 $i(t)$，整理可得

$$LC\frac{d^2u_c(t)}{dt^2}+RC\frac{du_c(t)}{dt}+u_c(t)=u_r(t)$$

假定 R,L,C 都是常数，则上式即为二阶线性常系数微分方程。

令 $$T^2=LC,2\xi T=RC$$

即 $$T=\sqrt{LC},\xi=R\sqrt{C}/(2\sqrt{L})$$

用 T 及 ξ 代替 R,L,C 并整理，可得微分方程标准形式为：

$$T^2\frac{d^2u_c(t)}{dt^2}+2\xi T\frac{du_c(t)}{dt}+u_c(t)=u_r(t)$$

式中：T 表示 R－L－C 网络的时间常数；ξ 表示阻尼系数。

同样，若令 $\omega_n=\frac{1}{T}$（自然频率），模型可表示为另一种标准形式

$$\frac{d^2u_c(t)}{dt^2}+2\xi\omega_n\frac{du_c(t)}{dt}+\omega_n{}^2u_c(t)=\omega_n{}^2u_r(t)$$

例 2－2 弹簧-质量-阻尼器系统如图 2－6 所示，其中，K 为弹簧的弹性系数，c 为阻尼器的阻尼系数，m 表示小车的质量。如果忽略小车与地面的摩擦，试列写以外力 $F(t)$ 为输入，以位移 $y(t)$ 为输出的系统微分方程。

解： 这是一个力学系统。首先对小车进行隔离体受力分析，如图 2－7 所示。在水平方向应用牛顿第二定律可写出：

$$F(t)-c\frac{dy(t)}{dt}-Ky(t)=m\frac{d^2y(t)}{dt^2}$$

若令 $T=\sqrt{\frac{m}{K}},\xi=\frac{c}{2\sqrt{mK}}$

则可将模型写成如下标准形式：

$$T^2\frac{d^2y(t)}{dt^2}+2\xi T\frac{dy(t)}{dt}+y(t)=\frac{F(t)}{K}$$

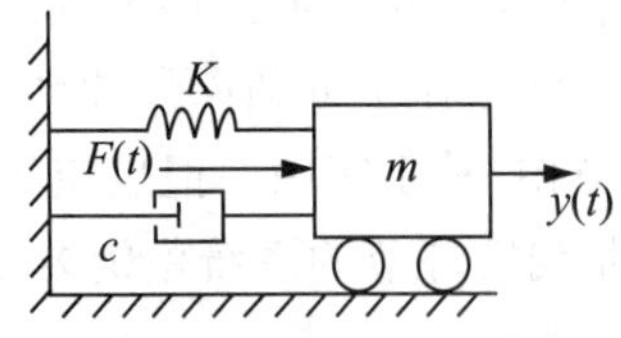

图 2－6 弹簧-质量-阻尼器系统

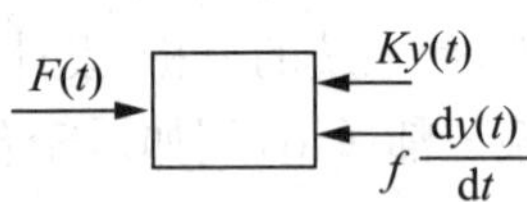

图 2－7 小车受力图

2．模型的线性化

实际系统多是非线性系统，求解不便。为了获得非线性系统的线性数学模型，通常假设变量对于某一工作状态的偏离很小。设系统的输入量为 $x(t)$，输出为 $y(t)$，$y(t)$ 和 $x(t)$ 的关系是：

$$y=f(x) \tag{2-21}$$

如果系统的额定工作状态相应于$\bar{x}$,$\bar{y}$,那么式(2-21)可以在该点附近展开成泰勒级数：

$$y=f(x)=f(\bar{x})+\frac{\mathrm{d}f}{\mathrm{d}x}(x-\bar{x})+\frac{1}{2!}\frac{\mathrm{d}^2f}{\mathrm{d}x^2}(x-\bar{x})^2+\cdots \tag{2-22}$$

式中：$\frac{\mathrm{d}f}{\mathrm{d}x}$及$\frac{\mathrm{d}^2f}{\mathrm{d}x^2}$都在$x=\bar{x}$点进行计算。如果$(x-\bar{x})$很小,可以忽略$(x-\bar{x})$的高阶项。因此方程可以写成：

$$y=\bar{y}+k(x-\bar{x}) \tag{2-23}$$

式中：$\bar{y}=f(\bar{x})$,$k=\left.\frac{\mathrm{d}f}{\mathrm{d}x}\right|_{x=\bar{x}}$。

式(2-23)可以改写成

$$y-\bar{y}=k(x-\bar{x}) \tag{2-24}$$

式(2-24)说明$y-\bar{y}$与$x-\bar{x}$成正比,也就是成线性关系。式(2-24)就是由式(2-21)定义的非线性系统的线性数学模型。

下面来研究另一种非线性系统,它的输出量y是两个输入量x_1和x_2的函数,因而有

$$y=f(x_1,x_2) \tag{2-25}$$

为了得到这一非线性系统的线性近似关系,将式(2-25)在额定工作点(x_1,x_2)附近展开成泰勒级数。这时式(2-25)可写成：

$$y=f(\bar{x}_1,\bar{x}_2)+\left[\frac{\partial f}{\partial x_1}(x_1-\bar{x}_1)+\frac{\partial f}{\partial x_2}(x_2-\bar{x}_2)\right]+$$
$$\frac{1}{2!}\left[\frac{\partial^2 f}{\partial x_1^2}(x_1-\bar{x}_1)^2+2\frac{\partial^2 f}{\partial x_1\partial x_2}(x_1-\bar{x}_1)(x_2-\bar{x}_2)+\frac{\partial^2 f}{\partial x_2^2}(x_2-\bar{x}_2)^2\right]+\cdots \tag{2-26}$$

式(2-26)中,偏导数都在$x_1=\bar{x}_1$,$x_2=\bar{x}_2$上进行计算。在额定工作点附近,将高阶项忽略。于是在额定工作状态附近,这一非线性系统的线性数学模型可以写成：

$$y-\bar{y}=k_1(\bar{x}_1,\bar{x}_2)+k_2(x_2-\bar{x}_2) \tag{2-27}$$

式中：$\bar{y}=f(\bar{x}_1,\bar{x}_2)$;$k_1=\left.\frac{\partial f}{\partial x_1}\right|_{x_1=\bar{x}_1}$;$k_2=\left.\frac{\partial f}{\partial x_2}\right|_{x_2=\bar{x}_2}$。

这里介绍的线性化方法只有在工作状态附近才是正确的。当工作状态的变化范围很大时,线性化方程就不合适了,这时必须使用非线性方程。应当特别注意,在分析和设计中采用的具体数学模型,只有在一定的工作条件下才能精确表示实际系统的动态特性,在其他工作条件下可能是不精确的,甚至是不正确的。

2.2.3　实验建模法

由于舰船动力装置中的一些系统或设备,其工作过程往往是热工过程,是一种反映质量和能量的传递的过程,人们往往只能定性地了解此类系统,直接利用已知的基本定律导出其数学模型往往比较困难。如果这类系统允许直接对其进行实验观测,就可以先利用先验知识假设该系统的数学模型,并根据实验的数据加以验证和校正。这种方法又称系统辨识法,即对具体的对象施加一定的试验信号,通过测量输入和输出数据,对它们进行分析、处理,从而辨识出对象的数学模型。根据所加的试验信号及所用分析方法的不同,系统辨识的方法

也有很多种。较常用的有时域法、频域法、相关分析和参数估计法。下面主要介绍在舰船建模中常用的两种方法。

1. **时域法辨识系统模型**

为了得到对象的动态特性，并建立其相应的数学模型，在时域中，通常采用的方法是现场实验测出系统对阶跃输入信号的响应，所得到的阶跃响应曲线称为飞升曲线。然后根据飞升曲线辨识出对象的数学模型。在舰船动力装置中，所研究的对象主要是热力设备，一般用传递函数的形式来描述这些对象的动态特性，其传递函数一般可用下面几种形式来描述：

$$G(s)=\frac{K}{Ts+1} \tag{2-28}$$

$$G(s)=\frac{K}{Ts+1}e^{-\tau s} \tag{2-29}$$

$$G(s)=\frac{K}{T^2s^2+2\xi Ts+1} \tag{2-30}$$

$$G(s)=\frac{K}{T^2s^2+2\xi Ts+1}e^{-\tau s} \tag{2-31}$$

在舰船动力装置中，一般的设备或系统都可以由上述传递函数或它们的组合进行描述。

1) 由飞升曲线确定一阶环节的参数

如果经实际的测试，得到其飞升曲线如图 2-8 所示。其中 $u(t)$表示输入至对象的阶跃信号，$y(t)$是对象的阶跃响应，即飞升曲线。如果飞升曲线在 $t=0$ 处斜率不为零而为最大值，然后逐渐上升到稳态值 $y(\infty)$。则该环节的模型可用式(2-28)的一阶惯性环节来近似描述。其中有两个未知参数 K 和 T 需要确定。

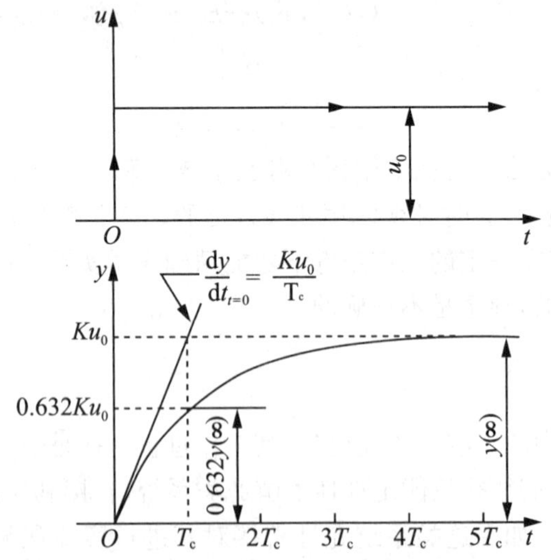

图 2-8　一阶惯性环节阶跃响应飞升曲线

稳态放大系数 K 可用输出量的稳态值 $y(\infty)$ 与输入阶跃幅度 u_0 之比来计算，即

$$K=\frac{y(\infty)}{u_0} \tag{2-32}$$

对于式(2-28)的一阶环节，其解 $y(t)$ 可表示为：

$$y(t)=y(\infty)(1-e^{-\frac{t}{T}}) \tag{2-33}$$

设

$$y^*(t)=\frac{y(t)}{y(\infty)} \tag{2-34}$$

则称 $y^*(t)$ 为标幺飞升曲线。显然 $y^*(t)$ 的表示式可改写成：

$$y^*(t)=1-e^{-\frac{t}{T}} \tag{2-35}$$

显然对于任意时刻 t_1，飞升曲线的标幺值为 $y^*(t_1)$，则根据式(2-35)可得

$$T=\frac{-t_1}{\ln[1-y^*(t_1)]} \tag{2-36}$$

如取 $y^*(t_1)=0.632$，上式可简化为：$T\approx t_1$。

所以，只要找出标幺飞升曲线上纵坐标为 0.632 处所对应的时间坐标 t_1，此值即为时间常数 T。

因为确定一阶环节参数的工作比较简单，一般可以直接根据实验曲线利用手工进行计算，其步骤为：①根据实验结果绘制飞升曲线；②根据飞升曲线确定出 $y(\infty)$ 的数值；③在纵坐标找到对应于 $0.632y(\infty)$ 所对应的数值；④根据输入的阶跃幅值 u_0 和 $y(\infty)$，计算 $K=\frac{y(\infty)}{u_0}$，以及 $T\approx t_1$；⑤按式(2-35)进行计算，与实验得到的飞升曲线进行比较，修正之。

如果实验得到的飞升曲线是一条如图 2-9 所示的 S 形非周期曲线，则它的模型可用式(2-29)带延时的一阶环节来近似，其中有 3 个未知参数 K,T,τ 需要确定。稳态放大系数 K 仍由式(2-32)所确定。并根据式(2-34)求出标幺飞升曲线 $y^*(t)$。根据式(2-29)表示的传递函数，$y^*(t)$ 也可以写为：

$$y^*(t)=\begin{cases}0, & t<\tau \\ 1-e^{(\frac{t-\tau}{T})}, & t\geqslant\tau\end{cases} \tag{2-37}$$

当 $t_2>t_1>\tau$ 时，对于两个任意时刻 t_1 和 t_2，由式(2-37)可得飞升曲线的标幺值 $y^*(t_1)$ 和 $y^*(t_2)$ 的表达式，联立方程解之可得

$$T=\frac{t_2-t_1}{\ln[1-y^*(t_1)]-\ln[1-y^*(t_2)]} \tag{2-38}$$

$$\tau=\frac{t_2\ln[1-y^*(t_1)]-t_1\ln[1-y^*(t_2)]}{\ln[1-y^*(t_1)]-\ln[1-y^*(t_2)]} \tag{2-39}$$

根据式(2-38)、式(2-39)可由标幺飞升曲线上的两组数据 $t_1,y^*(t_1)$ 和 $t_2,y^*(t_2)$ 得未知参数 T,τ。

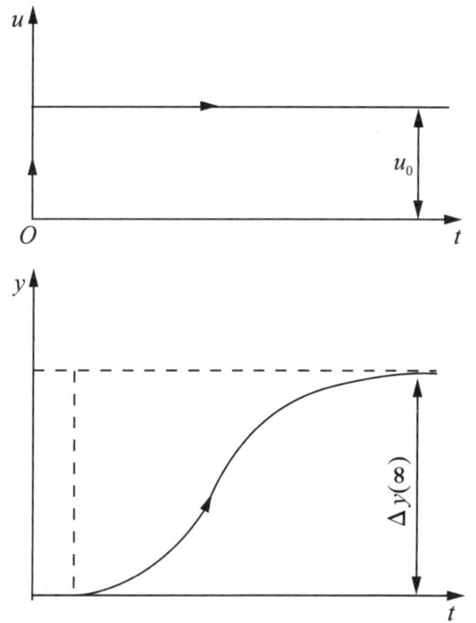

图 2-9 带延时一阶环节的飞升曲线

如果取 $y^*(t_1)=0.393$ 和 $y^*(t_2)=0.632$，则式(2-38)和式(2-39)可简化为：

$$T=2(t_2-t_1) \tag{2-40}$$

$$\tau=2t_1-t_2 \tag{2-41}$$

2）由飞升曲线确定二阶振荡环节的参数

在舰船动力装置中，有一些系统或设备往往是二阶系统，如伺服电机，一般输入是电压，输出是轴转速，输入电压和输出轴转速间的传递函数是二阶的；又如柴油机油门刻度和转速间的传递函数也是二阶的。对实验飞升曲线如图 2-10 所示的衰减振荡曲线的系统而言，其传递函数可以考虑用式(2-30)和式(2-31)所示的二阶环节来近似。首先考虑无延时的情况，它的传递函数如式(2-30)，有：

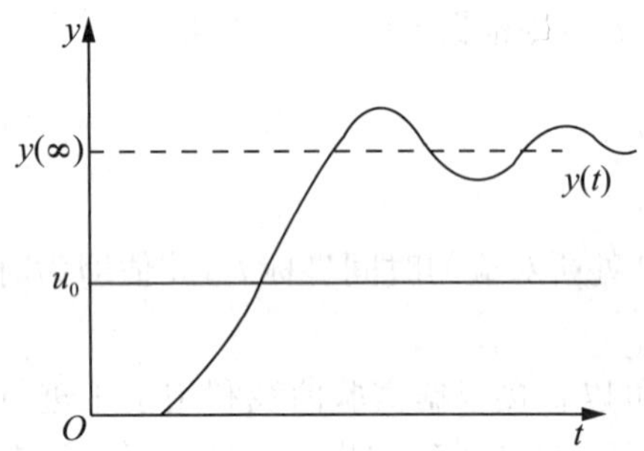

图 2-10　二阶振荡环节的飞升曲线

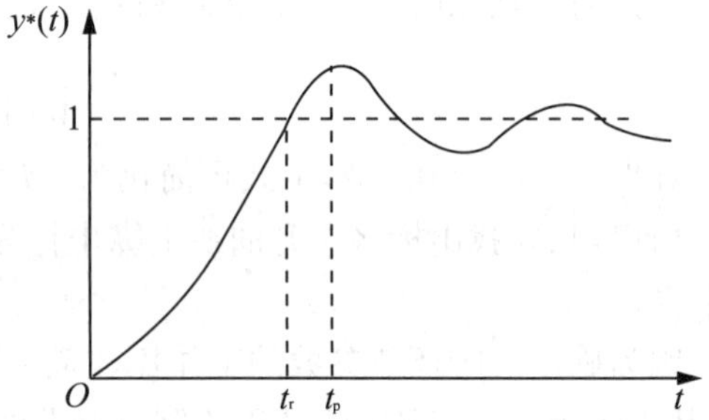

图 2-11　无延时二阶振荡环节的标幺飞升曲线

$$G(s)=\frac{K}{T^2s^2+2\xi Ts+1}=\frac{K\omega_n^2}{s^2+2\xi\omega_n s+\omega_n^2} \tag{2-42}$$

式中：阻尼系数 $\xi<1$；$\omega_n=\dfrac{1}{T}$是系统的无阻尼自振频率。

由上式可见，需要确定 3 个未知参数 K，T 和 ξ。稳态放大系数 K 仍和前面一样，即

$$K=\frac{y(\infty)}{u_0} \tag{2-43}$$

同样，可将飞升曲线化为标幺飞升曲线：

$$y^*(t)=\frac{y(t)}{y(\infty)} \tag{2-44}$$

如果输入是单位阶跃，根据式(2-42)的二阶振荡环节的传递函数，可以求得如图 2-11 所示的二阶振荡环节的标幺飞升曲线表达式：

$$y^*(t)=1-\frac{e^{-\xi\omega_n t}}{\sqrt{1-\xi^2}}\sin\left(\omega_n t\sqrt{1-\xi^2}+\tan^{-1}\frac{\sqrt{1-\xi^2}}{\xi}\right) \tag{2-45}$$

在式(2-45)中，令 $y^*(t)=1$，可以求得 $y^*(t)$第一次到达稳态值的时间，即

$$t_r=\frac{\pi-\tan^{-1}\dfrac{\sqrt{1-\xi^2}}{\xi}}{\omega_n\sqrt{1-\xi^2}} \tag{2-46}$$

令$\dfrac{dy^*(t)}{dt}=0$，可以求得 $y^*(t)$第一次到达峰值的时间为：

$$t_p=\frac{\pi}{\omega_n\sqrt{1-\xi^2}} \tag{2-47}$$

相应的超调量：

$$M_p = y^*(t_p) - 1 = e^{-\frac{\xi\pi}{\sqrt{1-\xi^2}}} \tag{2-48}$$

设

$$m = -\ln M_p \tag{2-49}$$

由于超调量 M_p 满足：$0 < M_p \leqslant 1$，所以 $m \geqslant 0$。由式(2-48)可解得

$$\xi = \frac{m}{\sqrt{\pi^2 + m^2}} \tag{2-50}$$

联立求解式(2-46)和式(2-47)得

$$\omega_n = \frac{\tan^{-1}\dfrac{\sqrt{1-\xi^2}}{\xi}}{(t_p - t_r)\sqrt{1-\xi^2}} \tag{2-51}$$

或

$$T = \frac{(t_p - t_r)\sqrt{1-\xi^2}}{\tan^{-1}\dfrac{\sqrt{1-\xi^2}}{\xi}} \tag{2-52}$$

可见，如果能从实验飞升曲线上求得 M_p，t_r 和 t_p，可首先根据式(2-49)和式(2-50)计算出阻尼系数，然后根据式(2-52)计算出系统的时间常数 T。

如果系统的实验飞升曲线为图 2-10 所示的衰减振荡曲线，则有延时的二阶振荡环节，其传递函数如式(2-31)所示。

式中有 4 个未知参数，即 K,T,ξ,τ 待确定。其中稳态放大系数 K 和前面一样，可由式(2-32)求出。同时按式(2-34)将飞升曲线化为如图 2-12 所示的标幺飞升曲线。

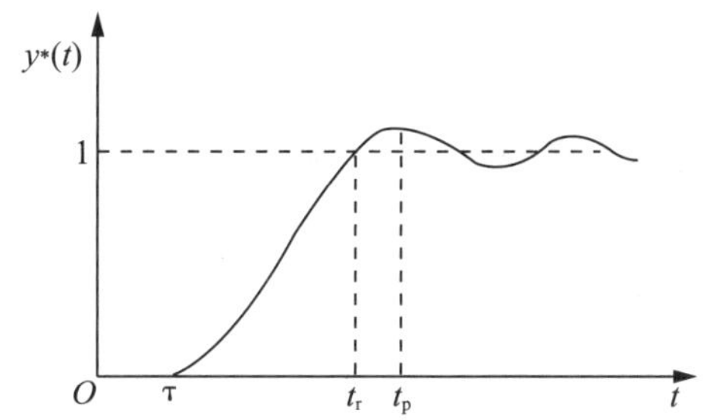

图 2-12　有延时二阶振荡环节的标幺飞升曲线

由于图 2-12 中的 $y^*(t)$ 只是图 2-11 中的 $y^*(t)$ 延迟一个时间 τ，因此前面计算 T 和 ξ 的式(2-49)，式(2-50)和式(2-52)在这里同样是适用的。同理根据式(2-47)可以求得

$$\tau = t_p - \frac{\pi T}{\sqrt{1-\xi^2}} \tag{2-53}$$

在舰船动力工程中，一些热力设备和控制器件往往符合一阶或二阶环节的特性，某些高阶系统也可以通过合理的简化化为二阶系统。如果通过试验，能获得其比较准确的飞升曲线信息，采用上述的时域法辨识系统模型是比较简单而实用的方法。

2. 最小二乘法辨识系统模型

在船舶动力工程领域里，一些系统和设备的特性往往是通过实际的试验所得到的测试数据或图表来表述的，比如，航速与功率(阻力)的关系，柴油机最大许用扭矩与转速的关系

等。这些系统和设备的函数关系 $y=f(x)$ 可从相关实验观测得到的数据中获得。通常采用最小二乘法来解决这个问题。

设由实验得到的数据见表 2－1，要求给出这组数据的一个近似的函数关系式 $y=\phi(x)$。

表 2－1　实验数据示例

x	x_1　x_2　x_3　$\cdots$　x_i　$\cdots$　x_n
y	y_1　y_2　y_3　$\cdots$　y_i　$\cdots$　y_n

如果将表 2－1 中的数据绘制成图形，要求取的函数关系就是根据 n 个已知点 (x_i,y_i) $(i=1,2,3,\cdots,n)$，求出一条满足这组数据条件的近似曲线。因此，这类问题也称为曲线拟合问题。曲线拟合方法并不要求拟合的曲线完全通过所有 n 个已知点，也就是不要求近似函数满足：

$$\phi(x_i)=y_i \qquad (i=1,2,3,\cdots,n) \tag{2-54}$$

而只要求由 $(x_i,y_i)(i=1,2,3,\cdots,n)$，得到近似函数关系 $\phi(x)$ 所代表的曲线能反映数据变化的基本趋势。通常可根据经验或通过绘出实验观测得到数据的草图，得到数据符合某一类型的近似函数 $\phi(x)$。

如果符合线性关系，可取

$$\phi(x)=a_0+a_1x \tag{2-55}$$

来近似，称为线性回归。如果是符合二次函数的，可取

$$\phi(x)=a_0+a_1x+a_2x^2 \tag{2-56}$$

来近似，称为二次回归。如果是：

$$\phi(x)=\sum_{j=0}^{m}a_jx^j \tag{2-57}$$

则称为 m 次多项式回归。显然这样处理，$\phi(x_i)$ 和 y_i 之间是存有误差的，可表示为

$$r_i=\phi(x_i)-y_i \qquad (i=1,2,3,\cdots,n) \tag{2-58}$$

r_i 又称残量，一般情况下 $r_i\neq0$。

定义：确定 $a_j(j=1,2,3,\cdots,m)$，使

$$R=\sum_{i=1}^{n}r_i^2=\sum_{i=0}^{m}(\phi(x_i)-y_i)^2=\text{极小} \tag{2-59}$$

的问题称为最小二乘法，所得到的近似函数关系 $\phi(x)$ 称为回归曲线。

由于 R 是 $a_j(j=1,2,3,\cdots,m)$ 的连续函数，且 $R\geqslant0$，所以一定存在一组数 $a_j(j=0,1,2,\cdots,m)$，使 R 取得极小值，根据极值理论，R 必须满足：

$$\frac{\partial R}{\partial a_j}=0 \qquad (j=0,1,2,\cdots,m) \tag{2-60}$$

式(2－60)通常被称为正则方程(组)。由式(2－60)可求出 $a_j(j=0,1,2,\cdots,m)$。

例如，已知一组实验数据为

x	1	2	3	4	5	6	7	8	9	10
y	10	8	5	4	2	1	1	2	3	4

根据这组数据，可描出对应数据的粗略图形，该图形近似为一抛物线。所以，可以设：

$$y \approx \phi(x) = a_0 + a_1 x + a_2 x^2 \tag{2-61}$$

由式(2-60)，得

$$\begin{cases} \dfrac{\partial R}{\partial a_0} = 2\sum_{i=1}^{10}(a_0 + a_1 x_i + a_2 x_i^2 - y_i) = 0 \\ \dfrac{\partial R}{\partial a_1} = 2\sum_{i=1}^{10} x_i (a_0 + a_1 x_i + a_2 x_i^2 - y_i) = 0 \\ \dfrac{\partial R}{\partial a_2} = 2\sum_{i=1}^{10} x_i^2 (a_0 + a_1 x_i + a_2 x_i^2 - y_i) = 0 \end{cases} \tag{2-62}$$

整理式(2-62)可得

$$\begin{cases} 10a_0 + a_1 \sum_{i=1}^{10} x_i + a_2 \sum_{i=1}^{10} x_i^2 = \sum_{i=1}^{10} y_i \\ a_0 \sum_{i=1}^{10} x_i + a_1 \sum_{i=1}^{10} x_i^2 + a_2 \sum_{i=1}^{10} x_i^3 = \sum_{i=1}^{10} x_i y_i \\ a_0 \sum_{i=1}^{10} x_i^2 + a_1 \sum_{i=1}^{10} x_i^3 + a_2 \sum_{i=1}^{10} x_i^4 = \sum_{i=1}^{10} x_i^2 y_i \end{cases} \tag{2-63}$$

将实验数据代入(2-63)计算得

$$\begin{cases} 10a_0 + 55a_1 + 385a_2 = 40 \\ 55a_0 + 385a_1 + 3\,025a_2 = 163 \\ 385a_0 + 3\,025a_1 + 25\,333a_2 = 1\,057 \end{cases} \tag{2-64}$$

为求出 a_j $(j=0,1,2)$，解正则方程组式(2-64)，得

$$\phi(x) = 13.801 - 3.691x + 0.272\,7x^2 \tag{2-65}$$

对于一个形如指数函数 $\phi(x)=a\mathrm{e}^{bx}$ 的曲线，由于 $\ln\phi(x)=\ln a+bx$，故可作如下变换：

$$u=\phi(x),\ A=\ln a,\ B=b \tag{2-66}$$

即

$$u=A+Bx \tag{2-67}$$

根据已知数据 (x_i, y_i) $(i=1,2,3,\cdots,n)$，可得到式(2-67)的正则方程，从而得到 $\ln a$ 和 b 的值，进而确定 a 和 b，得到近似函数 $\phi(x)=a\mathrm{e}^{bx}$ 的表达式。

在舰船动力工程中，如果一些系统或设备通过试验，能获得其比较准确的数据信息，或者已有相应的数据信息，则采用最小二乘法辨识系统模型是比较简单而实用的方法。这种方法比较适用单值函数的情况，如果研究的对象是多值函数，用最小二乘法辨识系统模型就比较复杂。如果这种函数关系是非线性的，在连续系统的仿真建模中，一般可利用插值法加以解决。

2.2.4　其他建模方法

1. 综合法

综合法是将机理建模和辨识建模两种方法结合起来，综合使用来建立系统数学模型的方法。该方法适用于内部结构和特性大致清楚，可以写出其基本的方程；而具体参数缺乏，但可通过实验或其他合理的方法获得的系统，比如，在舰船动力装置中，有些热力设备的工作参(系)数随时间会有所变化，一般通过收集特征数据，利用统计归纳的方法来确定。

2. 模糊建模法

模糊建模法是一种基于“模糊集合理论”的方法，为解决具有不确定信息问题提供了有效途径。在现代舰船工程领域的模糊建模和模糊控制中都有了一定的应用。

3. 神经网络建模法

由于人工神经网络是由一些非线性处理单元连接起来的网络，神经网络建模法具有高度非线性的特点，近年来被广泛地应用于非线性系统的数学建模中。在现代舰船工程领域的神经网络建模和模糊神经网络控制中也都有应用。

4. 键图法

键图法将系统的元件分成耗能元件(阻性元件)、储能元件(容性元件和感性元件)、源性元件(能流源、能力源)、连接元件(0 接点——并联、1 接点——串联)、交换元件(变压器型、回旋器型)5 种基本类型。元件之间的关系不是信号流，而是能量流，易于实现多种能量耦合系统的建模。键图法易于计算机实现，并能够得到状态空间数学模型。

2.2.5 模型校核、验证与确认

系统模型是实验系统或过程在某些行为特性的一种表现形式，它能反映出该系统和过程的行为特性。一个实际系统的模型建立后，还必须进行校核、验证与确认，以便确定该模型是否能足以准确地反映实际系统的各种动、静态特性，是否可保证人们放心地使用所建立的模型。如果不满足要求，还将进行相应的修正。建模和模型校核、验证与确认不仅是一个相互交替的过程，而且贯穿于模型研究过程的整个生命周期中。

模型校核、验证与确认实质上是进行模型有效性分析，它发生在模型发展的每个阶段，与建模过程的关系如图 2-13 所示。

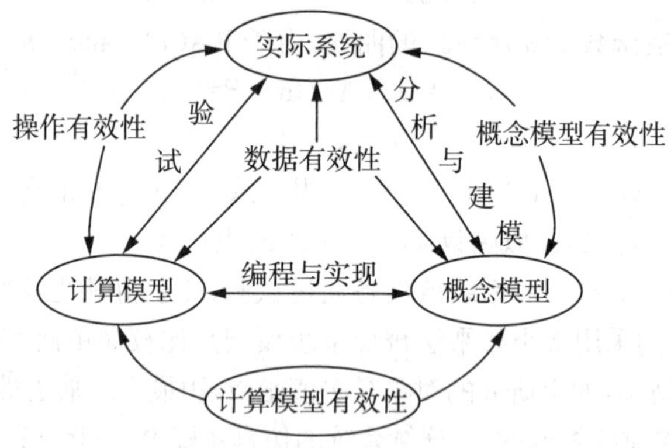

图 2-13 计算模型校核与验证

模型校核、验证与确认一直是数学建模中最关键的环节之一，也是人们最关切的问题之一。美国计算机仿真学会曾为此专门成立了模型可信性技术委员会，负责建立同模型校核、验证与确认有关的概念及术语，并于每年召开模型校核、验证与确认的专题讨论会，重点研究这方面的理论和方法。

1. 模型校核、验证和确认的概念

早在 1967 年，Fishman 和 Kiviat 就提出了评估仿真模型时牵涉到的两个方面：模型校

核和模型验证。前者是指对仿真模型的校验，即检查计算机程序的逻辑和代码是否准确地表示出数学模型的输入参数及逻辑结构。所要回答的问题是：数学模型是否按预期要求执行？仿真系统的正确性和精度如何？后者是指证实仿真模型和真实对象有相同行为。所要回答的问题是：是否正确地建立了仿真模型与数学模型？是否准确地反映了实际系统，达到了数学建模目标？

模型确认是指由一权威机构对整个建模和有效性分析（或可信性评估）过程进行评价，从而判定其可接受性，并最终回答：是否信赖模型和仿真结果？

上述模型校核、验证与确认被仿真界作为系统仿真可信性评估的 3 个步骤，简称 VV&A。

2. 模型校核、验证与确认的主要方法

为方便起见，把模型校核和验证统称为模型校验。

一般来讲，对仿真模型的校验是利用具有更高精度的计算机的计算结果把实际系统分成若干块（子系统），由局部到整体逐步进行校验。其具体方法可分为两类：测试方法和形式化方法。前者借助有关测试技术。后者是通过由有限的测试推断出程序在一切状态下是否正确的结论，当然这种方法还未达到普遍实用阶段。

模型确认的方法很多，按用途可分 3 类。

(1) 合理性测试。模型若是可信的，它表现的性能应与真实系统相似。测试包括对一致性、连续性、退化性和不合理情况的测试。

(2) 模型结构测试。包括结构检验、极端条件测试，维数一致性检查等。

(3) 模型性能测试。包括性能异常测试、性能预测确认、性能再现测试等。性能再现测试是指模型性能和输出与系统历经性能和输出相比较。常用方法有方差分析、χ^2 检验、A^2 和 W^2 检验、Kolmogorov-Simirnov 检验、回归分析、谱分析、Theil 不等性检验以及图灵测试等。

2.3 柴油机船舶主动力装置模型

现代商船一般采用一台大型低速二冲程柴油机直接驱动螺旋桨作为主推进动力装置，其主要组成包括柴油主机、轴系和螺旋桨，如图 2－14 所示。柴油主机和螺旋桨之间除了传动轴系外，没有减速和离合设备，运转中螺旋桨和主机始终具有相同的转向和转速。柴油主机是动力的来源；轴系的作用是把柴油机曲轴的动力矩传递给螺旋桨，以克服螺旋桨在水中转动的水阻力矩；螺旋桨旋转做功，产生推力，克服船舶阻力以推动船舶前进。

柴油机船舶推进系统除采用定距桨系统外，采用中速机做主机的调距桨系统应用也日益广泛。定距桨系统采用可逆转柴油机做主机，没有齿轮箱及离合器；调距桨系统采用不可逆转柴油机做主机，动力装置中包括齿轮箱及离合器。

推进系统不仅受柴油机的主动力矩和螺旋桨的阻力矩的直接作用，还受船桨之间相互作用力的影响，而且与船舶运动状态有关。因此，完整仿真柴油机船舶动力装置的运动，需要建立柴油机、螺旋桨以及船桨相互作用的模型。

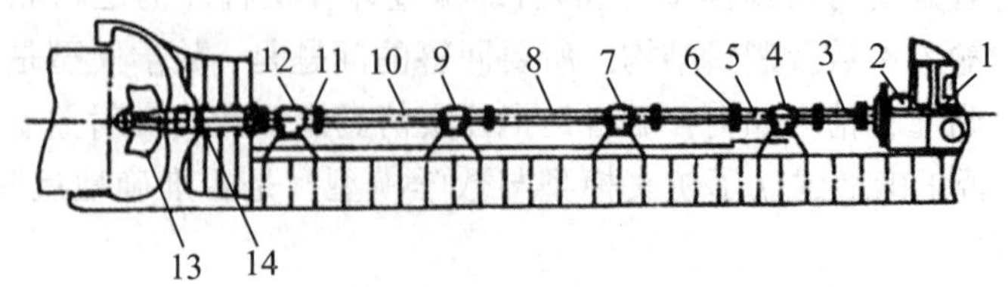

1—柴油机；2—推力轴承；3—短轴；
4，7，9，12—中间轴承；5，8，10—中间轴；
6—隔舱填料箱；11—艉轴；13—螺旋桨；14—艉轴管

图 2-14　主推进动力装置组成简图

模型的边界与建模的目的密切相关，建模目的不同，模型的边界也不同。在研究主推进动力装置的动态过程中，建模目的不是研究缸内燃烧过程或者进行柴油机设计，而且也不以整个柴油机系统为研究对象，而只考虑与动态性能有关的部分。因此，建模时不考虑润滑系统、冷却系统、燃油供给系统和主机遥控系统，将这些辅助系统作为模型边界的一部分，它们的作用作为模型的初始条件。另一方面，建模时将柴油机运动部件及传动轴系视为刚体，不考虑运动部件的形变和内部应力。气候和海洋环境是模型的另一个边界，因为气候和海洋环境是不能被人为控制的。因此，它们的影响可作为模型的干扰。

2.3.1　船-机-桨的运动模型

船-机-桨作为不可分割的整体，其运动规律是相互作用、相互影响的。船舶运动状态复杂，受到风、浪、流等各种因素的干扰，建立其运动模型是一门专门的学问，在此不多加叙述，可参考相关文献。本书只考虑船舶在静水中的直航运动，受螺旋桨的主动力和水流的阻力。重点考察在船舶直航运动中柴油机的性能。

根据相关理论，船舶前进速度：

$$\dot{v}_s=(P_p-R_t)/(m+m_\lambda) \tag{2-68}$$

式中：P_p 为螺旋桨推力；R_t 为船舶直航阻力；m 为船舶质量；m_λ 为船舶附带水质量。

当船舶采用定距桨时，螺旋桨转速与柴油机转速相同，可用下式计算：

$$\dot{n}_p=\dot{n}_e=(T_e-T_p-T_f)/(J_e+J_p) \tag{2-69}$$

式中：$\dot{n}_p$ 为螺旋桨转速；$\dot{n}_e$ 为柴油机转速；T_e 为柴油机输出扭矩；T_p 为螺旋桨阻转矩；T_f 为摩擦扭矩；J_e 为柴油机及轴系运动部件转动惯量；J_p 为螺旋桨及附带水的转动惯量。

如果采用调距桨，一般都带有减速箱，简化计算时，螺旋桨转速等于柴油机转速除以减速比。

2.3.2　多缸柴油机的指示扭矩

计算多缸柴油机扭矩有多种方法，可以通过曲柄连杆机构的运动和动力学分析，根据缸内气体压力求出单缸瞬时扭矩然后合成得到，也可以将柴油机的扭矩视为多缸、多循环瞬时扭矩的平均值。

1. **单缸瞬时扭矩**

柴油机是一种复杂的动力机械，运行时受到各种力的作用。气缸内周期变化的气体压力是内燃机动力的来源，同时和活塞连杆曲柄机构产生的惯性力一起，成为内燃机稳态振动的最主要来源。单缸瞬时扭矩的计算以柴油机每缸的曲柄连杆机构运动及其所受到的气体力、惯性力和摩擦力为主进行。

柴油机的运动部件包括活塞和曲柄连杆机构。活塞头部与燃气接触，承受高温和高压。活塞裙部与气缸套接触，产生摩擦和磨损。活塞的作用是承受气体压力和惯性力，并通过活塞杆传递到十字头。同时，活塞裙部活塞环与气缸套的摩擦损失构成柴油机机械损失相当大的一部分。十字头和导板的作用是将活塞组件和连杆组件连接起来，把活塞的气体力和惯性力传给连杆，承受侧推力并给活塞在气缸中的运动导向。连杆的功能是将作用在活塞上的气体力和惯性力传给曲轴，并把活塞或十字头与曲轴连接起来，将活塞的往复运动变成曲轴的回转运动。连杆的运动复杂，受力也很复杂。连杆承受周期性变化的气体力和活塞、连杆惯性力的作用，并且气体力在燃烧时具有冲击性。在二冲程柴油机中，连杆始终是受压的，但压力的大小是周期变化的。曲轴的主要作用是把活塞的往复运动通过连杆变成回转运动，把各缸所做的功汇集起来向外输出和带动柴油机的附属设备。由曲轴驱动的附属设备所消耗的功率成为机械损失的一部分。

1）曲柄连杆机构的运动

现代内燃机曲柄回转角速度变化很小，可以近似地把曲柄看成是等角速度回转，角速度 ω 为：

$$\omega=\frac{\pi n_e}{30} \tag{2-70}$$

式中：n_e 为柴油机转速。

当曲柄连杆机构运动时，曲柄的瞬时位置用曲柄中心线与气缸中心线之间的夹角 φ 表示，如图 2-15 所示。连杆的瞬时位置用连杆中心线与气缸中心线间的夹角 β 表示。φ 为曲轴转角，β 为连杆摆角。为统一计算中的正负号及旋转方向，规定以上死点为基准，曲柄按顺时针方向回转时，φ 为正值；β 为依连杆摆向从气缸中心线到连杆中心线的夹角，为正值。

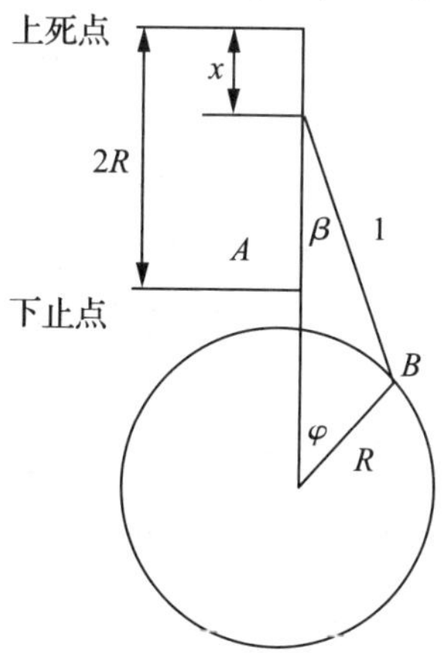

图 2-15 曲柄连杆机构示意图

由图 2-15 易知:

$$\sin\beta=\lambda\sin\varphi \tag{2-71}$$

式中:$\lambda=R/l$ 为曲柄连杆比,R 为曲轴半径,l 为连杆长度。

根据曲柄连杆机构运动学可得活塞瞬时位移 x 计算公式:

$$x=R\left\{\left(1+\frac{1}{\lambda}\right)-\left[\frac{\sqrt{1-\lambda^2\sin^2\left(\frac{\pi n_e}{30}t\right)}}{\lambda}+\cos\left(\frac{\pi n_e}{30}t\right)\right]\right\} \tag{2-72}$$

活塞瞬时速度 $\dot{x}$ 为活塞瞬时位移的导数:

$$\dot{x}=R\,\frac{\pi n_e}{30}\left[\frac{\lambda\sin\left(\frac{\pi n_e}{15}t\right)}{2\sqrt{1-\lambda^2\sin^2\left(\frac{\pi n_e}{15}t\right)}}+\sin\left(\frac{\pi n_e}{15}t\right)\right] \tag{2-73}$$

活塞运动的瞬时加速度 $\ddot{x}$ 为活塞瞬时位移的二阶导数:

$$\ddot{x}=R\left(\frac{\pi n_e}{30}\right)^2\left[\frac{\lambda\cos\left(\frac{\pi n_e}{15}t\right)}{\sqrt{1-\lambda^2\sin^2\left(\frac{\pi n_e}{30}t\right)}}+\frac{\lambda^3\sin^2\left(\frac{\pi n_e}{15}t\right)}{4\left(1-\lambda^2\sin^2\left(\frac{\pi n_e}{30}t\right)\right)^{\frac{3}{2}}}+\cos\left(\frac{\pi n}{30}t\right)\right] \tag{2-74}$$

2) 气体压力

缸内气体压力随曲轴转角不同作周期性变化,缸内气体压力的仿真可参见 2.4 节。气体压力一方面作用在气缸盖上,并通过螺栓作用在机体上;另一方面,它通过活塞、十字头、连杆、曲轴与主轴承作用在机体上。两个作用力大小相等、方向相反,因此不会在气缸中心线上激发整机振动。另外因为它作用在曲柄连杆机构上而产生的倾覆力矩、交变切向力和法向力会激起机体横摇振动、轴系扭转振动和纵向振动。

气体对活塞的压力 F_g 由缸内气体压力与扫气压力的压差乘上活塞受力面积得到,由式(2-75)计算:

$$F_g=\frac{\pi}{4}D^2(p_z-p_s) \tag{2-75}$$

3) 惯性力

惯性力是由曲柄连杆机构引起的,包括往复惯性力和离心惯性力。

(1) 曲柄连杆机构的质量代换。曲柄连杆机构的质量,按其运动特点,可分为活塞组、曲轴组和连杆组。活塞组作往复运动,不需要质量代换;曲柄可以换算到曲柄销中心的曲柄不平衡回转质量 m_k;只有连杆的运动最为复杂,它一方面绕十字头销中心摆动,同时又随十字头作往复运动。在进行动力学分析时,一般常把连杆简化为两个质量加一力偶的等效系统,如图 2-16 所示。

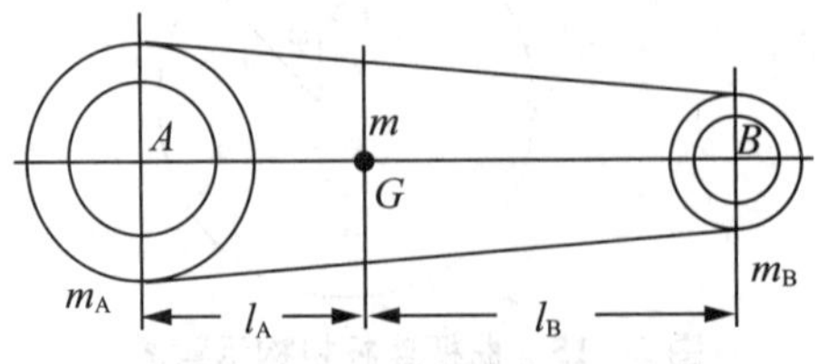

图 2-16 连杆质量代换

将整个连杆的质量 m 用两个集中质量 m_A 和 m_B 来代换。m_A 是连杆小端，随活塞作往复直线运动的质量，m_B 是连杆大端，随曲柄作回转运动的质量，G 点为连杆质心。连杆质量代换的原则是满足如下 3 个公式：

$$m=m_A+m_B \tag{2-76}$$

$$m_A l_B=m_B l_A \tag{2-77}$$

$$J_G=m_A l_A^2+m_B l_B^2+J_r \tag{2-78}$$

式中：l_A 为连杆质心到连杆大端中心的距离；l_B 为连杆质心到连杆小端中心的距离；J_G 为连杆转动惯量；J_r 为连杆附加转动惯量。

式(2－76)为质量相等，即代替系统的质量等于原连杆质量；式(2－77)为质量矩相等，即代替系统重心与原连杆重心重合；式(2－78)为转动惯量相等，即代替系统各质量对原连杆重心的转动惯量之和等于原连杆对其重心的转动惯量。用两个质量代换计算得到的惯量要大于实际的转动惯量，因此 J_r 为负值。由于 J_r 值很小，而且增加 J_r 大大增加了分析的复杂性，因此 J_r 通常被忽略。式(2－78)修正为：

$$J_G=m_A l_A^2+m_B l_B^2 \tag{2-79}$$

这样，在进行动力学分析时，柴油机三大运动部件便等效为一个往复质量和一个偏心回转质量。往复质量集中在十字头销处，其大小等于活塞组件质量与连杆小端当量质量之和，即

$$m_j=m_p+m_A \tag{2-80}$$

式中：m_j 为曲柄连杆机构往复质量；m_p 为活塞组件质量。

偏心回转质量集中在曲柄中心位置，其大小为：

$$m_R=m_k+m_B \tag{2-81}$$

式中：m_R 为偏心回转质量；m_k 换算到曲柄销中心的曲柄不平衡回转质量。

在代换质量时，必须确定连杆质量数值和重心位置。确定连杆重心通常有作图法和实测法两种，但如果既无连杆实物又无图纸，就只能对连杆代替质量作大致估计。在船用和固定式内燃机的连杆中，$m_A=0.58\sim0.72\,m$；在十字头式连杆中 $m_A\approx0.6\,m$，$m_B\approx0.4\,m$。

(2) 往复惯性力。集中在十字头销中心处的往复运动质量在作不等速的往复运动时产生的往复惯性力 F_j 是往复运动质量和活塞运动加速度的乘积。计算如下：

$$F_j=-m_j\ddot{x} \tag{2-82}$$

往复惯性力是沿气缸中心线作用的，与活塞加速度方向相反。为使计算不易弄错，在动力学模型中统一规定往复惯性力和气体力沿气缸中心线向下为正值。往复惯性力产生的倾覆力矩、交变切向力和法向力会激起机体横摇振动、轴系扭转振动和纵向振动。此外，它还通过主轴承在气缸中心线方向激起整机振动。

(3) 离心惯性力。曲柄销中心的曲柄不平衡回转质量在作回转运动时产生离心惯性力 F_R 为：

$$F_R=-m_R R(\pi n_e/30)^2 \tag{2-83}$$

4) 作用力分析

进行作用力分析时，将曲柄连杆机构视为刚体。单缸曲柄连杆机构的受力分析简图如

图 2-17 所示。通过活塞及活塞杆作用在十字头销上的力 F 是气体力 F_g 和活塞及连杆的往复惯性力 F_j 的合力，方向向下。

$$F=F_g+F_j \tag{2-84}$$

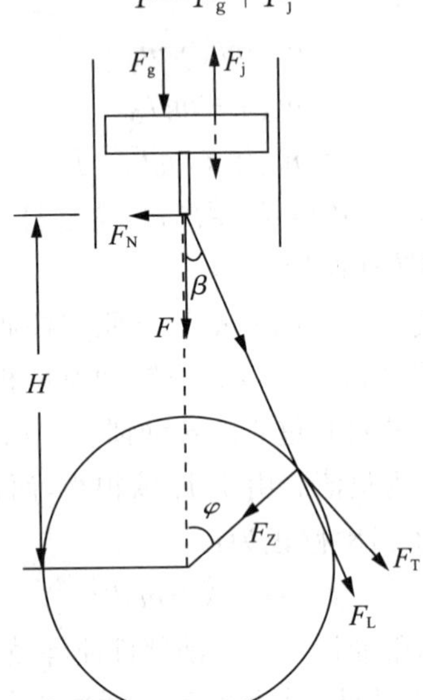

图 2-17　单缸曲柄连杆机构的受力分析简图

作用在十字头销的气体力和惯性力的合力十字头销处可分解为连杆推力 F_L 和对气缸壁的侧推力 F_N，其大小与合力的大小及连杆摆角有关。其中连杆推力 F_L 的计算如下式：

$$F_L=F/\cos\beta=F/\sqrt{1-\lambda^2\sin^2\left(\frac{n\pi}{30}\right)t} \tag{2-85}$$

合力对气缸壁的侧推力 F_N 计算如下式：

$$F_N=F\tan\beta=F\frac{\lambda\sin\left(\frac{n\pi}{30}\right)t}{\sqrt{1-\lambda^2\sin^2\left(\frac{n\pi}{30}\right)t}} \tag{2-86}$$

连杆推力经连杆作用在曲柄销中心，在此分解为指向曲轴中心的法向作用力 F_z 和垂直于曲柄中心线的切向作用力 F_T。

法向分力用下式计算：

$$F_z=F_L\cos(\varphi+\beta)=F\left[\sqrt{1-\sin^2\left(\frac{n\pi}{30}\right)t}-\lambda\sin^2\left(\frac{n\pi}{30}\right)t\right] \tag{2-87}$$

切向力的计算如下式：

$$F_T=F\left(\sin\left(\frac{n\pi}{30}\right)t+\frac{\lambda\sin2\left(\frac{n\pi}{30}\right)t}{2\sqrt{1-\lambda^2\sin^2\left(\frac{n\pi}{30}\right)t}}\right) \tag{2-88}$$

5）指示扭矩与倾覆力矩

作用在曲轴销的力和作用在主轴承的力大小相等且方向相反，它们构成一个以曲轴半径为力臂的力偶，这个力偶的力矩就是柴油机一个气缸的输出扭矩：

$$T_{cyl}=F_T R \tag{2-89}$$

将式(2-84)和式(2-88)代入式(2-89)，得

$$\begin{aligned} T_{cyl}=&F_g R\left[\sin\left(\frac{n\pi}{30}\right)t+\frac{\lambda\sin2\left(\frac{n\pi}{30}\right)t}{2\sqrt{1-\lambda^2\sin^2\left(\frac{n\pi}{30}\right)t}}\right]+\\ &F_j R\left[\sin\left(\frac{n\pi}{30}\right)t+\frac{\lambda\sin2\left(\frac{n\pi}{30}\right)t}{2\sqrt{1-\lambda^2\sin^2\left(\frac{n\pi}{30}\right)t}}\right]\\ =&T_g+T_j \end{aligned} \tag{2-90}$$

式中：T_{cyl}为单缸指示扭矩；T_g 为单缸气体力产生的扭矩；T_j 为单缸往复惯性力产生的扭矩。

由上式看出，输出扭矩由缸内气体压力所产生的扭矩和往复惯性力产生的扭矩组成。分析曲轴旋转一周内 T_j 所做的功，发现单缸往复惯性力在曲轴一转内所做的正功和负功互相抵消，在发动机运转中并不对外做功，发动机曲轴对外输出扭矩仅由气体力产生的扭矩 T_g 来完成。

图 2-18 为二冲程柴油机在不同作用力下产生的瞬时指示扭矩。从图中可以看出，往复惯性力随曲轴转角的变化而变化。虽然不会影响柴油机的输出功率，但惯性力与气体力叠加，会影响到柴油机瞬时指示扭矩。

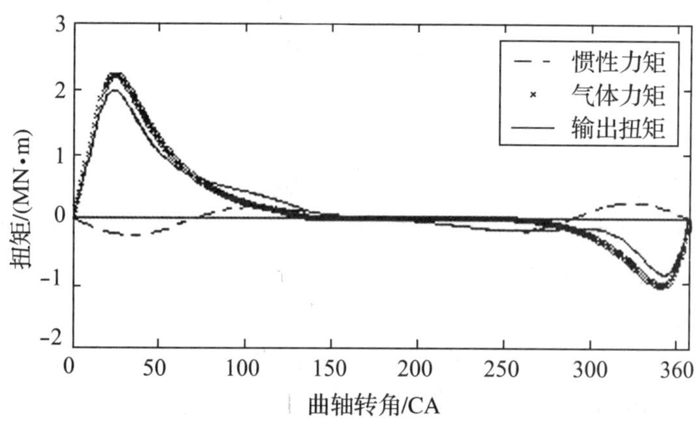

图 2-18　二冲程柴油机瞬时输出扭矩

同样，侧推力 F_N 对主轴承中心也产生一个力矩 T_D，称之为倾覆力矩，其大小计算如下：

$$\begin{aligned} T_D&=F_N H=F_N(L\cos\beta+R\sin\varphi)\\ &=F_L R(\sin\varphi\cos\beta+\cos\varphi\sin\beta)\\ &=F_L R\sin(\varphi+\beta)=F_T R=T_{cyl} \end{aligned} \tag{2-91}$$

式中：H 为侧推力作用点到主轴承中心的距离。

上式表明，倾覆力矩在数值上与扭矩完全相同，两者大小相等，方向相反。单缸扭矩 T_{cyl} 的特性也就是单缸倾覆力矩的特性。

2. 多缸瞬时扭矩

从缸内工质的瞬时压力出发，结合曲柄连杆机构的受力可得到柴油机单缸瞬时扭矩，各缸瞬时扭矩的矢量和即为多缸柴油机的输出扭矩。同理也可得到多缸柴油机的倾覆力矩。一般单列式多缸柴油机的扭矩的计算与曲柄排列有关，而曲柄的排列由发火间隔角和发火顺序决定。二冲程六缸柴油机的发火顺序可定为 1—5—3—4—2—6，曲柄排列如图 2－19 所示。图中，曲柄的排号是根据气缸号命名的，气缸号从自由端开始排起。

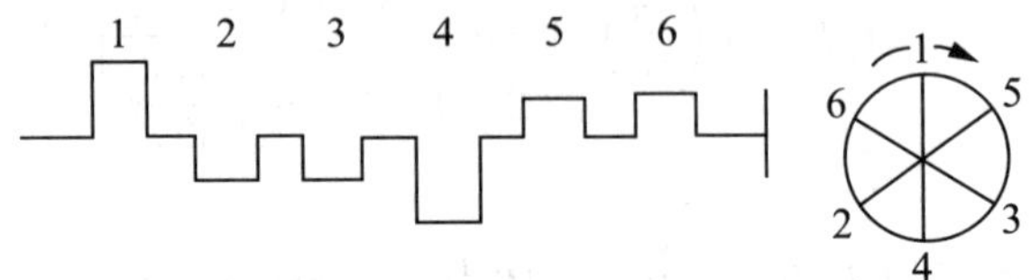

图 2－19　二冲程柴油机曲柄的排列

这种排列方式满足发火间隔相等即都为 360°/6＝60°的要求，并且在艏艉两端轮流发火，可将引起柴油机振动的力和力矩减至最小。多缸指示扭矩和输出扭矩可根据上述曲柄排列方式由每缸指示扭矩和输出扭矩根据发火顺序叠加得到。

多缸指示扭矩 T_i：

$$T_i = \sum_i^6 (T_{cyl})_i \tag{2-92}$$

多缸输出扭矩 T_o：

$$T_o = \sum_i^6 (T_e)_i \tag{2-93}$$

多缸倾覆力矩 T_D：

$$T_D = \sum_i^6 (T_D)_i \tag{2-94}$$

由于柴油机整体输出扭矩是由每缸输出扭矩根据发火顺序叠加得到的，如不对某一缸的输出扭矩求和，即可计算该缸停油时柴油机整机输出扭矩，从而可考察在单缸或多缸停油故障情况下柴油机的动力学性能。

3. 整机平均扭矩

与瞬时扭矩计算不同的是，平均扭矩不需要缸内气体压力变化过程及曲柄连杆机构动力学的计算，而是利用能量守恒定律计算柴油机整机指示功率和指示扭矩。

柴油机产生的平均指示扭矩由燃油平均质量流量 $\dot{m}_f$，燃油低热值 H_u，指示效率 η_i 决定，用下式计算：

$$T_i = \frac{30}{\pi}\frac{P_i}{n_e} = \frac{30}{\pi}\frac{\eta_i H_u \dot{m}_f}{n_e} \tag{2-95}$$

J. P. Jensen 对小型柴油机利用回归方法得出指示热效率是柴油机转速与过量空气系数的函数：

$$\eta_i = (a_1 + a_2 n_e + a_3 n_e^2)(1 - a_4 \alpha^{a_5}) \tag{2-96}$$

式中：$a_1 \sim a_5$ 为与特定柴油机相关的常数，需经试验确定。

此式在小型车用柴油机计算上得到了广泛的应用，但对于大型低速柴油机，

E. Hendricks利用实验数据得出大型低速柴油机的指示效率为过量空气系数的函数，即

$$\eta_i = f(\alpha) \tag{2-97}$$

图 2-20 是根据试验数据绘制的柴油机指示热效率与过量空气系数的关系。实际上，正如 E. Hendricks 曾指出的那样，式(2-97)完全是一个经验公式，但在这里使用经验公式是不可避免的，因为指示效率与过量空气系数的关系非常复杂，用经验公式可以避免许多复杂计算。

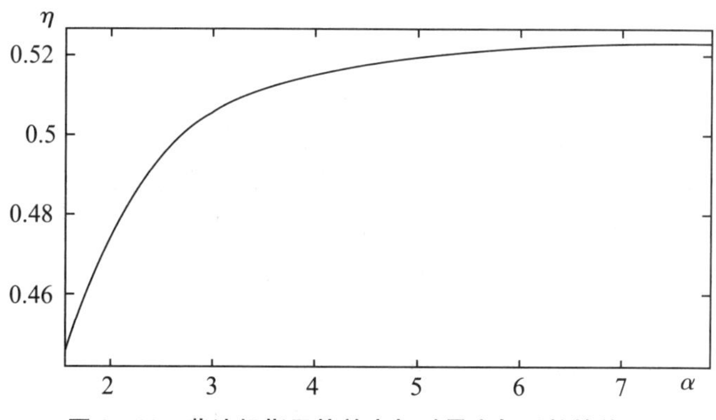

图 2-20　柴油机指示热效率与过量空气系数的关系

过量空气系数是充入气缸内的实际空气量与进入气缸内的燃油全部燃烧所需要的理论空气量之比，对柴油机燃烧和排放都有重要的影响。维持合适的过量空气系数即可以提高柴油机的性能，提高热效率，降低排温，并相对减少柴油机废气中的污染物。

根据过量空气系数的定义，可把平均过量空气系数看作是进入气缸的气体流量与进入气缸的燃油平均质量流量所需要的理论空气量之比，即

$$\alpha = \frac{\dot{m}_{in}}{\dot{m}_f L_o} \tag{2-98}$$

式中：α 为过量空气系数；$\dot{m}_{in}$ 为进入气缸的空气质量流量；$\dot{m}_f$ 为喷入气缸的燃油质量流量；L_o 表示 1 kg 燃油完全燃烧所需要的最小空气质量。船舶柴油主机燃烧重油，L_o 一般可取 14.3。

流入气缸的空气流量由在进气状态下充满气缸的理论空气量乘上一个容积效率得到，具体计算公式如下：

$$\dot{m}_{in} = \eta_v \frac{p_{im} V_d N_{cyl} n_e}{60 N_{st} R T_{im}} \tag{2-99}$$

式中：p_{im} 为进气管压力；η_v 为气缸容积系数，是转速和进气管压力的函数；N_{cyl} 为气缸数；V_d 为气缸每循环排空容积；n_e 为柴油机转速；N_{st} 表示柴油机的冲程数，二冲程取 1，四冲程取 2。

设每气缸每循环喷油量为 m kg，则喷入气缸的燃油平均质量流量为：

$$\dot{m}_f = \frac{m N_{cyl} n_e}{60 N_{st}} \tag{2-100}$$

由于在扫气过程中有一部分新鲜空气会随着废气排入排气管，进入气缸的空气并不能被完全用于燃烧，经过扫气口的空气量与实际留在气缸内用于燃烧的空气量之比称为扫气

系数 ϕ_s。因此，在计算过量空气系数时，实际空气流量应乘上扫气系数的倒数。扫气系数是气阀气口重叠角的函数。大型低速二冲程柴油机的气阀气口重叠角较大，简化计算时扫气系数可取 1.1 左右。因此过量空气系数重新定义为：

$$\alpha=\frac{\dot{m}_{in}}{\dot{m}_f L_o \phi_s} \tag{2-101}$$

利用过量空气系数可计算废气的绝热指数、气体常数、比热等，因此可以在模型中引入变化的废气气体参数，提高模型的准确性。

4. 分缸平均输出扭矩

柴油机只在每循环的做功冲程中才对外做功，整机平均值模型用整个循环的平均值代替了实际的做功脉冲，使柴油机转速在整个循环内平稳变化，不能仿真实际的脉动。单缸瞬时扭矩模型以压力对转角的变化计算了真实的做功脉冲，但缸内压力计算复杂。分缸平均输出扭矩模型吸收这两种方法的优点，以燃油燃烧持续期内的平均指示扭矩代替整体循环的平均指示扭矩，在燃烧持续期外则认为指示扭矩为 0，这样，可体现每循环做功的脉冲特点，而并不增加计算量。

由此，单缸产生的平均指示扭矩 T_{si} 可表示为：

$$T_{si}=duty\,\frac{30}{\pi}\frac{1\,000\eta_{si}H_u\dot{m}_{sf}}{n_e}\frac{360N_{st}}{\varphi_F} \tag{2-102}$$

式中：η_{si} 为单缸平均指示热效率；$\dot{m}_{sf}$ 为单缸的燃油质量流量；N_{st} 表示柴油机的冲程数，二冲程取 1，四冲程取 2；n_e 为柴油机转速；φ_F 为每循环的燃烧持续角；$duty$ 为表示本缸是否做功的函数，在燃烧持续区内为 1，其他为 0，二冲程柴油机可表示为：

$$duty=\begin{cases}1,(C_F-1)\dfrac{360}{N_c}<\varphi<(C_F-1)\dfrac{360}{N_c}+\varphi_F\\0,\text{其他}\end{cases} \tag{2-103}$$

式中：C_F 为当前缸在发火顺序中的位置，$1\leqslant C_F\leqslant N_c$，$N_c$ 为柴油机气缸总数；φ 为当前曲轴转角，以上止点为 0°，可由柴油机转速和运转时间计算得到。

通过这种方法可将每缸平均指示扭矩转化为与曲轴转角相关的脉冲信号，从而可仿真多缸柴油机转速随曲轴转角的周期性波动。

大型低速机的指示热效率可表示为过量空气系数的函数，一般可根据过量空气系数采用插值法得到。假设试验时各缸工作状态一致，可用整机的指示热效率代替单缸指示热效率，关键是单缸的过量空气系数的计算。

喷入单个气缸的燃油质量平均流量由调速器根据转速和负荷确定，实际供油量还受燃油系统的状态约束：

$$\dot{m}_{sf}=k_f m n_e/(60N_{st}) \tag{2-104}$$

式中：k_f 为表示喷油系统状态的参数，$0\leqslant k_f\leqslant 1$，1 为最优状态；$m$ 为每循环喷油量。

从调速器输出改变到每缸实际喷油量的改变有一定的延时时间，可根据气缸数、冲程数、发火顺序、间隔角度及柴油机转速计算如下：

$$\tau=\frac{60N_{st}}{N_c n_e}\left(C_F-\frac{1}{2}\right) \tag{2-105}$$

流入气缸的空气流量 $\dot{m}_{\mathrm{sin}}$ 由下式计算：

$$\dot{m}_{\mathrm{sin}}=\eta_{\mathrm{v}}\frac{p_{\mathrm{i}}V_{\mathrm{d}}n_{\mathrm{e}}}{60N_{\mathrm{st}}RT_{\mathrm{im}}} \tag{2-106}$$

式中：p_{i} 为扫气箱压力；V_{d} 为气缸每循环排空容积；R 为空气气体常数；T_{im} 为扫气箱气体温度；η_{v} 为气缸容积效率。

单缸过量空气系数定义为：

$$\alpha_{\mathrm{s}}=\frac{\dot{m}_{\mathrm{sin}}}{\dot{m}_{\mathrm{sf}}L_{\mathrm{o}}\phi_{\mathrm{s}}} \tag{2-107}$$

式中：L_{o} 为 1 kg 燃油完全燃烧所需要的最小空气量；ϕ_{s} 为扫气系数。

单缸喷油系统的状态、扫气系统的状态可通过 k_{f}，η_{v}，ϕ_{s} 设定，从而可以使仿真计算中各缸工作状态保持一定的差别。

柴油机整体指示扭矩为：

$$T_i=\sum_{1}^{N_{\mathrm{c}}}T_{\mathrm{s}i} \tag{2-108}$$

2.3.3 机械损失

机械损失占整个指示功率相当大的一部分，全负荷时可能达到 10%，怠速或无负荷时则是 100%。机械损失扭矩包括摩擦损失、拖动损失和泵气损失。摩擦损失主要指柴油机各相对运动部件表面摩擦力产生的扭矩损失。拖动损失主要指带动柴油机辅助机械（如喷油泵、注油器、气阀传动机构、扫气泵、空气分配器等）损失的扭矩。泵气损失是指在进、排气过程损失的扭矩，二冲程柴油机由于没有单独的进气和排气冲程，所以泵气损失为零。Cummins 公司的 D. E. Richardson 全面回顾了柴油机气缸的摩擦损失，指出机械损失占全部能量的 4%～15%，其中活塞、活塞环及连杆部分可占整个机械损失的 40%～55%。他在论文中详细介绍了各种实验方法。Y. H. Zweiri 等人较详细地论述了各部分机械损失的仿真计算模型。

1. 瞬时摩擦

瞬时摩擦以曲轴转角为计算单位，研究一个循环内摩擦力矩的变化规律。柴油机的摩擦扭矩组成比较复杂，但主要由活塞组、曲轴轴承、气阀的摩擦组成，其中活塞组件的摩擦所占比例最大。对二冲程机而言，主要是活塞组、曲轴轴承的摩擦。

活塞环与缸套间的摩擦是活塞组摩擦扭矩的主要构成部分。活塞环在运动过程中主要受到气体压力、自身膨胀力和惯性力的作用，而惯性力同时作用在活塞和活塞环上。活塞环在这 3 个力的作用下膨胀，与气缸套构成一摩擦副。有研究表明，除在上、下止点附近外，活塞环与缸套间的润滑状态为流体动压润滑。活塞环的摩擦扭矩的具体计算方法可参见相关文献。

曲轴轴承的摩擦是柴油机全部摩擦中所占比重较大的部分，除了在上止点附近轴承的润滑状态为流体动压润滑外，在发火上止点附近的润滑状态可视为混合润滑，可采用式（2-109）计算：

$$T_{\mathrm{f2}}=c_{\mathrm{f2}}A\frac{D_{\mathrm{b}}}{2}(p-p_{\mathrm{i}})\frac{|\cos\varphi|}{\dot{\varphi}} \tag{2-109}$$

式中：c_{f2}为摩擦系数；A 为活塞面积；D_b 为轴承直径。

柴油机是个极为复杂的系统，其摩擦扭矩的影响因素非常复杂，但大体符合如下规律：①于单缸而言，活塞组件和曲轴轴瓦摩擦力矩占总摩擦扭矩比重最大；但对于多缸机，由于各缸摩擦叠加的原因，各部分摩擦扭矩所占比重相近。②总摩擦扭矩随着压力和瞬时转速的增加而增大。摩擦扭矩的最大值出现在各缸发火上止点附近，这是此时缸内压力最大、部分油膜被破坏、摩擦系数增大的原因。

2. 平均摩擦

在柴油机仿真中，也可采用平均摩擦计算，由此造成的瞬时扭矩变化误差不大。

中小型柴油机的机械损失压力 p_f 可用下式计算：

$$p_f = c_0 + c_1 n_e + c_2 n_e^2 \tag{2-110}$$

式中：c_0，c_1，c_2 为与具体柴油机有关的参数。

对直喷式柴油机，可用下式计算柴油机平均机械损失压力：

$$p_f = c_0 + 48(n_e/1\,000) + 0.4S_p^2 \tag{2-111}$$

式中：S_p 为活塞平均速度，$S_p = Sn_e/30$。

B&W 公司的 Hans Terkelsen 经实验研究指出，对大型低速柴油机来说，机械损失压力 p_f 可看成是发动机转速的二次函数，用下式计算：

$$p_f = c_1 n_e + c_2 n_e^2 \tag{2-112}$$

机械损失压力产生的单缸机械损失扭矩 T_f 可按照与气体力转化为输出扭矩相同的模式计算，通过曲柄连杆机构传递到曲轴。

3. 摩擦模型

柴油机建模时一般只考虑正向运转时的摩擦扭矩，不涉及静摩擦，但在全工况仿真时，可逆转柴油机的转速必然有过零情况出现，因此，模型必须考虑静摩擦。

摩擦模型主要分为静态和动态模型，动态模型主要应用在精度要求较高的精密仪器伺服控制系统方面，计算复杂。对柴油机而言，静摩擦计算精度的要求不高，因此，采用静态模型中的“静摩擦＋库仑模型＋黏滞摩擦”模型，用摩擦扭矩表示，即

$$T_f = \begin{cases} T_{fn}(|n_e|) \times \mathrm{sgn}(n_e), & |n_e| > 0 \\ T_{in}, & n_e = 0 \text{ 且 } |T_{in}| < T_s \\ T_s \times \mathrm{sgn}(T_{in}), & \text{其他} \end{cases} \tag{2-113}$$

式中：T_f 为摩擦扭矩；T_{in} 为摩擦模型的外部输入扭矩，对主机而言，是柴油机指示扭矩、压缩空气扭矩和螺旋桨的负载扭矩之和；T_s 为最大静摩擦扭矩；T_{fn} 为黏滞摩擦扭矩，也就是前述瞬时扭矩或平均扭矩。

如直接用式(2-113)进行计算，在转速过零时会导致摩擦力矩频繁过零，引起颤振，使仿真结果不正确。为避免这种情况，将摩擦模型改写为下式：

$$T_f = \begin{cases} T_{fn}(|n_e|) \times \mathrm{sgn}(n_e), & |n_e| \geqslant n_s \\ T_{in}, & |n_e| < n_s \text{ 且 } |T_{in}| < T_s \\ T_s \times \mathrm{sgn}(T_{in}), & \text{其他} \end{cases} \tag{2-114}$$

式中：n_s 为摩擦力切换时的转速死区，表示在 $|n_e| < n_s$ 转速范围内，认为只有静摩擦

力，而没有黏滞摩擦。这样做可以避免颤振，但注意此值不宜过大，可取 10^{-5} r/min。

因此，柴油机有效输出扭矩为：

$$T_e = T_i - T_f \tag{2-115}$$

2.3.4 螺旋桨的推进特性

螺旋桨由 3～5 叶桨叶以及桨毂所组成，通常装于船的艉部。由于螺旋桨结构简单、管理方便、重量轻、效率高、能很好的传递主机功率，安装在船体下面有可靠的保护，并且在各种工作条件下都能可靠地工作等许多优点，成为现代舰船最主要的推进器。

1. 敞水螺旋桨的推力和扭矩

螺旋桨是利用桨叶向后拨水产生推力来工作的，除了本身具有转速 n_p 外，还跟着船一起作轴向移动，相对于水的轴向前进速度称为螺旋桨进速 v_p。

图 2-21 所示为桨叶的工作原理图，图上绘出了螺旋桨的旋转方向和前进方向。此处将叶元体断面视为不动，而认为水流的合成速度 V_R 沿冲角 α_k 的方向对着叶元体冲来。按照机翼原理，叶元体断面上将产生升力(以 dy 表示)和阻力(以 dx 表示)。升力 dy 垂直于来流 V_R 线，阻力 dx 则沿着 V_R 线的方向，如图 2-21 所示。把升力 dx 和阻力 dy 各自分解成轴向和回转力向的分力，规定沿船舶前进力向以及与螺旋桨正车转向相反的分力为正，反之为负，于是在叶元体上产生的推力 $\mathrm{d}F=\mathrm{d}F_y-\mathrm{d}F_x$，在旋转方向产生的阻力 $\mathrm{d}Q=\mathrm{d}Q_y+\mathrm{d}Q_x$。此旋转阻力作用在距轴心半径为 r 的叶元体上，它对螺旋桨产生一个阻力(也称阻力矩)，即 $\mathrm{d}T_p=r\mathrm{d}Q$。

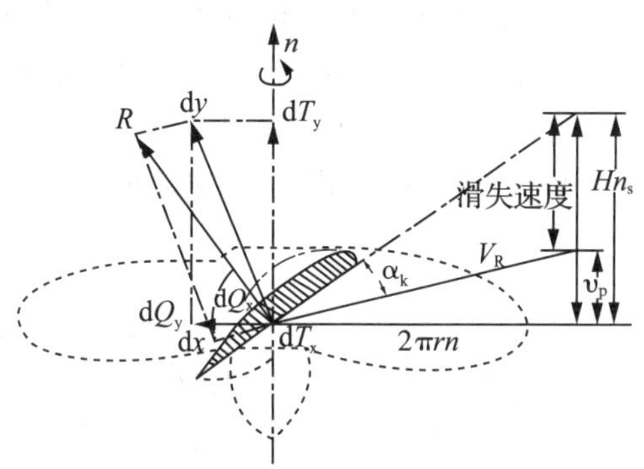

图 2-21 螺旋桨桨叶的工作原理

由于桨叶是由无数叶元体断面所合成，因此在螺旋桨工作时，沿桨叶半径进行积分并乘上叶数 z 后，便可得整个螺旋桨所发出的推力 F_p 和受到的旋转阻力 Q_p：

$$F_p = z\int_{r_0}^{R_p} \mathrm{d}T \tag{2-116}$$

$$Q_P = z\int_{r_0}^{R_p} \mathrm{d}Q \tag{2-117}$$

式中：积分下限 r_0 为桨毂半径；积分上限 R_p 为螺旋桨半径。

螺旋桨工作时所受到的旋转阻力矩为：

$$T_p = z\int_{r_0}^{R_p} r\mathrm{d}Q \tag{2-118}$$

螺旋桨在水中回转时产生的推力 F_p，当其方向与船舶前进力方向相同时，就推动船舶前进；反之即为负推力，拖动船舶倒退。螺旋桨在水中回转时所受到的阻力矩 T_p 的作用力向与螺旋桨的回转力向相反。因此，为使螺旋桨能以给定转速 n_p 旋转，必须由主机提供螺旋桨以克服阻力矩的有效力矩，才能发出所需的推力 F_p，其所做的有用功率 $F_p\upsilon_p$，而吸收的主机功率为 $2\pi r n_p T_p$，故螺旋桨的效率为 $\eta_P=\dfrac{F_p\upsilon_p}{2\pi n_p T_p}$。按照螺旋桨回转时产生的推力 F_p 是水的密度 ρ，螺旋桨开展面积 A 以及螺旋桨的进速 υ_p 的平方的函数，即 $F_p\propto\rho A\upsilon_p{}^2$。而螺旋桨面积 A 与桨径 D 有关，即 $A\propto D^2$；υ_p 与桨径 D 和转速 n_p 有关，即 $\upsilon_p\propto n_p D$，所以 $F_p\propto\rho D^4 n_p{}^2$，则螺旋桨的推力 F_p 可表示为：

$$F_p=K_T\rho n_p{}^2 D^4 \tag{2-119}$$

同理，螺旋桨的旋转阻力矩 T_p 可表示为：

$$T_p=K_Q\rho n_p{}^2 D^5 \tag{2-120}$$

上两式中的 K_T 和 K_Q 分别称为推力系数和转矩系数，它们都随进程比而变化。

2. 定距桨的四象限模型

根据螺旋桨理论，螺旋桨的推力系数 K_T，转矩系数 K_Q 和进速比 λ_p 在螺旋桨转速 n_p 不等于 0 时定义为：

$$K_T=F_p/\rho D_p^4 n_p^2 \tag{2-121}$$

$$K_Q=T_p/\rho D_p^5 n_p^2 \tag{2-122}$$

$$\lambda_p=\upsilon_p/D_p n_p \tag{2-123}$$

在船舶运动过程中，螺旋桨与船舶运动匹配可分为 4 种工作状态：船舶前进螺旋桨正转；船舶前进螺旋桨反转；船舶后退螺旋桨反转；船舶后退螺旋桨正转。描述螺旋桨四象限运动有 2 种方式：一种以进速角为自变量描述螺旋桨的扭矩系数和推力系数，如图2-22(a)所示；另一种方法是采用有界形式的进程比作为自变量描述扭矩系数和推力系数，如图 2-22(b)所示。

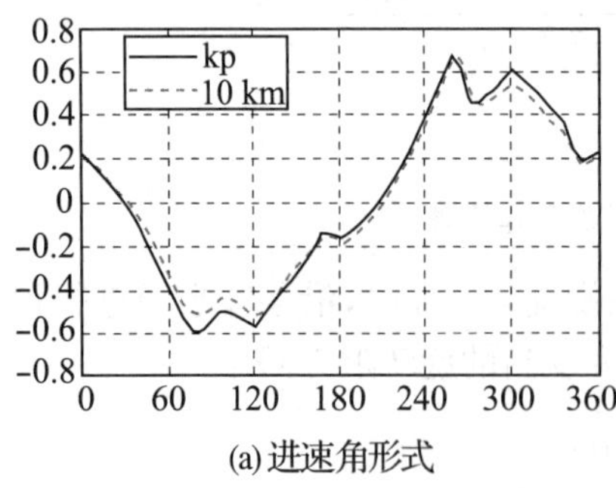

(a) 进速角形式

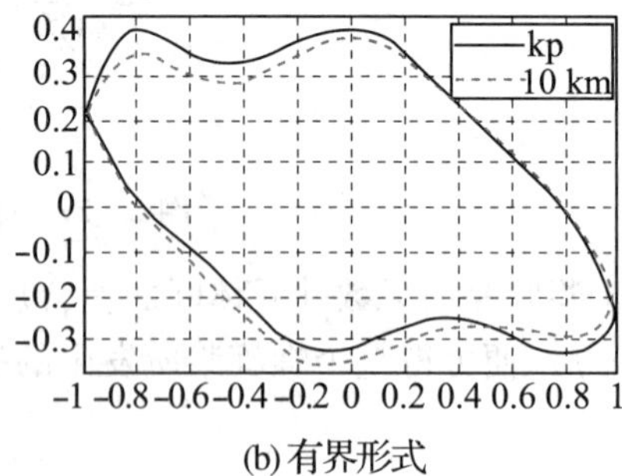

(b) 有界形式

图 2-22　螺旋桨四象限运动参数

两种描述方式可以相互换算，第一种方式描述船舶前进螺旋桨倒车或船舶后退螺旋桨正车状态的信息，但需要根据不同状态计算反正切函数，并且难于实现曲线拟合。第二种方式则较易实现曲线拟合，且只需根据螺旋桨转向选择相应的曲线即可，实现较为容易。

有界形式的进速系数定义为：

$$\lambda_p=(1-w)v_s/\sqrt{(1-w)^2v_s^2+D_p^2n_p^2} \tag{2-124}$$

式中：λ_p 为有界形式的进速系数；w 为伴流系数；v_s 为船舶航速；D_p 为螺旋桨直径；n_p 为桨转速，由于低速主机与螺旋桨直连，因此，$n_p=n_e$。

螺旋桨水阻力矩为：

$$T_p=K'_m(1-t)\rho D_p^3[(1-w)^2v_s^2+D_p^2n_p^2] \tag{2-125}$$

螺旋桨推力为：

$$F_p=K'_p(1-t)\rho D_p^2[(1-w)^2v_s^2+D_p^2n_p^2] \tag{2-126}$$

式中：K'_m为有界形式的扭矩系数；t 为推力减额份数。

转化后的进速系数 λ_p 由$(-\infty,+\infty)$被映射为$[-1,1]$。对于在$[-1,1]$上有连续导数的函数可近似用 n 阶契比雪夫多项式表示，有

$$f(x)\approx\frac{1}{2}a_0T_0(x)+a_1T_1(x)+\cdots+a_nT_n(x) \tag{2-127}$$

式中：$T_0(x)=1$；$T_1(x)=x$；$T_2(x)=2x^2-1$；$T_n(x)$的一般递推式为

$$T_{n+1}-2xTn(x)+T_{n-1}=0 \qquad (n=1,2,\cdots) \tag{2-128}$$

契比雪夫多项式的特点首先是 T_j 和 T_n 间具有正交性，多项式系数不因所取项数多少而改变。其次是从一个给定的契比雪夫多项式表达可以很方便地代换为普通多项式。只要把多项式系数 $a_0\sim a_9$ 代入式中，并把 $T_0\sim T_n$ 按定义展开，就可得到响应的普通多项式系数 $b_0\sim b_n$，有

$$\sum_0^n b_ix^i=b_0+b_1x+\cdots+b_nx^n \tag{2-129}$$

由此可利用契比雪夫多项式对螺旋桨四象限特性进行拟合，得出扭矩特性：

$$K_M'(J')=\frac{1}{2}a_{0M}T_0(J')+a_{1M}T_1(J')+\cdots+a_{nM}T_n(J') \tag{2-130}$$

从精度方面考虑，只需给出 8 阶的契比雪夫多项式拟合。

3. 调距桨的四象限模型

对于调距桨推进系统来说，除了与定距桨相同，主机转速的改变同时影响主机功率的高低以及航速快慢等情况。通过系统螺距的变化，可以使航行工况调节得更为合理，更趋于最佳的运行状态，因而可得到更好的经济效益。在螺距调节过程中，每一个螺距的变化相当于换了一只螺旋桨，而不同的螺旋桨有各自的特性曲线。如果要求航速保持不变，加大螺距则要求转速降低，减小螺距则要求转速增加。如果主机转速维持一定，加大螺距将使航速和功率都得到提高，反之就都得到降低。

图 2-23 显示了某调距桨推力系数和扭矩系数的特性曲线。建模时，可根据特性曲线分别拟合出不同螺距的契比雪夫多项式，在计算时利用实际螺距和进程比插值得到实际的参数。

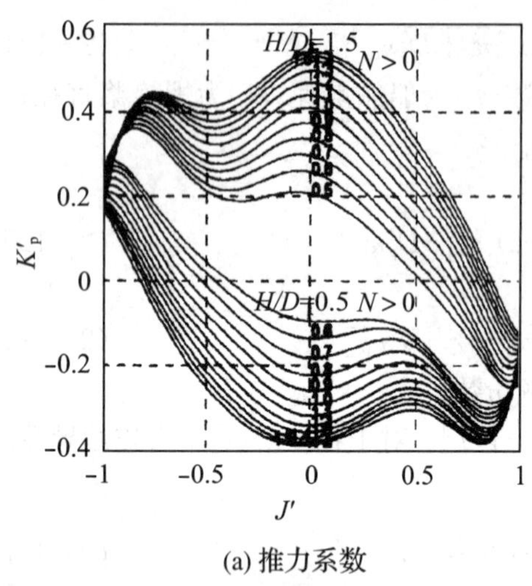

(a) 推力系数

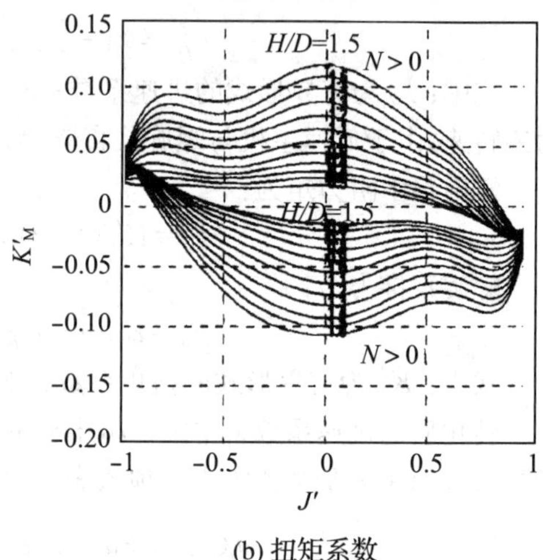

(b) 扭矩系数

图 2-23　有界形式的系列螺旋桨特性

4. 小沉深比时螺旋桨推力

上述关于推力系数和转矩系数的计算公式都是在沉深比大于 0.625 的条件下得到的，也就是认为螺旋桨在水中的浸没深度足够深，不需要考虑水面对螺旋桨性能的影响。但在船舶操纵运动计算中，时常要考虑不同的装载情况。实际上，当船舶在恶劣海况中航行或者处于压载状态下航行时，由于螺旋桨随船体升沉和纵摇运动而接近甚至超出水面，因而产生吸气乃至“飞车”现象。其结果使螺旋桨的推力、转矩及其效率下降，推进性能恶化。

当桨轴具有足够沉深且波高较小时，螺旋桨在规则波中的敞水性能几乎与相应沉深静水中的性能完全相同，因而在进行波浪中自航分析时通常可利用静水中的螺旋桨敞水特征曲线。但是当桨轴沉深较浅或者部分桨叶超出水面时，这样的处理显然是不合理的。关于沉深对推力和扭矩的影响可参照下列计算式：

$$\frac{K_T}{K_{T\infty}}=\begin{cases}-0.55+0.875\dfrac{h_s}{D_p}, & \dfrac{h_s}{D_p}\leqslant 0.625\\ 1, & \dfrac{h_s}{D_p}>0.625\end{cases} \tag{2-131}$$

$$\frac{K_M}{K_{M\infty}}=\begin{cases}-0.55+0.875\dfrac{h_s}{D_p}, & \dfrac{h_s}{D_p}\leqslant 0.625\\ 1, & \dfrac{h_s}{D_p}>0.625\end{cases} \tag{2-132}$$

式中：$K_{T\infty}$ 和 $K_{M\infty}$ 为深沉比 $h_s/D_p>0.625$ 以上的螺旋桨推力系数和转矩系数；K_T 和 K_M 为任意深沉下的推力系数和转矩系数。

2.3.5　螺旋桨与船体的相互作用

螺旋桨是安装在船上工作的，因此螺旋桨和船体会相互干扰。一方面，螺旋桨会受到船体尾流的影响;另一方面,螺旋桨的工作会使船体艉部的流场发生变化。其结果使得船体和螺旋桨与它们单独工作时不同。由于问题本身的复杂性和难度,迄今还未能得到很好的解决,所以现实的选择只能采取替代的解决方法。目前所采取的方法是首先研究船对桨的影响,然后研究桨对船的影响,最后再以简单的形式对两结果进行综合来研究机-桨-船系统。

1. 船体对螺旋桨的干涉——伴流

船舶以某一速度 V 向前航行时,附近的水受到船体的影响而产生运动,其表现为船体周围将存在一股水流以某一速度随船前进,这股水流称为伴流。伴流的存在使得船后螺旋桨附近流场中水流对螺旋桨的相对速度和船速不同,从而使螺旋桨产生的推力与敞水桨也不同。两者的差别即为船体对螺旋桨干涉的流体动力。

产生伴流的原因有下列三种:①船身周围的流线运动。艏艉处的水流具有向前的速度,称为正伴流,而在舷侧处水流具有向后的速度,称为负伴流。由此形成的伴流称为势伴流。流线离船身不远处即迅速分散,其作用离船体越远其数值越小。②水的黏性作用。因水具有黏性,船舶运动时沿船体表面将形成边界层,在边界层内水质点具有向前的速度,形成正伴流,称为摩擦伴流。摩擦伴流速度在紧靠船身处最大,由船身向外急剧减小,离船体远处即迅速消失,但在船后相当距离处摩擦伴流依然存在。边界层在船舶尾流中具有相当的厚度,与螺旋桨直径为同一量级,故摩擦伴流通常为总伴流中的主要部分。此外,摩擦伴流的大小与船型、表面粗糙度、雷诺数及螺旋桨的位置等有关。③船舶的兴波作用。船舶在航行时水面形成波浪,若螺旋桨附近恰为波峰,水质点具有向前的速度;如恰为波谷,则具有向后的速度。由船舶本身兴波作用而形成的伴流称为波浪伴流,数值较小。

由伴流的成因可知,船后伴流的速度场异常复杂,伴流速度在螺旋桨盘面各点处大小和方向都不相同。伴流速度场可用相对于螺旋桨的轴向速度、周向速度和径向速度三个分量来表示。根据伴流的成因,可将伴流速度 U_a 写成:

$$U_a = u_t + u_f + u_w \tag{2-133}$$

式中:u_t 为桨盘面处势伴流的轴向平均速度;u_f 为桨盘面处摩擦伴流的轴向平均速度;u_w 为桨盘面处波浪伴流的轴向平均速度。

伴流强度常用伴流速度 U_a 对船速 V 的比值 w 来表示,w 称为伴流系数,即

$$w = \frac{u_a}{V} = \frac{V - V_A}{V} = 1 - \frac{V_A}{V} \tag{2-134}$$

若已知伴流系数,则可由下式决定螺旋桨的进速 V_A:

$$V_A = (1 - w)V \tag{2-135}$$

根据伴流的成因,伴流系数 w 也可写作

$$W = w_t + w_f + w_w \tag{2-136}$$

式中:w_t 为势伴流系数;w_f 为摩擦伴流系数;w_w 为波浪伴流系数。

各类船舶伴流系数 w 的大致范围见表 2-2。

表 2-2　各类船舶伴流系数 w 的大致范围

船舶类型	伴流系数 w	船舶类型	伴流系数 w
快速船和油船	0.10～0.18	轻巡洋舰	0.035～0.10
单桨商船(C_b=0.5～0.7)	0.20～0.30	大型驱逐舰	0.00～0.10
双桨商船(C_b=0.5～0.7)	0.08～0.20	驱逐舰和护航舰	0.00～0.03
肥大船(C_b 为 0.8 左右)	0.30～0.40	潜水艇	0.10～0.25
主力舰及重巡洋舰	0.15～0.20	鱼雷快艇	0.00～0.04

2. 螺旋桨对船体的干涉流体动力系数

螺旋桨和船体构成一个系统，两者之间存在着相互作用。这种作用表现为船体所形成的速度场和螺旋桨所形成的速度场之间的相互影响。螺旋桨在船后工作时，它的抽吸作用使桨盘前方的水流速度增大，该处压力下降，即在螺旋桨吸水作用所及的整个范围是低压区，其结果改变了艉部的压力分布情况。船尾处压力的降低导致船体压阻力的增加。此外，艉部水流速度增大使摩擦阻力也有所增加。可见，螺旋桨装于船后，改变了船体原来的流场，对船体产生干涉流体动力，螺旋桨发出的推力不等于孤立船体所遭受的阻力，即产生推力减额问题。

螺旋桨在船后工作时引起船舶附加阻力增额。螺旋桨发出的推力 T 其中一部分用于克服船体本身的阻力 R，而另一部分则用于克服阻力增额 ΔR，即

$$F_p = R + \Delta R \tag{2-137}$$

螺旋桨推力中只有($F_p - \Delta R$)这一部分是用来克服阻力 R 的，称为有效推力 F_e。习惯上，将 ΔR 称为推力减额，并以 ΔF_p 表示，因此，螺旋桨的总推力可表示为：

$$F_p = R + \Delta F_p \tag{2-138}$$

定义推力减额 ΔT 与推力 T 的无量纲比值为推力减额系数 t，即

$$t = \frac{\Delta F_p}{F_p} = \frac{F_p - F_e}{F_p} = \frac{F_p - R}{F_p} \tag{2-139}$$

仿照伴流系数的划分方法，推力减额系数 t 也可以用形式推力减额系数 t_p，摩擦推力减额系数 t_f，波浪推力减额系数 t_w 表示：

$$t = t_p + t_w + t_f \tag{2-140}$$

影响推力减额系数的主要参数有船型、螺旋桨尺度、螺旋桨负荷以及桨与船体之间的相对位置。当船舶作操纵运动时还与速度 V，漂角 β，艏摇角速度 r，舵角 δ 等有关。因此，用理论方法来计算推力减额系数是相当困难的，通常都是根据船模自航试验或经验公式来决定的。

3. 推力减额系数的近似估算

推力减额系数的计算在不具备试验条件的时候，可以用经验公式来近似估算。在船舶直航运动时，可以用汉克歇尔公式、商赫公式、哥铁保公式和霍尔特洛泼公式近似估算。推力减额系数一般在 0.05～0.25 之间，表 2-3 给出了各类船舶推力减额系数的大致范围。

表 2-3　各类船舶推力减额系数大致范围

船舶类型	推力减额系数 t	船舶类型	推力减额系数 t
快速船和油船	0.06～0.15	轻巡洋舰	0.05～0.10
单桨商船(C_b=0.5～0.7)	0.08～0.20	大型驱逐舰	0.07～0.08
双桨商船(C_b=0.5～0.7)	0.10～0.22	驱逐舰和护航舰	0.06～0.08
肥大船(C_b 为 0.8 左右)	0.17～0.25	潜水艇	0.10～0.18
主力舰及重巡洋舰	0.18～0.22	鱼雷快艇	0.01～0.03

1) 汉克歇尔公式

对于单桨标准型商船(C_b=0.54～0.84)：

$$t=0.50C_p-0.12 \tag{2-141}$$

对于单桨渔船：

$$t=0.77C_p-0.30 \tag{2-142}$$

对于双桨标准型商船(C_b=0.54～0.84)：

$$t=0.50C_p-0.18 \tag{2-143}$$

式中：C_p 为船舶棱形系数。

2) 商赫公式

对于单螺旋桨船：

$$t=kw_{p0} \tag{2-144}$$

式中：k 为系数，视舵的形式而定。

3) 哥铁保公式

对于单桨标准型商船(C_b=0.6～0.85)：

$$t=\left(1.57-2.3\frac{C_b}{C_{wp}}+1.5C_b\right)C_p \tag{2-145}$$

对于双桨标准型商船(C_b=0.6～0.85)：

$$t=1.67-2.3\frac{C_b}{C_{wp}}+1.5C_b \tag{2-146}$$

式中：C_{wp}为水线面面积系数。

4) 霍尔特洛泼公式

对于单螺旋桨船：

$$t=0.001\,979\frac{L}{(B-BC_{p1})}+1.058\,5C_{10}-0.000\,524-0.141\,8\frac{D_p}{Bd_m}+0.001\,5C_{stern} \tag{2-147}$$

式中：D_p为螺旋桨直径；d_m为平均吃水；B 为船宽。

C_{10}定义如下：

$$C_{10}=\begin{cases}B/L, & L/B>5.2\\ 0.25-0.003\,328/(B/L-0.134\,6), & L/B\leqslant 5.2\end{cases} \tag{2-148}$$

对于双桨船：

$$t=0.325C_b-0.1885\frac{D_p}{\sqrt{Bd_m}} \tag{2-149}$$

2.3.6 船舶直航阻力

考察船舶动力装置性能时，一般只考虑船舶直航时的阻力特性，而不考虑船舶回转性能等与船舶操纵相关的因素。

在静水中船舶的直航阻力为：

$$R_t=\frac{S}{Ld}C_t v_s^2 \tag{2-150}$$

式中：R_t 为船舶阻力；S 为船舶浸湿面积；L 为船长；d 为船舶吃水深度；C_t 为船舶总阻力系数。

1. 船舶浸湿面积的估算

在没有线型图而进行船舶仿真时，可以根据不同的船型选定适当的公式来近似求取。船舶浸湿面积的估算公式有桑地公式和泰勒公式，前者适用于常规排水式的船舶，后者可用于巡洋舰艉型的尖瘦船型。

1) 桑地公式

$$S=k\sqrt{\nabla L_w} \tag{2-151}$$

式中：L_w 为设计水线长；∇为型排水体积；k 为系数，是 C_m 和 B/d_m 的函数。

2) 泰勒公式

$$S=C_s\sqrt{\nabla L_w} \tag{2-152}$$

式中：L_w 为设计水线长；∇为型排水体积；C_s 为面积系数，根据 B/d_m，∇/L_w^3 和 C_p 由图谱确定。

3) 对于单螺旋桨商船

$$S=\nabla^{2/3}\left(3.432+0.305\frac{L_w}{B}+0.443\frac{B}{d_m}+0.643C_b\right) \tag{2-153}$$

4) 对于双螺旋桨商船

$$S=\left(1.54d_m+0.45B+0.904BC_b+0.026C_b\frac{B}{d_m}\right)L_w \tag{2-154}$$

2. 船体阻力系数

对于船舶阻力按其产生的原因可分为黏压阻力、摩擦阻力和兴波阻力：

$$R_t=R_f+R_w+R_{pv} \tag{2-155}$$

式中：R_f 为摩擦阻力；兴波阻力 R_w 和黏压阻力 R_{pv} 合称为剩余阻力。

因此，总体阻力系数包括摩擦阻力系数、剩余阻力系数以及根据船体粗糙度进行修正的补偿系数：

$$C_t=C_f+C_r+\Delta C_{AR} \tag{2-156}$$

式中：C_f 为摩擦阻力系数；C_r 为剩余阻力系数；ΔC_{AR}为粗糙度补偿系数。

1) 摩擦阻力系数

对于摩擦阻力系数的估算，可引入平板的概念并且考虑到曲率和粗糙度的影响，常用的有以下一些计算公式。

(1) 桑海公式。

$$\frac{0.242}{\sqrt{C_f}}=\lg(R_n\times C_f) \tag{2-157}$$

式中：$R_n=VL/\nu$ 为雷诺数，其中 V 为船速，L 为船长，ν 为运动黏性系数。当 $R_n=4\times10^6\sim4\times10^9$ 时，可采用下式：

$$C_f=\frac{0.4631}{(\lg R_n)^{2.6}} \tag{2-158}$$

(2) ITTC-57 公式。

$$C_f=\frac{0.075}{(\lg R_n-2.03)^2} \tag{2-159}$$

(3) 休斯公式。休斯公式为消除平板边缘效应而提出：

$$C_f=\frac{0.066}{(\lg R_n-2.03)^2} \tag{2-160}$$

(4) 混合边界层公式。为增加计算精度，普朗特给出了经验公式：

$$C_f=\frac{0.455}{(\lg R_n)^{2.58}}-\frac{1700}{R_n} \tag{2-161}$$

2) 剩余阻力系数

兴波阻力和涡流阻力构成了船舶剩余阻力，由于无法做到精确计算，故仍采用近似估算。通常由图谱给出剩余阻力系数与船型间的关系，常用的有泰勒图谱、蓝波-奥芬凯勒图谱等。蓝波-奥芬凯勒图谱适用于单螺旋桨丰满型的阻力估算。下面给出图谱表达形式

$$C_r\frac{S}{A_M}\times10^3=f\left(\frac{L_d}{B}=6.5,\frac{B}{d}=2.4,\frac{V_s}{\sqrt{C_pL_d}},C_p,x_B\right) \tag{2-162}$$

式中：C_r 为剩余阻力系数；A_M 为中横剖面面积；S 为浸湿面积；$L_d=1.01\,L_{pp}$，为计算船长；d 为吃水；V_s 为船速；C_p 为棱形系数；x_B 为浮心位置。

3) 粗糙度补贴黏系数

粗糙度补贴黏系数 ΔC_{AR} 由经验数据得到，可根据船长通过查表 2-4 给出。

表 2-4 粗糙度补贴黏系数计算表

船长/m	ΔC_{AR}	船长/m	ΔC_{AR}
50～150	+0.0004～+0.00035	260～300	0
150～210	+0.0002	300～350	−0.0001
210～260	+0.0001	350～450	−0.00025

4) 阻力系数的修正

为增加估算精度，需要在得出总阻力系数后，根据船舶的型宽吃水比 B/d 进行修正，修正量由下式给出：

$$\left.\begin{aligned}\frac{\Delta C_t}{C_t}&=\left(\frac{B}{d}-2.4\right)\times0.5\%,\left(2.4<\frac{B}{d}<3.0\right)\\\frac{\Delta C_t}{C_t}&=-\left(\frac{B}{d}-2.4\right)\times0.5\%,\left(3.0<\frac{B}{d}\text{或}\frac{B}{d}<2.4\right)\end{aligned}\right\} \tag{2-163}$$

2.4 基于容积法的船舶柴油机故障模拟

柴油机热工参数蕴涵着大量的故障信息,具有很大的诊断应用价值。目前人们对柴油机热工参数与故障之间关系的认识主要来源于试验积累和专家经验,但故障模拟试验耗费大,带有破坏性,不可能大量进行;专家经验也有一定程度的局限性。如何经济地获得准确的诊断知识成为柴油机智能故障诊断的难题。随着计算机应用技术和柴油机工作过程数值模拟计算方法的不断发展,故障模拟计算逐步成为解决这一难题的有效方法。

一般来说,故障模拟的方法有两种:一种是通过摆脱数学模型的计算,而仅仅由独立的子程序直接改变结果的输出,或者说直接"设置"故障状态下的各种参数来实现。这种方法直接,但是是最原始的模仿,没有任何理论依据,功能有限,不能或者不易实现各种故障的拓展或传播,只能是一种特殊情况下的补充手段。另一种是依据数学模型的计算,通过改变其已知参数或改变模型本身,如在原有的模型上设置附加系数。在正常状态下这些参数为1,在故障状态下取不等于正常工况下的相应参数值来改变数学模型;或者通过这些附加系数构成一些符合实际故障变化的函数,附加到原有的数学模型,构成新的数学模型来进行故障工况下的模拟计算。这是一种有效的故障模拟方式,有较严格的理论基础,故障本身有拓展性或传播性,是故障模型的主要途径。

柴油机故障模拟的研究是通过建立柴油机故障数学模型,对柴油机故障进行模拟计算及分析,探索不同故障下各热工参数异常变化的规律,从而建立故障推理的热工参数征兆最小割集的知识库。柴油机故障模型以工作过程机理计算为基础,通过不同参数的设置仿真不同的故障工况,从而得到各种故障工况下的热工参数。

2.4.1 容积法模型的基本原理

柴油机故障模拟以柴油机工作过程仿真为基础,用微分方程对柴油机各系统的实际工作过程进行数学描述,然后编制计算程序,用计算机求解微分方程,求得柴油机各热工参数随曲轴转角(时间)的变化规律。计算中考虑气缸内的热力过程、传热过程、燃气性质、气体流动、气体更换过程、废气涡轮增压器的特性及其与柴油机的配合,计算结果比较符合实际。应用工作过程的数值计算可进行柴油机的性能预测、设计参数的优化、运行影响因素的分析等方面的工作,减少试验工作量。

计算工作过程最典型的模型是容积法模型,该模型最初由 Watson 等人提出,用于对改善涡轮增压柴油机瞬态响应性能的措施进行仿真分析,并用来分析一些控制变量和设计参数对瞬态性能的影响。容积法模型的主要思想是把涡轮增压柴油机划分为一系列控制容积,如图 2-24 所示,五个相互独立的系统包括气缸、扫气箱、排气总管、中冷器及涡轮增压器等,它们之间通过能量和气体流动联系起来,构成整体容积法模型。

容积法模型假设各控制容积内工质是理想气体,在任何一个瞬间都混合均匀,各处的工质成分、温度和压力都是相同的,可用三个基本参量,即质量(m)、温度(T)和压力(p)来表示各控制容积内的气体的状态。这样，用能量守恒方程、质量守恒方程和气体状态方程把整个工作过程联系起来，即可得到柴油机工作过程的基本数学模型。

容积法模型划分控制容积时要求各控制容积处于瞬时热力平衡状态，划分时遵循以下两个原则：①对划分的每个系统均能够假定每瞬时系统内各点的气体压力、温度和成分都是均匀的，即处于瞬时热力平衡状态；②系统与系统之间通过热量和质量的传递相互联系。根据这两个原则，把船舶常用的多缸涡轮增压柴油机划分为五个相对独立又相互联系的热力平衡系统，如图2-24所示。其基本工作原理叙述如下：由废气驱动的涡轮增压器带动压气机把自然空气压缩后，经过中冷器的冷却降温送入扫气箱，使扫气箱保持一定的压力。在各缸的扫气过程中，扫气箱的气体经过扫气口进入气缸。被压缩冲程压缩升温的空气与在上死点前喷入气缸的燃油在气缸内混合、燃烧，推动曲柄连杆机构对外做功。在排气过程中，各缸废气依次排入排气总管，使排气总管保持较高的温度和压力。具有较高能量的废气驱动涡轮做功，带动压气机工作，把新鲜空气经压缩后送入扫气箱，提高扫气压力，从而使一部分能量回收利用，而其余部分能量则随废气排入大气。整个过程周而复始，使柴油机持续对外做功。

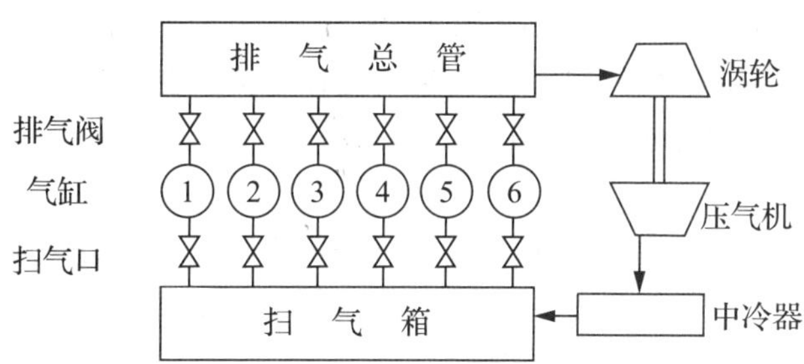

图2-24　容积法工作过程仿真模型原理图

2.4.2　缸内工作过程

柴油机气缸中的工作过程非常复杂，包括机械、物理、化学、传热与流动等各种复杂的变化过程，气缸内空间各点上工质的温度、压力及成分有很大差别。要采用容积法模型计算缸内工作过程，需做如下几点假设：①气缸内工质状态均匀，并且认为进气过程中流入气缸内的空气与气缸内的残余废气在瞬间混合均匀；②气缸内工质为理想气体，其性质仅与气体温度和成分有关。气缸内工质认为是由空气和纯燃烧产物两部分组成的；③气体流入或流出气缸为准稳定流动，不考虑波动的影响。

1. 工质的热力学性质

由热力学可知，不同气体工质的热力学性质差别很大，如分子量、比热、比焓等。工质热力学性质上的差别是不同工质做功能力差别的主要原因，因此，进行柴油机工作过程仿真计算时，必须研究工质的热力学性质。

1）工质的成分

工质的热力学性质与工质的组成成分有关。在柴油机实际工作循环中，工质的成分随时间变化。一般来说，柴油机工质是多种化学成分的混合气体，其性质非常接近理想气体。

但是，如果按多种成分计算工质的性质非常复杂，一般用于柴油机排放性能的研究。因此，可采用简单的计算方法，把工质看作由纯空气和纯燃烧产物两部分组成。任意时刻都把工质视为这两种气体的混合物，因为各自的物理性质是已知的，所以只要知道这两种气体的成分含量便可以得到工质的热力性质。

纯燃烧产物是指燃烧过量空气系数为 1 时，燃油完全燃烧的燃烧产物。对于一般的船用燃料油，其燃烧产物的分子量为 29.133。

气体成分的表示方法可采用广义过量空气系数 α_k 来表示，其定义为：某一瞬时气缸内存在的空气量与缸内气体所含有的燃烧产物所相当的燃油完全燃烧所需要的空气量之比，即

$$\alpha_k=\frac{m_z-m_f\chi_k}{L_o m_f\chi_k} \tag{2-164}$$

$$\frac{d\alpha_k}{d\varphi}=\frac{1}{L_o m_f\chi_k}\frac{dm_z}{d\varphi}-\frac{m_z}{L_o m_f\chi_k^2}\frac{d\chi_k}{d\varphi} \tag{2-165}$$

式中：m_z 为气缸内工质的质量；m_f 为每缸每循环供油量；χ_k 为某瞬时气缸内气体所含有的燃烧产物所相当的燃油量占每循环喷入气缸的油量的比例；L_o 为每千克燃油完全燃烧所需要的理论空气量，对船舶柴油主机常用的燃油 $L_o=14.3$；φ 为曲轴转角(CA)。

$d\chi_k/d\varphi$ 的计算与燃油燃烧放热规律和换气过程有关。在燃烧过程中，没有气体的交换，χ_k 的变化率等于燃油燃烧的速率，即

$$d\chi_k/d\varphi=d\chi/d\varphi \tag{2-166}$$

式中：$d\chi/d\varphi$ 表示燃烧速率，即每瞬时燃烧的燃油占喷入气缸的燃油的比例。

在排气过程中，燃油已完全燃烧，χ_k 的变化率就等于排出气体中所含有的燃烧产物的变化率，即

$$\frac{d\chi_k}{d\varphi}=-\frac{\chi_k}{m_z}\frac{dm_e}{d\varphi}。 \tag{2-167}$$

式中：$dm_e/d\varphi$ 表示从排气阀排出的排气流量。

在压缩和膨胀过程，没有燃烧也没有气体交换，因此 χ_k 的变化率为 0。

2) 工质的热力学性质

可以利用理想混合气体理论计算工质的分子量和气体常数，但为减少模型的计算量，以 α_k 为参数，根据气体表中数据，利用最小二乘法拟合得到工质的气体常数 R_z 和分子量 M_z 的近似计算公式：

$$R_z=g\times(29.2647-0.0402/\alpha_k) \tag{2-168}$$

$$M_z=28.9705-0.0403/\alpha_k \tag{2-169}$$

式中：g 为重力加速度。

根据工程热力学，一定的理想气体的绝热指数、定容比热、定压比热等热力学参数仅是温度的函数。因此可根据气体表，以温度和过量空气系数为参数得到工质热力学性质的计算公式。瞬时绝热指数 k_z 的计算公式为：

$$k_z=1.4373-1.318\times10^{-4}T+3.12\times10^{-8}T^2-4.8\times10^{-2}/\alpha_k \tag{2-170}$$

由热力学公式可得到工质的气体定容比热 c_{vz}，定压比热 c_{pz}：

$$c_{vz}=R_z/(k_z-1) \tag{2-171}$$

$$c_{pz}=R_z k_z/(k_z-1) \tag{2-172}$$

2. 气缸工作过程的基本方程

容积法模型假设气缸内工质是理想气体，在任何一个瞬间都混合均匀，空间各点上工质的成分、温度和压力都相同，用这三个基本参数即可描述工质的状态。因此，用能量守恒方程、质量守恒方程和理想气体状态方程即可描述整个缸内工质的运动过程，得到气缸内工作过程的基本数学模型：

$$\frac{d(m_z u_z)}{d\varphi}=\frac{dQ_f}{d\varphi}+\frac{dm_s}{d\varphi}h_s-\frac{dm_e}{d\varphi}h_e-\frac{dQ_w}{d\varphi}-p_z\frac{dV_z}{d\varphi} \tag{2-173}$$

$$\frac{dm_z}{d\varphi}=\frac{dm_s}{d\varphi}-\frac{dm_e}{d\varphi}+m_f\frac{d\chi}{d\varphi} \tag{2-174}$$

$$p_z V_z=m_z R_z T_z \tag{2-175}$$

式中：u_z 为气体工质的比内能；Q_f 为喷入气缸的燃油带入的热量；m_s 为进入气缸的气体质量；h_s 为扫气气体的比焓；m_e 为排出的废气质量；h_e 为废气的比焓；Q_w 为冷却介质带走的热量；p_z 为气缸内气体压力；V_z 为气缸容积；χ 为已燃烧燃油占每循环喷入气缸燃油总量的比例；T_z 为气缸内气体温度。

式(2-173)为气缸内的能量守恒方程，表示气缸内工质能量的变化率 $d(m_z u_z)/d\varphi$ 等于喷入的燃油带入的热流量 $dQ_f/d\varphi$ 加上进入气缸的气体带入的热流量 $h_s dm_s/d\varphi$，减去由废气和冷却介质带走的热流量 $h_e dm_e/d\varphi$ 和 $dQ_w/d\varphi$ 及气体对活塞做功功率 $p_z dV_z/d\varphi$，如图 2-25 所示。

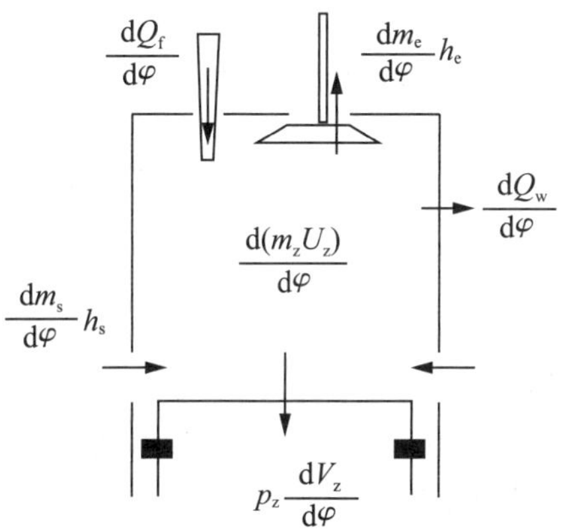

图 2-25 气缸内能量守恒简图

式(2-174)为质量守恒方程，气缸内工质质量的变化率 $dm_z/d\varphi$ 等于扫气过程进入气缸的气体质量流量 $dm_s/d\varphi$ 加上燃烧燃油的质量速率 $g_f d\chi/d\varphi$ 减去排出废气的质量流量 $dm_e/d\varphi$。式(2-175)为缸内工质的气体状态方程，缸内气体按照理想气体计算。

气缸内气体压力的计算方法有两种：一种是先算出缸内的压力增量及下一步的缸内压力，再由状态方程算出缸内气体的温度；另一种是先算出温度增量及下一步的缸内气体的温度，再由状态方程算出缸内气体的压力。用后种方法简单一些，因此常被采用。把式

(2－174)左边部分展开得

$$\frac{\mathrm{d}(m_z u_z)}{\mathrm{d}\varphi}=u_z\frac{\mathrm{d}m_z}{\mathrm{d}\varphi}+m_z\frac{\partial u_z}{\partial T_z}\frac{\mathrm{d}T_z}{\mathrm{d}\varphi}+m_z\frac{\partial u_z}{\partial \alpha_k}\frac{\mathrm{d}\alpha_k}{\mathrm{d}\varphi} \tag{2-176}$$

$\partial u_z/\partial\alpha_k$ 及 $\partial u_z/\partial T_z$ 可利用 Justi 的比热容数据，将内能整理成与温度 T 和广义过量空气系数 α_k 有关的解析式，然后求偏导数得到。但在计算中通常忽略 α_k 对 U_z 的影响，令 $\partial u_z/\partial\alpha_k=0$。而 $\partial u_z/\partial T_z$ 为工质的定容比热，即 $c_{vz}=\partial u_z/\partial T_z$。同时用燃烧产物的比热计算气缸内气体工质的比内能，可将式(2－176)简化为

$$\frac{\mathrm{d}(m_z u_z)}{\mathrm{d}\varphi}=c_{vmz}T_z\frac{\mathrm{d}m_z}{\mathrm{d}\varphi}+m_z c_{vz}\frac{\mathrm{d}T_z}{\mathrm{d}\varphi} \tag{2-177}$$

式中：c_{vmz} 为气缸内燃烧产物的定容比热。

将式(2－177)代入式(2－173)，移项、合并整理得到缸内气体温度的简化计算公式：

$$\frac{\mathrm{d}T_z}{\mathrm{d}\varphi}=\left(\frac{\mathrm{d}Q_f}{\mathrm{d}\varphi}+\frac{\mathrm{d}m_s}{\mathrm{d}\varphi}h_s-\frac{\mathrm{d}m_e}{\mathrm{d}\varphi}h_e-\frac{\mathrm{d}Q_w}{\mathrm{d}\varphi}-p_z\frac{\mathrm{d}V_z}{\mathrm{d}\varphi}-c_{vmz}T_z\frac{\mathrm{d}m_z}{\mathrm{d}\varphi}\right)\frac{1}{m_z c_{vz}} \tag{2-178}$$

要通过式(2－178)计算缸内气体的温度，需要计算燃油燃烧放热规律 $\mathrm{d}Q_f/\mathrm{d}\varphi$，扫气气体质量流量 $\mathrm{d}m_s/\mathrm{d}\varphi$，排气气体质量流量 $\mathrm{d}m_e/\mathrm{d}\varphi$，冷却介质带走的热量 $\mathrm{d}Q_w/\mathrm{d}\varphi$ 和气体对活塞做的功 $p_z\mathrm{d}V_z/\mathrm{d}\varphi$。

3. 气缸工作容积

在柴油机的缸径 D，活塞行程 S，连杆曲柄比 λ 和压缩比 ε 确定后，根据几何关系及曲柄连杆机构运动学，考虑气缸的余隙容积，可以得到气缸工作容积的变化规律为

$$V_z=\frac{\pi D^2}{4}\left\{\frac{S}{\varepsilon-1}+\frac{S}{2}\left[\left(1+\frac{1}{\lambda}\right)-\left(\cos\left(\frac{\pi}{180}\varphi\right)+\frac{1}{\lambda}\sqrt{1-\lambda^2\sin\left(\frac{\pi}{180}\varphi\right)}\right)\right]\right\} \tag{2-179}$$

式(2－179)从曲柄在上死点位置时($\varphi=0$)开始计算。

对式(2－179)求导，即可得到气缸容积的变化率

$$\frac{\mathrm{d}V_z}{\mathrm{d}\varphi}=\frac{\pi^2 D^2 S}{8\times180}\left[\sin\left(\frac{\pi}{180}\varphi\right)+\frac{\lambda}{2}\frac{\sin\left(\frac{\pi}{180}2\varphi\right)}{\sqrt{1-\lambda^2\sin^2\left(\frac{\pi}{180}\varphi\right)}}\right] \tag{2-180}$$

4. 燃烧放热规律

柴油机燃烧过程十分复杂，目前的认识水平和计算能力尚不足以进行燃烧过程的精确模拟。事实上，就预测示功图以及工作过程综合性能参数而言，采用零维模型的计算精度往往并不逊色于采用多维模型的计算结果。

在容积法模型计算时，常常忽略喷油规律，假设燃油在某个时刻全部喷入气缸，然后按照预先设定的燃烧放热规律燃烧放热，改变工质的热力学性质。由此得到燃油燃烧放热率的定义为

$$\frac{\mathrm{d}Q_f}{\mathrm{d}\varphi}=4.2H_u m_f\frac{\mathrm{d}\chi}{\mathrm{d}\varphi} \tag{2-181}$$

式(2－181)表示燃烧放热率为燃油低热值与喷入气缸的燃油量及燃烧速率的乘积，其中燃烧速率 $\mathrm{d}\chi/\mathrm{d}\varphi$ 即为要求的燃烧放热规律。

进行燃烧放热规律仿真计算时，可采用如下两种简便方法：①利用现有柴油机示功图进行

分析计算，得到放热规律曲线；②利用经验模型，选择适当的经验参数计算模拟实际柴油机的放热规律。但第一种方法计算复杂，为简化计算，常采用第二种方法。经验公式采用双韦伯(Vibe)曲线叠加的方法模拟气缸实际燃烧放热规律。所谓双韦伯曲线，实际上是用两条韦伯曲线，叉开一定的领先角进行叠加得到，两条曲线分别代表预混合燃烧阶段和扩散燃烧阶段。用 $d\chi_1/d\varphi$ 表示预混合燃烧阶段，用 $d\chi_2/d\varphi$ 表示扩散燃烧阶段，则总燃烧放热规律为

$$\frac{d\chi}{d\varphi}=\frac{d\chi_1}{d\varphi}+\frac{d\chi_2}{d\varphi} \tag{2-182}$$

其中

$$\frac{d\chi_1}{d\varphi}=\left[(m_1+1)\times 6.908\left(\frac{1}{2\tau}\right)^{(m_1+1)}\times(\varphi-\theta_Z)^{m_1}\mathrm{e}^{-6.908/(2\tau)^{(m_1+1)}(\varphi-\theta_Z)^{(m_1+1)}}\right]\times(1-Q_d) \tag{2-183}$$

$$\frac{d\chi_2}{d\varphi}=\left[(m_2+1)\times 6.908\left(\frac{1}{\varphi_{zd}}\right)^{(m_2+1)}\times(\varphi-\theta_Z-\tau)^{m_2}\mathrm{e}^{-6.908/(\varphi_{zd})^{(m_2+1)}(\varphi-\theta_Z-\tau)^{m_2}}\right]\times Q_d \tag{2-184}$$

式中：m_1 为混合燃烧品质系数；m_2 为扩散燃烧品质系数；τ 为预混合燃烧领先角；θ_Z 为预混合燃烧始点；Q_d 为扩散燃烧份数；φ_{zd}扩散燃烧始点。

式(2-183)和式(2-184)中的参数与柴油机的结构参数、转速、负荷、喷油规律、燃烧室形式、压缩终点气体状态和过量空气系数等有关，计算非常复杂。不同工况下，燃烧放热曲线的参数不同。为提高计算速度，选取典型工况计算放热规律参数，采用线性插值得到变工况情况下的参数。典型工况的参数可根据实测柴油机示功图进行燃烧分析计算得到实际柴油机放热规律曲线，然后建立非线性最小二乘法模型寻优，得到放热规律的参数。m_1，m_2 分别影响预混合燃烧和扩散燃烧峰值出现的时间，对大型低速柴油机分别取为 2 和 0.8 即可满足要求。对按照推进特性运转的大型低速柴油机，扩散燃烧持续角较小，在 40°～50°时，可取 50°计算，并且在变工况情况下变化不大时，可取标定工况时的值做变工况计算。这样做可以减少参数数量，降低参数计算的难度，提高计算速度。因此只须根据实测示功图对 θ_Z，τ，Q_d 三个参数寻优就可以得到燃烧放热规律。表 2-5 为根据不同工况下的实测示功图计算得到的各工况下的燃烧放热规律参数。变工况时，燃烧放热规律的三个参数可根据已知工况的数据，利用多维分段线性插值得到。

表 2-5　燃烧放热规律参数

转速/(r/min)	负荷/%	燃烧始角/°CA	领先角/°CA	扩散燃烧份数
108	110	358.5	18.0	0.38
105	100	358.5	16.0	0.28
101.4	90	358.5	14.6	0.26
95.4	75	358.0	14.6	0.26
83.3	50	358.0	14.6	0.26
66.1	25	358.5	13.0	0.24

有学者提出用两条直线组成等腰三角形，而在后面用一条斜线连接，组成如图 2－26 所示曲线来计算中低速柴油机放热规律，可以达到更高的精度。但合理的选择参数，利用双韦伯（Vibe）放热规律公式得到的曲线（图 2－27）非常类似于如图 2－26 所示的曲线，可以认为应用双韦伯曲线仿真精度可以满足要求。另一方面，要得到如图 2－26 所示的曲线需要大量准确的实验数据，成本很高，而且不容易得到变工况下的数据。而双韦伯曲线放热规律的参数可由实测示功图计算得到，并且有比较成熟的方法，因此仍采用双韦伯曲线计算。

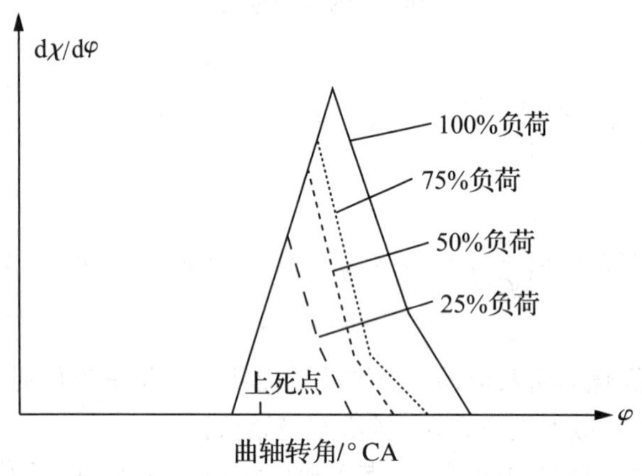

图 2－26　低速柴油机放热率模拟曲线

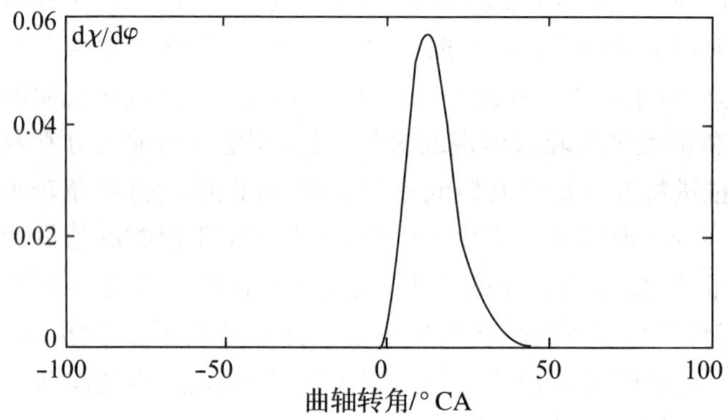

图 2－27　双韦伯燃烧放热率仿真曲线

5．气缸周壁的热传导

柴油机气缸周壁包括气缸盖燃烧室表面、活塞顶及气缸套内表面。由于各传热表面壁温不同，因此在计算传热量时应分别考虑。根据基本传热学公式，可得到柴油机气缸内气体对气缸周壁的散热率为

$$\frac{dQ_w}{d\varphi}=\alpha_w\left[\frac{4V_z}{D}(T_z-T_w)+\frac{\pi}{4}D^2(2T_z-T_{w1}-T_{w2})\right]\frac{1}{2\ 600n_e} \qquad (2-185)$$

式中：α_w 为传热系数；T_w 为气缸套内壁表面平均温度；T_{w1} 为缸盖内表面平均温度；T_{w2} 为活塞顶表面平均温度；n_e 为柴油机转速。

为了能够用式（2－185）计算柴油机工作过程中燃烧室周壁的传热量，除对 T_w，T_{w1}，T_{w2}

的值根据经验合理选择或通过实验得到外，必须首先知道依地点和时间(曲柄转角)变化的燃气与换热壁面间的传热系数 α_w。刘永长教授在《内燃机热力过程模拟》一书中较详细地论述了传热问题的计算并推荐使用沃希尼公式。直喷式柴油机的沃希尼公式为

$$\alpha_w = \xi D^{-0.214}(C_m p_z)^{0.786} T_z^{-0.525} \quad (2-186)$$

式中：ξ 为常数，取决于扫气方式，直流扫气可取 148；C_m 为活塞平均速度。

6. **进排气阀的流量计算**

通过进排气(阀口)的气体流动可以近似地按照一维等熵绝热过程来处理，再乘以一个流量系数，并按照准稳定流动的概念进行计算。

通过扫气口的气体流量与扫气口的几何截面积、气缸压力、扫气箱压力及流量系数有关，可根据工程热力学中关于喷管的计算方法得到：

$$\frac{dm_s}{d\varphi} = \frac{\mu_s F_s}{6n_e}\sqrt{\frac{2gk_s}{k_s-1}}\frac{p_s}{\sqrt{R_s T_s}}\sqrt{\left(\frac{p_z}{p_s}\right)^{\frac{2}{k_s}} - \left(\frac{p_s}{p_s}\right)^{\frac{k_s+1}{k_s}}} \quad (2-187)$$

式中：μ_s 为扫气口处的流量系数；F_s 为扫气气体通流面积；k_s 为扫气空气绝热指数；p_s 为扫气空气压力；T_s 为扫气空气温度；R_s 为扫气空气气体常数。

扫气口的几何截面积与活塞位置有关，计算如下：

$$F_s = h_p(\varphi) B_p \sin\beta \quad (2-188)$$

式中：B_p 是气缸横截面的气口有效总宽度 $B_{po} = \sum_{i=1}^{N_p} b_i$，$N_p$ 为气口个数，b_i 为单个气口的有效宽度；$h_p(\varphi)$ 表示某一曲轴转角时刻，扫气口上沿到活塞顶端的距离，即扫气口的开启高度。$h_p(\varphi)$ 可根据活塞运动规律计算，当 $h_p(\varphi)$ 大于扫气口高度时，按扫气口高度计算。

扫气口的流量系数主要与气口的可启高度有关，气口前后的压比对流量系数也有一定的影响，但并不显著。计算时，一般只考虑流量系数与气口开启高度的关系。对二冲程柴油机扫气口来说，其流量系数经验公式的一般形式为：$\mu_s = \mu_0(1 + aK)$，式中 a 为常数，K 为 $h_p(\varphi)$的函数。对 6S60MC 型主机，其扫气流量系数的经验公式为：

$$\mu_s = 0.75 + 0.4875\exp(-9.726 h_p(\varphi)) - 0.875\exp(-1.42) \quad (2-189)$$

气缸内燃烧产物通过排气阀排出到排气管，排气初始阶段，由于气缸与排气管的压差较高，使通过排气阀的气体流动，在初始排气阶段可能达到临界状态。根据热力学，此时气体流量达到最大值。随着排气的进行，气缸内压力降低，气体流动逐渐过渡到亚临界流动。所以在计算排气阀气体流动时应分别加以考虑。

在亚临界排气期，即$\frac{p_{em}}{p_z} > \left(\frac{2}{k_z+1}\right)^{\frac{k_z}{k_z-1}}$时，

$$\frac{dm_e}{d\varphi} = \frac{\mu_e F_e p_z}{6n_e\sqrt{R_z T_z}}\sqrt{\frac{2k_e}{k_e-1}\left[\left(\frac{p_b}{p_{em}}\right)^{\frac{2}{k_e}} - \left(\frac{p_b}{p_{em}}\right)^{\frac{k_e+1}{k_e}}\right]} \quad (2-190)$$

在超临界排气期，即$\frac{p_{em}}{p_z} \leqslant \left(\frac{2}{k_z+1}\right)^{\frac{k_z}{k_z-1}}$时，

$$\frac{dm_e}{d\varphi} = \frac{\mu_e F_e}{6n_e}\sqrt{\frac{2gk_z}{k_z+1}}\frac{p_z}{R_z T_z}\left(\frac{2}{k_z+1}\right)^{\frac{1}{k_z-1}} \quad (2-191)$$

式中：μ_e 为排气阀处的流量系数；F_e 为排气气体通流面积；k_e 为排气气体绝热指数；p_{em} 为排气管气体压力。

排气阀的几何通流面积由下式计算：

$$F_e = \pi h_v(\varphi)\cos\sigma_v(D_v + h_v(\varphi)\sin\sigma_v\cos\sigma_v) \tag{2-192}$$

式中：σ_v 为排气阀阀盘锥角；D_v 为排气阀阀盘内径；$h_v(\varphi)$为排气阀升程，随凸轮升程的变化而变化。凸轮升程可由升程曲线通过线性插值得到。

在扫气过程中可能发生气体倒流的情况，这时应相应地变换上游和下游的参数计算。

7. 气缸扫气模型

通过进排气阀(口)流量的计算，除为了得到进排气管中的参数外，更主要的是为了计算气缸中存在的瞬时气体量及成分。扫气口或排气阀单独开启时，假定气缸内气体成分是均匀的，这很接近实际情况。但在进排气阀(口)重叠开启阶段，即扫气阶段，如果把气缸内的气体成分看作是均匀的就显然不符合实际。正是基于这一事实，从不同的角度考虑提出了不同的扫气模型，如"完全混合"模型、"完全清扫"模型、"分层扫气"模型、"混合-分层"组合扫气模型等。

相对于整个充量交换的时间来说，二冲程柴油机扫气口和排气阀同时开启阶段，占的比例较大。若以"完全混合"模型来处理，将使在扫气结束时算得的气缸新鲜空气充量比实际新鲜空气充量少 8%～10%。因此对二冲程扫气过程必须以缸内不均匀混合为基础来建立模型。直流扫气的低速柴油机采用"分层扫气"模型计算比较准确，但计算复杂。上海交通大学顾宏中教授提出的"浓排气"模型，计算简单而准确，得到广泛的应用。所谓"浓排气"模型，是指从排气阀排出的气体，其成分不是"完全混合"的气体成分，而是含废气成分较多的气体。采用"浓排气"模型计算，可提高计算速度。合理选择浓排气系数，可使计算效果类似"分层扫气"。利用"浓排气"模型，可以简化计算，而且能反映整个换气过程的各阶段特点，并有较高的计算精度，在柴油机工作过程仿真中得到较广泛的应用。

然而，"浓排气"模型中，在计算排气气体温度时分为两种情况，计算公式不统一。另外，计算温度时直接应用 χ_k 作为排出气体中燃气成分的比例。由 χ_k 定义可知，χ_k 为某瞬时气缸内气体所含有的燃烧产物所相当的燃油量占每循环喷入气缸的燃油量的比例，并不能表示排出气体中燃气成分的比例。而且，在扫气过程开始之前的排气过程已经将相当一部分燃气排出气缸，从而使 χ_k 的值明显变小。这些都造成排出气缸气体温度偏高，对排气管的计算造成不利影响。因此在使用"浓排气"模型进行仿真时作了一些改进，引入了一个表征扫气过程气缸内气体废气成分的变量，用此变量计算排出气体温度。

"浓排气"模型瞬时缸内气体所含有的燃烧产物的变化率是在原变化率计算公式前乘上一个浓排气系数 $\xi(\xi>1)$，即

$$\frac{d\chi_k}{d\varphi} = -\xi\frac{\chi_k}{m_z}\frac{dm_e}{d\varphi} \tag{2-193}$$

在计算中会有两种情况出现：

(1) $\xi\dfrac{\chi_k}{m_z} > \dfrac{1}{m_c}$，$m_c$ 为压缩始点时气缸内的气体质量。这种情况在实际中是不存在的。因不掺入扫气空气的最浓的排气为 $\xi\dfrac{\chi_k}{m_z} = \dfrac{1}{m_c}$，即排除的是不掺有扫气空气的燃烧产物，相当

于“完全清扫”。故出现 $\xi\frac{\chi_k}{m_z}>\frac{1}{m_c}$，则取 $\xi\frac{\chi_k}{m_z}=\frac{1}{m_c}$，即

$$\frac{d\chi_k}{d\varphi}=-\frac{1}{m_c}\frac{dm_e}{d\varphi} \tag{2-194}$$

(2) $\xi\frac{\chi_k}{m_z}\leqslant\frac{1}{m_c}$，则

$$\frac{d\chi_k}{d\varphi}=-\xi\frac{\chi_k}{m_z}\frac{dm_e}{d\varphi} \tag{2-195}$$

上述两式即为“浓排气”模型的分情况讨论方法。“浓排气”模型根据上述两种情况分别计算排出气体的温度。这里需要注意的是，排出气体的温度并不等于缸内气体的温度。

扫气过程结束后，气缸内总会有一些残留的废气，从多个工作循环来看，这使得燃烧终点时 $\chi_k>1$，即 $\xi\frac{\chi_k}{m_z}>\frac{1}{m_c}$。因此如果以 $\xi\frac{\chi_k}{m_z}>\frac{1}{m_c}$ 为分界点的话，会使扫气过程不能达到“浓排气”的效果，即排出气体的“浓度”小于实际排出气体的“浓度”。另一方面，考虑到二冲程柴油机扫气过程开始之前的排气过程已经将相当一部分燃气排出气缸，因此，用 $\frac{1}{m_c}$ 表示最“浓”的排气会引起误差。以扫气过程开始点为分界点，记扫气过程开始时气缸内气体质量和燃油比例分别为 m_{z0} 和 χ_{k0}，则扫气过程开始时最“浓”的排气可表示为 $\frac{\chi_{k0}}{m_{z0}}$。

“浓排气”模型分两种情况分别给出了排出气体温度的计算公式，需要迭代计算。不防引入一个“浓排气”废气成分系数 η_e，把两个排出气体温度的计算统一起来。“浓排气”废气成分系数 η_e 定义为瞬时气缸内气体所含有的燃烧产物所相当的燃油量占每循环喷入气缸的油量的比例与扫气过程开始时气缸内气体所含有的燃烧产物所相当的燃油量占每循环喷入气缸的油量的比例的比值与“浓排气”系数的乘积，即

$$\eta_e=\xi\frac{\chi_k}{\chi_{ko}} \tag{2-196}$$

扫气模型也分两种情况计算：

(1) $\xi\frac{\chi_k}{m_z}>\frac{\chi_{k0}}{m_{z0}}$ 时，排气“浓度”最大，即

$$\frac{d\chi_k}{d\varphi}=-\frac{\chi_{k0}}{m_{z0}}\frac{dm_e}{d\varphi} \tag{2-197}$$

这种情况下，由式(2-196)计算的废气成分系数会大于1，但这是不可能的，因此，废气成分系数取最大值，即

$$\eta_e=1 \tag{2-198}$$

(2) $\xi\frac{\chi_k}{m_z}\leqslant\frac{\chi_{k0}}{m_{z0}}$，则

$$\frac{d\chi_k}{d\varphi}=-\xi\frac{\chi_k}{m_z}\frac{dm_e}{d\varphi} \tag{2-199}$$

$$\eta_e = \xi \frac{\chi_k}{\chi_{ko}} \tag{2-200}$$

排出气缸废气的温度可根据气体成分和能量关系得到。计算时，由于废气成分系数是比值，假设气缸内所有的气体都是“浓排气”与新鲜空气的混合物，由此计算得到的“浓排气”温度与把“浓排气”气体单独计算得到的温度是相同的。根据假设可知，气缸内气体所含的内能等于“浓排气”气体与新鲜空气内能的和。“浓排气”气体所占的比例为 η_e，则新鲜空气所占的比例为$(1-\eta_e)$，根据热力学定律得到排出气体的温度 T_e 计算如下式：

$$T_e = \frac{m_z c_{vmz} T_z - m_z (1-\eta_e) c_{vs} T_s}{m_z \eta_e c_{vme}} \tag{2-201}$$

式中：c_{vme} 为排出“浓排气”气体的定容比热，可迭代一次由 T_e 求得，也可用缸内气体平均定容比热 c_{vmz} 代替，由此引起的误差不大。

原“浓排气”模型在计算温度时需要用到排出气缸气体的质量，且在分母位置。扫气过程刚开始时，排出气缸气体的质量为零，如果直接计算的话会引起被零除错误，需要给非零的初值。改进后的模型不直接应用排出气缸气体的质量，因此不存在这一问题。

图 2-28，图 2-29 和图 2-30 为 6S60MC 机型在 100%负荷时，分别用常用的“浓排气”模型与本书改进的模型进行仿真得到的各参数变化过程对比。仿真时，两个模型统一取 $\xi=1.42$。

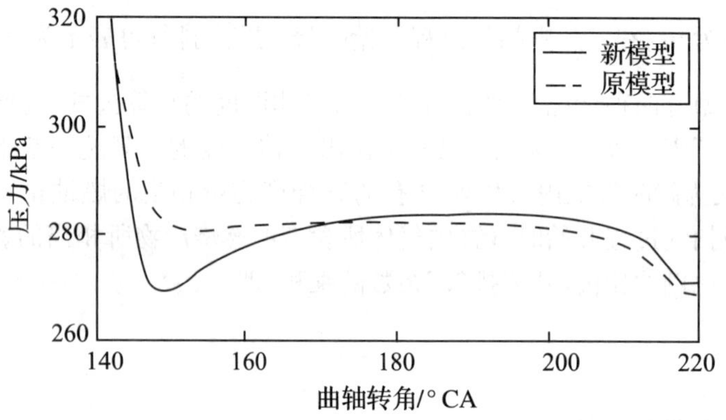

图 2-28　扫气过程气缸内压力变化对比

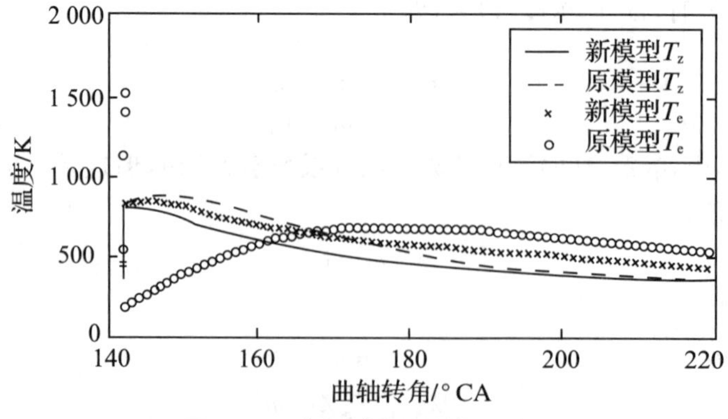

图 2-29　扫气过程温度变化对比

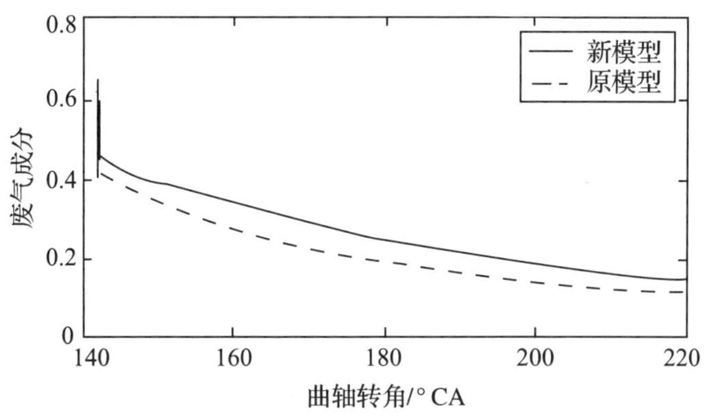

图 2-30　扫气过程 χ_k 的变化对比

从图 2-28 中可以看出，本书模型计算的缸内工作压力在降低过程中，最小值更接近扫气压力，这更符合实际情况。因为扫气过程开始阶段，气体一方面排出气缸，另一方面气缸容积也在扩大，这使气缸压力的低点接近扫气压力。但更重要的是“浓排气”气体温度和缸内气体温度的变化。

从图 2-29 可以看出原模型在扫气过程开始时，“浓排气”气体温度有一个很大的跳变，几乎达到缸内的最高温度，远远高于废气温度；然后迅速降低，到低于扫气温度，再缓缓回升。而且缸内气体温度在开始时也有一个升高的过程，并且原模型“浓排气”气体温度与缸内气体温度有交叉，这一变化规律明显不符合实际情况。而本书模型的“浓排气”气体温度自始至终都高于缸内气体温度，且这两个温度都没有升高的过程，也不会低于扫气温度。

图 2-30 显示缸内气体所含燃油比例的变化规律基本一致，但在同样的“浓排气”系数下计算，改进模型在扫气过程结束时留在气缸中的废气要比原模型略多一些。这使扫气质量略有降低，取较大的“浓排气”系数即可解决这一问题。

改进的“浓排气”模型与原模型的最大不同在于排出气体温度的计算，改进模型引入了废气成分系数计算排烟温度，一方面将两种情况统一为一个计算公式，另一方面克服了原模型直接使用 χ_k 计算排烟温度的不足，简化了模型也改善了计算精度。而气体压力、成分的变化则是由温度计算的差别引起的。

2.4.3　进排气系统

1. 排气系统

柴油机的排气系统多种多样，其布置形式和结构形式不同，计算方法也是各不相同的。船用大型低速柴油机一般采用定压增压方式，这种方式下，排气管容积较大，各缸排气的压力波动对整个排气管的压力波动影响较小。为了简化计算，目前较多采用“容积法”，即把整个排气管看成一个容积，略去排气管中的压力传播，假定整个排气管中的压力只是时间的函数，废气的充入只对排气管整体压力有影响，其基本原理如图 2-31 所示。从各缸排出的废气依次进入排气管，使排气管内压力升高。另一方面，废气通过涡轮排出排气管，并膨胀做功，驱动压气机运转，使排气管和扫气箱的压力维持在一定的范围。

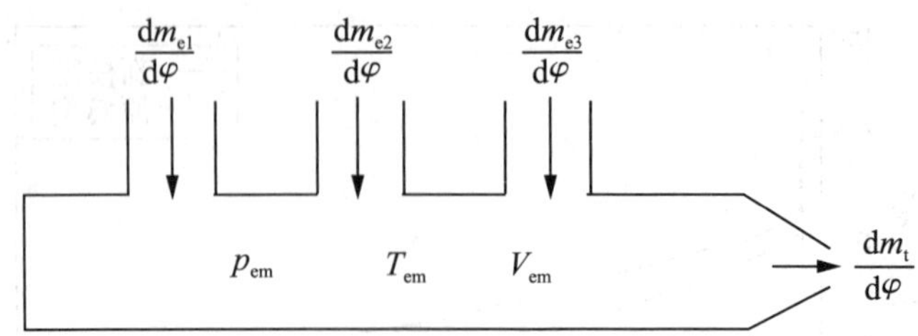

图 2-31 排气管容积法计算模型简图

根据容积法的定义，排气管模型常微分方程的形式与计算气缸内热力过程时相似，不同之处有以下几方面：①排气管的容积 V_{em} 是不变的。②气体的成分可认为不随时间而变。因气体成分变化很小，特别是多缸排气进入同一排气管时成分变化更小，可认为 $\frac{d\alpha_{KB}}{d\varphi}=0$。③气体常数 R_e 的变化很小。因排气管中气体温度及成分变化比气缸中气体温度和成分变化要小得多，可取 R_e＝常数。④气体从排气阀流入排气管，总是由几个气缸依次流入同一根排气管。⑤不对外做功，即 $p_{em}\frac{dV_{em}}{d\varphi}=0$。

参照气缸内工作过程的计算，根据能量守恒方程、质量守恒方程和理想气体状态方程可列出排气管的基本模型如下：

$$\frac{d(m_{em}u_{em})}{d\varphi}=\sum_{i=1}^{n}\left(\frac{dm_e}{d\varphi}h_e\right)-\frac{dm_t}{d\varphi}h_t-\frac{dQ_{wem}}{d\varphi} \tag{2-202}$$

$$\frac{dm_{em}}{d\varphi}=\sum_{i=1}^{n}\frac{dm_e}{d\varphi}-\frac{dm_T}{d\varphi} \tag{2-203}$$

$$p_{em}V_{em}=m_{em}R_eT_{em} \tag{2-204}$$

式中：$\sum_{i=1}^{n}\left(\frac{dm_e}{d\varphi}h_e\right)$ 为多个气缸的排气依次进入同一根排气管，按照由发火顺序决定的排气相位差进行多个气缸的排气叠加得到；$\frac{dm_B}{d\varphi}$ 为排气管内气体质量变化率；$\frac{dm_t}{d\varphi}$ 为通过涡轮的气体流量；$\frac{dQ_{wB}}{d\varphi}$ 为通过缸头排气道、排气管及涡轮进气涡壳的散热率；h_t 为涡轮前气体的比焓；R_e 为排气管的气体常数；T_{em} 为排气管内气体温度；u_{em} 为排气系统气体比内能。

与推导气缸内气体温度增量变化的方法类似，通过展开并简化式(2-202)，即可导出排气管内气体温度变化率的计算公式如式(2-205)所示：

$$\frac{dT_{em}}{d\varphi}=\frac{1}{c_{vem}m_{em}}\left[\sum_{i}^{n}\left(\frac{dm_e}{d\varphi}h_e\right)_i-\frac{dm_t}{d\varphi}h_t-\frac{dQ_{wem}}{d\varphi}-C_{vmem}T_{em}\frac{dm_{em}}{d\varphi}\right] \tag{2-205}$$

式中：c_{vem} 为排气管内气体的定容比热；$\frac{dQ_{wem}}{d\varphi}$ 为通过缸头排气阀道、排气管及涡轮进气涡壳的散热率(在非水冷排气管的情况下，可不考虑管壁的散热量，但须考虑气缸盖排气道的散热量。根据胡希尼的研究，缸盖排气道中的散热量约为传给气缸四壁总散热量的10%，即约占相应燃油发热量的1%左右；而涡轮进口涡壳在水冷的情况下，也要散走相当于燃油发热量的1%左右)；而 $\frac{dm_e}{d\varphi}$，h_e 的相应时刻的值就是在气缸热力过程计算中的数值，因此排气管中的热力计算必须与气缸中的热力计算同时进行，联立求解。

2. 中冷器

由于大型柴油机中冷器效率较高，可以作为一个节流降压降温环节来简化处理。中冷器的压力降可由气体压力乘上一阻力系数得到，温度降可由气体入口温度和冷却介质入口温度之间的差值乘上一冷却效率得到。阻力系数和冷却效率可以通过标定工况下的数据计算得到，变工况时采用标定工况时的数据即可。

中冷器出口温度 T_{ic} 等于压气机出口温度减去经过中冷器之后的温度降，而温度降由气体和冷却介质的温差乘上一冷却效率得到，即

$$T_{ic}=T_{tc}-\eta_s(T_{tc}-T_{cwi}) \tag{2-206}$$

式中：T_{tc} 为压气机出口气体温度；T_{cwi} 为中冷器冷却介质入口温度；η_s 为冷却效率，一般 $\eta_s=0.7\sim0.9$，大型低速柴油机中冷器冷却效率很高，可取 0.9。

中冷器出口气体压降可由气体压力乘一阻力系数得到，可由气体各参数之间的关系变化为：

$$\Delta p_s=\eta_\gamma v_c\dot{m}_c^2 \tag{2-207}$$

式中：η_γ 为中冷器阻力系数，其值可用标定工况下计算值作为变工况下使用；v_c 为压气机出口气体的比容；$\dot{m}_c$ 为压气机气体质量流量。

3. 进气系统

与排气系统的计算相似，将进气系统看作零维系统，采用容积法模型计算。系统的容积由进气道、扫气箱(进气总管)、进气歧管(包括中冷器气体通道)等容积组成。增压空气经过中冷器冷却后进入扫气箱，在各缸扫气过程中，扫气空气依次流入每个气缸。与排气系统类似，进气系统中无燃烧放热，不对外做功，工质成分不变。根据能量和质量守恒定律及理想气体状态方程，可得到进气系统的基本方程。

$$\frac{\mathrm{d}(m_s u_s)}{\mathrm{d}\varphi}=\frac{\mathrm{d}m_c}{\mathrm{d}\varphi}h_c-\sum_{i=1}^{n}\left(\frac{\mathrm{d}m_s}{\mathrm{d}\varphi}h_s\right)_i+\frac{\mathrm{d}Q_{sw}}{\mathrm{d}\varphi} \tag{2-208}$$

$$\frac{\mathrm{d}m_s}{\mathrm{d}\varphi}=\frac{\mathrm{d}m_c}{\mathrm{d}\varphi}-\sum_{i=1}^{n}\left(\frac{\mathrm{d}m_s}{\mathrm{d}\varphi}\right)_i \tag{2-209}$$

$$p_sV_s=m_sR_sT_s \tag{2-210}$$

式中：$\sum_{i=1}^{n}\left(\frac{\mathrm{d}m_s}{\mathrm{d}\varphi}\right)_i$ 为各缸进气之和，由各缸进气按照由发火顺序决定的相位差进行 n 个气缸的叠加得到；$\frac{\mathrm{d}m_c}{\mathrm{d}\varphi}$ 为压气机进气空气流量；$\frac{\mathrm{d}Q_{sw}}{\mathrm{d}\varphi}$ 为进气系统的散热损失，因为中冷器的散热已经计算，而扫气箱及管路的散热损失较小，视为定值计算，可采用标定工况下的数据计算；h_c 为压气机出口气体比焓；V_s 为进气系统的容积；m_s 为进气系统气体质量；u_s 为进气系统气体比内能。

与推导气缸内气体温度增量变化相同，将式(2-208)左边展开、简化，可导出进气系统气体温度变化率的计算如式(2-211)：

$$\frac{\mathrm{d}T_s}{\mathrm{d}\varphi}=\left[\frac{\mathrm{d}m_c}{\mathrm{d}\varphi}(h_s-u_s)+\sum_{i=1}^{n}\left(\frac{\mathrm{d}m_s}{\mathrm{d}\varphi}\right)_iR_sT_s+\frac{\mathrm{d}Q_{sw}}{\mathrm{d}\varphi}\right]\frac{1}{c_{vs}m_s} \tag{2-211}$$

式中：c_{vs}为扫气气体的定容比热。

4. 辅助风机

柴油机在起动和低负荷状态下，由于废气量较少且温度较低，涡轮增压器提供的空气量，不能满足柴油机的工作需要，需另设辅助风机，以保证柴油机的正常工作。在增压器损坏时，可以通过电动辅助风机维持柴油机低速运转。S60MC 机型安装两个辅助风机，在柴油机起动前首先起动辅助风机。在柴油机运行过程中，当负荷降到 30%～40%时，风机起动运行；当负荷超过 40%～50%时，风机停止运行，以此来保证柴油机在低负荷时正常运转。

辅助风机为离心式压气机，压气过程可认为是绝热压缩流动过程，根据热力学理论可得到风机流量和出口温度的计算公式。当驱动风机的电机功率一定时，通过风机的空气质量流量由下式计算：

$$\dot{m}_b=\frac{P_b\eta_b}{c_p T_a[(\pi_k)^{\mu}-1]} \tag{2-212}$$

式中：$\dot{m}_b$ 为风机空气质量流量；P_b 为风机输入功率，即电机功率；$\mu=\frac{k-1}{k}$，k 为空气的绝热指数；c_p 为空气等压比热；η_b 为风机效率；$\pi_k=p_s/p_a$，为增压比，其中 p_a 为大气压力。

风机出口温度 T_b 由下式计算：

$$T_b=T_a\left\{1+\frac{1}{\eta_b}[(\pi_k)^{\mu}-1]\right\} \tag{2-213}$$

5. 涡轮增压器

根据柴油机缸数和功率，船用大型低速柴油机一般采用一台或多台涡轮增压器与柴油机匹配。船用低速柴油机排气管都比较大，涡轮增压器以定压增压方式工作。对废气涡轮增压器内的热力过程进行数学描述，其理论依据仍然是能量守恒定律和质量守恒定律，包括燃气轮机的计算都是如此，不同之处在于计算公式的维数。在柴油机工作过程动态仿真的计算中，为使模型不至于过于复杂，一般按照一维等熵绝热过程来计算。

柴油机与涡轮增压器两者之间通过气体(空气或燃烧废气)联系起来。为了获得良好的综合性能，必须使两者的特性相互适应，彼此匹配。在柴油机稳定工作时，增压器应满足如下条件：①涡轮机与压气机功率平衡；②涡轮机与压气机转速相等；③通过涡轮的废气流量等于通过压气机的空气流量与循环供油量的和。

要将容积法模型应用于动态仿真，就要求涡轮增压器模型不仅能仿真稳态工况下的特性，而且要有仿真动态变化过程的能力。即要求涡轮增压器模型在稳态时满足上述条件，同时又要求动态过程中能仿真出功率、流量不平衡时涡轮增压器的变化过程，并且和柴油机配合能够恢复到稳定工作状态。

涡轮增压器可以由简化的热力学方程进行近似计算，但考虑到计算的准确性和实时性，一般采用查表法计算。有学者指出，由于对于已经使用的柴油机很难得到其涡轮增压器的特性数据，因此可根据相似性原理，利用涡轮增压器的官方测试数据，应用最小二乘法拟合得到特性曲线，称这种方法可保证在 40%～100%柴油机负荷范围内的正确性，不过并没有得到验证。本书利用从制造商那得到的稳态特性图，采用二维线性插值法得到涡轮增压器的动态数据。

涡轮增压器分为三部分分别建模，即压气机、涡轮和转子，废气驱动涡轮做功，通过转子传递给压气机，压气机吸收功率，将新鲜空气压缩后送入扫气箱。这三个部分通过能量的传递结合成整体模型。

1）从角度域到时间域的转换

因为容积法模型一般用于性能预测稳态仿真，所以在涡轮增压器的计算中，一般先根据选定的增压器，假定增压压力、增压空气温度及增压器的综合效率。从热力系统的观点出发计算缸内过程及排气管内过程，算得空气进入气缸的流量及涡轮能发出的功。根据算得的压比及原来的流量，利用特性曲线查得效率。然后重新计算压比，检查是否与原来的假设一致。如不一致，则修订压比重新计算。这种计算方法不涉及涡轮增压器的动态过程，不能反映增压器转速及流量的动态变化过程，只能进行稳态过程仿真计算。

本书着眼于将容积法模型用于动态仿真，因此涡轮增压器的计算应采用动态模型。前文所述气缸内工作过程及排气管内工作过程都以曲轴转角为自变量建立方程，但涡轮增压器的动态方程用牛顿第二运动定律建立，以时间为自变量计算。涡轮增压器与柴油机之间通过空气或燃烧废气联系起来，因此涉及物质和能量交换的部分，必须从角度域转换到时间域。式(2-214)为转换公式：

$$\mathrm{d}t = 6n_e \mathrm{d}\varphi \tag{2-214}$$

2）压气机

压气机进口处大气温度的变化对压气机的工作会产生较大的影响。为了使压气机的特性线在不同大气条件下都能使用，压气机的特性线一般采用通用特性绘制。压气机的通用特性有两种表示方法：

(1) 相似参数。

$$\frac{\dot{m}_c\sqrt{T_a}}{p_a} \text{及} \frac{n_{tc}}{\sqrt{T_a}} \tag{2-215}$$

式中：p_a 和 T_a 分别表示大气压力和温度。

利用相似参数可以消除大气条件的影响，但所使用参数不再具有直观的概念。

(2) 折合参数。

将试验状态参数一律换算到试验时的标准状态参数，或试验时的状态参数，即

$$\dot{m}_{cor} = \dot{m}_c \frac{p_{ao}}{p_a}\sqrt{\frac{T_a}{T_{ao}}} \tag{2-216}$$

$$n_{tc\,cor} = n_{tc}\sqrt{\frac{T_{ao}}{T_a}} \tag{2-217}$$

式中：$\dot{m}_{cor}$ 为经折合后的压气机流量；$n_{tc\,cor}$ 为经折合后的压气机转速；p_{ao} 为设定的标准大气压力；T_{ao} 为设定的标准大气温度。

利用折合参数表示压气机特性的优点在于：由于将试验状态均换算到标准状态，故具有最佳的可比性，即用折合参数表示的压气机特性具有通用性。图 2-32 描述了标准工况

下(压力为标准大气压,温度为 300 K)压气机特性线,包括压气机压比和容积流量的关系,并绘入了等转速线和等熵效率线。

查特性曲线图时首先根据式(2-217)将涡轮转子的转速转化为标定工况下的折合转速,根据增压比查得折合流量和效率,然后用式(2-216)计算实际流量。根据热力学原理,压气机压气过程可看作绝热压缩流动过程,因此可根据一维等熵绝热压缩过程计算压气机出口温度,通过式(2-218)和式(2-219)计算压气机出口温度和压气机吸收的扭矩。

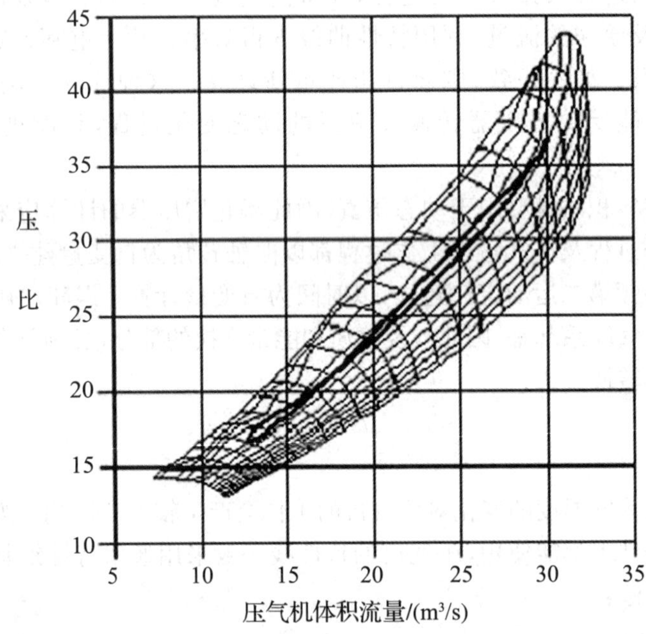

图 2-32　某型压气机特性曲线

压气机出口温度:

$$T_{tc}=T_a\left\{1+\frac{1}{\eta_c}[(\pi_k)^{\mu}-1]\right\} \tag{2-218}$$

压气机吸收的扭矩:

$$T_c=\frac{30}{\pi}\frac{\dot{m}_c c_p T_a}{\eta_c n_{tc}}[(\pi_k)^{\mu}-1] \tag{2-219}$$

式中:$\dot{m}_c$ 为压气机空气质量流量;η_c 为压气机效率;n_{tc} 为涡轮增压器转速;π_k 为增压比,$\pi_k=\frac{p_c}{p_a}$;T_a 为压气机进口温度;T_{tc}为压气机出口温度;T_c 为压气机吸收扭矩;$\mu=\frac{k-1}{k}$,k 为空气的绝热指数;c_p 为空气定压比热;π 为圆周率。

3) 涡轮

涡轮与压气机相似,也采用静态数据查表法计算动态数据。与压气机不同的是,涡轮是根据压比查得的流量系数和效率对流量及扭矩进行简化计算。图 2-33 为 ABB 公司提供的 TPL 系列涡轮增压器的涡轮效率曲线。

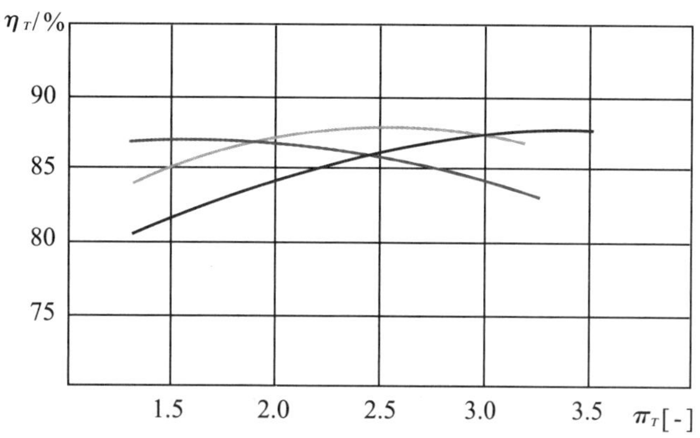

图 2-33 TPL 系列涡轮效率曲线

计算时把涡轮简化为一个喷嘴，根据查表得到的效率和流量系数，按一维等熵绝热流动过程计算通过涡轮的废气质量流量：

$$\dot{m}_t = \mu_t F_{TA} \psi \frac{p_{em}}{\sqrt{R_e T_{em}}} \tag{2-220}$$

式中：μ_t 为流量系数，通过查表或利用经验公式计算；F_{TA} 为涡轮喷嘴当量面积，由喷嘴环流通面积和叶轮流通面积计算得到；ψ 为通流函数。

通流函数是压比和绝热指数的函数。根据压比的不同，气体在涡轮中流动时，气体流速可能达到临界值，气体流量可能达到最大值。这时，通流函数也达到最大值。根据上述热力学中喷管的计算原理可知，计算通流函数时应分为两种情况。

(1) 当 $\pi_t < \left(\frac{k_e+1}{2}\right)^{\frac{k_e}{k_e-1}}$ 时，

$$\psi = \sqrt{\frac{2k_e}{k_e-1}\left(\frac{p_b}{p_{em}}\right)^{\frac{2}{k_e}}\left[1-\left(\frac{p_b}{p_{em}}\right)^{\frac{k_e-1}{k_e}}\right]} \tag{2-221}$$

(2) 当 $\pi_t \geqslant \left(\frac{k_e+1}{2}\right)^{\frac{k_e}{k_e-1}}$ 时，ψ 达最大值，不再随压比的变化而变化，其值为

$$\psi_{max} = \left(\frac{2}{k_e+1}\right)^{\frac{k_e}{k_e+1}}\sqrt{\frac{2k_e}{k_e+1}} \tag{2-222}$$

式中：k_e 为废气绝热系数；π_t 为涡轮膨胀比，$\pi_t = \frac{p_{em}}{p_b}$；$p_b$ 为涡轮出口背压，可由标定工况下试验数据得到，由下式计算：

$$p_b = p_{b0}\left(\frac{p_{em}}{p_{em0}}\right)^2 \tag{2-223}$$

式中：p_{b0} 为额定工况下涡轮背压；p_{em0} 为额定工况下排气管压力。

涡轮发出的扭矩利用下式计算：

$$T_t = \frac{30}{\pi}\frac{\dot{m}_t c_{pe} T_{em} \eta_t}{n_{tc}}\left[1-\left(\frac{1}{\pi_t}\right)^{\frac{k_e-1}{k_e}}\right] \tag{2-224}$$

式中：T_t 为透平驱动扭矩；T_{em} 为排气管中废气温度；c_{pe} 为废气定压比热；η_t 为涡轮效率。

4）涡轮增压器动态方程

要将容积法模型应用于动态仿真，必须应用涡轮增压器的动态模型。因为在动态过程中，气缸和进排气系统的状态是随柴油机转速和负荷变化的，所以涡轮发出的扭矩和压气机要求吸收的扭矩也是动态变化的，通过涡轮和压气机的流量也是不平衡的。要实现动态仿真，就必须引入转子的动态模型。根据牛顿运动定律可得到涡轮增压器转子的动态模型：

$$\dot{n}_{tc}=\frac{\eta_m T_t-T_c}{J_{tc}}\frac{60}{2\pi} \tag{2-225}$$

式中：J_{tc}为涡轮转子转动惯量；η_m 为涡轮增压器机械效率。

2.4.4 故障仿真模型

柴油机工作过程数学模型是在柴油机正常工作的条件下建立起来的。建模时没有特别考虑到故障状态下的模型问题，但并不是说柴油机工作过程模型就仅仅局限于正常工况下的模拟，因为柴油机工作过程模型是通过对组成柴油机工作过程的所有环节的工作原理及各环节之间联系的本质性的描述，来实现对柴油机工作过程模拟的，并因而能够体现柴油机工作过程的几乎所有的外在特性。因此，工程仿真模型实际上成为故障仿真的基础。

柴油机工作过程数学模型的初始输入参数对其性能计算结果有较大的影响。研究表明，参数变化超过一定的范围会引起计算失真，因此建模时应首先对每一种可能故障分别设置不同大小的输入参数，在计算中研究该参数对柴油机性能的影响。在满足迭代收敛和计算精度的条件下，通过改变这些参数值，可以在一定意义上模拟柴油机的许多性能故障，并根据仿真计算结果，确定参数的大致范围。

在进行故障模拟之前，首先调整各边界条件和经验模型参数值，使正常工况下的模型计算结果与主机实际热工参数测试结果一致，也就是要保证模型的正确性和可靠性。然后在模型正确的基础上，修改相应的输入参数，在满足迭代收敛和计算精度，并保持主机转速和负荷与正常工况相同的条件下，人为模拟出船舶主机在不同运行工况和不同航行条件下典型性能故障。

一般可根据故障模拟的要求，对每种故障分为 3 个档次进行模拟，即轻微、中等和严重 3 种情况。虽然各种故障设置的具体方法不同，但各种故障的模拟原理一致。下面以燃烧故障模拟模型为例说明如何通过对原模型的改造实现故障模拟。

对正常燃烧模型进行修正如下：

$$\frac{dQ_f}{d\varphi}=4.2H_u m_f \cdot FuelCo \cdot \frac{d\chi}{d\varphi} \tag{2-226}$$

$$\frac{d\chi}{d\varphi}=\left(\frac{d\chi_1}{d\varphi}+\frac{d\chi_2}{d\varphi}\right) \cdot CombCo \tag{2-227}$$

$$\frac{d\chi_1}{d\varphi}=(m_1+1)\times 6.908\left(\frac{1}{2(\tau+\tau Co)}\right)^{(m_1+1)}\times (\varphi-\theta_z-InjCo)^{m_1} e^{-6.908/(2\tau+2\tau Co)^{(m_1+1)}(\varphi-\theta_z-njCo)^{(m_1+1)}}\times(1-Q_d \cdot QdCo) \tag{2-228}$$

$$\frac{d\chi_2}{d\varphi}=(m_2+1)\times 6.908\left(\frac{1}{\varphi_{zd}+FaizCo}\right)^{(m_2+1)}\times$$
$$(\varphi-\theta_Z-InjCo-\tau-\tau Co)^{m_2}\,e^{-6.908/(\varphi_{zd}+FaizCo)^{(m_2+1)}(\varphi-\theta_z-InjCo-\tau-\tau Co)^{m_2}}\times Q_d\cdot QdCo \tag{2-229}$$

式中：*FuelCo* 为循环喷油量修正系数；*CombCo* 为燃油燃烧修正系数；*InjCo* 为喷射角修正系数；*QdCo* 扩散燃烧份数修正系数；*FaizCo* 为扩散燃烧持续角修正系数；τCo 为预混合燃烧领先角修正系数；其他各参数含义与前述正常燃烧模型相同。

根据双韦伯放热规律曲线可知，影响最大的因素是扩散燃烧份数，其次是扩散燃烧角，其他参数影响较小。因此，在原正常工况公式的基础上增加了扩散燃烧份数的修正系数 *QdCo* 和扩散燃烧角的修正系数 *FaizCo*。为了反映雾化不良导致不完全燃烧的程度，增加了循环喷油量修正系数 *FuelCo* 来模拟不完全燃烧的放热量的大小，同时增加了燃油燃烧修正系数 *CombCo* 反映不完全燃烧的程度。喷射角修正系数 *InjCo* 用来反映喷油提前角的影响；预混合燃烧领先角修正系数 τCo 用来反映滞燃时间的变化。

通过改变上述各修正系数的组合及其大小，可模拟多种不同的故障，并且可以完成各种故障由正常到 3 种不同程度故障的模拟，也就是反应轻微、中等和严重故障情况下的燃烧放热规律，从而得到不同工况下柴油机的整体热工性能参数，达到模拟不同故障现象的效果。

比如，由于喷嘴磨损，使得喷油孔直径增大，雾化质量变差，从而造成燃烧不完全，后燃严重，排气温度偏高。严重时甚至出现冒黑烟、柴油机功率下降、主机降速等现象。通过选取不同的系数和恰当的设置参数值，可很好地模拟不同程度的喷油嘴磨损故障，其中各系数的取值可参见表 2－6。

表 2－6 喷油嘴磨损故障模拟系数表

系数	*FuelCo*	*InjCo*	*QdCo*	*CombCo*	*FaizCo*
正常	1	0	1	1	0
轻微	0.99	0	1	1	0
中等	0.97	0	1	1	−2
严重	0.95	0	1	1	−5

再如，若柴油机某缸喷油定时过早，则缸内燃油滞燃期增大，滞燃时间变长。因此，喷入气缸的燃油量多，一旦发火，缸内气体升高率大，气缸内压力急剧上升，燃烧粗暴，甚至产生敲缸现象。此外，由于喷油定时过早，燃烧始点提前，柴油机排温将稍有降低。这一故障现象也可以通过对修正后的燃烧模型系数进行恰当的设置得到，见表 2－7。

表 2－7 喷油定时过早故障模拟系数表

系数	τCo	*InjCo*	*QdCo*	*CombCo*	*FaizCo*
正常	0	0	1	1	0
轻微	0	0.5	0.9	0.98	5
中等	0.25	2.5	0.7	0.95	15
严重	0.5	4	0.5	0.9	25

在柴油机故障模拟中，模型的系数选择比较灵活，可选择范围比较大。故障的分类仅是简单的分为三种程度，因此，本章所给出的值仅是一个参考值，真实值的大小还依赖于具体的型号和大量的仿真计算。实际上，完全正常的工况只有一种，而故障程度则有无限多种，难于进行最佳的模拟。因此，在本章中，故障参数的具体数值的大小并不重要，重要的是完整、直观地反映出故障的现象和规律，并且符合实际情况。

实际上，故障模拟是故障诊断的逆反过程。故障诊断是由系统的各种外在特征表现到系统故障本质，即故障源的分析推理过程。而故障模拟则是与之相反的过程，即由故障源（故障本质）层次进行模拟表现到外在特征体现的过程。一个故障源可能产生许多个故障现象，而且各个故障现象的体现程度可能也不一样。因此，能够成功地进行故障模拟，首先是对故障机理进行深层次的正确分析和把握，这是故障模拟成功的前提条件。换句话说，对某一故障进行模拟，首先必须分析其发生的机理及各有关环节之间的内在关系，找出其因果关系，弄清故障本质与系统各外在特征表现的机理，抓住主要因素，舍弃次要因素，主次分明，同时又保障故障不失其真实或偏差太大。

分析故障机理，结合前面几节提出的正常工况下的模型，应用本节提供的方法，通过给出不同模型的修正系数，可以实现多种故障机理的模拟，这是故障模拟的基础。在此不一一介绍各种故障，感兴趣的读者可以查阅相关文献，或者动手修改正常模型即可实现不同的故障模拟。

2.5 轮机辅助系统模型

船舶机舱中除主动力装置之外，还有许多辅助设备及系统，如冷却系统、燃油系统、液压舵机、船舶电站、压缩空气系统等。这些系统性能各异，结构也大不相同，有些是为主动力装置服务的，如冷却系统；有些是单独工作的，如液压舵机。对辅助系统多采用综合法建模。本节介绍冷却水系统和液压舵机模型。

2.5.1 中央冷却水系统

中央冷却水系统是20世纪70年代出现的一种新型的柴油机冷却系统，其基本特点是使用不同工作温度的两个单独的淡水循环系统：高温淡水（80～85 ℃）和低温淡水（30～40 ℃）闭式循环系统。前者用于冷却主机，后者用于冷却高温淡水和各种冷却器（如空气冷却器、滑油冷却器等）以及发电柴油机。经过各种冷却器后被加热的低温淡水再在中央冷却器中由海水进行冷却。采用中央冷却水系统，极大地简化了船舶海水冷却系统，使海水冷却管系最短，有力地阻止了因为海水腐蚀冷却器及其管路所引起的船舶系统漏泄事故的发生。

图2-34为某型柴油机的中央冷却水系统图，为了体现中央冷却水系统的组成和特点，省去了各种进出口截止阀，只保留了低温淡水系统中由控制单元控制的温度调节阀和高温冷却水系统中的主机出口温度调节阀。

由图2-34可知，中央冷却水系统分为海水系统、低温淡水系统和高温淡水系统三部分：

（1）海水系统。海水系统结构比较简单，海水从低位海底门或高位海底门进来，经三台主海水泵作用送给中央冷却器，在中央冷却器内冷却低温淡水以后直接出海，或回到海水泵入口循环使用。循环的海水主要可以适当调节海水的入口温度，保持中央冷却器的海水入口温度基本不变。

（2）低温淡水系统。低温淡水主要冷却主滑油冷却器，冷却发电柴油机的滑油冷却器、空气冷却器以及缸套，冷却主机三个空气冷却器，冷却冰机、空调系统，冷却中间轴承、艉管滑油冷却器等。在三台中央冷却水泵的作用下，从这些部件循环回来的水连同膨胀水柜补充的水一起进行循环。在ENGARD控制单元的作用下，部分低温淡水流经中央冷却器，由海水冷却以后与未经冷却的低温淡水进行混合，维持合适的温度，进入下一轮循环。

（3）高温淡水系统。高温淡水主要冷却主机燃烧室部件，从主机出来以后进入除气柜，除去水中的空气，然后流经主机缸套水加热器。主机缸套水加热器只是作为暖缸用，在主机运行过程中不工作。高温淡水从主机缸套水加热器出来以后，部分流经造水机，利用高温淡水中的热能进行海水制淡。从造水机出来的高温淡水分成两路，部分流过温度调节阀与低温淡水混合，其他部分进入膨胀水柜。温度调节阀主要通过保持主机缸套水出口温度基本不变来调节高温淡水的回流量。从温度调节阀出来的高温淡水在主机缸套冷却水泵的作用下进行循环。由于部分的低温淡水进入高温淡水系统，因此部分高温淡水需要通过膨胀水柜回到低温淡水系统，以保持整个淡水系统的水量基本恒定。

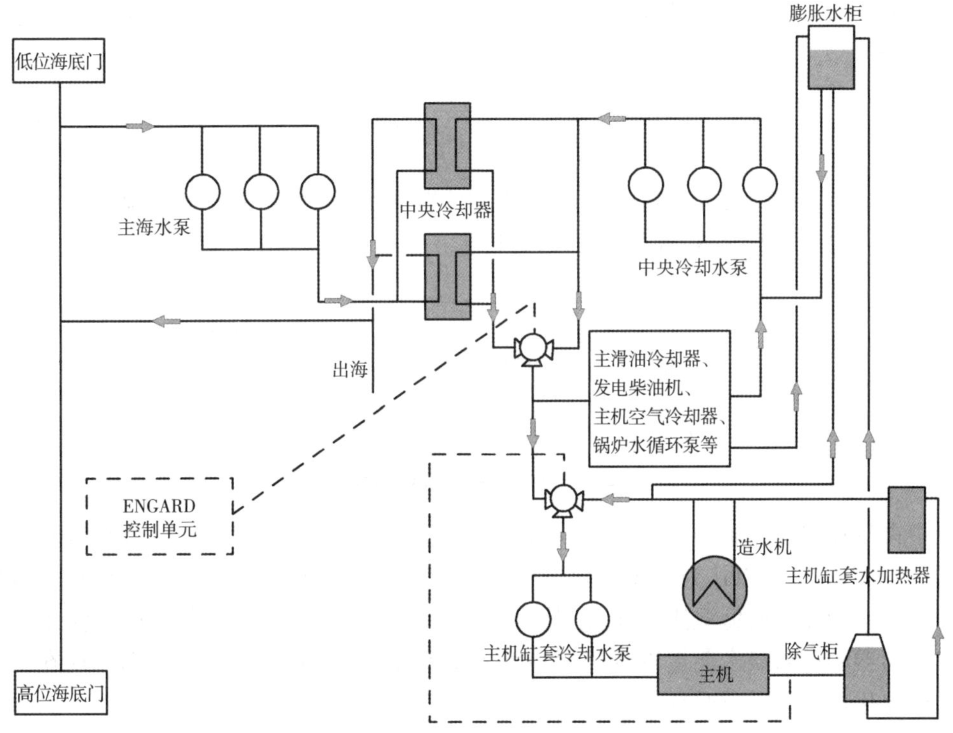

图2-34　中央冷却水系统图

中央冷却水系统相比于以前传统的闭式淡水冷却系统存在以下明显的优点：①海水管系及中央冷却器的维修工作减至最低限度；②气缸冷却水温度稳定，不受工况变化的影响，使柴油机始终在最佳冷却状态下运转；③淡水循环可多年保持清洁，减轻了对发电柴油机和船舶推进主机缸套的腐蚀影响。

1. **中央冷却器模型**

由板式热交换器原理可以知道：各个冷却液空间或待冷却液空间之间为并联关系。因此可以通过研究分析一片热交换器两侧海水与淡水进行热交换的特点，利用并联关系建立中央冷却器的换热模型。

中央冷却器的作用是用海水来冷却低温淡水，设流经中央冷却器的低温淡水质量流量为 $\dot{m}_l$，比热为 c_l，进入冷却器的温度为 t_{li}，流出冷却器的温度为 t_{lo}，海水流经冷却器的质量流量为 $\dot{m}_s$，比热为 c_s，，进入冷却器的温度为 t_{si}，流出冷却器的温度为 t_{so}。当冷却器处于稳定状态时，假定低温淡水的热量全部由海水带走，根据能量守恒关系，有

$$\dot{m}_l c_l (t_{lo} - t_{li}) = -\dot{m}_s c_s (t_{so} - t_{si}) \tag{2-230}$$

根据板式换热器传热量 Q 的计算有

$$Q = KF\Delta t_m \tag{2-231}$$

式中：F 为有效传热面积；Δt_m 为对数平均温差，可通过式(2-232)求得

$$\Delta t_m = \frac{(t_{li} + t_{si}) - (t_{lo} + t_{so})}{\ln \dfrac{t_{li} - t_{so}}{t_{lo} - t_{li}}} \tag{2-232}$$

但由于式(2-232)中有对数计算，对于解方程存在一定的困难，所以常常引入校正系数 φ，由此可得

$$\Delta t_m = \varphi \times \frac{(t_{li} + t_{si}) - (t_{lo} + t_{so})}{\ln \dfrac{t_{li} - t_{so}}{t_{lo} - t_{li}}} \tag{2-233}$$

校正系数可以通过板式换热器的温差校正系数图查得，对于全逆流情况如图 2-35 所示，根据中央冷却器的换热板片数为 217，查得校正系数 $\varphi = 0.967$。

图 2-35 中央冷却器模型

设中央冷却器中低温淡水的总质量为 M_l，海水总质量为 M_s，对于两种液体而言，可压缩性极少，所以完全可以认为动态变化过程中停留在中央冷却器中的海水和淡水质量始终不变。对于冷却器中的低温淡水而言，其能量的变化主要是流入冷却器的低温淡水能量减去流出冷却器的低温淡水能量以及传递给海水的热量，这些能量的变化全部体现在低温淡水温度的变化，如式(2-234)：

$$\frac{dt_{lo}}{d\tau} = \frac{1}{M_l c_l} \left(\dot{m}_l c_l t_{li} - \dot{m}_l c_l t_{lo} - KF\varphi \frac{t_{lo} + t_{li} - t_{so} - t_{si}}{2} \right) \tag{2-234}$$

整理可得

$$\frac{\mathrm{d}t_{\mathrm{lo}}}{\mathrm{d}\tau}+\frac{2\dot{m}_1c_1+\varphi KF}{2M_1c_1}t_{\mathrm{lo}}=\frac{1}{M_1c_1}\left(\dot{m}_1c_1t_{\mathrm{li}}-KF\varphi\frac{t_{\mathrm{li}}-t_{\mathrm{so}}-t_{\mathrm{si}}}{2}\right) \tag{2-235}$$

对于动态过程的某一换热时刻，可以认为：

$$\dot{m}_{\mathrm{s}}c_{\mathrm{s}}(t_{\mathrm{so}}-t_{\mathrm{si}})=KF\Delta t_{\mathrm{m}}=KF\varphi\frac{t_{\mathrm{lo}}+t_{\mathrm{li}}-t_{\mathrm{so}}-t_{\mathrm{si}}}{2} \tag{2-236}$$

令 $A=\varphi KF, L=2\dot{m}_1c_1, S=2\dot{m}_sc_s$，则

$$t_{\mathrm{so}}=\frac{A}{S+A}(t_{\mathrm{lo}}+t_{\mathrm{li}})+\frac{S-A}{S+A}t_{\mathrm{si}} \tag{2-237}$$

因此中央冷却器换热模型为

$$2M_1c_1\frac{\mathrm{d}t_{\mathrm{lo}}}{\mathrm{d}\tau}+\left(L+\frac{AS}{S+A}\right)t_{\mathrm{lo}}=\left(L-\frac{AS}{S+A}\right)t_{\mathrm{li}}+\frac{2SA}{S+A}t_{\mathrm{si}} \tag{2-238}$$

其他冷却器如缸套水冷却器、滑油冷却器等建模过程与中央冷却类似，不再赘述。

2. 冷却水混合模型

低温淡水温度调节阀由控制系统控制，调整冷却水的旁通量，阀的开度为旁通量的大小，一般开度 2%表示旁通全关，98%表示旁通全开，设低温淡水温度调节阀的旁通开度为 x，则根据能量守恒原理，可以得到以下等式：

$$(1-x)\dot{m}_1\times c\times(t_{12}+273)+x\dot{m}_1\times c\times(t_{11}+273)=\dot{m}_1\times c\times(t_{13}+273) \tag{2-239}$$

化简后可得

$$t_{13}=(1-x)\times t_{12}+x\times t_{11} \tag{2-240}$$

多个管路入口的混合模型可照此类推。冷却水混合模型如图 2-36 所示。

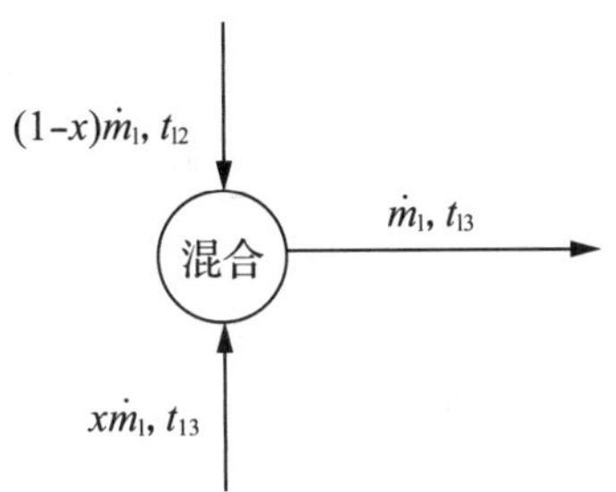

图 2-36　冷却水混合模型

3. 管路阻力计算

管网阻力 H_{f} 为：

$$H_{\mathrm{f}}=k_{\mathrm{f}}Q^2 \tag{2-241}$$

式中：k_{f} 为管网阻力系数；Q 为体积流量。

阻力系数：

$$k_{\mathrm{f}}=\frac{8}{g\pi^2d^4}\left(\frac{\lambda l}{d}+\sum\xi\right) \tag{2-242}$$

式中：λ 为沿程阻力系数；ξ 为局部阻力系数；l 为管长；d 为管路内径。

$$\frac{1}{\sqrt{\lambda}}=-1.8\lg\left[\left(\frac{k}{3.7d}\right)^{1.11}+\frac{6.9}{Re}\right] \tag{2-243}$$

式中：Re 为雷诺数；k 为管路的当量粗糙度，本系统的水温在 80 ℃，查表可以得到水的运动黏度为 $3.65\times10^{-6}\ \mathrm{m^2/s}$，管路的当量粗糙度为 0.05 mm；$\xi$ 为局部阻力系数，主要是弯头和阀件等的局部阻力，可查表得到。

4. 冷却水泵与管网

冷却水泵是离心泵，根据离心泵的工作特点，可以采用曲线拟合的方法计算离心泵在额定转速下的压头曲线。由额定转速下的压头曲线，根据相似原理可计算变转速时压头，离心泵流量与压头关系见表 2-8。

表 2-8 离心泵流量与压头关系

$Q/(\mathrm{m^3/h})$	50	60	80	110	120
$Q/(\mathrm{m^3/s})$	0.013 889	0.016 667	0.022 222	0.030 556	0.033 333
m	25	24.2	23.6	23	21.5

$$H=k_1Q^3\times\frac{n_0}{n}+k_2Q^2+k_3Q\times\frac{n}{n_0}+k_4\times\left(\frac{n}{n_0}\right)^2 \tag{2-244}$$

式中：H 为离心泵压头；Q 为体积流量；n 为离心泵当前转速；n_0 为离心泵额定转速；k_1, k_2, k_3, k_4 为系数。

根据 S60 机选型报告，得到 $H-Q$ 关系数据，并得到拟合曲线：

$$H=-0.000\,044\,92Q^3\times\frac{n_0}{n}+0.011\,11Q^2-0.909\,9Q\times\frac{n}{n_0}+48.39\times\left(\frac{n}{n_0}\right)^2 \tag{2-245}$$

整个管网压头为

$$H=\frac{\mathrm{d}Q}{\mathrm{d}t}\times\frac{1}{g}\times K_\mathrm{w}+H_\mathrm{f}+H_\mathrm{st}+H_\mathrm{g} \tag{2-246}$$

式中：H_f 为管网阻力压头；H_st 为出水池与进水池高度差；H_g 为水池出口与水泵入口及水泵出口与水池入口的高度差之和。

对于冷却水系统封闭管网来说，H_st 和 H_g 都为 0。

$$H=\frac{\mathrm{d}Q}{\mathrm{d}t}\times\frac{1}{g}\times K_\mathrm{w}+k_\mathrm{p}Q^2 \tag{2-247}$$

即

$$\frac{\mathrm{d}Q}{\mathrm{d}t}=\frac{g}{K_\mathrm{w}}(H-k_\mathrm{p}Q^2) \tag{2-248}$$

2.5.2 液压舵机

大型船舶几乎全部采用液压舵机，它是保证船舶航行安全的最重要设备之一。液压舵机是利用液体的不可压缩性及流量、流向的可控性来达到操舵目的的。根据液压油流向变换方法的不同，分为两类：泵控型和阀控型。拨叉式液压舵机属于泵控型液压舵机，它是典型的船用液压舵机，其基本原理如图 2-37 所示。

轴向柱塞变量泵设于舵机室，由电动机 1 驱动作单向回转。液压泵的流量和吸排方向，则通过与浮动杆 5 的 C 相连接的变量泵控制杆 4 控制。即依靠液压泵控制 C 偏离中位的方向和距离,来决定泵的吸排方向和流量。此种舵机采用往复式转舵机构。由转舵油缸 14(固定在机座上)和撞杆 9(可在缸中往复运动)等组成。当液压泵按图示吸排方向工作时,泵就会通过油管从右侧油缸吸油,排向左侧油缸,撞杆 9 在油压作用下向右运动(油液可压缩性极小)。撞杆 9 通过中央的滑动接头与舵柄 7 连接,舵柄 7 的一端又用键固定在舵杆 10 的上端。撞杆 9 的往复运动就可转变为舵叶的偏转。改变液压泵的吸排方向,则撞杆和舵叶的运动方向也就随之而变。

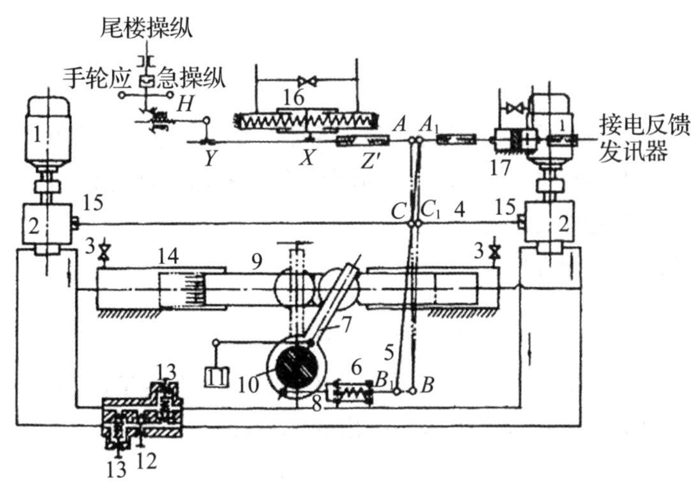

1—电动机；2—双向变量泵；3—放气阀；4—变量泵控制杆；5—浮动杆；6—储能弹簧；7—舵柄；8—反馈杆；9—撞杆；10—舵杆；11—舵角指示器的发送器；12—旁通阀；13—安全阀；14—转舵油缸；15—调节螺母；16—液压遥控受动器；17—电气遥控伺服油缸

图 2-37 泵控型舵机的原理图

典型的川崎舵机为泵控式舵机,舵机不设置传统的三点浮动杆机构,而是采用电反馈信号而测量实际舵角,由伺服马达控制液压泵控制杆。川崎舵机采用往复拨叉式液压转舵机构,如图 2-38 所示,两对往复式推舵油缸将油液的压力转换为缸内柱塞的机械能,推动舵柄左右转动,带动舵轴转动从而使舵叶改变角度。拨叉式转舵机构具有结构简单,侧推力由撞杆承受,无须导板,加工和拆装比较方便等特点。

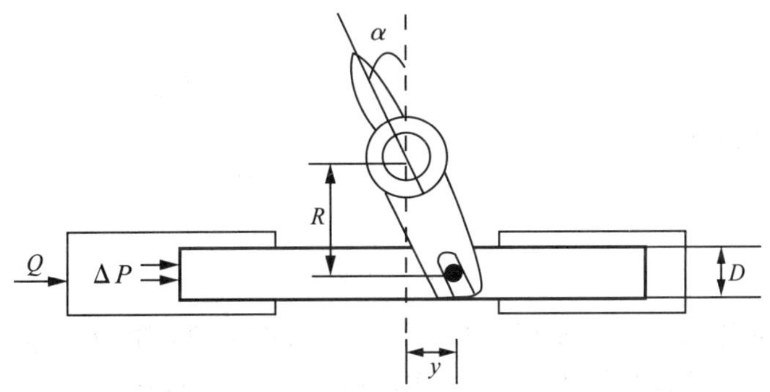

图 2-38 拨叉式舵机转舵机构图

图中,Q 为液压油流量;ΔP 为撞杆两侧油压差产生的推舵压力;D 为撞杆直径;y 为舵叶转动 α 角度后撞杆的位移;R 为舵杆中心至油缸中心线的距离。

为简化分析,在推导舵机液压系统回路动态方程之前作如下假设:①忽略泵和液压缸之间管路与各个阀的压力损失;②泵和液压缸的泄漏流态为层流;③不考虑液压泵供油的脉动性。

1. **液压缸中的撞杆运动平衡方程**

由于大多数液压位置控制系统其负载主要是惯性负载,往往没有弹性负载或弹性负载甚小,因而液压缸的静态力平衡方程式为

$$A\Delta p = m\ddot{y} + B_c\dot{y} + F_1 \tag{2-249}$$

式中:Δp 为撞杆两侧油压差;$\ddot{y}$为撞杆移动的加速度;$\dot{y}$为撞杆移动的速度;A 为动力缸撞杆面积和;m 为液压缸和负载的总质量;B_c 为负载和液压缸的黏性阻尼系数,0.2~0.5 N/(m/s);F_1 为作用于液压缸上的任意外负载力。

2. **液压系统流量平衡方程**

$$Q = C_p\Delta p + \frac{V_0}{B_e}\Delta\dot{p} + A\dot{y} \tag{2-250}$$

式中:C_p 为系统泄漏系数,10×10^{-14};B_e 为液压油弹性模量,700~1 000 MPa;V_0 为液压油发生形变前的体积,可折算为液压泵排出的体积,即

$$V_0 = \int Q\mathrm{d}t \tag{2-251}$$

3. **液压泵的流量**

本模型采用斜盘式轴向柱塞变量泵,其流量可表示如下:

$$Q = \eta_v A_1 D_1 Zn\tan\beta \tag{2-252}$$

式中:η_v 为液压泵的容积效率,当工作油压>20 MPa 时为 0.92~0.95,当<20 MPa 时为 0.95~0.98;A_1 为柱塞面积;D_1 为柱塞中心分布圆直径;n 为液压泵转速,1 800 r/min;β 为斜盘倾角,最大 24.5°;Z 为柱塞个数。

4. **舵角**

由图 2-38 可知:

$$\alpha = \arctan\frac{y}{R} \tag{2-253}$$

式中:y 为撞杆的位移;R 为舵柱中心到油缸中心线的距离。

5. **舵轴的力矩平衡**

转舵机构产生的转舵力矩等于舵叶的水动力矩与舵机系统总的摩擦力矩之和,即

$$T_s = T_f + T_a \tag{2-254}$$

$$T_s = F_s R \tag{2-255}$$

式中:T_s 为转舵机构产生的转舵力矩;T_a 为舵叶的水动力矩;T_f 为总的摩擦力矩;R 为舵杆中心至油缸中心线的距离;F_s 为撞杆作用在舵柄上的力,它与负载作用在撞杆上的力是大小相等、方向相反的一对作用力。

舵叶所受压力对舵杆轴线所产生的力矩称为舵叶的水动力矩,用 T_a 表示

$$T_a = F_N X_c = (F_l \cos\alpha + F_D \sin\alpha) X_c = \frac{1}{2} C_N \rho A v^2 X_c \tag{2-256}$$

式中：v 为舵叶处的水流速度，可取航速的 1.15～1.2 倍；A 为舵叶单侧浸水面积；ρ 为海水密度；λ 为展弦比$\left(\lambda=\frac{h}{b}\right)$，$h$，$b$ 分别为舵叶的平均高度和平均宽度；X_c 为舵压力中心到舵杆轴线的距离，对于不平衡舵有 $X_c=X=C_x b$；$C_N=C_l\cos\alpha+C_D\sin\alpha$，其中，$C_l$，$C_D$ 分别为升力、阻力系数，其大小随舵角 α 变化而变化，并与舵叶的几何形状有关。

6. 伺服油缸的模型

斜盘式轴向柱塞泵通过一个伺服油缸推动液压泵斜盘转动，通过改变斜盘倾角来改变供油量和供油方向。其液压伺服控制示意图如图 2-39 所示，液压控制阀受控制系统所发信号的控制，根据需要向伺服油缸的左侧、右侧供油，或者停止供油，从而控制液压泵斜盘角度。

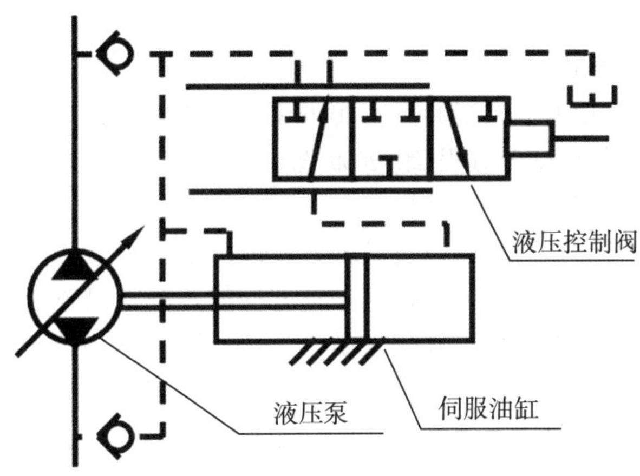

图 2-39　液压泵伺服机构

伺服油缸活塞移动的位移为

$$\dot{x} + kx = ku \tag{2-257}$$

式中：u 为输入的活塞位移(m)；x 为输出的活塞位移(m)；k 为比例系数，与活塞面积成反比；$\dot{x}$为活塞移动的速度(m/s)。

液压泵的斜盘倾角为

$$\beta = \arctan\left(\frac{x}{R_p}\right) \tag{2-258}$$

式中：R_p 为连接点到支点的距离(m)；x 为输出的活塞位移(m)。

第3章　连续系统的数值仿真

建立系统的数学模型后，需要利用数学方法和计算机对模型进行求解，并对结果进行分析、解释。最后，要把求解和分析结果返回到实际问题，与实际的现象、数据比较，检验模型的合理性和适用性。这是仿真过程中非常重要的一步。根据计算机的特点和数学模型的具体特征，选取合理的计算机建模和计算方法，对顺利地完成系统仿真具有重要的意义。前文所述船舶动力装置模型都是按照连续系统建立的，因此本章主要介绍针对连续系统的数值方法。

连续系统模型指系统状态变化在时间 T 上是连续变化的，可以用常微分方程、偏微分方程、差分方程描述的系统模型。系统的输入、输出和内部变量都是关于时间的连续函数。连续系统的数学模型通常是用微分方程(组)或状态空间来描述的。连续系统仿真的主要任务就是求取描述连续系统的微分方程的解。

采用数值方法求解微分方程，就是对微分方程进行数值积分。对微分方程进行数值积分是通过某种数值计算方法实现的，而任何一种方法都是对原积分的一种近似。从根本意义上讲，数字计算机所进行的数值计算仅仅是“数字”计算，它表示数值的精度受限于字长，这将引起舍入误差；另外，数值计算是按计算机指令一步一步进行的，因此，必须将系统在时间域上进行离散化，这样就只能得到离散时间点上的系统性能。从本质上讲，连续系统仿真是从时间、数值两个方面对原系统进行离散化，并选择合适的数值计算方法进行近似积分运算，用由此得到的离散化模型代替原连续模型。

设系统模型为$\dot{y}=f(y,u,t)$，其中 $u(t)$ 为输入变量，$y(t)$ 为系统变量。令仿真时间间隔为 h，离散化后的输入变量为$\hat{u}(t_k)$，系统变量为 $\hat{y}(t_k)$，其中 t_k 表示 $t=kh$。如果$\hat{u}(t_k)\approx u(t_k)$，$\hat{y}(t_k)\approx y(t_k)$，即 $e_{\mathrm{u}}(t_k)=\hat{u}(t_k)-u(t_k)\approx 0$，$e_{\mathrm{y}}(t_k)=\hat{y}(t_k)-y(t_k)\approx 0(k=0,1,2,\cdots)$，则可以认为两模型等价(图 3-1)。

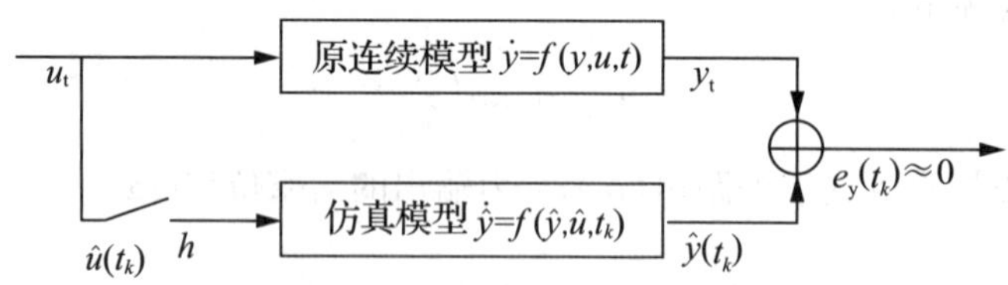

图 3-1　连续模型与离散模型的等价示意图

实际上，要完全保证 $e_{\mathrm{u}}(t_k)=0$ 和 $e_{\mathrm{y}}(t_k)=0$ 几乎是不可能的。在仿真工程上是利用相似原理，只要求 $e_{\mathrm{u}}(t_k)$ 和 $e_{\mathrm{y}}(t_k)$ 满足一定的要求。

将相似原理用于仿真时，对仿真建模方法有以下三个基本要求：

(1) 稳定性。若原连续系统是稳定的,则离散化后得到的仿真模型也应该是稳定的。

(2) 准确性。可以用输出量的相对误差和绝对误差来判断,一般采用相对误差。

(3) 快速性。数字仿真是一步步推进的,如果第 k 步仿真对应的系统时间间隔为 $h_k=t_{k+1}-t_k$,计算机由 $y(t_k)$计算 $y(t_{k+1})$需要的时间为 T_k,那么若 $T_k=h_k$,则称之为实时仿真;$T_k<h_k$,则称之为超实时仿真;若 $T_k>h_k$,则称之为欠实时仿真。

那么,微分方程的数值积分方法是指对于形如$\dot{y}=f(y,u,t)$的系统,在已知系统变量 y 的初始条件 $y(t_0)\approx y_0$ 的情况下,计算 y 随时间变化的过程 $y(t)$在一系列离散时间点上的近似值 $y_1,y_2,y_3,\cdots,y_n$,并用近似值来代替实际值的数值算法。

采用不同的积分方法会引起不同的计算误差。为了提高计算精度,往往需要增加运算量。就同一种积分方法而言,为了提高计算精度,需减小积分步长,这将导致计算速度的降低。因此,计算精度和速度往往是一种矛盾的要求,也是数字仿真中要求解决的问题之一。

3.1 常微分方程的数值解法

3.1.1 数值解法的基本概念

1. 常微分方程的初值问题

常微分方程初值问题的一般提法是求函数 $y(t),a\leqslant t\leqslant b$,满足

$$\begin{cases}\dfrac{\mathrm{d}y}{\mathrm{d}t}=f(t,y),a<t<b\\ y(t_0)=y_0\end{cases}\tag{3-1}$$

其中 $f(t,y)$是已知函数,y_0 是已知值。

假设 $f(t,y)$在区域 $D=\{(t,y)\,|\,a\leqslant t\leqslant b,|y|<+\infty\}$上满足条件:

(1) $f(t,y)$在 D 上连续。

(2) $f(t,y)$在 D 上关于变量 y 满足 Lipschitz 条件,即

$$|f(t,y_1)-f(t,y_2)|\leqslant L|y_1-y_2|,a\leqslant t\leqslant b,\forall y_1,y_2\tag{3-2}$$

其中常数 L 称为 Lipschitz 常数。条件(1)(2)简称为基本条件。

由常微分方程的基本理论,有:

定理 1 当 $f(t,y)$在 D 上满足基本条件时,一阶常微分方程初值问题式(3-1)对任意给定 α 存在唯一解 $y(t)$在$[a,b]$上连续可微。

定义 1 式(3-1)的解 $y(t)$称为适定的,若存在常数 $\varepsilon>0$ 和 $K>0$,对任意满足条件 $|\delta|\leqslant\varepsilon$ 及 $\|\eta(t)\|_\infty\leqslant\varepsilon$ 的δ 和$\eta(t)$,常微分方程初值问题

$$\begin{cases}\dfrac{\mathrm{d}z}{\mathrm{d}t}=f(t,z)+\eta(t),a<t<b\\ z(a)=a+\delta\end{cases}\tag{3-3}$$

存在唯一解 $z(x)$,且 $\|y(t)-z(t)\|_\infty\leqslant K\{\|\eta\|_\infty+|\delta|\}$。

适定问题的解 $y(t)$连续依赖式(3-1)右端的 $f(t,y)$和初值 α。由常微分方程的基本理

论得

定理 2 当 $f(t,y)$ 在 D 上满足基本条件时，微分方程式(3-1)的解 $y(t)$ 是适定的。

在工程实际问题上所涉及的常微分方程一般都满足基本条件，因此，在本章中假设 $f(t,y)$ 在 D 上满足基本条件，从而式(3-1)的解 $y(t)$ 存在且适定。

2. 初值问题数值解的基本概念

初值问题的数值解法是通过将微分方程离散化而给出解 $y(t)$ 在一系列离散节点上的近似值。

在$[a,b]$上引入节点 $\{t_k\}_{k=0}^{n}$：$a=t_0<t_1<\cdots<t_n=b, h_k=t_k-t_{k-1}(k=1,\cdots,n)$ 称为步长。在多数情况下，采用等步长，即 $h=(b-a)/n, t_k=a+kh(k=0,1\cdots,n)$。记式(3-1)的准确解为 $y(t)$，$y(t_k)$ 的近似值为 y_k，$f(t_k,y_k)$ 为 f_k。

初值问题数值解的方法是步进法，即在计算出 $y_i, i\leqslant k$ 后计算 y_{k+1}。数值计算的方法有单步法与多步法。单步法在计算 y_{k+1} 时只利用 y_k 的信息，而多步法在计算 y_{k+1} 时不仅要利用 y_k 的信息，还要利用前面已算出的若干个 $y_{k-j}, j=1,2,\cdots,l-1$ 的信息。要用到 y_k，$y_{k-1},\cdots,y_{k-l+1}$ 的多步法称为 l 步方法。

单步法可以看作只有一步 $l=1$ 的多步法，但两者有很大差别。l 步方法只能用于 y_k，$k\geqslant l$ 的计算，$y_0,y_1,\cdots,y_{l-1}$ 要用其他的方法计算；而且在稳定性上单步法比 $l>1$ 的多步法容易分析；此外单步法容易改变步长。

单步法和多步法又都有显式方法和隐式方法之分。显式方法的右端项中不包含本步的值；隐式方法的右端项中包含本步的值。

显式单步法的计算公式为

$$y_{k+1}=y_k+h\phi(t_k,y_k,h) \tag{3-4}$$

而隐式单步法的计算公式为

$$y_{k+1}=y_k+h\phi(t_k,y_k,y_{k+1},h) \tag{3-5}$$

在式(3-5)中右端项显含 y_{k+1}，是 y_{k+1} 的方程，即通过解方程求出 y_{k+1}。

显式多步法的计算公式为

$$y_{k+1}=y_k+h\phi(t_k,y_k,y_{k+1},h) \tag{3-6}$$

而隐式多步法的计算公式为

$$y_{k+1}=y_k+h\phi(t_k,y_{k+1},y_k,\cdots,y_{k-l+1},h) \tag{3-7}$$

式(3-7)右端项含 y_{k+1}，因此是隐式方法。

多步法中一类常用方法是线性多步法

$$y_{k+1}=\sum_{i=0}^{l-1}a_i y_{k-i}+h\sum_{i=-1}^{l-1}\beta_i f_{k-i}, \quad k\geqslant l-1 \tag{3-8}$$

式(3-8)中 $\alpha_0,\alpha_1,\cdots,a_{l-1},\beta_{-1},\beta_0,\cdots,\beta_{l-1}$ 是独立于 k 和 f 的常数。$\beta_{-1}=0$ 时是显式的，$\beta_{-1}\neq 0$ 时是隐式的。

3.1.2 欧拉(Euler)方法

Euler 方法是常微分方程初值问题数值方法中最简单的方法。Euler 方法精度较低，较少直接使用。但由于它导出简单，几何意义明显，便于理解，又能说明构造数值解法计算公式的基本思想，因此，通常通过 Euler 方法介绍数值解法中的基本概念、术语等。

1. 显式 Euler 方法

设节点为 $a=t_0<t_1<\cdots<t_n=b$。则初值问题式(3-1)的显式 Euler 方法为

$$\begin{cases} y_0=a \\ y_{k+1}=y_k+h_kf_k, \quad k=0,1,\cdots,n-1 \end{cases} \tag{3-9}$$

其中 $h_k=t_{k+1}-t_k$，$f_k=f(t_k,y_k)$。

显式 Euler 方法可以用多种途径导出。

1) 泰勒级数展开法

将 $y(t_{k+1})$在 $t=t_k$ 点进行泰勒展开，得

$$y(t_{k+1})=y(t_k)+h_kf(t_k,y(t_k))+\frac{y''(\xi_k)}{2!}h_k^2, \xi_k\in[t_k,t_{k+1}] \tag{3-10}$$

忽略$\frac{y''(\xi_k)}{2!}h_k^2$余项，分别用 y_k，y_{k+1}，$f_k=f(t_k,y_k)$近似 $y(t_k)$，$y(t_{k+1})$和 $f(t_k,y(t_k))$，得 $y_{k+1}=y_k+h_kf_k$。结合初值条件 $y(0)=y_0$ 即得式(3-9)。

2) 向前差分近似微分法

用向前差分$\frac{y(t_{k+1})-y(t_k)}{h_k}$近似微分 $y'(t_k)$，得

$$\frac{y(t_{k+1})-y(t_k)}{h_k}\approx f(t_k,y(t_k)) \tag{3-11}$$

将近似号改作等号，用 y_k，y_{k+1}，f_k 近似 $y(t_k)$，$y(t_{k+1})$和 $f(t_k,y(t_k))$，并结合初值条件即得式(3-9)。

3) 左矩数值积分法

将式(3-1)两边从 t_k 到 t_{k+1}积分得

$$y(t_{k+1})-y(t_k)=\int_{t_k}^{t_{k+1}}f(\tau,y(\tau))\mathrm{d}\tau \tag{3-12}$$

用 y_k，y_{k+1}近似 $y(t_k)$，$y(t_{k+1})$，由左矩数值积分公式可得 $y_{k+1}-y_k=h_kf(t_k,y_k)$，从而得式(3-9)。

Euler 方法有几何意义，如图 3-2 所示，式(3-1)的解曲线 $y(t)$过点 $P_0(t_0,y_0)$，且斜率为 f_0。从 P_0 出发以 f_0 为斜率作直线段，交 $t=t_1$ 于 $P_1(t_1,y_1)$，显然 $y_1=y_0+h_0f_0$。式

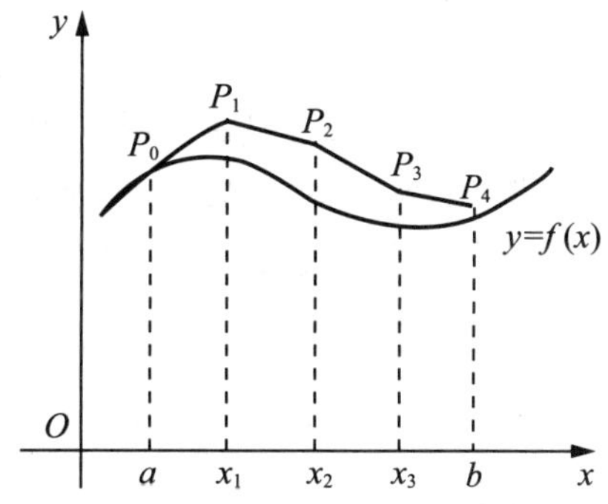

图 3-2　Euler 法数值积分原理

(3-1)过点 $P_1(t_1,y_1)$ 的解曲线具有斜率 f_1，从 P_1 出发以 f_1 为斜率作直线，交 $t=t_2$ 于 $P_2(t_2,y_2)$。依此类推，可以得到一条折线 $\overline{P_0P_1\cdots P_n}$，它在点 P_k 的右侧斜率为 f_k，与式(31)过 P_k 的解曲线相切。取折线 $\overline{P_0P_1\cdots P_n}$ 作为式(3-1)解曲线 $y=y(t)$ 的近似曲线。所以 Euler 方法又称折线法。

2. 隐式 Euler 方法和梯形方法

若将 $y(t_k)$ 在 t_{k+1} 展开，则有

$$y(t_k)=y(t_{k+1})-h_kf(t_{k+1},y(t_{k+1}))+\frac{1}{2!!}y''(\eta_k)h_k^2,t_k\leqslant\eta_k\leqslant t_{k+1} \tag{3-13}$$

忽略 h_k^2 项，用 y_k,y_{k+1} 和 $f_{k+1}=f(t_{k+1},y_{k+1})$ 分别近似 $y(t_k),y(t_{k+1})$ 及 $f(t_{k+1},y(t_{k+1}))$，可以得另一种类型的 Euler 公式：

$$y_{k+1}=y_k+h_kf(t_{k+1},y_{k+1}),k=0,1,\cdots,n-1 \tag{3-14}$$

式(3-14)中由于未知数 y_{k+1} 同时出现在等式的两边，故称为隐式 Euler 方法。隐式公式不能直接求解，一般需要用 Euler 显式公式得到初值，然后用 Euler 隐式公式迭代求解，见式(3-15)。隐式公式较显式公式计算复杂，但稳定性较好。

$$\begin{cases}y_{k+1}^0=y_k+h_kf(t_{k+1},y_{k+1})\\y_{k+1}^{(i+1)}=y_k+h_kf(t_{k+1},y_{k+1}^{(i)})\end{cases} \tag{3-15}$$

在显式和隐式 Euler 方法中，忽略的项都是 $O(h^2)$ 项。为了得到更高精确度的方法，可将 Euler 显示公式和隐式公式相加取平均值得

$$y(t_{k+1})=y(t_k)+\frac{h_k}{2}[f(t_k,y(t_k))+f(t_{k+1},y(t_{k+1}))]+\frac{h_k^2}{4}[y''(\xi_k)-y''(\eta_k)] \tag{3-16}$$

当 $y(x)$ 三次连续可微时，$y''(\xi_k)-y''(\eta_k)=O(h_k^3)$。忽略 $O(h_k^3)$ 项，用 y_k,y_{k+1} 分别近似 $y(t_k),y(t_{k+1})$，得

$$y_{k+1}=y_k+\frac{h_k}{2}[f(t_k,y_k)+f(t_{k+1},y_{k+1})] \tag{3-17}$$

式(3-17)称为梯形公式。梯形方法也是隐式方法，要通过迭代求得 y_{k+1}。

与式(3-5)中单步法公式相对应，显式 Euler 方法取 $\phi=\phi(t_k,y_k,h_k)=f(t_k,y_k)$，隐式 Euler 方法取 $\phi=\phi(t_k,y_{k+1},h_k)=f(t_{k+1},y_{k+1})$，梯形方法取 $\phi=\phi(t_k,y_{k+1},h_k)=\frac{1}{2}[f(t_k,y_k)+f(t_{k+1},y_{k+1})]$。

3. 预估-校正 Euler 方法

在实际计算中，迭代求解 $f(t_{k+1},y_{k+1}^{(i)})$ 的计算量比较大，因此，往往取 $y_{k+1}^{(m)}(m\geqslant1)$ 作为 y_{k+1}。$y_{k+1}^{(m)}$ 为 $y_{k+1}^{(0)}$ 的 m 次迭代改进。最常用的方法之一是先用显式 Euler 方法所得的 $\bar{y}_{k+1}$ 作为 $y_{k+1}^{(0)}$，称为预报值，然后再用梯形公式迭代校正一次，作为计算结果。

$$\begin{cases}\bar{y}_{k+1}=y_k+h_kf(t_k,y_k)\\y_{k+1}=y_k+\frac{h_k}{2}[f(t_k,y_k)+f(t_{k+1},\bar{y}_{k+1})]\\k=0,1,\cdots,n-1\end{cases} \tag{3-18}$$

式(3-18)称为预估-校正 Euler 方法，或称为改进的 Euler 方法。预估-校正 Euler 方法

还可写成

$$y_{k+1}=y_k+\frac{h_k}{2}[f(t_k,y_k)+f(t_{k+1},y_k+h_kf(t_k,y_k))] \tag{3-19}$$

或

$$y_{k+1}=y_k+\frac{h_k}{2}k_1+\frac{h_k}{2}k_2 \tag{3-20}$$

式中：$k_1=f(t_k,y_k)$；$k_2=f(t_{k+1},y_k+h_kk_1)$。

例 3-1　用显式 Euler 方法、梯形方法和预估-校正 Euler 方法解初值问题：

$$\begin{cases}\dfrac{dy}{dt}=-y+t+1, \quad 0<t<1\\ y(0)=1\end{cases}$$

解：由题意知 $f(t_k,y_k)=-y_k+t_k+1$，取 $h=0.1$，代入 Euler 公式，得

$$y_{k+1}=0.9y_k+0.1t_k+0.1$$

代入梯形公式，得

$$y_{k+1}=\frac{19}{21}y_k+\frac{2}{21}t_k+0.1$$

代入预估-校正公式，得

$$\begin{cases}\bar{y}_{x+1}=y_k+0.1\times(-y_k+t_k+1)\\ y_{k+1}=y_k+0.05\times[(-y_k+t_k+1)+(-\bar{y}_{k+1}+t_{k+1}+1)]\end{cases}$$

进一步计算得到预估-校正公式：

$$y_{k+1}=0.905y_k+0.095t_k+0.1$$

分别用三种方法进行计算，并将结果与准确解 $y(t)=e^{-t}+t$ 比较，见表 3-1。

表 3-1　计算结果比较

t_k	Euler 方法		梯形方法		预估-校正方法	
	y_k	$\lvert y_k-y(t_k)\rvert$	y_k	$\lvert y_k-y(t_k)\rvert$	y_k	$\lvert y_k-y(t_k)\rvert$
0.0	1.000 000	0.0	1.000 000	0.0	1.000 000	0.0
0.1	1.000 000	4.8×10^{-3}	1.004 762	7.5×10^{-5}	1.005 000	1.6×10^{-4}
0.2	1.010 000	8.7×10^{-3}	1.018 594	1.4×10^{-4}	1.019 025	2.9×10^{-4}
0.3	1.029 000	1.2×10^{-2}	1.040 633	1.9×10^{-4}	1.041 218	4.0×10^{-4}
0.4	1.056 100	1.4×10^{-2}	1.070 096	2.2×10^{-4}	1.070 800	4.8×10^{-4}
0.5	1.090 490	1.6×10^{-2}	1.106 278	2.5×10^{-4}	1.107 076	5.5×10^{-4}
0.6	1.131 441	1.7×10^{-2}	1.148 537	2.7×10^{-4}	1.149 404	5.9×10^{-4}
0.7	1.178 297	1.8×10^{-2}	1.196 295	2.9×10^{-4}	1.197 210	6.2×10^{-4}
0.8	1.230 467	1.9×10^{-2}	1.249 019	3.0×10^{-4}	1.249 975	6.5×10^{-4}
0.9	1.287 420	1.9×10^{-2}	1.306 264	3.1×10^{-4}	1.307 228	6.6×10^{-4}
1.0	1.348 678	1.9×10^{-2}	1.367 573	3.1×10^{-4}	1.368 514	6.6×10^{-4}

例 3-1 的数值计算结果表明，梯形方法和预估-校正 Euler 方法比显式 Euler 方法精度更好。

3.1.3 单步法的局部截断误差

设所用单步法为

$$\begin{cases} y_{k+1}=y_k+h_k\phi(t_k,y_k,y_{k+1},h_k),k=0,1\cdots,n-1 \\ y_0=\alpha \end{cases} \tag{3-21}$$

设 $y(t)$ 是式(3-1)的准确解，当 $y_k=y(t_k)$，即在第 k 步计算精确的前提下，称 $R_{k+1}=y(t_{k+1})-y_{k=1}$ 为单步法式(3-21)在 t_{k+1} 的局部截断误差。

设 $y(t)$ 是式(3-1)的解，$y_k(k=0,1,\cdots,n)$ 是单步法式(3-21)的数值解，称 $e_k=y(t_k)-y_k(k=0,1,\cdots,n)$ 为单步法式(3-21)在 t_k 点的整体截断误差；如果对充分小的 $h>0$，$t_k=a+kh$，成立 $\max\limits_{0\leqslant k\leqslant n}|y(t_k)-y_k|\leqslant Ch^p \quad (p\geqslant 1)$（常数 C 独立于 h），称式(3-21)为 p 阶方法，或称式(3-21)具有 p 阶精度。

若单步法式(3-21)的局部截断误差是 $p+1$ 阶的，即 $|\tau_{k+1}|\leqslant c_1h^{p+1}(h_k\equiv h),k=1,\cdots,n$，$c_1$ 独立于 h，且 $f(t,y)$ 在 D 上满足基本条件时，则单步法式(3-21)是 p 阶方法。对实际的连续系统而言，单步法的收敛阶总是由局部截断误差的阶来确定的。

分析局部截断误差的一种方法是利用泰勒级数展开法。若有

$$F_{k+1}=\Psi(t_k,y(t_k))h^{p+1}+O(h^{p+2}) \tag{3-22}$$

则称 $\Psi(t_k,y(t_k))h^{p+1}$ 为局部截断误差的主项。若局部截断误差的主项是 h 的 $p+1$ 次幂，则称单步法是 p 阶方法。

对显式 Euler 方法来说，当解 $y(t)$ 二阶连续可导时，其局部截断误差为

$$\begin{aligned} R_{k+1}&=y(t_{k+1})-y_{k+1} \\ &=\left[y(t_k)+hy'(t_k)+\frac{h}{2}y''(t_k)+O(h^3)\right]-[y_k+hf(t_k,y_k)] \\ &=\frac{h}{2}y''(t_k)+O(h^3) \end{aligned} \tag{3-23}$$

可见显式 Euler 方法是一阶方法。

隐式 Euler 方法为一阶精度，其局部截断误差为

$$R_{k+1}=y(t_{k+1})-y_{k+1}=-\frac{h}{2}y''(t_k)+O(h^3) \tag{3-24}$$

梯形方法和预估-校正法都是二阶精度。

3.1.4 Runge-Kutta 方法

提高单步法阶的途径是提高局部截断误差的阶次。一个自然的想法是利用泰勒级数展开。

1. 泰勒方法

设式(3-1)的解 $y(t)$ 充分光滑，$t_{k+1}=t_k+h$，利用泰勒公式展开有

$$y(t_{k+1})=y(t_k)+y'(t_k)h+\cdots+\frac{y^{(p)}_{(t_k)}}{p!}h^p+\frac{y^{(p+1)}_{(\xi_k)}}{(p+1)!}h^{p+1},t_k<\xi_k<t_{k+1}$$

若取

$$y_{k+1}=y_k+y'_k h+\cdots+\frac{1}{p!}y_k^{(p)}h^p \quad (0\leqslant k<n) \tag{3-25}$$

则误差余项为

$$R_{k+1}=\frac{y_{(\xi_k)}^{(p+1)}}{(p+1)!}h^{p+1}$$

因此，泰勒方法式(3-25)是 p 阶方法。

泰勒方法式(3-25)从形式看虽然简单，但具体构造这种公式往往是相当困难的，因为需要计算函数 $y(t)$ 在某一展开点的高阶导数，如 $y(t)$ 的二阶导数为

$$y''(t)=\left(\frac{\partial}{\partial t}+f\frac{\partial}{\partial y}\right)\left(\frac{\partial f}{\partial t}+f\frac{\partial f}{\partial y}\right)$$

$y(t)$ 的各阶导数可以用 f 的偏导数来表示，但随导数阶次的升高，求导表达式将越来越复杂，计算也越来越困难。因此通常不直接用泰勒公式，而是借鉴其思想提出其他公式。

2. Runge-Kutta 方法的一般形式

单步递推法的基本思想是从(t_k,y_k)点出发，以某一斜率沿直线达到(t_{k+1},y_{k+1})点。由微分中值定理有

$$y(t_{k+1})=y(t_k)+hf(t_k+\theta h,y(t_k+\theta h)) \tag{3-26}$$

这里的 $K^*=f(t_k+\theta h,y(t_k+\theta h))$ 称作区间$[t_k,t_{k+1}]$上的平均斜率。由此可见，只要对平均斜率提供一种算法，便可由式(3-26)导出一种计算公式。

考察改进的 Euler 公式，可以改写成下列平均化的形式：

$$\begin{cases} y_{k+1}=y_k+\dfrac{h}{2}(K_1+K_2) \\ K_1=f(t_k,y_k) \\ K_2=f(t_{k+1},y_k+hK_1) \end{cases} \tag{3-27}$$

改进的 Euler 公式可以这样理解，它用 t_k 和 t_{k+1} 两个点的斜率值 K_1 和 K_2 取算术平均作为平均斜率 K^*，则梯形方法和预估-校正 Euler 方法不需要计算 $f(t,y)$ 的偏导数，也达到了二阶收敛。启示：可以用 $f(t,y)$ 在一些点上的值的线性组合来构造更高精度的单步法。这一类方法称为 Runge-Kutta 方法。

用 R 个 f 函数值的 Runge-Kutta 方法称为 R 级 Runge-Kutta 方法。一般显式 R 级 Runge-Kutta 方法为

$$y_{k+1}=y_k+h\phi(t_k,y_k,h) \tag{3-28}$$

其中，

$$\phi(t_k,y_k,h)=\sum_{r=1}^{R}c_r k_r \tag{3-29}$$

$$k_r=f(t_k+a_r h,y_k+h\sum_{s=1}^{r-1}b_{rs}k_s),r=1,2,\cdots,R \tag{3-30}$$

式(3-29)和式(3-30)中的 c_r,a_r,b_{rs} 均为常数，满足如下关系：

$$\begin{cases} a_1 = 0 \\ a_i = \sum_{s=1}^{r-1} b_{rs} \\ \sum_{r=1}^{R} c_r = 1 \end{cases} \tag{3-31}$$

3. 常用低阶 Runge - Kutta 方法

考虑二级显式 Runge - Kutta 方法：

$$\begin{cases} y_{k+1} = y_k + h(c_1 k_1 + c_2 k_2) \\ k_1 = f(t_k, y_k) \\ k_2 = f(t_k + a_2 h, y_k + b_{21} k_1 h) \end{cases} \tag{3-32}$$

用 f, f_t, f_y 等分别表示它们在(t_k, y_k)的值和偏导数值，有

$$k_1 = f$$

$$k_2 = f + a_2 h f_t + b_{21} f f_y h + \frac{h^2}{2!}(a_2^2 f_{tt} + 2a_2 b_{21} f_{ty} f + b_{21}^2 f_{yy} f^2) + O(h^3)$$

$$y_{k+1} = y_k + (c_1 + c_2) f h + h^2 (a_2 c_1 f_t + b_{21} c_2 f f_y)$$

另一方面，由泰勒公式得

$$y(t_{k+1}) = y(t_k) + hf + \frac{h^2}{2}(f_t + f f_y) + O(h^3)$$

两相对照，只有使局部截断误差为 $O(h^3)$，该方法才能成为二阶方法，应取

$$\begin{cases} c_1 + c_2 = 1 \\ a_2 c_1 = \frac{1}{2} \\ b_{21} c_2 = \frac{1}{2} \end{cases} \tag{3-33}$$

二级显式 Runge - Kutta 最高是二阶，即 $P(2) = 2$。显式二级二阶 Runge - Kutta 方法不唯一，式(3 - 33)中四个参数满足三个方程，有无穷多个解。

若取 $c_1 = c_2 = \frac{1}{2}, a_2 = b_{21} = 1$，对应计算公式为

$$y_{k+1} = y_k + \frac{h}{2}[f(t_k, y_k) + f(t_k + h, y_k + hf(t_k, y_k))] \tag{3-34}$$

这就是预估-校正 Euler 方法。

若取 $c_1 = 0, c_2 = 1, a_2 = b_{21} = \frac{1}{2}$，对应公式称为中点方法，公式如下：

$$y_{k+1} = y_k + hf(t_k + \frac{1}{2}h, y_k + \frac{h}{2} f(t_k, y_k)) \tag{3-35}$$

当取 $c_1 = \frac{1}{4}, c_2 = \frac{3}{4}, a_2 = b_{21} = \frac{2}{3}$时，得 Heun 二阶方法：

$$y_{k+1} = y_k + \frac{h}{4}\left[f(t_k, y_k) + 3f(t_k + \frac{2}{3}h, y_k + \frac{2}{3}hf(t_k, y_k))\right] \tag{3-36}$$

在显式三级 Runge - Kutta 方法中，待定参数共八个：$c_1, c_2, c_3, a_2, a_3, b_{21}, b_{31}, b_{32}$。若要

成为三阶方法，它们应满足：

$$\begin{cases} \lambda_1+\lambda_2+\lambda_3=1 \\ a_2\lambda_2+a_3\lambda_3=\dfrac{1}{2} \\ b_{21}=a_2 \\ b_{31}+b_{32}=a_3 \\ a_x^2\lambda_2+a_3^2\lambda_3=\dfrac{1}{3} \\ a_2b_{32}=\dfrac{1}{6} \end{cases}$$

不论如何选择这八个参数，都不可能使三级显式 Runge - Kutta 方法成为四阶方法。

若取 $c_1=\dfrac{1}{4}$，$c_2=0$，$c_3=\dfrac{3}{4}$，$a_2=b_{21}=\dfrac{1}{3}$，$b_{31}=0$，$a_3=b_{32}=\dfrac{2}{3}$ 得三阶 Heun 方法：

$$\begin{cases} y_{k+1}=y_k+\dfrac{h}{4}(k_1+3k_3) \\ k_1=f(t_k,y_k) \\ k_2=f(t_k+\dfrac{1}{3}h,y_k+\dfrac{h}{3}k_1) \\ k_3=f(t_k+\dfrac{2}{3}h,y_k+\dfrac{2}{3}hk_2) \end{cases} \tag{3-37}$$

另一个常用显式三级三阶方法是 Kutta 三阶方法：

$$\begin{cases} y_{k+1}=y_k+\dfrac{h}{6}(k_1+4k_2+k_3) \\ k_1=f(t_k,y_k) \\ k_2=f(t_k+\dfrac{h}{2},y_k+\dfrac{h}{2}k_1) \\ k_3=f(t_k+h,y_k-hk_1+2hk_2) \end{cases} \tag{3-38}$$

类似的推导可以建立四级显式 Runge - Kutta 方法。显式四级四阶 Runge - Kutta 方法不唯一，一个重要的代表是经典 Runge - Kutta 方法：

$$\begin{cases} y_{k+1}=y_k+\dfrac{h}{6}(k_1+2k_2+2k_3+k_4) \\ k_1=f(t_k,y_k) \\ k_2=f(t_k+\dfrac{h}{2},y_k+\dfrac{h}{2}k_1) \\ k_3=f(t_k+\dfrac{h}{2},y_k+\dfrac{h}{2}k_2) \\ k_4=f(t_k+h,y_k+hk_3) \end{cases} \tag{3-39}$$

4. 其他 Runge - Kutta 方法

Runge - Kutta 法的主要运算在于计算 k_i 的值，即计算 f 的值。对于 $R=1,2,3,4$ 的显式 Runge - Kutta 方法，可以得到 R 阶的方法，也可建立低于 R 阶的方法。当 $R\geqslant 5$ 时，情况有所不同，可以证明不存在显式五阶五级 Runge - Kutta 方法。设 $P(R)$ 为显式 R 级

Runge－Kutta方法能够达到的最高阶，Butcher 于 1965 年给出了计算量与可达到的最高精度阶数的关系见表 3－2 所示：五阶 Runge－Kutta 方法至少是六级的，要比四阶 Runge－Kutta 方法每步多计算两次 $f(t,y)$函数值，但精度提高并不多，这是经典 Runge－Kutta 方法比较流行的原因之一。

表 3－2　Runge－Kutta 方法级数和阶数的关系

R	1,2,3,4	5,6,7	8,9	$\geqslant 10$
$P(R)$	R	$R-1$	$R-2$	$\leqslant R-2$

表 3－3 中列出了一些常用的龙格-库塔公式。

表 3－3　常见龙格-库塔公式

名称	公式	特点
二阶 Runge－Kutta 方法	$y_{k+1}=y_k+\frac{h}{2}(K_1+K_2)$ $K_1=f(t_k,y_k)$ $K_2=f(t_k+h,y_k+hK_1)$	
四阶 Runge－Kutta	$y_{k+1}=y_k+\frac{h}{6}(k_1+2k_2+2k_3+k_4)$ $k_1=f(t_k,y_k)$ $k_2=f(t_k+\frac{h}{2},y_k+\frac{h}{2}k_1)$ $k_3=f(t_k+\frac{h}{2},y_k+\frac{h}{2}k_2)$ $k_4=f(t_k+h,y_k+hk_3)$	
四阶五级 龙格-库塔-默森法 (Runge－Kutta－Merson，RKM)法	$y_{k+1}=y_k+\frac{h}{6}(k_1+4k_4+k_5)$ $k_1=f(t_k,y_k)$ $k_2=f(t_k+\frac{h}{3},y_k+\frac{h}{3}k_1)$ $k_3=f(t_k+\frac{h}{3},y_k+\frac{h}{6}(k_1+k_2))$ $k_4=f(t_k+\frac{h}{2},y_k+\frac{h}{8}(k_1+3k_3))$ $k_5=f(t_k+h,y_k+\frac{h}{2}(k_1+4k_4-3k_3))$	有误差估计公式： $E_k=\frac{h}{6}(2k_1-9k_3+8k_4-k_5)$
二阶三级 Runge－Kutta	$y_{k+1}=y_k+\frac{h}{512}(K_1+510K_2+K_3)$ $K_1=f(t_k,y_k)$ $K_2=f(t_k+\frac{h}{2},y_k+\frac{h}{2}K_1)$ $K_3=f(t_k+\frac{h}{2},y_k+\frac{h}{256}(K_1+255K_2))$	有误差估计公式： $E_k=\frac{h}{512}(K_1-K_3)$

(续表)

名称	公式	特点
四阶五级龙格-库塔-夏普法	$y_{k+1}=y_k+\frac{h}{8}(k_1+3K_2+3K_3+k_4)$ $k_1=f(t_k,y_k)$ $k_2=f(t_k+\frac{h}{3},y_k+\frac{h}{3}k_1)$ $k_3=f(t_k+\frac{2h}{3},y_k+\frac{h}{6}(-k_1+3k_2))$ $k_4=f(t_k+h,y_k+h(k_1-k_2+k_3))$ $k_5=f(t_k+h,y_k+\frac{h}{8}(k_1+3k_4+3k_3+k_4))$	有误差估计公式: $E_k=\frac{h}{32}(-K_1+3K_2-3K_3-3K_4+4K_5)$

虽然有多种形式的龙格-库塔公式,但它们都具有一些共同特点,包括:①在计算 y_{k+1} 时只用到 y_k,而不直接使用 y_{k-1},y_{k-2} 等项,因此是单步法。显然,它不仅能够使存储量减小,而且可以自启动,即已知初值后,不需借助其他方法,就能由初值逐步计算得到后续各步时间点上的仿真值。②步长在整个计算过程中不要求固定,可以根据精度要求而改变,但在每一步中,为计算若干系数,则必须用同一个步长。③方法的精度取决于步长 h 的大小及方法的阶次。④由于 Runge - Kutta 的导出基于泰勒展开,故精度主要受解函数的光滑性影响。对于光滑性不太好的解函数,最好采用低阶算法将步长 h 取小。但由于计算机字长有限,在计算中存在舍入误差,而舍入误差与计算次数成正比。因此,算法步长的缩小是受限的。若计算步长过小,则计算量就会增加很多,舍入误差就会十分明显地表现出来,因而也就很难保证计算的精度。

3.1.5 线性多步法

单步法在计算 y_{k+1}时,只用到了 y_k。在计算过程中,当 $k>0$ 时,$y_0,\cdots,y_k$ 和 $f_0,\cdots,f_k$ 都是已知值。多步法则充分利用前面已经计算出来的数据,由已经计算好的多个时间点上的导函数值来计算 y_{k+1}。如果利用 k 个值来计算 y_{k+1},则为 k 步方法。

线性多步法中应用最广泛的代表方法是 Adams 方法。

1. Adams 方法

如果式(3 - 1)中的函数 y 在它的存在区间内具有 n 阶导数,将 y 在 t_k 处泰勒展开,可得

$$y(t_{k+1})=y(t_k)+y'(t_k)h+\frac{y''(t_k)}{2!}h^2+\frac{y'''(t_k)}{3!}h^3+\cdots \tag{3-40}$$

写成近似式有

$$y_{k+1}=y_k+hf_k+\frac{f'_k}{2!}h^2+\frac{f''_k}{3!}h^3+\cdots \tag{3-41}$$

用向后差分代替一阶导数 f'_k,即 $f'_k=(f_k-f_{k-1})/h$,代入式(3 - 41),并仅取前三项,可得

$$y_{k+1}=y_k+hf_k+\frac{h^2}{2!}\frac{(f_k-f_{k-1})}{h}=y_k+\frac{h}{2}(3f_k-f_{k-1}) \tag{3-42}$$

这是一个二阶 Adams 显式公式,因为 y_{k+1} 可用已知的 y_k,f_k,f_{k-1} 等已知信息解出,但

它不能从 $k=0$ 处自行起步运算。为了实现计算，通常用同阶的单步法先计算若干步，然后再用 Adams 公式依次计算，完成各点的运算。

用相同的办法可推出三阶、四阶 Adams 显示公式，其一般表达式为

$$y_{k+1}=y_k+h\sum_{i=0}^{n}a_{ni}f_{k-i} \tag{3-43}$$

式(3-43)中的系数见表 3-4。

表 3-4 Adams 显式公式的系数

n \ i	0	1	2	3	阶数
0	1	0	0	0	一
1	3/2	−1/2	0	0	二
2	23/12	−16/12	5/12	0	三
3	55/24	−59/24	37/24	−9/24	四

在 Adams 显式公式的推导中，采用了向后差分近似替代一阶导数，如果采用向前差分近似替代一阶导数，则有 $f'_k=(f_{k+1}-f_k)/h$，代入式(3-41)，并仅取前三项，可得

$$y_{k+1}=y_k+hf_k+\frac{h^2}{2!}\frac{(f_{k+1}-f_k)}{h}=y_k+\frac{h}{2}(f_{k+1}+f_{k-1}) \tag{3-44}$$

同理，可以推出三阶、四阶 Adams 隐式公式，其一般表达式为

$$y_{k+1}=y_k+h\sum_{i=0}^{n}\beta_{ni}f_{k+1-i} \tag{3-45}$$

式(3-45)中的系数见表 3-5。

表 3-5 Adams 隐式公式的系数

n \ i	0	1	2	3	阶数
0	1	0	0	0	一
1	1/2	1/2	0	0	二
2	5/12	8/12	−1/12	0	三
3	9/24	19/24	−5/24	1/24	四

如果将 $n=3$ 时的显式公式(即 Adams-Bashforth 法)和隐式公式(即 Adams-Moulton 法)结合在一起，便成为 Adams 预估-校正公式：

$$\begin{cases}\bar{y}_{k+1}=y_k+\frac{h}{24}(55y'_k-59y'_{k-1}+37y'_{k-2}-9y'_{k-3})\\ \bar{y}'_{k+1}=f(t_{k+1},\bar{y}_{k+1})\\ y_{k+1}=y_k+\frac{h}{24}(9\,\bar{y}'_k+19y'_k-5y'_{k-1}+y'_{k-2})\\ y'_{k+1}=f(t_{k+1},y_{k+1})\end{cases} \tag{3-46}$$

利用 Adams 显式公式计算，突出优点是计算每一步长 y 的导数只需计算一次，即使预

估-校正公式也只需计算两次，其他各点的导数都可用以前各步的计算结果，计算工作量小。求解过程中，多步法在每一步长内考虑了 y' 的变化情况，解的精度一般较高。但是这种算法不能自行启动，需用其他单步法先求出几个点的信息。

例 3-2　分别用四阶 Adams 显式和隐式方法解初值问题 $y'=-y+x+1, 0<t<1, y(0)=1$，取 $h=0.1$。

解： $f_k=-y_k+t_k+1=-y_k+\dfrac{k}{10}+1$。四阶显式 Adams 方法计算公式为

$$y_{k+1}=\frac{1}{24}(18.5y_k+5.9y_{k-1}-3.7y_{k-2}+0.9y_{k-3}+0.24k+3.24), k=3,4,\cdots,9$$

四阶隐式 Adams 方法计算公式为

$$y_{k+1}=\frac{1}{24.9}(22.1y_k+0.5y_{k+1}-0.1y_{k-2}+0.24k+3), k=2,3,\cdots,9$$

初始点用准确解 $y(x)=e^{-x}+x$ 的值。计算结果列在表 3-6 中。

表 3-6　例 3-2 的计算结果

t_k	Adams 显式	|误差|	Adams 隐式	|误差|
0.3			1.040 818 01	2.1×10^{-7}
0.4	1.070 322 92	2.9×10^{-6}	1.070 319 66	3.8×10^{-7}
0.5	1.106 535 48	4.8×10^{-6}	1.106 530 14	5.2×10^{-7}
0.6	1.148 818 41	6.8×10^{-6}	1.148 811 01	6.3×10^{-7}
0.7	1.196 593 39	8.1×10^{-6}	1.196 584 59	7.1×10^{-7}
0.8	1.249 338 16	9.2×10^{-6}	1.249 328 19	7.7×10^{-7}
0.9	1.306 579 61	1.0×10^{-5}	1.306 568 84	8.1×10^{-7}
1.0	1.367 889 96	1.1×10^{-5}	1.367 878 60	8.4×10^{-7}

例 3-2 中，所用方法都是四阶方法，但隐式方法所得结果的误差要小得多，这是由于隐式公式比显式公式的局部截断误差的系数小。

2. 一般线性多步法

一般 l 步线性多步法可表示为

$$y_{k+1}=\sum_{i=0}^{l-1}\alpha_i y_{k-i}+h\sum_{i=-1}^{l-1}\beta_i f_{k-i}, (k\geqslant l) \tag{3-47}$$

式中：$\alpha_0,\cdots,\alpha_{l-1}$ 和 $\beta_{-1},\beta_0,\cdots,\beta_{l-1}$ 是独立常数，α_{l-1} 和 β_{l-1} 不全为零。$\beta_{-1}=0$ 的方法是显式方法，$\beta_{-1}\neq0$ 的方法是隐式方法。

3.2　数值解法的收敛性和稳定性

前面介绍了微分方程的数值解法，基本思想都是通过某种离散化手段，将微分方程转化

为差分方程来求解。存在如下两个问题：

(1) 这种转化是否合理？主要看差分问题的解 y_k，当 $h\to 0$ 时，是否收敛到微分方程的解 $y(t_k)$，即是否成立 $y_k\to y(t_k)$，$h\to 0$。这是收敛性问题。实际上是考察算法理论误差是否趋近于 0。

(2) 实际计算时，由于计算机字长的限制，存在舍入误差，造成差分方程的解本身也有误差，那么这种误差在计算过程中会不会扩大？这是算法稳定性问题。

3.2.1 收敛性

若某算法对于任意固定的 $t=t_k=t_0+kh$，当 $h\to 0$(同时 $k\to\infty$)时有 $y_k\to y(t_k)$，则称该算法是收敛的。

例 3-3 就初值问题 $\begin{cases} y'=\lambda y \\ y(0)=y_0 \end{cases}$ 考察 Euler 显式公式的收敛性。

解：该问题的精确解为 $y(x)=y_0 e^{\lambda t}$。

Euler 公式为 $y_{i+1}=y_i+h\lambda y_i=(1+\lambda h)y_i$。

对任意固定的 $t=t_i=ih$，有 $y_i=y_0\,(1+\lambda h)^{t_i/h}=y_0\,[(1+\lambda h)^{1/\lambda h}]^{\lambda t_i}$。

当 $h\to 0$ 时，有 $y_i=y_0 e^{\lambda t_i}=y(t_i)$。因此，Euler 显示公式是收敛的。

可以验证，前面所讨论的方法都是收敛的。

3.2.2 稳定性

例 3-4 考察初值问题 $\begin{cases} y'(t)=-30y(t) \\ y(0)=1 \end{cases}$ 在区间[0，0.5]上的解。分别用 Euler 显式、隐式公式和改进的 Euler 公式计算数值解。

表 3-7 例 3-4 的解

节点 x_i	Euler 显式	Euler 隐式	改进 Euler 法	精确解
0.0	1.000 0	1.000 0	1.000 0	1.000 0
0.1	−2.000 0	$2.500\,0\times 10^{-1}$	2.500 0	$4.978\,7\times 10^{-2}$
0.2	4.000 0	$6.250\,0\times 10^{-2}$	6.250 0	$2.478\,8\times 10^{-3}$
0.3	−8.000 0	$1.562\,5\times 10^{-2}$	$1.562\,6\times 10^{1}$	$1.234\,1\times 10^{-4}$
0.4	$1.600\,0\times 10^{1}$	$3.906\,3\times 10^{-3}$	$3.906\,3\times 10^{1}$	$6.144\,2\times 10^{-6}$
0.5	$-3.200\,0\times 10^{1}$	$9.765\,6\times 10^{-4}$	$9.765\,6\times 10^{1}$	$3.059\,0\times 10^{-7}$

从表 3-7 中可以看出数值解法的结果与精确解的误差很大，已经不能使用。这是什么原因引起的呢？

在讨论收敛性时，一般认为数值方法本身计算过程是准确的。但实际上并非如此：①初始值 y_0 有误差 $\delta_0=y_0-y(t_0)$；②计算的每一步有舍入误差。每一步引入的误差在计算过程都会影响其后的各步，那么这些误差是逐步衰减的还是增长的呢？

若某算法在计算过程中任一步产生的误差在以后的计算中都逐步衰减，则称该算法是绝对稳定的。

在研究方法的稳定性时，通常不必对一般的 $f(t,y)$ 进行讨论，而只针对模型方程

$$y'=\lambda y, \mathrm{Re}(\lambda)<0 \tag{3-48}$$

这里 λ 可能为复数。规定 $\mathrm{Re}(\lambda)<0$ 是因为 $\mathrm{Re}(\lambda)>0$ 时微分方程式(3-48)本身是不稳定的，而讨论数值方法的稳定性，必须在微分方程本身稳定的前提下进行。

另一方面，若将 $f(t,y)$ 在 $f(t_n,y_n)$ 处线性展开，可得

$$f(t,y)\approx f(t_n,y_n)+f_x(t_n,y_n)(t-t_n)+f_y(t_n,y_n)(y-y_n)$$

令 $\lambda=f_y(t_n,y_n)$，初值问题可近似表示为

$$y'=\lambda y+g(t_n,y_n)$$

它表明用模型方程式(3-48)研究稳定性是合理的。

用单步法解试验方程式(3-48)将得到

$$y_{k+1}=E(\lambda h)y_k \tag{3-49}$$

如果方法是 p 阶的，则

$$\tau_{k+1}=y(t_{k+1})-E(\lambda h)y(t_k)=[\mathrm{e}^{\lambda h}-E(\lambda h)]y(t_k)=O(h^{p+1})$$

从而有

$$\mathrm{e}^{\lambda h}-E(\lambda h)=O(h^{p+1})$$

这表明 $E(\lambda h)$ 是 $\mathrm{e}^{\lambda h}$ 的一个逼近。

若在 y_k 计算中有误差 ε，以后的计算全是准确的，则在 $y_{k+m}(m>0)$ 中将有误差 $[E(\lambda h)]^m\varepsilon$。为此引入下面的定义：

定义　将数值解法用于求解模型方程式(3-48)，若得到式(3-49)中 $|E(\lambda h)|<1$，则称方法是绝对稳定的。在复平面上，变量满足 $|E(\lambda h)|<1$ 的区域称为所用数值解法的绝对稳定区域；绝对稳定区域与实轴的交称为绝对稳定区间。算法 A 比算法 B 稳定，就是指 A 算法的绝对稳定区域比 B 算法的绝对稳定区域大。

显式 Euler 方法：$|E(\lambda h)|=|1+\lambda h|<1$，在复平面 λh 上是以 $(-1,0)$ 为圆心，以 1 为半径的单位圆域内部，当 λ 为实数时，则得绝对稳定区间为 $-2<\lambda h<0$，因为 $\lambda<0$，故有 $0<h<\dfrac{2}{-\lambda}$。在复平面上的稳定区域如图 3-3 所示(阴影部分)。

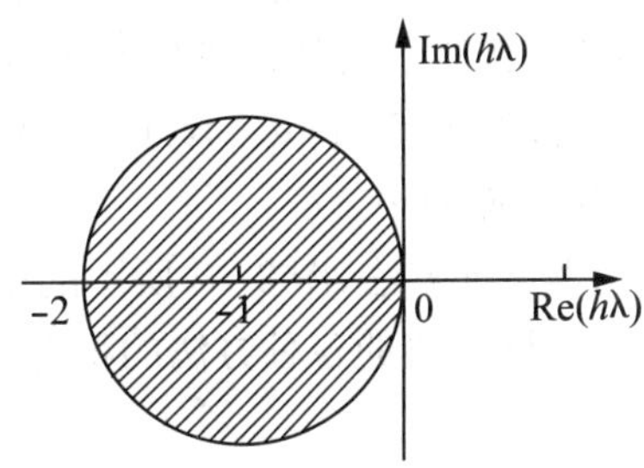

图 3-3　显式 Euler 法的稳定区域

隐式 Euler 方法：$|E(\lambda h)|=\left|\frac{1}{1-\lambda h}\right|<1$。因 $\lambda<0$，故 $|1-\lambda h|>1$，其绝对稳定域是以(1,0)为圆心的单位圆外部，绝对稳定区间为 $-\infty<\lambda h<0$，即对任何 $h>0$ 方法都是绝对稳定的。在复平面上的稳定区域如图 3－4 所示(阴影部分)。

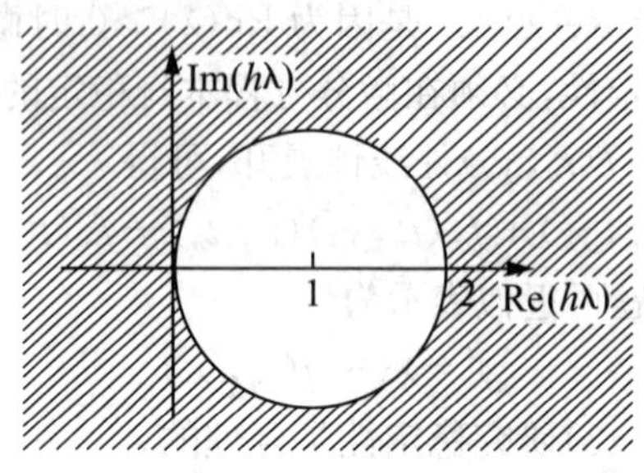

图 3－4　隐式 Euler 法的稳定区域

梯形方法：$E(h\lambda)=\frac{2+h\lambda}{2-h\lambda}$，对一切 $h>0$，$|E(\lambda h)|<1$，方法稳定。

预估-校正 Euler 方法：$E(h\lambda)=1+h\lambda+\frac{1}{2}(h\lambda)^2$，绝对稳定区间是$[-2,0]$。

上面的例子表明，隐式方法的稳定性比显式方法好。

常用 Runge－Kutta 方法和 Adams 方法的稳定区间分别见表 3－8 和表 3－9。

表 3－8　Runge－Kutta 法的稳定区间

K	1	2	3	4
稳定区间	$[-2,0]$	$[-2,0]$	$[-2.52,0]$	$[-2.78,0]$

表 3－9　Adams 法的稳定区间

K	1	2	3	4
稳定区间(显式)	$[-2,0]$	$[-1,0]$	$[-6/11,0]$	$[-3/10,0]$
稳定区间(隐式)	$[-\infty,0]$	$[-\infty,0]$	$[-6,0]$	$[-3,0]$

图 3－5 是 Runge－Kutta 方法和 Adams 方法的稳定区域。由图中可以看出：①除了隐式一阶、二阶 Adams 法为恒稳定外，其他方法都是条件稳定的；②除恒稳定方法外，其他方法的步长都应限制在稳定区域内；③对 Runge－Kutta 方法，K 大则稳定区域略大；对 Adams 方法而言，K 大则稳定区域反而缩小。

需要指出的是，对应 Runge－Kutta 方法，图 3－5 所示的稳定区域只适合于阶次 K 与级数 R 相同的情况，当两者不相等时，同一阶的各种方法的稳定区域略有不同。

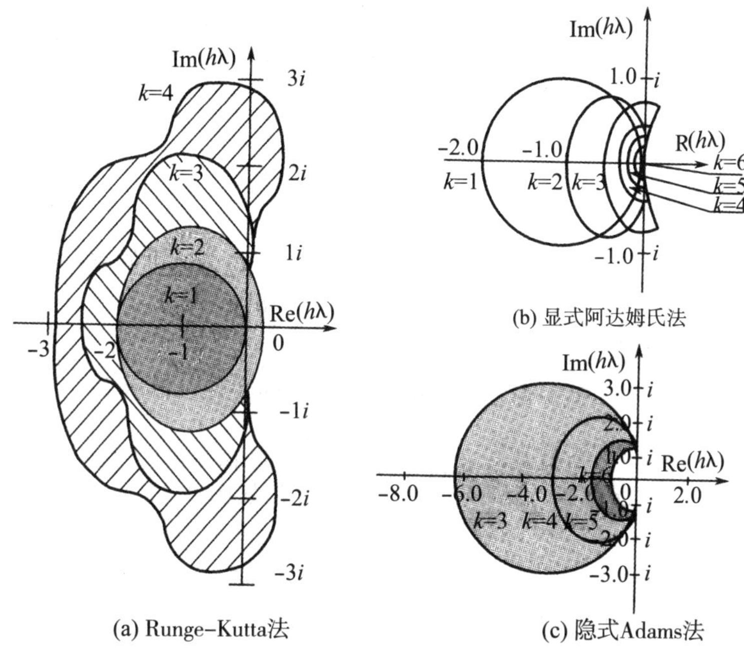

图 3-5 各种数值方法的稳定区域

3.3 误差估计与步长控制

由前面的分析可知，在数值仿真中，步长是一个十分重要的因素。步长太大，则会导致较大的截断误差，甚至出现数值解的不稳定现象；步长太小，又势必增加计算量，导致舍入误差积累，使总误差加大。因此要选取适当的步长，既不能太大，又不能太小。一般来说，数值仿真的总误差不是步长的单调函数，而是一个具有极值的函数，也就是说，存在一个最佳步长，使得总误差最小。

通常在进行数值计算时，可采用等步长。但许多情况下，式(3-1)的解 $y(t)$ 可能在求解区间的某些部分变化平缓，而在另一些部分变化剧烈。若用等步长进行计算，必须按照变化剧烈的部分选取很小的步长才能达到误差要求。若在解函数变化平缓处用较大的步长，在变化剧烈处用较小步长，则可以用较小的计算量达到误差要求，同时还可以避免不必要的误差积累。因此，可以采用一些变步长控制策略，即在计算过程中根据所要求的精度对步长作适当改变。

因为误差在计算的每一步都产生，所以对误差的估计与控制也必须在每一步进行，如图 3-6 所示。每积分一步都设法估计出本步的计算误差 E_k，然后判断是否满足允许误差 E，根据误差比较结果由步长控制策略调整步长，再进行下一步的计算。

下面以 Runge-Kutta 方法为例介绍误差估计和步长控制方法。

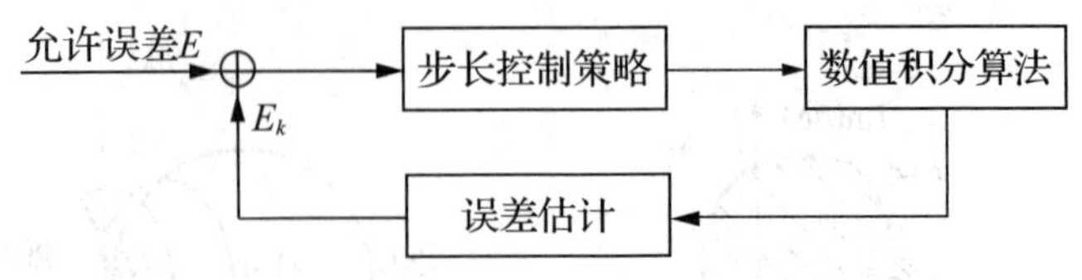

图 3-6 误差估计与步长控制

3.3.1 误差估计

1. 折半法

对初值问题式(3-1)，p 阶 Runge-Kutta 方法由 t_k 计算到 t_{k+1} 步时解函数的误差为

$$y(t_{k+1})-y_{k+1}^{h}=ch^{p+1} \tag{3-50}$$

y_{k+1}^{h} 表示步长为 h 时计算得到的第 $k+1$ 步的值。

$y_{k+1}^{h/2}$ 是将步长折半后分两步计算 $y(t_{k+1})$ 的近似值，如图 3-7 所示。由于步长减半，每一步引起的误差为

$$y(t_{k+h/2})-y_{k+h/2}^{h/2}=c(h/2)^{p+1}$$

分两步计算到 t_{k+1} 时的总误差为

$$y(t_{k+1})-y_{k+1}^{h/2}=2c(h/2)^{p+1} \tag{3-51}$$

用式(3-51)比式(3-50)，可得

$$\frac{y(t_{k+1})-y_{k+1}^{h/2}}{y(t_{k+1})-y_{k+1}^{h}}\approx\frac{1}{2^{p}} \tag{3-52}$$

由此，可得到误差估计公式为

$$\delta_{k+1}=|y(t_{k+1})-y_{k+1}^{h/2}|\approx\frac{1}{2^{p}-1}|y_{k+1}^{h/2}-y_{k+1}^{h}| \tag{3-53}$$

用折半法估计误差，每推进一步，需调用三次积分程序，分别计算 y_{k+1}^{h}，$y_{k+1}^{h/2}$，$y_{k+1/2}^{h/2}$，计算工作量大。

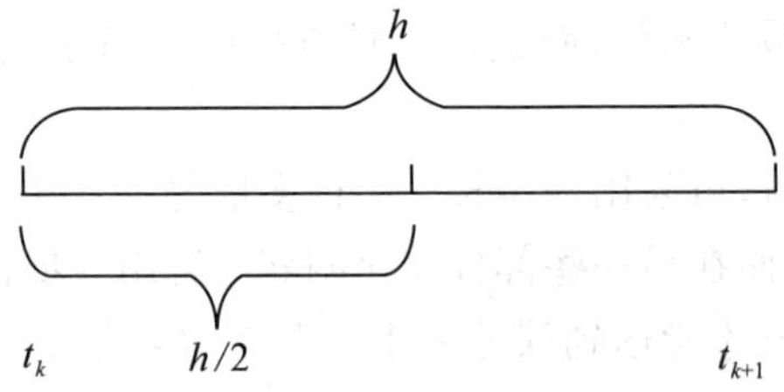

图 3-7 折半法原理

2. RKM 法

用于 Runge-Kutta 方法误差估计的另外一种可行的方法是设法找到另一个低阶(一般是低一阶)的龙格-库塔公式，则两个公式计算结果之差可以被看作是计算误差。例如，RKM 法计算公式为

$$y_{k+1}=y_k+\frac{h}{6}(K_1+4K_4+K_5) \tag{3-54}$$

$$
\text{其中,}\begin{cases}K_1=f(t_k,y_k)\\K_2=f(t_k+\dfrac{h}{3},y_k+\dfrac{h}{3}K_1)\\K_3=f(t_k+\dfrac{h}{3},y_k+\dfrac{h}{6}(K_1+K_2))\\K_4=f(t_k+\dfrac{h}{2},y_k+\dfrac{h}{8}(K_1+3K_3))\\K_5=f(t_k+h,y_k+\dfrac{h}{2}(K_1+4K_4-3K_3))\end{cases}
$$

它是一个四阶五级公式,另外还可推出一个三阶四级公式:

$$
\hat{y}_{k+1}=y_k+\frac{h}{6}(3K_1-9K_3+12K_4) \tag{3-55}
$$

用$\hat{y}_{k+1}-y_{k+1}$作为误差估计公式,即

$$
E_k=\frac{h}{6}(2K_1-9K_3+8K_4-K_5) \tag{3-56}
$$

由于式(3-54)~式(3-56)所组成的方法为四阶精度、三阶的误差估计,因此被称为RK3-4阶公式对,简称为RK3-4法。

又比如,E. Fehlberg推导出的五阶龙格-库塔-费尔别格法,它的计算公式为一个五阶六级方法,另外用了一个四阶五级方法求$\hat{y}_{k+1}$,也是用$\hat{y}_{k+1}-y_{k+1}$来估计误差。这一套计算公式被公认是对非病态系统进行仿真最为有效的方法之一。由于它是五阶精度、四阶的误差估计,因此被称为RK4-5阶公式对,简称RK4-5法,具体系数见表3-10。

$$
\begin{cases}y_{k+1}=y_k+h\sum_{i=1}^{6}c_iK_i\\K_i=f(t_k+a_ih,y_k+h\sum_{j=1}^{i-1}b_{ij}K_i)\end{cases}\quad(i=1,2,\cdots,6) \tag{3-57}
$$

表3-10　Fehlberg公式中的各系数

i	a_i	b_{ij}					c_i	c_i^*
1	0						16/135	25/216
2	1/4	1/4					0	0
3	3/8	3/32	9/32				6 656/12 825	1 408/2 565
4	12/13	1 932/2 197	−7 200/2 197	7 296/2 197			28 561/56 430	2 197/4 104
5	1	439/216	−8	3 680/513	−845/4 104		−9/50	−1/5
6	1/2	−8/27	2	−3 544/2 566	1 859/4 104	−11/40	2/55	0

表中c_i^*表示四阶公式中的系数,因此误差估计公式为

$$
E_k=\hat{y}_{k+1}-y_{k+1}=h\sum_{i=1}^{b}(c_i^*-c_i)K_i \tag{3-58}
$$

RK3-4法与RK4-5法是两种应用得极为广泛的数值积分算法。它们的共同特点是

计算量较大，比如：RK3－4 法，每次要计算 5 次 f，而只获得四阶精度及三阶误差估计，RK4－5法每步要计算 6 次 f，能获得五阶精度及四阶误差估计。对于一般仿真问题，中等精度即可满足要求，因此用 RK3－4 公式对就够了。1978 年，夏普勒（Shampine）提出了RKS3－4阶公式对，它每次只计算 4 次 f 却能获得四阶精度与三阶误差估计，见式(3－59)。

$$y_{k+1}=y_k+\frac{h}{8}(K_1+3K_2+3K_3+K_4) \tag{3-59}$$

其中，
$$\begin{cases}K_1=f(t_k,y_k)\\K_2=f(t_k+\frac{h}{3},y_k+\frac{h}{3}K_1)\\K_3=f(t_k+\frac{2h}{3},y_k+\frac{h}{3}(-K_1+3K_2))\\K_4=f(t_k+h,y_k+h(K_1-K_2+K_3))\end{cases}$$

另外引入一个三阶公式：

$$\hat{y}_{k+1}=y_k+\frac{h}{32}(3K_1+15K_2+9K_3+K_4+4K_5) \tag{3-60}$$

其中，

$$K_5=f(t_k+h,y_k+\frac{h}{8}(K_1+3K_2+3K_3+K_4)) \tag{3-61}$$

K_5 正好是下一次计算 y_{k+1}时的 K_1，因此只是在第一步要多计算 1 次 f，以后每步仍只需计算 4 次 f。RKS3－4 的误差估计公式为

$$E_k=\hat{y}_{k+1}-y_{k+1}=\frac{h}{32}(-K_1+3K_2-3K_3-3K_4+4K_5) \tag{3-62}$$

3.3.2 步长控制方法

1. 加倍-减半法

设定一个最小误差限和最大误差限，当估计的局部误差大于最大误差时，将步长减半，并重新计算这一步；当误差在最大误差与最小误差之间时，步长不变；当误差小于最小误差时，将步长加倍计算。

每步的局部误差通常取以下形式：

$$e_k=E_k/(|y_k|+1) \tag{3-63}$$

其中，E_k 为利用本节的误差估计公式计算出来的估计误差。由式(3－63)可知，当$|y_k|$较大时，e_k 是相对误差；而当$|y_k|$很小时，e_k 就成了绝对误差。这样做的目的是避免当 y 的值很小时，e_k 变得过大。

上述步长控制的策略可以表示为下式：

$$\begin{cases}h_{k+1}=\frac{1}{2}h_k, & e_k\geqslant\varepsilon_{max}\\h_{k+1}=h_k, & \varepsilon_{min}<e_k<\varepsilon_{max}\\h_{k+1}=2h_k, & \varepsilon_{min}\geqslant e_k\end{cases} \tag{3-64}$$

其中，ε_{max}和 ε_{min}分别为最大、最小误差限。这种步长控制的方法简便易行，每步附加计

算量小，但是这种方法不能保证每步都是最优步长。

2. 最优步长法

为了使每个积分步在保证精度的前提下能取最大步长(或称最优步长)，可以设法根据本步误差的估计，近似确定下一步可能的最大步长。这种方法可以做到在规定的精度下取得最大步长，因此减少了计算量。具体策略如下：

给定相对误差限 ε_0，设本步步长为 h_k，本步相对误差估计值为 e_k，见式(3-63)。假定所采用的积分算法为 p 阶，则式(3-63)中的 E_k 可表示为

$$E_k=\varphi(\zeta)h_k^{p+1} \tag{3-65}$$

其中，$\varphi(\zeta)$ 是 $f(t,y)$ 在积分区间 (t_k,t_k+h) 中某处一些偏导数的组合，通常可取 $\zeta=t_k$，因此有

$$e_k=\varphi(t_k)h_k^{p+1}/(|y_k|+1) \tag{3-66}$$

若 $e_k\leqslant\varepsilon_0$，则本步积分成功。现在来确定下一步的最大步长 h_{k+1}，假定 h_{k+1} 足够小，即可认为 $\varphi(t_k+h_{k+1})\approx\varphi(t_k)$，故下一步的误差可能为

$$e_{k+1}=\varphi(t_{k+1})h_{k+1}^{p+1}/(|y_{k+1}|+1)\approx\varphi(t_k)h_{k+1}^{p+1}/(|y_k|+1)$$

为使 $e_{k+1}\leqslant\varepsilon_0$，则有

$$h_{k+1}\approx(\varepsilon_0(|y_k|+1)/\varphi(t_k))^{1/(p+1)}$$

将式(3-66)代入上式，得

$$h_{k+1}\approx(\varepsilon_0 h_k^{p+1}/e_k)^{1/(p+1)}=(\varepsilon_0/e_k)^{1/(p+1)}h_k \tag{3-67}$$

若 $e_k>\varepsilon_0$，则本步失败。此时仍可采用式(3-67)，但它表示重新积分的本步步长。由于假定了 h_{k+1} 足够小，因此 $\varphi(t_k)$ 基本不变，故必须限制步长的无限放大和缩小，一般可限制 h 的最大放、缩系数为 10，即

$$0.1h_k<h_{k+1}<10h_k \tag{3-68}$$

当 f 函数中含有间断特性时，采用上述两种步长控制方法在间断点附近会出现步长频繁放大、缩小的振荡现象。由于最优步长控制方法是以本步误差外推下一步步长，因此振荡现象更为严重。

3.4　病态系统及其仿真

3.4.1　一阶常微分方程组和高阶微分方程

实际的连续系统一般是由一阶微分方程组或者高阶微分方程来描述的，而高阶微分方程可以转化为一阶微分方程组，因此，必须研究微分方程组的数值解法，以便求解各种复杂系统。

一般一阶常微分方程组的初值问题可用如下方程描述：

$$\begin{cases}\dfrac{\mathrm{d}y_i}{\mathrm{d}t}=f_i(t,y_1,\cdots,y_n),i=1,2,\cdots,n,a<t<b\\ y_i(a)=a_i,i=1,2,\cdots,n\end{cases} \tag{3-69}$$

式(3-69)的向量形式为

$$\begin{cases}\dfrac{d\boldsymbol{y}}{dt}=\boldsymbol{F}(t,y),a<t<b\\ \boldsymbol{y}(a)=\boldsymbol{\alpha}\end{cases} \tag{3-70}$$

式中：$\boldsymbol{y}(t)=(y_1(t),\cdots,y_n(t))^{\mathrm{T}}$；$\boldsymbol{F}(t,y)=(f_1(t,y),\cdots,f_n(t,y))^{\mathrm{T}}$；$\boldsymbol{\alpha}=(\alpha_1,\alpha_2,\cdots,\alpha_n)^{\mathrm{T}}$。

高阶常微分方程初值问题一般描述为

$$\begin{cases}\dfrac{dy}{dt^n}=f(t,y,\dfrac{dy}{dt},\cdots,\dfrac{d^{n-1}y}{dt^{n-1}}),a<1<b\\ \dfrac{d^iy(a)}{dt^i}=a_{i+1},i=0,1,\cdots,n-1\end{cases} \tag{3-71}$$

式中：$f(x,y,\dfrac{dy}{dt},\cdots,\dfrac{d^{n-1}y}{dt^n-1})$是给定函数；$a_1,\cdots,a_n$ 为给定初值。

一般情况下，不直接求解高阶微分方程，而是通过引进新的变量，将高阶微分方程转化为一阶微分方程组，然后再求解。

令

$$y_i(t)=\frac{d^{i-1}}{dt}y(t),a\leqslant t\leqslant b,i=1,2,\cdots,n \tag{3-72}$$

并将其带入式(3-71)，则将高阶方程的初值问题化成了一阶常微分方程组初值问题，如下式所示：

$$\begin{cases}\dfrac{dy_1}{dt}=y_2\\ \dfrac{dy_2}{dt}=y_3\\ \cdots\cdots\\ \dfrac{dy_{n-1}}{dt}=y_n\\ \dfrac{dy_n}{dt}=f(t,y_1,\cdots,y_n)\\ y_i(a)_i,i=1,2\cdots,n\end{cases} \tag{3-73}$$

通过求解式(3-73)即可得到式(3-71)的解 $y(t)=y_1(t)$。

前述数值解法，Euler 法、Runge-Kutta 方法、线性多步法等，都可以用来求解一阶微分方程组，只需要用向量替换相应的标量即可。所有关于收敛性、稳定性的定理和结论都只需用向量代替相应的标量。计算时只需将绝对值号 $|\cdot|$ 换成 $\boldsymbol{n}$ 维欧氏空间的范数 $\|\cdot\|$ 即可。

3.4.2 病态系统的定义

在仿真工程实践中，如研究化工系统、电子网络、控制系统中，常常会碰见这样的情形：系统中各环节的时间常数差异巨大。比如，柴油机仿真，燃烧过程变化速度很快，而转速则会较缓慢地趋于它的稳定值。反映在数学上，就是一类常微分方程组，这类常微分方程组解的分量有的变化很快，有的变化很慢。为了保证仿真计算的稳定性，仿真步长必须限制在最小时间常数的数量级从而选得很小，而仿真结束时间则决定于系统中的最大时间常数。若按满足稳定性要求所选择的步长进行仿真，则不仅整个仿真所花费的时间非常长，甚至由于计算的舍入误差急剧增加，可能导致整个仿真的失败。常微分方程组的这种性质叫做刚性(Stiff)，这类系统称为"病态系统"或者"刚性系统"。

若系统的动态特性可用如下形式的一阶微分方程组来描述：

$$\dot{\boldsymbol{Y}}=\boldsymbol{F}(Y,t) \tag{3-74}$$

式中：$\boldsymbol{Y}(t_0)=\boldsymbol{Y}(0)$；$\boldsymbol{F}=(f_1,f_2,\cdots,f_n)^{\mathrm{T}}$；$\boldsymbol{Y}=[y_1,y_2,\cdots,y_n]^{\mathrm{T}}$，其中 T 表示转置。

令

$$\boldsymbol{J}=\frac{\partial \boldsymbol{F}}{\partial \boldsymbol{y}}=\begin{bmatrix}\frac{\partial f_1}{\partial y_1} & \cdots & \frac{\partial f_1}{\partial y_1}\\ \vdots & \ddots & \vdots\\ \frac{\partial f_1}{\partial y_1} & \cdots & \frac{\partial f_1}{\partial y_1}\end{bmatrix} \tag{3-75}$$

则 $\boldsymbol{J}$ 称为式(3－74)的雅可比(Jacobi)矩阵。若 $\boldsymbol{J}$ 的特征值 μ_i 全部具有负实部，并且 $\min\limits_i|\lambda_i|<<\max\limits_i|\lambda_i|$。则该系统称为病态系统，在某些文献中也叫做刚性系统，而

$$S=\frac{\min\limits_i|\lambda_i|}{\max\limits_i|\lambda_i|} \tag{3-76}$$

称为病态比或刚性比。病态比在 10 以上的系统称为病态系统，实际上的病态系统其病态比一般在 50 以上。

实际工程中有很多系统都是病态系统。例如，自动控制系统中控制回路常常是反应灵敏的部分，能够迅速完成状态过渡，具有小时间常数；而受控对象本身的运动由于惯性大，状态过渡慢，具有大时间常数。还有，在实际系统中往往存在这样的元件或环节，它对全过程并无实质性的影响，但却带来极小的时间常数，导致系统病态化，给仿真计算带来极大的复杂性。在对这类系统建模时，应该对这类环节进行适当的处理，以避免不必要的病态性。

3.4.3 病态系统的数值解法

病态方程数值解时，若用步长受限制的方法将出现小步长计算大区间的问题：仿真步长限定在系统最小时间常数的数量级，才能保证计算的稳定性，而系统的过渡过程时间却决定于最大时间常数。因而对病态系统来说计算量极大，加上存在误差传播，仿真的精度甚至稳定性也会受到影响。因此，求解病态系统最好使用对步长不加限制的方法，如前面介绍的后退的 Euler 法及梯形法，即绝对稳定的方法。所谓绝对稳定就是指数值方法的绝对稳定域包含了$\mu=\lambda h$ 平面的左半平面。这种方法虽然对步长 h 没有限制，但对绝对稳定方法要求太苛刻。Dahlquist 已证明所有显式方法都不是绝对稳定的，而隐式的绝对稳定方法阶数最高为 2，且以梯形法误差常数为最小，由于精度较低，难以用于非线性病态系统的仿真。本节介绍三种典型的求解病态系统的仿真算法，即吉尔(Gear)法、半隐式龙格-库塔法、多帧速算法。

1. 吉尔法

Gear 对非线性病态系统进行深入研究后发现，病态系统的仿真并不要求一定采用恒稳方法，而只要具有所谓 stiff 稳定域就可以。Gear 将 stiff 稳定的定义如下：

如图 3-8 中的阴影部分所示的区域，若存在正常数 δ,d,β，使积分公式在 R_1 区$\{\mathrm{Re}(h\lambda)\leqslant-\delta\}$中绝对稳定，而在 R_2 区$\{-\delta<\mathrm{Re}(h\lambda)<d,|\mathrm{Im}(h\lambda)|<\theta\}$中对试验方程$\dot{y}=\lambda y$ 稳定，则称此积分公式是 stiff 稳定的。

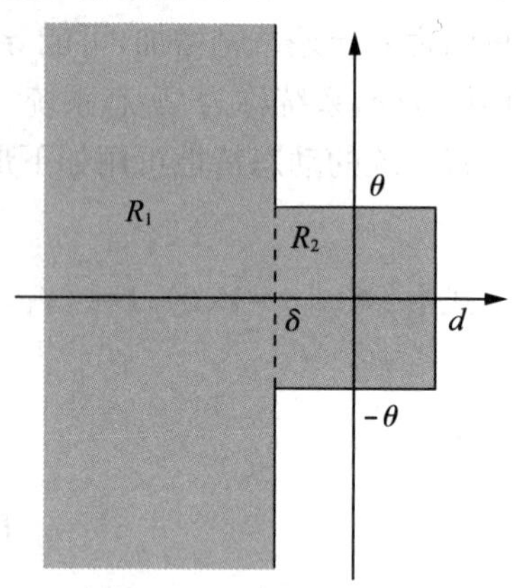

图 3-8 stiff 稳定域

将满足 stiff 稳定域的方法简称为 stiff 方法，它与恒稳方法的稳定域只在近虚轴处有一点差别。

基于 stiff 稳定域的定义，Gear 首先推出了满足 stiff 稳定域的多步法。这里，以一阶微分方程为例加以说明。设系统为

$$\begin{cases}\dot{y}=f(y,t)\\y(t_0)=y_0\end{cases}$$

由一般多步法计算公式得

$$y_{n+k}=\sum_{j=0}^{k}\alpha_j y_{n+k-j}-h\sum_{j=0}^{k}\beta_j\dot{y}_{n+k-j}$$

Gear 提出的用于病态系统仿真算法，除 $\beta_0,\alpha_1,\alpha_2,\cdots,\alpha_k$ 外，其他系数均为 0，即用过去 k 个点的 $y_n,y_{n+1},\cdots,y_{n+k-1}$的值及$\dot{y}_{n+k}$，来逼近 y_{n+k}，其计算公式为

$$y_{n+k}=\sum_{j=1}^{k}\alpha_j y_{n+k-j}-h\beta_0\dot{y}_{n+k}\tag{3-77}$$

应用待定系数法可求出各阶 Gear 公式的系数，见表 3-11。

表 3-11 用于病态系统仿真的 Gear 公式的系数表

	α_1	α_2	α_3	α_4	α_5	α_6	β_0
G-1	1						1
G-2	4/3	−1/3					2/3
G-3	18/11	−9/11	2/11				6/11
G-4	48/25	−36/25	16/25	−3/25			12/25
G-5	300/137	−300/137	200/137	−75/137	12/137		60/137
G-6	360/147	−450/147	400/147	−225/147	72/147	−10/147	60/147

由表可知，一阶 Gear 公式为

$$y_{n+1}=y_n+h\dot{y}_{n+1}\tag{3-78}$$

二级 Gear 公式为

$$y_{n+1}=\frac{4}{3}y_n-\frac{1}{3}y_{n-1}+\frac{2}{3}h\dot{y}_{n+1}\tag{3-79}$$

其他三至六阶 Gear 公式都可根据表 3-11 中的系数列出。其中，只有一阶和二阶 Gear 公

式是绝对稳定的，其他所有 Gear 公式都是 stiff 稳定的。采用 k 阶 Gear 公式计算 y_{n+1} 时，需已知 y_n 及过去 $k-1$ 个时刻的解（$y_{n-1}, \cdots, y_{n-k+1}$）。吉尔法是隐式方法，使用时必须先用一阶，然后才能用二阶……在求得 6 个时间点上的解以后，一至六阶的 Gear 公式就都可以使用了。

可以由表达式推出其相应的稳定域如图 3-9 所示。

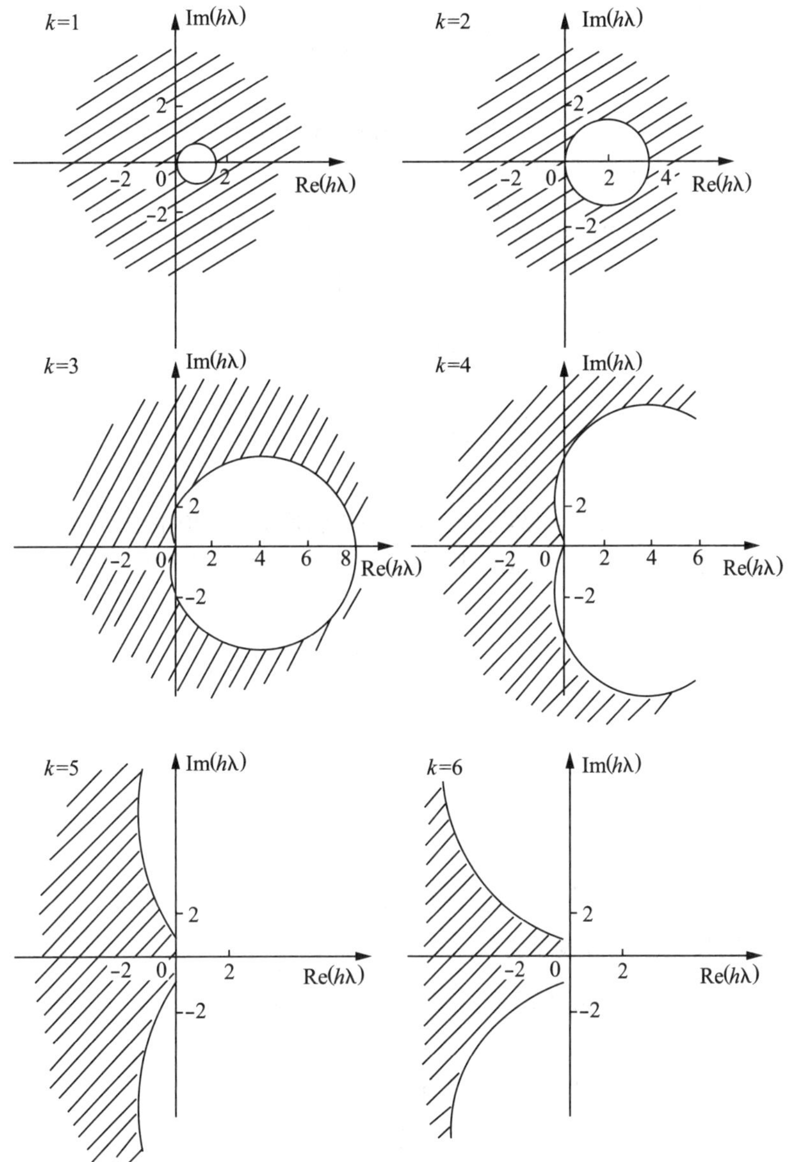

图 3-9 用于病态系统的吉尔法

在用吉尔法仿真非线性病态系统时，需着重考虑以下三个基本问题：

(1) 启动问题。式(3-77)所描述的吉尔法本质上是隐式多步法。对于初值问题，多步法无法自启动，加上又是隐式法，就更为困难。隐式法一般用显式单步法启动，即先进行预报，然后通过迭代进行校正。如果迭代方法的收敛性不好，可能引起计算发散或计算量加大。即使选择的迭代方法收敛性满足要求，由于单步法不具有 stiff 稳定域，因而也很难保证计算的稳定性。

(2) 变步长策略。对非线性病态系统仿真往往采用变步长策略，即开始采用小步长试探，然后再逐步放大步长。如何适时地将步长调整到合适长度，以同时满足仿真精度和速度的要求，是仿真实现过程必须解决的问题。

(3) 加速迭代。为了提高计算效能，加速迭代也是非线性病态系统仿真中重要问题。

1) 单步多值吉尔法

为了导出单步多值法，先通过一个实际的例子，采用显式多步法进行预报，然后用隐式法校正。以三阶为例，其显式预报的公式为

$$y_{k+1}^{(0)}=-\frac{3}{2}y_k+3y_{k-1}-\frac{1}{2}y_{k-2}+3hf_k \tag{3-80}$$

其中，带括弧的上标表示第几次迭代(以下相同)。然后用三阶隐式 Gear 公式校正：

$$\begin{aligned}
y_{k+1}^{(1)}&=\frac{18}{11}y_k-\frac{9}{11}y_{k-1}+\frac{2}{11}y_{k-2}+\frac{6}{11}hf_{k-1}^{(0)}\\
y_{k+1}^{(2)}&=\frac{18}{11}y_k-\frac{9}{11}y_{k-1}+\frac{2}{11}y_{k-2}+\frac{6}{11}hf_{k-1}^{(1)}\\
&\vdots
\end{aligned} \tag{3-81}$$

其中，等式右边第 4 项为导函数项，上标为 i 的导函数值为预报值，它是通过将第 i 次迭代所得到的 y 的预报值和已知的 y 值一同代入导函数后计算得到的。为便于程序实现，由式(3-80)得，令：

$$\begin{aligned}
y_{k+1}^{(1)}&=\frac{18}{11}y_k-\frac{9}{11}y_{k-1}+\frac{2}{11}y_{k-2}+\frac{6}{11}hf_{k+1}^{(0)}\\
&=y_{k+1}^{(0)}+\frac{6}{11}(hf_{k+1}^{(0)}-hf_{k+1}^{(-1)})\\
&=-\frac{3}{2}y_k+3y_{k-1}-\frac{1}{2}y_{k-2}+3hf_k+\frac{6}{11}(hf_{k+1}^{(0)}-hf_{k+1}^{(-1)})
\end{aligned}$$

$$f_{k+1}^{(-1)}=\frac{11}{2}hf_k-\frac{23}{4}y_k+7y_{k-1}-\frac{5}{4}y_{k-2}$$

则所有迭代的校正公式可表示为

$$\begin{aligned}
y_{k+1}^{(1)}&=y_{k+1}^{(0)}+\frac{6}{11}(hf_{k+1}^{(0)}-hf_{k+1}^{(-1)})\\
y_{k+1}^{(2)}&=y_{k+1}^{(1)}+\frac{6}{11}(hf_{k+1}^{(1)}-hf_{k+1}^{(0)})\\
&\vdots\\
y_{k+1}^{(i+1)}&=y_{k+1}^{(i)}+\frac{6}{11}(hf_{k+1}^{(i)}-hf_{k+1}^{(i-1)})\\
&\vdots
\end{aligned}$$

对一般情形，令：

$$\boldsymbol{Y}_k=(y_k,hf_k,y_{k-1},y_{k-2},\cdots,y_{k-p+1})^{\mathrm{T}}$$
$$\boldsymbol{Y}_{k+1}=(y_{k+1},hf_{k+1},y_k,y_{k-1},\cdots,y_{k-p+2})^{\mathrm{T}}$$

$$G_{k+1}^{(i)}=hf_{k+1}^{(i)}-hf_{k+1}^{(i-1)}$$
$$=hf(y_{k+1}^{(i)},t_{k+1})-hf(y_{k+1}^{(i-1)},t_{k+1})$$

其中,p 表示吉尔法的阶次。对三阶预报-迭代校正算法,可得

$$\begin{bmatrix} y_{k+1}^{(0)} \\ hf_{k+1}^{(-1)} \\ y_k \\ y_{k-1} \end{bmatrix}=\begin{bmatrix} -\frac{3}{2} & 3 & 3 & -\frac{1}{2} \\ -\frac{23}{4} & \frac{11}{2} & 7 & -\frac{5}{4} \\ 1 & 0 & 0 & 0 \\ 0 & 0 & 1 & 0 \end{bmatrix}\begin{bmatrix} y_k \\ hf_k \\ y_{k-1} \\ y_{k-2} \end{bmatrix}$$

$$\begin{bmatrix} y_{k+1}^{(i-1)} \\ hf_{k+1}^{(i)} \\ y_k \\ y_{k-1} \end{bmatrix}=\begin{bmatrix} y_{k+1}^{(i)} \\ hf_{k+1}^{(i-1)} \\ y_k \\ y_{k-1} \end{bmatrix}+\begin{bmatrix} \frac{6}{11} \\ 1 \\ 0 \\ 0 \end{bmatrix}G_{k+1}^{(i)}$$

将上述预报与迭代校正表达式用矩阵的方法加以表示:

$$\boldsymbol{Y}_{k+1}^{(0)}=\boldsymbol{B}\boldsymbol{Y}_k \tag{3-82}$$

$$\boldsymbol{Y}_{k+1}^{(i+1)}=\boldsymbol{Y}_{k+1}^{(i)}+\boldsymbol{C}\boldsymbol{G}_{k+1}^{(i)} \quad (i=1,2,\cdots,k-1) \tag{3-83}$$

其中,$\boldsymbol{B}$,$\boldsymbol{C}$ 分别是相应的系数矩阵。然而,对初值问题,上述表达式是不能自启动的。

为解决这一问题,人们提出单步多值法以避免传统的单步法所带来的局限性。其基本思想是用上一步的高阶导数值来取代前几步的 y 及 f 的值。为此,先定义一个向量,称之为 Nordsieck 向量:

$$\boldsymbol{Z}_k=(y_k,h\dot{y}_k,\frac{h^2}{2!}y_k^{(2)},\cdots,\frac{h^p}{p!}y_k^{(p)})^{\mathrm{T}} \tag{3-84}$$

$$\boldsymbol{Z}_{k+1}=(y_{k+1},hy_{k+1},\frac{h^2}{2!}y_k^{(2)},\cdots,\frac{h^p}{p!}y_{k+1}^{(p)})^{\mathrm{T}} \tag{3-85}$$

现在需要确定 $\boldsymbol{Z}$ 向量与 $\boldsymbol{Y}$ 向量之间的关系。采用多项式逼近来拟合,以三阶为例:

$$\begin{cases} y(t)=a_0+a_1(t-t_k)+a_2(t-t_k)^2+a_3(t-t_k{}^3) \\ \dot{y}(t)=a_1+2a_2(t-t_k)+3a_3(t-t_k)^2 \\ \ddot{y}(t)=2a_2+6a_3(t-t_k) \\ \dddot{y}(t)=6a_3 \end{cases} \tag{3-86}$$

从而在 $t=t_k$ 处,有

$$\begin{cases} y_k=a_0 \\ f_k=\dot{y}_k=a_1 \\ y_{k-1}=y(t_k-h)=a_0+a_1(-h)+a_2h^2+a_3(-h)^3 \\ y_{k-2}=y(t_k-2h)=a_0+a_1(-2h)+a_2(-2h)^2+a_3(-2h)^3 \end{cases} \tag{3-87}$$

同样,也可以得到:

$$y_k=a_0,\dot{y}=a_1,\ddot{y}_k=2!a_2,\dddot{y}_k=3!a_3$$

由消去 a_0,a_1,a_2,a_3,整理后可得

$$\begin{cases} y_k = y_k \\ h\dot{y}_k = kf_k \\ \dfrac{h^2}{2!}\ddot{y}_k = -\dfrac{7}{4}y_k + \dfrac{3}{2}hf_k + 2y_{k-1} - \dfrac{1}{4}y_{k-2} \\ \dfrac{h^3}{3!}\dddot{y} = -\dfrac{3}{4}y_k + \dfrac{13}{2}hf_k + y_{k-1} - \dfrac{1}{4}y_{k-2} \end{cases}$$

写成矩阵形式，即

$$\begin{bmatrix} y_k \\ h\dot{y}_k \\ \dfrac{h^2}{2!}\ddot{y}_k \\ \dfrac{h^3}{3!}\dddot{y}_k \end{bmatrix} = \begin{bmatrix} 1 & 0 & 0 & 0 \\ 0 & 1 & 0 & 0 \\ -\dfrac{7}{4} & \dfrac{3}{2} & 2 & -\dfrac{1}{4} \\ -\dfrac{3}{4} & \dfrac{1}{2} & 1 & -\dfrac{1}{4} \end{bmatrix} \begin{bmatrix} y_k \\ f_k \\ y_{k-1} \\ y_{k-2} \end{bmatrix}$$

简记为

$$\boldsymbol{Z}_k = \boldsymbol{Q}\boldsymbol{Y}_k \tag{3-88}$$

$\boldsymbol{Q}$ 矩阵就是 $\boldsymbol{Y}$ 向量与 $\boldsymbol{Z}$ 向量之间的变换阵。对 p 阶吉尔法，$\boldsymbol{Q}$ 矩阵为$(p+1)$阶非奇异方阵。

将式(3-88)代入式(3-82)及式(3-83)，可得到单步多值法的计算公式：

$$\begin{cases} \boldsymbol{Z}_{k+1}^{(0)} = \boldsymbol{QBQ}^{-1}\boldsymbol{Z}_k \\ \boldsymbol{Z}_{k+1}^{(i+1)} = \boldsymbol{Z}_{k+1}^{(i)} + \boldsymbol{QCG}_{k+1}^{(i)} \\ \boldsymbol{G}_{k+1}^{(i)} = hf(\boldsymbol{Z}_{k+1}^{(i)}) - hf(\boldsymbol{Z}_{k+1}^{(i-1)}) \end{cases} \tag{3-89}$$

需要说明的是，式(3-89)中计算 $\boldsymbol{G}_{k+1}^{(i)}$ 时以 $\boldsymbol{Z}_{k+1}^{(i)}\boldsymbol{Z}_{k+1}^{(i-1)}$ 为自变量，但由于 $\boldsymbol{G}_{k+1}^{(i)}$ 是一个标量，所以实际上只是用到它们的第一个分量 $y_{k+1}^{(i)}, y_{k+1}^{(i-1)}$。

若记：

$$\begin{cases} \boldsymbol{P} = \boldsymbol{QBQ}^{-1} \\ \boldsymbol{L} = \boldsymbol{QC} \end{cases} \tag{3-90}$$

则式(3-89)可简写为

$$\begin{cases} \boldsymbol{Z}_{k+1}^{(0)} = \boldsymbol{PZ}_k \\ \boldsymbol{Z}_{k+1}^{(i+1)} = \boldsymbol{Z}_{k+1}^{(i)} + \boldsymbol{LG}_{k+1}^{(i)} \end{cases} \tag{3-91}$$

在三阶的情况下，$\boldsymbol{P}$ 及 $\boldsymbol{L}$ 的值如下：

$$\boldsymbol{P} = \begin{bmatrix} 1 & 1 & 1 & 1 \\ 0 & 1 & 2 & 3 \\ 0 & 0 & 1 & 3 \\ 0 & 0 & 0 & 1 \end{bmatrix} \quad \boldsymbol{L} = \begin{bmatrix} \dfrac{6}{11} & 1 & \dfrac{6}{11} & \dfrac{1}{11} \end{bmatrix}^{\mathrm{T}}$$

采用同样的思想，可以计算得到吉尔法的 $\boldsymbol{L}$ 向量值见表 3-12。

表 3-12 一至五阶吉尔法 L 向量值

阶次	一	二	三	四	五
L0	1	2/3	6/11	12/25	60/137
L1	1	1	1	1	1
L2		1/3	6/11	7/10	225/274
L3			1/11	1/5	85/274
L4				1/50	15/274
L5					1/274

稍加观察 $\boldsymbol{P}$ 矩阵，不难发现，它是一个上三角阵，该三角阵的元素由二项式系数组成，这种矩阵称为 Pascal 三角阵。可以证明，对任意阶吉尔法的 $\boldsymbol{P}$ 矩阵都具有该性质。

由于 $\boldsymbol{Z}_k$ 为 $y_k,\dot{y}_k,\ddot{y}_k,\cdots$ 所构成的向量，而 $\boldsymbol{Z}_{k+1}$ 为 $y_{k+1},\dot{y}_{k+1},\ddot{y}_{k+1},\cdots$ 所构成的向量，因此，式(3-91)是一种单步多值法，它可以自启动，不但克服了多步法不能自启动的困难，而且易于变步长。与一般单步的区别在于，对每个计算步，不仅要保留变量值，而且要计算和保留其高阶导数 $\dot{y}_{k+1},\ddot{y}_k+1,\cdots,y_{k+1}^{(p)}$ 值。

2) 吉尔法的误差估计与控制

当用单值多步的吉尔法对非线性病态系统进行仿真时，它要求从初值开始，必须依靠显式法来启动，即先从 y_0 及 $\dot{y}_0$ 开始，按一阶公式计算，然后逐次升阶，计算出 $\ddot{y}_0,\dddot{y}_0,\cdots,y_0^{(p)}$。在这种升阶过程中必须满足误差要求，以保证仿真计算的精度。在仿真计算的过程中，为提高仿真速度，也需要不断地调整步长和阶次，以达到满足精度条件下的高速度。因此，在仿真实现时，误差估计及其控制问题必须加以解决。

从多步法讨论中知道，对 p 阶多步法，其截断误差为

$$E=C_{p+1}h^{p+1}y_{(p+1)}(\xi) \tag{3-92}$$

其中，$y^{(p+1)}(\xi)$ 是 $t=\xi$ 点上 $y(t)$ 的 $(p+1)$ 阶导数值，而 ξ 是所讨论区间中的某一个点。例如，对三阶吉尔法，ξ 就是 $[t_k-2h,t_k+h]$ 区间上的某一个点。若设 $y^{(p+1)}(\xi)=y_k^{(p+1)}$，则第 k 步的截断误差为

$$E_k=C_{p+1}h^{p+1}y_k^{(p+1)} \tag{3-93}$$

为了估计 E_k，首先要估计 $y_k^{(p+1)}$。已知：

$$\begin{aligned}\boldsymbol{Z}_k&=(y_k,h\dot{y}_k,\frac{h^2}{2!}y_k^{(2)},\cdots,\frac{h^p}{p!}y_k^{(p)})^{\mathrm{T}}\\&=(z_k,z_k^1,\cdots,z_k^p)^{\mathrm{T}}\end{aligned}$$

现在要用 $y_k^{(p)}$ 的差分来近似估计 $y_k^{(p+1)}$，即

$$y_k^{(p+1)}\approx\frac{y_k^{(p)}-y_{k-1}^{(p)}}{h}$$

上式两边同乘以 $\dfrac{h^{p+1}}{p!}$，则可得

$$\frac{h^{p+1}y_k^{(p+1)}}{p!}\approx\frac{y_k^{(p)}-y_{k-1}^{(p)}}{h}\frac{h^{p+1}}{p!}=\frac{h^p}{p!}y_k^{(p)}-\frac{h^p}{p!}y_{k-1}^{(p)}$$

$$=z_k^p-z_{k-1}^p \tag{3-94}$$
$$=\nabla z_k^p$$

将式(3－94)代入式(3－93)可得

$$E_k\approx C_{p+1}p!\nabla z_k^p \tag{3-95}$$

由式(3－95)可知,误差估计值可由第 K 步计算所得到的 $\boldsymbol{Z}_k$ 与前一步计算得到的 $\boldsymbol{Z}_{k-1}$ 这两个向量的最后一个分量 $\boldsymbol{Z}_k^p$ 与 $\boldsymbol{Z}_{k-1}^p$ 相减后,按式(3－95)计算得到。

仿真中,一般采用的是相对误差,若要求每一步的相对误差不大于 ε_0,即

$$C_{p+1}p!\left|\frac{\nabla \boldsymbol{Z}_k^p}{y_{\max}}\right|\leqslant\varepsilon_0 \tag{3-96}$$

其中,$y_{\max}$ 为到目前为止已出现过的 y 的最大绝对值(注:若 y 的初值为 0,则应取 $y_{\max}=1$ 为宜)。

若系统为微分方程组,状态变量 y 为 N 个$[y(1),y(2),\cdots,y(N)]$,则相对误差可定义为

$$E_k=\sqrt{\sum_{j=1}^{N}\left[\frac{C_{p+1}p!\nabla z_k^p(j)}{y(j)_{\max}}\right]^2} \tag{3-97}$$

若 $E_k\leqslant\varepsilon_0$,则本步计算结果有效,可进入下一步;如果不满足,则需要减小步长或者采取其他措施。

下面进一步讨论误差控制的有关措施。误差控制一般从两方面进行,其一是改变步长,其二是改变阶次,因为两者均对误差有直接的影响。实际上,当某一步仿真结果得到后,经误差检验,无论是 $E_k\leqslant\varepsilon_0$,$E_k>\varepsilon_0$ 或 $E_k\ll\varepsilon_0$,均需要考虑变阶或(与)变步长的问题,即通过改变 p 及 h 以使 $E_k\leqslant\varepsilon_0$。下面讨论变阶或(与)变步长的原则。

一般,首先考虑的是仅改变步长 h(阶次不变),设新的步长为 h_s,且 $h_s=R_ph$。那么,R_p 应取多大为宜呢?为简便起见,根据单变量表达式(3－93)来分析,即

$$\left|\frac{C_{p+1}y_k^{p+1}(R_ph)^{p+1}}{y_{\max}}\right|\approx\varepsilon_0$$

$$R_p^{p+1}\left|\frac{C_{p+1}y_k^{p+1}h^{p+1}}{y_{\max}}\right|\approx\varepsilon_0$$

根据式(3－94),$h^{p+1}y_k^{(p+1)}=p!\nabla z_k^p$,故

$$R_p^{p+1}\left|\frac{C_{p+1}p!\nabla z_k^p}{y_{\max}}\right|\approx\varepsilon_0$$

这样,可得

$$R_p\approx\sqrt[p+1]{\frac{\varepsilon_0}{C_{p+1}p!\ \dfrac{\nabla z_x^p}{y_{\max}}}}$$

考虑到误差仅仅是估计值,为保险起见,上式所得到的 R_p 应乘一安全系数为宜,一般该安全系数取值为 1/1.2,这样,R_p 表达式见式(3－98):

$$R_p=\frac{1}{1.2}\sqrt[p+1]{\frac{\varepsilon_0}{C_{p+1}p!\left|\dfrac{\nabla z_x^p}{y_{\max}}\right|}} \tag{3-98}$$

如果当前仿真结果误差远大于规定误差的要求，改变步长的效果也不理想，则考虑要提升仿真方法的阶次。设当前为 p 阶，考虑用 $p+1$ 阶计算。假设此时步长 $h_s=R_{p+1}h$ 能使相对误差接近规定的要求，即

$$\left|\frac{C_{p+2}R_{p+1}^{p+2}h^{p+2}y_k^{(p+2)}}{y_{\max}}\right|\approx\varepsilon_0$$

采用二阶差分来近似 $y_k^{(p+2)}$，即

$$y_k^{(p+2)}=\frac{y_k^{(p+1)}-y_{k-1}^{(p+1)}}{h}$$

考虑：
$$y_k^{(p+1)}=\frac{h^p}{p!}\nabla z_k^p$$

则

$$y_k^{(p+2)}=\frac{p!}{h^{p+1}}\frac{\nabla z_k^p-\nabla z_{k-1}^p}{h}=\frac{p!}{h^{p+2}}\nabla^2 z_k^p$$

将其代入误差估计表达式，若考虑安全系数(这里取 1/1.4，即经验安全系数)，则可得到升阶时 R_{p+1} 的表达式见式(3-99)：

$$R_{p+1}=\frac{1}{1.4}\sqrt[p+2]{\frac{\varepsilon_0}{C_{p+2}p!\left|\frac{\nabla^2 z_k^p}{y_{\max}}\right|}}\tag{3-99}$$

如果 $E_k\ll\varepsilon_0$，则说明仿真的阶次可以不必那么高，为提高仿真速度，可降低阶次。降低阶次可能发生的另一种情况是：高阶次方法的稳定域低于低阶次方法的稳定域，如果仿真步长缩短到相当小而其误差仍然达不到要求，则可能是因阶次过高而稳定域达不到要求的缘故。若将当前仿真的阶次 p 降低一阶，仿真步长 h 变为 $h_s=R_{p-1}h$，此时要使仿真误差接近规定要求，则

$$\left|\frac{C_pR_{p-1}^p h^p y_k^{(p)}}{y_{\max}}\right|\approx\varepsilon_0$$

同样，考虑安全系数为 1/1.3，则

$$R_{p-1}=\frac{1}{1.3}\sqrt[p]{\frac{\varepsilon_0}{C_p p!\left|\frac{z_k^p}{y_{\max}}\right|}}\tag{3-100}$$

式中：$z_k^p=\frac{h^p}{p!}y_k^{(p)}$，它是 $\boldsymbol{Z}_k$ 向量的最后一个分量。

由于积分过程中，阶次和步长均可能发生变化，特别是步长发生变化时，如何由当前的 $\boldsymbol{Z}_k$ 产生在 h_s 下的 $\boldsymbol{Z}_{ks}$，这也是在仿真实现时必须解决的问题。下面按上述三种情况加以讨论。

已知 $\boldsymbol{Z}_k=\left(y_k,h\dot{y}_k,\frac{h^2}{2!}y_k^{(2)},\cdots,\frac{h^p}{p!}y_k^{(p)}\right)^{\mathrm{T}}=(z_k,z_k^1,\cdots,z_k^p)^{\mathrm{T}}$，在只变步长的情况下可得：

$$\boldsymbol{Z}_{ks}=\left(y_k,R_ph\dot{y}k,\frac{(R_ph)^2}{2!}y_k^{(2)},\cdots,\frac{(R_ph)^p}{p!}y_k^{(p)}\right)^{\mathrm{T}}$$

$$=\begin{bmatrix}1 & & & \\ & R_p & & \\ & & \ddots & \\ & & & R_p^p\end{bmatrix}\boldsymbol{Z}_k$$

当降低阶次变步长时，例如，从 p 阶降为 $p-1$ 阶，步长由 h 变为 $R_{p-1}h$，这时，$\boldsymbol{Z}_k$，$\boldsymbol{Z}_{ks}$ 表达式用 $\boldsymbol{Z}_k^{p-1}$，$\boldsymbol{Z}_{ks}^{p-1}$ 表示，且：

$$\boldsymbol{Z}_k^{p-1}=\left(y_k,h\dot{y}_k,\frac{h^2}{2!}y_k^{(2)},\cdots,\frac{h^{p-1}}{(p-1)!}y_k^{(p-1)}\right)^{\mathrm{T}}=(z_k,z_k^1,\cdots,z_k^{p-1})^{\mathrm{T}}$$

$$\boldsymbol{Z}_{ks}^{p-1}=\left(y_k,R_{p-1}h\dot{y},\frac{(R_{p-1}h)^2}{2!}y_k^{(2)},\cdots,\frac{(R_{p-1}h)^p}{(p-1)!}y_k^{(p-1)}\right)^{\mathrm{T}}$$

$$=\begin{bmatrix}1 & & & \\ & R_{p-1} & & \\ & & \ddots & \\ & & & R_{p-1}^{p-1}\end{bmatrix}\boldsymbol{Z}_k^{p-1}$$

然而，在升阶变步长时，例如，当由 p 阶升到 $p+1$ 阶，步长由 h 变为 $R_{p+1}h$，这时，$\boldsymbol{Z}_k$，$\boldsymbol{Z}_{ks}$ 表达式用 $\boldsymbol{Z}_k^{p+1}$，$\boldsymbol{Z}_{ks}^{p+1}$ 表示如下：

$$\boldsymbol{Z}_k^{p+1}=\left(y_k,h\dot{y}_k,\frac{h^2}{2!}y_k^{(2)},\cdots,\frac{(R_ph)^p}{p!}y_k^{(p)},\frac{h^{p+1}}{(p+1)!}y_k^{(p+1)}\right)^{\mathrm{T}}=(z_k,z_k^1,\cdots,z_k^p,z_k^{p+1})^{\mathrm{T}}$$

$$Z_{ks}^{p+1}=(y_k,R_{p+1}h\,\dot{y}_k,\frac{(R_{p+1}h)^2}{2!}y_k^{(2)},\cdots,\frac{(R_{p+1}h)^p}{p!}y_k^{(p)},\frac{(R_{p+1}h)^p}{(p+1)!}y_k^{(p+1)})^{\mathrm{T}}$$

然而，$y_k^{(p+1)}$ 是未知的，为此，必须由已知的数据来估计。若采用差分法，即

$$y_k^{(p+1)}\approx\frac{y_k^{(p)}-y_{k-1}^{(p)}}{h}$$

则得到 $\boldsymbol{Z}_{ks}^{p+1}$ 的表达式如下：

$$\boldsymbol{Z}_{ks}^{p+1}=\left(y_k,R_{p+1}h\dot{y}_k,\frac{(R_{p+1}h)^2}{2!}y_k^{(2)},\cdots,\frac{(R_{p+1}h)^p}{(p+1)!}y_k^{(p+1)}\right)^{\mathrm{T}}$$

$$=\begin{bmatrix}1 & & & \\ & R_{p-1} & & \\ & & \ddots & \\ & & & R_{p+1}^{p+1}\end{bmatrix}\boldsymbol{Z}_k^{p+1}$$

3) 迭代过程的加速收敛

从前面的讨论可以看到，吉尔法用于病态系统进行仿真时，必须先用显式公式启动，然后用隐式法进行校正，经过多次迭代，达到适当精度后，再往前推进。显然，迭代的收敛速度极大地影响着仿真效能。

下面，仍以三阶吉尔法为例来分析其迭代收敛的速度，并讨论如何改进的方法。三阶吉尔法的隐式公式如下：

$$y_{k+1}=\frac{1}{11}(18y_k-9y_{k-1}+2y_{k-2}+6hf_{k+1}) \tag{3-101}$$

其中，f_{k+1} 就是 $f(y_{k+1})$ 的简写，它一般是 y_{k+1} 的非线性函数，式(3-101)是一非线性方

程。在迭代计算时，采用的迭代公式为

$$y_{k+1}^{(i+1)}=y_{k+1}^{(i)}+\frac{6}{11}h(f_{k+1}^{(i)}-f_{k+1}^{(i-1)}) \tag{3-102}$$
$$=y_{k+1}^{(i)}+l_0h(f_{k+1}^{(i)}-f_{k+1}^{(i-1)})$$

其中，l_0 是向量 $\boldsymbol{L}$ 的第一个分量，这称为 Picard 迭代。该迭代过程为

$$\begin{cases}\varepsilon_{k+1}^{(i+1)}=y_{k+1}^{(i+1)}-y_{k+1}^{(i)}=l_0h\dfrac{\partial f}{\partial y}\varepsilon_{k+1}^{(i)}\\ \varepsilon_{k+1}^{(i)}=\left(l_0h\dfrac{\partial f}{\partial f}\right)^{(i)}\varepsilon_{k+1}^{(0)}\quad(i=1,2,\cdots)\end{cases} \tag{3-103}$$

为保证式(3-103)收敛，则

$$\left|l_0h\frac{\partial f}{\partial y}\right|<1$$

即

$$h\left|\frac{\partial f}{\partial y}\right|<\frac{1}{l_0}$$

一般 $1/l_0$ 大约为 1～3 之间，可见，h 不能太大，否则迭代将不收敛或收敛速度十分缓慢。这大大限制了吉尔法的有效性。

为了加速迭代的收敛性，Gear 建议采用牛顿迭代法。实际上，式(3-101)可改写为

$$y_{k+1}^{(i+1)}=l_0hf(y_{k+1}^{(i)})+\frac{1}{11}(18y_k-9y_{k-1}+2y_{k-2}) \tag{3-104}$$
$$=l_0hf(y_{k+1}^{(i)})+C$$

为书写方便，将式(3-104)简记为

$$y=l_0hf(y)+c \tag{3-105}$$

令：

$$g(y)=-y+l_0hf(y)+c \tag{3-106}$$

显然，式(3-105)与 $g(y)=0$ 同解。由牛顿迭代法得

$$y^{(i+1)}=y^{(i)}-\frac{g(y^{(i)})}{\left(\dfrac{\partial g}{\partial y}\right)_{y=y^{(i)}}} \tag{3-107}$$

从式(3-106)求得$\left(\dfrac{\partial g}{\partial y}\right)$的表达式，并将 $y=y^{(i)}$ 代入$\left(\dfrac{\partial g}{\partial y}\right)$及式(3-107)，得

$$y^{(i+1)}=y^{(i)}+\frac{-y^{(i)}+l_0hf(y^{(i)})+c}{1-l_0h\left(\dfrac{\partial f}{\partial y}\right)_{y=y^{(i)}}} \tag{3-108}$$

将 $y=y^{(i)}$ 代入式(3-105)，所得结果代入式(3-108)得

$$y^{(i+1)}=y^{(i)}+\frac{1}{1-l_0h\left(\dfrac{\partial f}{\partial y}\right)_{y=y^{(i)}}}l_0g^{(i)} \tag{3-109}$$

将式(3-109)与式(3-102)进行比较后不难发现，前者多了一个“加速”因子：

$$\frac{1}{1-l_0h\left(\dfrac{\partial f}{\partial y}\right)_{y=y^{(i)}}}$$

对微分方程组来说，y 是 N 维向量，式(3-109)成为如下形式：

$$\boldsymbol{y}^{(i+1)}=\boldsymbol{y}^{(i)}+\left[\boldsymbol{I}-l_0h\left(\frac{\partial \boldsymbol{F}}{\partial \boldsymbol{y}}\right)_{Y=Y^{(i)}}\right]^{-1}l_0\boldsymbol{G}^{(i)} \tag{3-110}$$

式中：$\boldsymbol{y},\boldsymbol{F},\boldsymbol{G}$ 为 N 维向量；I 为 N 阶单位阵；而 $\partial\boldsymbol{F}/\partial\boldsymbol{Y}$ 为 $N\times N$ 的方阵，也就是雅可比矩阵。

对于 y 为单一变量的情况，采用牛顿法，式(3-91)为

$$\begin{cases}\boldsymbol{Z}_{k+1}^{(0)}=\boldsymbol{P}\boldsymbol{Z}_k\\ \boldsymbol{Z}_{k+1}^{(i+1)}=\boldsymbol{Z}_{k+1}^{(i)}+L\left[\boldsymbol{I}-l_0h\left(\dfrac{\partial f}{\partial y_k}\right)_t\right]^{-1}\boldsymbol{G}_{k+1}^{(i)}\end{cases} \tag{3-111}$$

其中，$\boldsymbol{Z}$ 为 $(K+1)\times1$ 的向量，而 G 为标量。对于 y 为 N 维的情况，则

$$\begin{cases}\boldsymbol{Z}_{k+1}^{(0)}=\boldsymbol{P}\boldsymbol{Z}_k\\ \boldsymbol{Z}_{k+1}^{(i+1)}=\boldsymbol{Z}_{k+1}^{(i)}+L\left[\boldsymbol{I}-l_0h\left(\dfrac{\partial \boldsymbol{F}}{\partial \boldsymbol{Y}}\right)_i\right]^{-1}\boldsymbol{G}_{k+1}^{(i)}\end{cases} \tag{3-112}$$

式中：$\boldsymbol{Z}$ 为 $(K+1)\times N$ 的矩阵；$\boldsymbol{G}$ 为 $N\times1$ 的向量。

牛顿法能加快迭代过程的收敛，这是该方法的优点，然而，因每次迭代时都必须计算雅可比阵，还要计算矩阵求逆，计算量将增加很多。

4) 病态性探测

上面对吉尔法用于病态系统的仿真的有关原理及其实现技术进行比较深入的讨论。实践证明，这种方法对病态系统的仿真是十分有效的。然而，在对病态系统进行仿真的过程中，系统并不是每一步均处于病态。如果系统处于非病态而仍然采用上述方法，则会由于吉尔法的大量附加计算（如计算雅可比矩阵、矩阵求逆等）而使仿真效能大大降低。

为了进一步提高仿真计算的效能，下面讨论仿真过程中的病态性探测问题。为此，首先从数值计算的角度对"病态性"和"非病态性"加以定义。

如果用非 stiff 法（如显式龙格-库塔法、Adams 法等）对一个系统进行仿真，其步长限制是由于计算精度引起的而不是由于稳定性引起的，则称系统呈现"非病态性"，反之，若步长是因稳定性而受到限制时，则系统呈现"病态性"。

显然，当系统呈现病态性时应采用 stiff 法，而当系统呈现非病态性时应采用非 stiff 法。因此，在仿真过程中，需要适当地进行病态性探测。下面介绍常用的三种方法。

(1) 稳定半径法。从 3.3 节的讨论中已经知道，非 stiff 法（如 Runge-Kutta 方法、Adams 法）的稳定域的形状接近半圆，并将其稳定域与实轴的交点称为稳定半径(r_k)。若记 ρ 为系统的最大特征值，为保证计算稳定，则

$$\rho h\leqslant r_k \tag{3-113}$$

由于各种方法的稳定半径是已知的，而 ρ 的值可由雅可比阵的范数 $\|J\|$ 来估计，即

$$\rho\approx\|J\|$$

因此，在用 stiff 法对病态系统仿真的过程中，由于雅可比矩阵的值是可以得到的，则在下一步计算时，先用式(3-113)进行判断病态性，再决定是否仍采用 stiff 方法仿真。

(2) 嵌入低阶大稳定域法。如果当前采用的是非 stiff 法，而计算误差不能满足要求，为判断其稳定性，可降低阶次，如果此时误差减少，则说明当前已处于非稳定状态（非 stiff 法的低阶的稳定域大于高阶的稳定域），因而下一步应采用 stiff 法计算。

(3) 小稳定域试探法。嵌入低阶大稳定域法对于高阶的非 stiff 法是有效的，然而，如果当前使用的已经是低阶方法，则很难再嵌入一个更低阶的算法。小稳定域试探法采用与嵌入低阶大稳定域法相反的思路来进行病态性探测。

若当前采用的是非 stiff 法，为探测下一步的病态性，用比其高一阶的方法相同步长进行探测，若误差加大，说明当前已处于病态或病态边缘，因此下一步要么减少步长，要么采用 stiff 方法计算。

2. 半隐式龙格-库塔法

由于稳定域的限制，显式龙格-库塔法难于用于病态系统的仿真。实际上，Runge - Kutta 方法也有隐式的表达形式。龙格-库塔公式可以写成如下形式：

$$y_{k+1} = y_k + h\sum_{i=1}^{s} c_i K_i \tag{3-114}$$

$$K_i = f\left(t_k + a_i h, y_k + h\sum_{j=1}^{s} b_{ij} K_j\right)(i = 1,2,\cdots,s) \tag{3-115}$$

式中：h 为仿真时间 $t_k \sim t_{k+1}$ 之间的步长，即 $h = t_{k+1} - t_k$。s 为计算右端函数 f 的次数，也称为 Runge - Kutta 方法的级数；如果 $j > i-1$ 时，$b_{ij}=0$，则称为显式龙格-库塔法；如果 $j > i-1$ 时，b_{ij} 不全为 0，则需求解 s 个方程联立的方程组才能计算出 $K_1, K_2, \cdots, K_s$，此时，称为隐式龙格-库塔法；如果 $j=i$ 时，$b_{ij} \neq 0$，而 $j > i$ 时，$b_{ij}=0$，则称为半隐式龙格-库塔法。

全隐式或半隐式龙格-库塔法均满足稳定条件。然而，这些方法均要求积分的每步求解一个非线性的方程组，造成求解的困难。罗森伯劳克(Rosenbrock)对半隐式龙格-库塔法作了改进，把雅可比矩阵直接引入积分公式，其算法仅需在每步求解一个线性方程组，大大减小了求解工作量。

罗森伯劳克(Rosenbrock)方法的一般形式为

$$y_{k+1} = y_k + h\sum_{i=1}^{s} c_i K_i \tag{3-116}$$

$$K_i = f\left(t_k + a_i h, y_k + h\sum_{j=1}^{i-l} b_{ij} K_j\right) + h\sum_{j=1}^{i} r_{ij} \boldsymbol{J} K_j (i = 1,2,\cdots,s) \tag{3-117}$$

令 $r_{ij} = \gamma$，则

$$[\boldsymbol{I} - \gamma h \boldsymbol{J}]K_i = f(t_k + a_i h, y_k + h\sum_{j=1}^{i-1} b_{ij} K_j) + h\sum_{j=1}^{i-1} r_{ij} \boldsymbol{J} K_j + h^2 \gamma_i f_t(t_k, y_k) \tag{3-118}$$

式中：$a_i \sum_{j=1}^{i} b_{ij}$；$\gamma i = \sum_{j=1}^{i} r_{ij}$；$\boldsymbol{I}$ 表示单位阵；$\boldsymbol{J}$ 表示雅可比矩阵 $f_y(t_k, y_k)$。

显然，在使用半隐式龙格-库塔法仿真时，能准确地计算出雅可比阵是最基本的要求。另外，这种方法没有直接估计误差的公式，这给误差控制带来困难。为此，可采用折半法进行误差估计与步长控制。

3. 多帧速算法

实际的病态系统往往可以根据其物理结构而分成几部分(例如，分成两部分)，其中一些部分变化快，而另一些部分变化慢。因此，可以分别对它们采用不同的步长(甚至不同的算法)计算，即变化快的部分采用小步长(或高精度算法)，变化慢的部分采用较大的步长(或精

度较低的算法)，称之为多帧速算法。常用的是双帧速算法，即把系统分成两部分而分别计算，其实现思想可以推广到其他多帧速算法。

假设系统已分成快子系统和慢子系统两部分，其快子系统的模型为式(3-119)，而慢子系统如式(3-120)描述。

$$\dot{X}=G(t,X,Y),\quad X(0)=X_0 \tag{3-119}$$

$$\dot{Y}=F(t,Y,X),\quad Y(0)=Y_0 \tag{3-120}$$

式中：X 是快变化部分的状态变量，设为 n 维；Y 是慢变化部分的状态变量，设为 l 维。

双帧速算法的基础是恰当地选择算法进行双帧计算。这里介绍一种基于变步长四阶 RKM 法的双帧速算法。

设系统方程为$\dot{y}=f(t,y)$，该方法的计算公式如下：

$$y_{k+1}=y_k+\frac{h}{6}(K_1+4K_4+K_5) \tag{3-121}$$

$$\begin{cases} K_1=f(t_k,y_k) \\ K_2=f\left(t_k+\frac{h}{3},y_k+\frac{h}{3}K_1\right) \\ K_3=f\left(t_k+\frac{h}{3},y_k+\frac{h}{6}(K_1+K_2)\right) \\ K_4=f\left(t_k+\frac{h}{2},y_k+\frac{h}{8}(K_1+3K_3)\right) \\ K_5=f\left(t_k+h,y_k+\frac{h}{2}(K_1-3K_3+K_4)\right) \end{cases} \tag{3-122}$$

基于插值的双帧速算法的基本思想是在一个积分步长内忽略快、慢子系统之间的耦合，快、慢两部分可采用同一算法，仅仅是步长不同，两者之间的数据交换采用插值计算方法。下面讨论基于 RKM 法的双帧速算法的实现。

首先根据慢子系统仿真精度要求确定仿真步长 h，在 h 之内两子系统之间的耦合予以忽略。

(1) 计算慢子系统的 K_1：从 t_k 开始，步长为 h，$K_1=F(t_k,Y_k,X_k)$。

考虑 RKM 法的 K_2 是以 $h/3$ 进行计算，需要对慢子系统的 $Y_{k+1/3}$ 进行插值，得到在 $t_{k+h/3}$ 处的 $Y_{k+1/3}$ 预估值 $Y'_{k+1/3}$。采用 Euler 法，得

$$Y_{k+1/3}=Y_k+\frac{h}{3}K_1$$

快子系统在 $t_k \to t_k+h/3$ 区间积分，初值为 X_k，Y_k，区间内所需要的 $Y(t)$ 采用线性插值的办法：

$$Y(t)=Y_k+(t-t_k)K_1 \quad \left(t_k \leqslant t \leqslant t_k+\frac{h}{3}\right)$$

其步长 h' 由仿真精度决定，计算得到 $X_{k+1/3}$。

(2) 计算慢子系统的 K_2：$K_2=F(t_{k+1/3},Y_{k+1/3},X_{k+1/3})$。这时，对 $Y'_{k+1/3}$ 用改进 Euler 法进行校正：

$$Y''_{k+1/3}=Y_k+\frac{1}{2}\cdot\frac{h}{3}(K_1+K_2)$$

如果需要，也可以利用它再对快子系统进行积分，以校正 $X_{k+1/3}$，校正后的 $X_{k+1/3}$ 可进一步用于改进 K_2 及 $Y_{k+1/3}$，通过迭代计算，提高计算精度。

(3) 计算慢子系统 K_3：$K_3=F(t_{k+1/3},Y_{k+1/3},X_{k+1/3})$。注意，这里采用 $Y_{k+1/3}$ 而不是 $Y'_{k+1/3}$ 或 $Y''_{k+1/3}$，是指迭代后得到的慢子系统状态变量的值。然后计算 $t_{k+1/2}$ 处的 $Y_{k+1/2}$ 估计值：

$$Y_{k+1/2}=Y_k+\frac{h}{8}(K_1+K_3)$$

同样，也要计算快子系统的 $X_{k+1/2}$，为此，对 $Y(t)$ 在 $(t_k\leqslant t\leqslant t_k+\frac{h}{2})$ 之间的值进行插值：

$$\begin{aligned}Y(t)&=Y_{k+1/3}+(t-t_{k+1/3})\frac{Y_{k+1/2}-Y_{k+1/3}}{\frac{h}{2}-\frac{h}{3}}\\&=Y_{k+1/3}-(t-t_{k+1/3})(K_1/4+K_2+9K_3/4)\end{aligned}$$

这样，利用 RKM 法和上述 $Y(t)$ 可计算得到 $X_{k+1/2}$，积分步长按精度要求选择。

(4) 计算慢子系统的 K_4：$K_4=F(t_{k+1/2},Y_{k+1/2},X_{k+1/2})$。利用下式估计慢子系统的 Y_{k+1} 的值 Y'_{k+1}：

$$Y_{k+1}=Y_k+\frac{h}{2}(K_1-3K_2+4K_3)$$

对快子系统，进行 $[t_{k+1/2},t_{k+1}]$ 区间的积分。同样，对该区间的 $Y(t)$ 也采用插值的方法：

$$Y(t)=Y_{k+1/2}+(t-t_{k+1/2})K_4\qquad(t_{k+1/2}\leqslant t\leqslant t_{k+1})$$

积分后得到 X_{K+1}

(5) 计算慢子系统的 K_5：$K_5=F(t_{k+1},Y_{k+1},X_{k+1})$。同时可计算得

$$Y_{k+1}=Y_k+\frac{h}{6}(K_1+4K_4+K_5)$$

为了提高精度，第(4)(5)两步可进行迭代计算。

(6) 确定下一步的积分步长。积分步长的确定基于计算误差。RKM 法的截断误差有解析表达式如下：

$$E_k=h(K_1/3-3K_3/2+4K_4/3-K_5/6)$$

其中，E_k 为本步计算截断误差。根据计算精度的要求，可确定下一步计算步长。

上述各步中没有显式地列出快速子系统积分计算过程，读者从前面列出的 RKM 法的计算公式中不难理解其计算过程。

3.5 间断特性的仿真

3.5.1 间断特性仿真的特点

用经典的数值积分法(包括单步法和多步法)进行仿真时，右端函数的连续性对保证仿

真精度是十分重要的。单步法要求在一个步长内右端函数连续，k 阶多步法则要求在 k 步内右端函数连续。如果在间断点附近使用定步长方法，会造成仿真误差的增大，而使用变步长的方法可以达到要求的仿真精度。然而，采用变步长方法也会遇到困难，大大增加仿真的计算量。

如果函数的形式如图 3-10 所示，在 t^* 处为间断点。设当前的仿真时刻为 t_k，仿真步长为 h_k。在求解下一步时，首先按步长 h_k 计算，可能跨过间断点 t^*，计算误差将超过要求。为此，减少步长 h_k，即从 t_{k+1} 退回到 $t_{k+1}^{(1)}$，这时，只有当 $t_{k+1}^{(1)}<t^*$ 时误差才可能达到要求。然而，由于此时右端函数 $f(y,t)$ 处于连续状态，在步长很小的情况下，误差也很小，变步长算法又开始放大步长，结果下一点又跨过 t^* 点。因此，变步长方法为了准确地找到间断点，要反复多次地调整仿真步长，从而使仿真计算量大大增加，降低仿真效率。

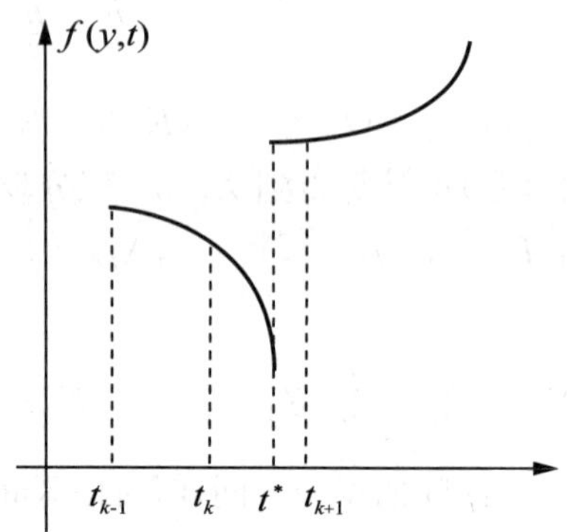

图 3-10　间断特性的变步长仿真示意图

为了增加读者的感性认识，下面给出一个实际例子。设系统可用如下微分方程描述：

$$\begin{cases}\dfrac{dy_1}{dt}=y_2\,;y_1(0)=-0.45\\[2ex]\dfrac{dy_2}{dt}=\begin{cases}0.5,-0.5y_2\geqslant y_1\\-0.5,-0.5y_2\leqslant y_1\end{cases};y_2(0)=0.975\end{cases}\tag{3-123}$$

现要求计算 $t=0\sim4.0$ 这一段的过渡过程，采用 RK3-4 法进行仿真，相对误差限为 $10^{-6}\sim10^{-4}$。步长控制策略为：当实际相对误差大于 10^{-4}时，步长缩小 1/2，若当实际相对误差小于 10^{-6}时，则步长放大 1 倍，初始步长取 0.1。表 3-13 给出其中一个间断点的仿真计算过程。

表 3-13　式(3-123)系统仿真过程

t	y_1	y_2	h	最大相对误差
2.8	0.319 99	−0.425 000 2	0.1	$0.730\,449\times10^{-10}$
2.9	0.274 997	−0.475 000 2	0.1	$0.225\,775\,2\times10^{-9}$
3.0	×	×	0.1	$0.216\,216\,2\times10^{-2}$
2.95	√	√	0.05	$0.311\,658\,4\times10^{-9}$

（续表）

t	y_1	y_2	h	最大相对误差
3.0	×	×	0.05	$0.222\ 222\times10^{-2}$
2.975	×	×	0.025	$0.111\ 111\times10^{-2}$
2.962 5	×	×	0.012 5	$0.555\ 55\times10^{-3}$
2.956 25	×	×	0.006 25	$0.277\ 778\times10^{-3}$
2.953 125	×	×	0.003 125	$0.555\ 55\times10^{-3}$
2.951 562 5	√	√	0.001 562 5	$0.346\ 98\times10^{-4}$
2.953 125	√	√	0.001 562 5	$0.173\ 868\times10^{-10}$
2.956 25	√	√	0.003 125	$0.248\ 539\times10^{-11}$
2.962 5	√	√	0.006 25	$0.497\ 7\times10^{-11}$
2.975	√	√	0.012 5	$0.399\ 15\times10^{-10}$
3.0	0.226 185	−0.476 302 3	0.025	$0.120\ 34\times10^{-9}$
3.05	√	√	0.05	$0.405\ 081\ 8\times10^{-10}$
3.10	0.181 055 2	−0.426 302 3	0.05	$0.165\ 156\ 2\times10^{-9}$
3.20	0.140 924 9	−0.376 202 3	0.1	$0.544\ 672\ 9\times10^{-9}$

从表中不难看出，在 $t=2.9\sim3.0$ 之间有一个间断点，在初始步长为 0.1 的情况下，为越过该间断点，变步长的 RK3－4 法进行了 6 次变步长失败才找到间断点，然后又经过 6 次变步长才重新按恰当步长计算。

因而，如何快速地搜索出间断点，以便能快速地越过间断点是这类系统仿真中需要解决的突出问题。本节简单介绍三种基本方法：条件函数零点搜索法、平均值法和间断点估计法。关于方法的详细论述可参见相关文献。

3.5.2　条件函数零点搜索法

对于一个由微分方程描述的系统，如果能事先确定 $f(y,t)$ 满足条件函数的点，即满足 $\phi_i(y,t)=t^*$，就可以恰当地选择步长。

根据条件函数的特点，可以将其分为两大类：一类是条件函数，仅与时间有关，即 $\phi_i(y,t)=\phi(t)=0$；另一类是一般情况，即条件函数不仅与时间有关，而且与变量的值有关。

对于第一种情况，仿真推进比较简单。事先确定满足条件函数的时间点值，仿真时钟推进时，每一步均与间断点时间值进行比较，使当前步不跨过间断点。关于如何求解 $\phi(t)=0$，可参见相关数值分析类书籍中关于多项式求根的方法。

对于一般情况，条件函数不仅与时间有关，而且与系统变量的值有关。此时，条件函数的零点无法事先求出，而必须在仿真的每一步进行判断。这里存在的主要困难是仿真步长的选择，以避免跨过间断点。

设当前时刻为 t_k，当前时刻系统变量值为 y_k，仿真时钟按步长 h_k 向前推进到 $t_{k+1}=t_k+h_k$，可得到系统变量值的预报值 $y_{k+1}^{(1)}$，相应地可以计算得到 $\phi_k(y_k,t_k)$ 和 $\phi_{k+1}(y_{k+1},t_{k+1})$，同时也可计算得到 $\dot{\phi}_k(y_k,t_k)$ 和 $\dot{\phi}_{k+1}(y_{k+1},t_{k+1})$。用这些值构造一个插值函数 $\phi(t)$，用它来取代原来的条件函数。由此得到的条件函数仅与时间有关，因而易于求得它的根，设 $t_{k+1}^*=t_k+\Delta t_k$，也就是间断点。然后再调整步长 $h_{k+1}=\Delta t_k$，从 (t_k,y_k) 出发，按步长 h_{k+1} 推进到 t_{k+1}^*，这样就不会跨过间断点。这种方法的关键是要找到一种合适的插值函数。由于 ϕ_{k+1}，$\dot{\phi}_{k+1}$ 均是基于预报值 $y_{k+1}^{(1)}$ 计算出来的，而 $y_{k+1}^{(1)}$ 是基于 $f(y,t)$ 连续导出的，难免会有误差，甚至有可能失败。但是，只要 h_k 不是特别大，这种方法仍然是可用的。

条件函数零点搜索法是解决间断点仿真问题的有效方法，其特点是必须将间断点的条件函数转化为显式条件函数。当然，多项式求根算法需花费一些时间，但从总体上来讲，这种方法的效果是显著的。

3.5.3 平均值法

条件函数零点搜索法可以准确地搜索右端函数的零点，从而确定仿真步长，并保证间断点的准确计算。在高精度仿真时，这种方法得到广泛的应用。然而，在计算精度要求不高的情况下，对间断点的高精度搜索效果并不显著，相反，却会大大降低仿真速度。于是，人们力图找到一种精度适中、计算速度较快的间断点仿真方法，以满足仿真速度的要求。平均值法就是一种典型的方法。

设间断特性满足如下关系：

$$\frac{\mathrm{d}y}{\mathrm{d}t}=f(y,u) \tag{3-124}$$

其中，$f(y,u)$ 中包含间断点，u 为作用函数，y 为被仿真的系统变量。设在第 k 步到第 $k+1$ 步作用函数 u 存在间断点，则由式(3-124)：

$$\begin{aligned} y_{k+1} &= y_k+\int_{kh}^{(k+1)h} f(y,u)\mathrm{d}t \\ &= y_k+\int_{u_k}^{u_{k+1}} \frac{f(y,u)}{\frac{\mathrm{d}u}{\mathrm{d}t}}\mathrm{d}u = y_k+\int_{u_k}^{u_{k+1}} \frac{f(y,u)}{g(y,u)}\mathrm{d}u \end{aligned} \tag{3-125}$$

其中，h 表示步长。平均值法的做法是，在区间 $[kh,(k+1)h]$，$\mathrm{d}u/\mathrm{d}t=$ 常数，即

$$g(y,u)=\frac{u_{k+1}-u_k}{h}=\frac{\Delta u_k}{h} \tag{3-126}$$

从而

$$y_{k+1} = y_k+h\frac{1}{\Delta u_k}\int_{u_k}^{u_{k+1}} f(y,u)\mathrm{d}u$$

记

$$f_{ave}(u_k,\Delta u_k) = \frac{1}{\Delta u_k}\int_{u_k}^{u_{k-1}} f(y,u)\mathrm{d}u \tag{3-127}$$

称为 $f(y,u)$ 的平均函数，则

$$y_{k+1}=y_k+hf_{ave}(u_k,\Delta u_k) \tag{3-128}$$

平均值法的关键是如何得到间断特性的平均函数。本节以继电特性为例导出其平均函数，读者可以将该导出过程推广到一般情况。

典型的继电特性如图 3－11 所示，显然可令 $f(y,u)=u/|u|(u\neq0)$，这样，由式(3－127)可得

$$f_{ave}(u_k,\Delta u_k)=\frac{1}{\Delta u_k}\int_{u_k}^{u_{k+1}}f(y,u)\mathrm{d}u=\frac{1}{\Delta u_k}\int_{u_k}^{u_{k+1}}\frac{u}{|u|}\mathrm{d}u$$
$$=\frac{1}{\Delta u_k}\int_{u_k}^{u_k+\Delta u_k}\frac{u}{|u|}\mathrm{d}u=\frac{1}{\Delta u_k}(|u|)_{u_k}^{u_k+\Delta u_k}$$
$$=\frac{|u_k+\Delta u_k|-|u_k|}{\Delta u_k}\tag{3-129}$$

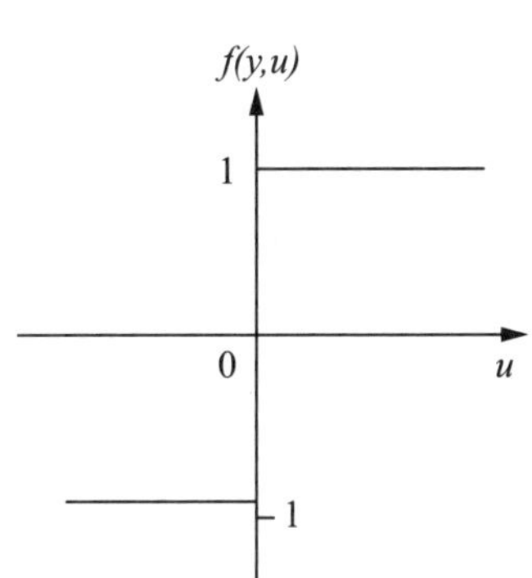

图 3－11　典型继电特性

3.5.4　间断点估计法

由于系统的多样性，总有一些系统的间断特性难于用间断函数描述，也难于列出它们的条件函数，用上述两种方法都无法完成仿真任务。因此，人们直接面向仿真算法开展了大量研究，用于对具有间断点特性的系统进行仿真。这些算法既不搜索条件函数零点，也不计算平均值函数，甚至不需要知道条件函数，而是在仿真过程中自动高效率地估计出系统的间断点，称之为“间断点估计法”。

一般仿真算法在跨过间断点时要反复搜索多次才能找到间断点，因此，间断点估计法的核心是如何减少搜索次数，使得积分步的末尾正好在间断点上。下面，以 Shampine 提出的 RKS3－4 阶公式对为例加以说明。

对微分方程 $\mathrm{d}y/\mathrm{d}t=f(y,t)$，若采用 RKS3－4 阶公式对仿真，其计算表达式为：

$$y_{k+1}=y_k+\frac{h}{8}(K_1+3K_2+3K_3+K_4)$$

其中，

$$k_1=f(t_k,y_k)$$
$$k_2=f\left(t_k+\frac{h}{3},y_k+\frac{h}{3}k_1\right)$$
$$k_3=f\left(t_k+\frac{2h}{3},y_k+\frac{h}{3}(-k_1+3k_2)\right)$$
$$k_4=f(t_k+h,y_k+h(k_1-k_2+k_3))$$

该公式对的误差估计公式是：

$$y_{k+1}=y_k+\frac{h}{32}(-k_1+3k_2-3k_3-3k_4+4k_5)$$
$$k_5=f(t_k+h,y_k+\frac{h}{8}(k_1+3k_2+3k_3+k_4))$$

仿真计算时，k_1,k_2,k_3,k_5 分别是 $t_k,t_k+\frac{h}{3},t_k+\frac{2h}{3},t_k+h$ 时间点导函数 $f(t,y)$的近似值。该方法的特点是子步长正好将 h 分为 3 等分。

在仿真过程中，先不考虑间断点的影响，分别计算出 k_1,k_2,k_3,k_4,k_5，以及 $Df_1=k_2-k_1$，$Df_2=k_3-k_2$，$Df_3=k_5-k_3$(图 3－12)，如果在$[t_k,t_k+h]$区间 $f(t,y)$是连续的，那么，有理由认为 Df_1,Df_2,Df_3 的值相差不会很大。反之，如果它们之间的差别很大，比如，某一

个远远大于其他 2 个(10 倍以上),那么,有理由认为该子区间存在间断点。这时,将该子区间再分为 3 等分,重复进行 1 次积分,直到它们之间的差别达到要求为止。由于每次将区间缩短到原来的 1/3,因此,很快就可搜索到间断点。值得注意的是,这种方法不需要增加太多的计算量,效率较高。

为了使读者对这种方法的效率有一个感性认识,下面给出一个实例。

设系统的方程为 $dy/dt=-y+u$, $y(t_0)=0$, $u(t)$ 如图 3-13 所示。该系统的精确解是:当 $t=4.0$ 时,$y=3.939\,620\,5$。表 3-14 中给出了分别用一般 RKS3-4 阶公式对和带间断点估计的 RKS3-4 阶公式对仿真的结果。

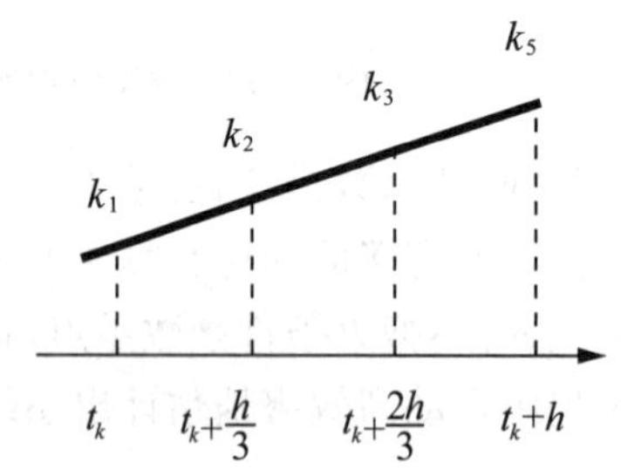

图 3-12 RKS3-4 阶公式对系数计算

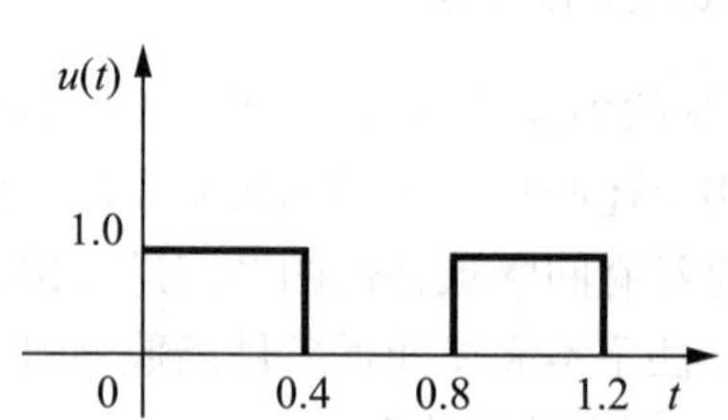

图 3-13 作用函数 $u(t)$

表 3-14 仿真结果比较

误差限	断点搜索次数		$y(t=4.0)$值	
	一般 RKS3-4 阶公式对	带间断点估计 RKS3-4 阶公式对	一般 RKS3-4 阶公式对	带间断点估计 RKS3-4 阶公式对
10^{-5}	425	373	3.933 715	3.948 771
10^{-6}	1 805	1 001	3.939 615	3.939 621

由表中数据可以看到,两者的计算精度接近,但断点搜索次数随着精度要求的提高相差很大。实践表明,带间断点的方法可比不带间断点的方法减少搜索次数30%～50%。

3.6 主动力装置模型的数值仿真

3.6.1 仿真注意事项

1. 步长及算法选择

为了有效地对连续系统进行数字仿真,必须针对具体问题合理地选择算法和计算步长。这些问题比较复杂,涉及的因素也比较多,而且直接影响到数值解的精度、速度和可靠性。能够做到十分合理地选择算法和计算步长并不是一件十分简单的事情,因为实际系统是千变万化的,所以至今尚无一种具体的、确定的、通用的办法。一般来说,应该考虑以下因素:方法本身复杂程度,计算量和误差的大小,步长和易调整性以及系统本身的刚性程度等。要特别注意稳定性的要求。

数值积分方法的选择主要从以下几个方面加以考虑：

(1) 精度要求。影响数值积分精度的因素包括截断误差(与积分方法、方法阶次、步长大小等因素有关)、舍入误差(与计算机字长、步长大小、程序编码质量等因素有关)、初始误差(由初始值准确度确定)。当步长取定时，算法阶次越高，截断误差越小；当算法阶次取定时，多步法精度比单步法高，隐式精度比显式高。当要求高精度仿真时，可采用高阶的隐式多步法，并取较小的步长，但步长不能太小，因为步长太小会增加迭代次数和计算量，同时也会加大舍入误差和积累误差。

总之，实际应用时，应视仿真精度要求合理地选择方法和阶次，并非阶次越高、步长越小越好。

(2) 计算速度。计算速度主要取决于每步积分运算所花费的时间以及积分的总次数。每步运算量与具体的积分方法有关，它主要取决于导函数的复杂程度以及每步积分应计算导函数的次数。在数值求解中，最花费时间的部分往往就是积分变量导函数的计算。对相同的步长，RK4 比 4 阶 Adams 预估-校正法慢。

一般来说，对于系统阶次高、导函数复杂、精度要求高的复杂仿真问题宜采用 Adams 预估-校正法。为了提高仿真速度，在积分方法选定时，应在保证精度的前提下尽可能加大仿真步长，以缩短仿真总时间。对于那些对速度要求特别苛刻的仿真问题，如实时仿真，则宜采用实时仿真算法。

(3) 数值解的稳定性。保证数值解的稳定性是进行仿真的先决条件。否则计算结果将失去实际意义，导致仿真失败。从前面稳定性的分析可知，小于 4 阶时，同阶的 RK 法的稳定性比显式 Adams 法好，但不如同阶次的隐式 Adams 法好，因此从数值解的稳定性角度考虑，应尽量避免采用显式 Adams 法。

总之，积分方法的选择具有较大的灵活性，要结合实际问题而定：当导函数不是十分复杂而且要求精度不是很高时，RK 法是合适的选择；如果导函数复杂、计算量大，则最好采用 Adams 预估-校正法；对于那些实时仿真问题，则必须采用实时仿真算法。

2. **注意事项**

为了求得满意的计算解，在选用模型计算公式和设计方法时，都应注意如下普遍原则：

(1) 防止大数吃掉小数。进行连加时，数据排列顺序应按照绝对值从小到大的顺序排列，绝对值小的放在前面，绝对值大的放在后面。这样可防止大数吃掉小数。计算时合理地选择单位，使参加计算的数值尽量接近，提高仿真计算的精度，防止出现过大或过小的数据，影响计算值有效数据的位数。以压力为例，国际单位值中以 Pa 为单位，这个单位很小，一个大气压就是 1.024×10^5 Pa，而气缸内燃气的爆炸压力更是高达 1.3×10^7 Pa。气体质量流量在每秒几到数十千克之间，以曲轴转角为单位计算则在每度零点零几千克。如果采用原单位计算，则有可能出现大数吃掉小数，或者大数作乘数的情况。

(2) 要避免两个相近数相减。在计算中两个相近数相减，有效数字的位数会严重损失。因此，计算公式中应尽量避免出现这类运算，如果在算法分析中发现有可能出现这类计算，最好的办法是改变计算公式。如为防止相近的数相减，计算时可将公式进行如下变化：

$$1-\cos t=2\sin^2(t/2) \tag{3-130}$$

(3) 避免小数作除数和大数作乘数。在进行乘法运算时，两个数中如果有一个大数，则积的误差就可能放大很多；在进行除法运算时，如果除数太小，则商的误差就可能要放大很多。在算法设计中要尽量避免在计算公式中出现这类运算。

3.6.2 仿真工具

Simulink 工具箱是 MATLAB 软件的扩展，主要用于动态系统的建模、分析和仿真，是一种开放的，用来模拟线性和非线性的以及连续或离散的或者两者混合的动态系统的强有力的工具。MATLAB/Simulink 很早就被用于内燃机及其控制系统的动态建模与仿真中，并一直扮演重要的角色，取得了良好的效果。

Simulink 是一个用来对动态系统进行建模、仿真和分析的软件包，它支持连续、离散及两者混合的线性和非线性系统，也支持具有多种采样频率的系统。在 Simulink 环境中，利用鼠标就可以在模型窗口中直观地“画”出系统模型，然后直接进行仿真。它为用户提供了方框图以进行建模的图形接口，采用这种结构画模型就像你用手和纸来画一样容易。它与传统的仿真软件包微分方程和差分方程建模相比，具有更直观、方便、灵活的优点。Simulink 包含有 Sinks（输出方式）、Source（输入源）、Linear（线性环节）、Nonlinear（非线性环节）、Connections（连接与接口）和 Extra（其他环节）等子模型库，而且每个子模型库中包含有相应的功能模块，用户也可以定制和创建自己的模块。

用 Simulink 创建的模型可以具有递阶结构，因此用户可以采用从上到下或从下到上的结构创建模型。用户可以从最高级开始观看模型，然后用鼠标双击其中的子系统模块，查看其下一级的内容，以此类推，从而可以看到整个模型的细节，帮助用户理解模型的结构和各模块之间的相互关系。在定义完一个模型后，用户可以通过 Simulink 的菜单或 MATLAB 的命令窗口键入命令来对它进行仿真。菜单方式对于交互工作非常方便，而命令行方式对于运行一大类仿真非常有用。采用 Scope 模块和其他的画图模块，在仿真进行的同时，就可观看到仿真结果。除此之外，用户还可以在改变参数后迅速观看系统中发生的变化情况。仿真的结果还可以存放到 MATLAB 的工作空间里作事后处理。

Simulink 具有非常高的开放性，提倡将模型通过框图表示出来，或者将已有的模型添加组合到一起，或者将自己创建的模块添加到模型当中。Simulink 具有较高的交互性，允许随意修改模块参数，并且可以直接无缝地使用 MATLAB 的所有分析工具。对最后得到的结果可进行分析，并能够将结果可视化显示。

1. Simulink 工作原理

尽管 Simulink 的初衷是为用户提供一个具有友好用户界面的系统级仿真平台，通过它的图形化仿真环境，可以为用户屏蔽掉许多繁琐的编程工作，而把主要精力放在模型的构建上，从而使用户能够快速完成系统的设计任务。但为了能够高效灵活地使用 Simulink，必须了解 Simulink 的工作原理。Simulink 是通过系统模型（框图）与 MATLAB 求解器之间的交互对话完成系统仿真的，如图 3 - 14 所示。Simulink 传递模块参数和微分（差分）方程给 MATLAB 求解器，而 MATLAB 求解器计算系统模块的输出以更新离散系统的状态并确定下一步仿真时间。

简单地说，Simulink 中的每个模块都是一个具有输入、输出和状态三个基本元素的系统。在 Simulink 中，模块都是用向量来表示这三个基本元素的，假设 u，x 和 y 分别表

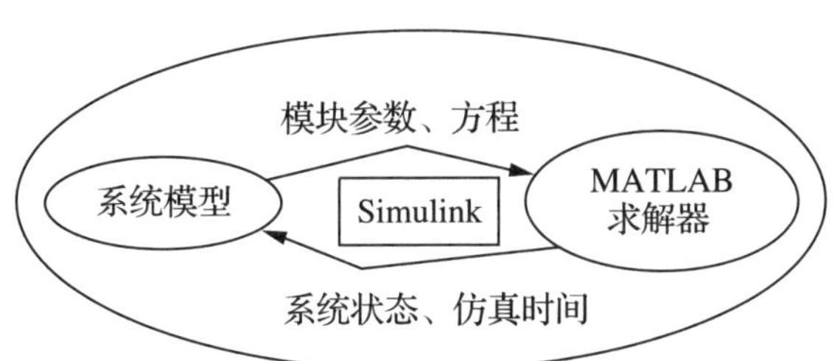

图 3-14 Simulink 仿真原理示意图

示输入、状态和输出向量。图 3-15 能够表示这三个元素的关系。其中状态向量是非常重要的概念,状态决定了模块的输出,而它的当前值是前一个时间模块的状态和(或)输入的函数。拥有状态的模块必须能够保存前面的状态值,计算当前的状态值,并且具有保存以前状态值或输入值的存储空间。Simulink 的积分(Integrator)模块是有状态的模块,Integrator 模块输出的是输入信号从仿真开始到当前时刻的积分值,当前积分值依赖于 Integrator 模块输入的历史记录,因此积分值是模块的一个状态。而增益(Gain)模块则是无状态的模块,其输出完全由当前的输入值和增益决定,因此,Gain 模块没有状态。

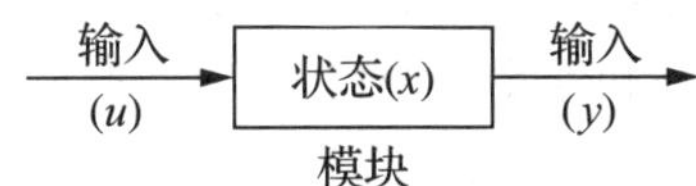

图 3-15 Simulink 模块的基本模型

Simulink 中的状态向量可以分为连续状态、离散状态或两者的结合。无论是连续系统还是离散系统,在用计算机进行仿真时,都需要在采样时间点(即采样时间步长)估计系统的输入、输出和状态向量。在每一个采样时刻,Simulink 根据当前的时间、输入和状态来决定该采样时刻的输出。

Simulink 的仿真过程包括两个阶段:初始化和模型计算。

1) 初始化

在初始化阶段,要完成的工作包括:

(1) 将模块参数传递给 MATLAB 进行估值,得到的数值将作为模块的实际参数。

(2) 模型的各个层次被展开,每个非条件执行子系统被它所包含的模块替代。

(3) 模型中的模块按更新的次序进行排序,排序算法产生一个列表确保具有代数环的模块在产生它的驱动输入的模块被更新后再更新。

(4) 决定模型中没有显式设置的信号属性,如名称、数据类型、数值类型以及大小等,并且检查每个模块是否能够接收连接到它们输入端的信号。Simulink 使用属性传递的过程来决定未被设定的属性,属性传递是将源信号的属性传递到它所驱动模块的输入信号。

(5) 决定模型中所有没有显式设置采样时间的模块的采样时间。

(6) 分配和初始化用于存储每个模块的状态和输出的当前值的存储空间。

2）模型计算

完成初始化工作后，Simulink 就开始运行仿真了。Simulink 是使用数值积分来仿真计算的。所以，Simulink 求解器在仿真计算中起到非常重要的作用。

在仿真开始时，模型设置等待仿真系统的初始状态和输出，在每个时间步长中，Simulink 计算系统的输入、状态和输出，并更新模型来反映计算出的值。在仿真结束时，模型得出系统的输入、状态和输出。在每个时间步长中，Simulink 所采取的动作依次是：

(1) 按排列好的次序，更新模型中模块的输出。Simulink 通过调用模块的输出函数计算模块的输出。Simulink 当前值、模块的输入和状态传给这些函数计算模块的输出。对于离散系统，Simulink 只有在当前时间是模块采样时间的整数倍时，才会更新模块的输出。

(2) 按排列好的次序，更新模型中的模块状态。Simulink 调用模块的离散状态更新函数来计算一个模块的离散状态；对连续状态的微分进行数值积分来获得当前的连续状态。

(3) 检查模块连续状态的不连续点。Simulink 使用过零检测(Zero Crossing Detection)状态的不连续点。

(4) 计算下一个仿真步长的时间。这里需要说明的是，Simulink 在仿真中要根据事先确定的模块更新次序来更新状态和输出。而更新次序对仿真结果的正确性非常关键，尤其是，当某个模块的输出是它当前时刻的输入值的函数，则该模块必须在驱动它的模块被更新之后才能被更新，否则，模块的输出将无意义。

为了建立有效的更新次序，Simulink 根据输出和输入的关系，将模块分为两类。当前输出依赖于当前时刻输入的模块称为直接馈入模块，所有其他的模块称为非直接馈入模块。比如，Simulink 中的 Gain，Product 和 Sum 模块是直接馈入模块，而 Constant 模块(没有输入)、Memory 模块(输出只依赖于前一个时间步长的输入)则是非直接馈入模块。基于上述分类，Simulink 使用两个基本规则对模块进行排序：①每个模块必须在它所要驱动的所有模块中的任何一个模块更新之前被更新，这条规则确保模块在被更新时，它的输入有效；②非直接馈入模块可以按任何的次序更新，只要它们在它们所要更新的直接馈入模块之前更新。这条规则可以通过把所有非直接馈入模块以任何次序放入更新列表来满足。它允许 Simulink 在排序过程中忽略非直接馈入模块。

2. 代数环

代数环(Algebraic Loops)是影响模型性能和计算速度的主要因素，并会限制模型在控制或观测等实时领域的应用。简单地说，所谓代数环就是某一模块的输出信号被直接重新引入其输入端口。这意味着不知道模块的输入就无法计算模块的输出。如 Math Function，Integrator，Sum，Product，Gain，Transfer Function，State－Space，Zero－Pole 等模块都可能会直接反馈。图 3－16 给出了一个代数环的示例。

图 3－16 所示的模型的数学描述为

$$\dot{x}=u-k_3(k_2\dot{x}+k_1x) \tag{3-131}$$

求解上述方程时，Simulink 要解一个关于 $\dot{x}$ 的代数方程，这一过程要耗费很多时

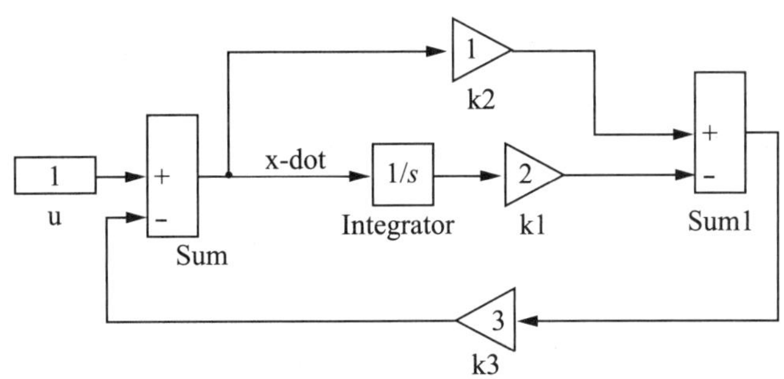

图 3-16　代数环示例

间,并且在一些情况下这个代数方程还不一定收敛。一般而言,形如式(3-132)的方程在 Simulink 中使用 Newton-Raphson 方法迭代求解。如果函数关于 $\dot{x}$ 是线性的,会得到精确解,但如果函数是非线性的,则可能需要迭代很多步,或者根本得不到解。显然代数环的存在既影响仿真计算的精度,又浪费大量的机时,因此,在建模仿真时要尽力解决代数环的问题。

$$\dot{x}=f(x,\dot{x},u,t) \tag{3-132}$$

消除代数环最好的方法是重新设计一个没有代数环的模型,如式(3-131)可变换为式(3-133)。但并不是所有的模型都可以方便地转换为无代数环的模型,因为许多物理模型本身就是从代数环思想出发建立的。因此,必须寻找如何求解包含代数环数学模型的方法。

$$\dot{x}=(u-k_3k_1x)/(1+k_2k_3) \tag{3-133}$$

在 Simulink 中,消除代数环的另一个方法是在模型中引入存储(Memory)模块,如图 3-17所示。这种方法相当于用前一步的值代替当前步的值,因而可以中断代数环,但由存储模块带来的迟延会使模型的精度下降。

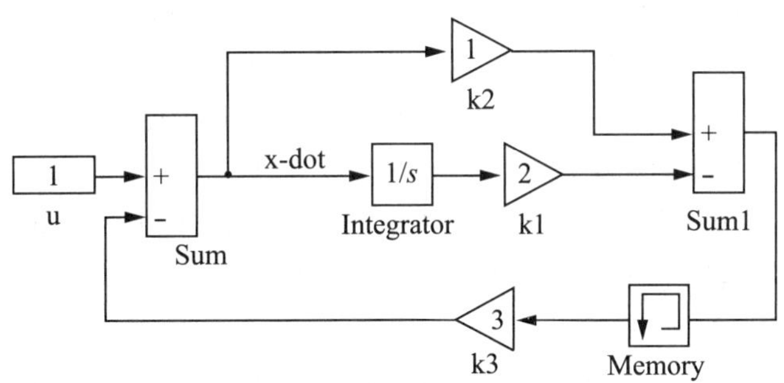

图 3-17　应用存储模块中断代数环

消除代数环的最终方法是使用 S-函数直接求解代数问题。尽管这种方法需要编写代码代替 Simulink 模型,但有时这正是最佳的解决办法。有关 S-函数的知识请参考本书第 4 章。

3. Simulink 求解器

Simulink 求解器是 Simulink 进行动态系统仿真的核心所在,因此,欲掌握 Simulink 系统仿真原理，必须对 Simulink 求解器有所了解。

Simulink 对连续系统进行仿真，实质上是对系统的微分方程进行求解。如前文所述，对微分方程的数值求解的方法有多种，因此，Simulink 的连续求解器有多种不同的形式，可分为变步长求解器和定步长求解器两类。采用不同的连续求解器会对连续系统的仿真结果和仿真速度产生不同的影响，而且用户可以设置具有一定误差范围的连续求解器进行相应的控制。连续求解器设置如图 3-18 所示。

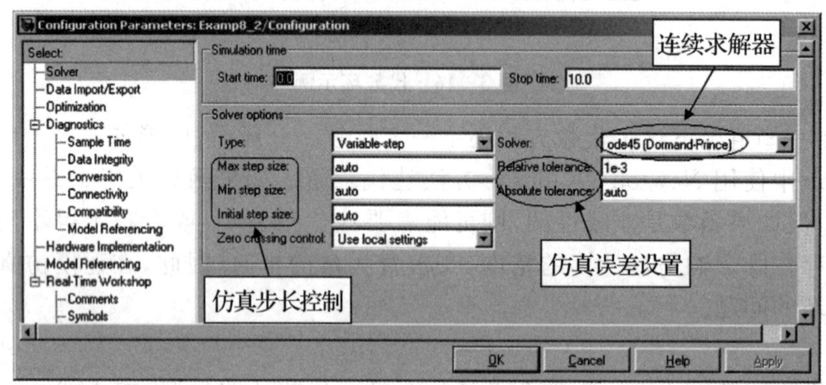

图 3-18　连续求解器设置

求解器可设置为变步长算法和定步长算法两类，每类算法都包括几种不同的算法，分类介绍如下：

1) 可变步长类算法

可变步长(Variable-step)类算法是在解算模型(方程)时可以自动调整步长，并通过减小步长来提高计算的精度，或者增加步长来提高计算速度。在 Simulink 的算法中可变步长类算法有如下几种：

(1) ode45(Dormand-Prince)。基于显式四阶五级 Rung-Kutta 算法和 Dormand-Prince 组合的算法，它是一种单步解法，即只要知道前一时间点的解 $y(t_{n-1})$，就可以立即计算当前时间点的方程解 $y(t_n)$。对大多数仿真模型来说，首先使用 ode45 来解算模型是最佳的选择，所以在 Simulink 的算法选择中将 ode45 设为默认的算法。

(2) ode23(Bogacki-Shampine)。基于显式二阶三级 Rung-Kutta(2,3)，Bogacki 和 Shampine 相结合的算法，它也是一种单步算法。在容许误差稍大和计算略带刚性的问题方面，该算法比 ode45 要好。

(3) ode113(Adams)。这是可变阶数的 Adams-Bashforth-Moulton 算法，在误差要求很严时，odel13 算法较 ode45 更适合。ode113 是一种多步算法，也就是需要知道前几个时间点的值，才能计算出当前时间点的值。

(4) ode15s(Stiff/NDF)。一种可变阶数的 Numerical Differentiation Formulas(NDFs)算法，它相对 Backward Differentiation Formulas 算法(简称 BDFs 算法，也称 Gear 算法)较好。它是一种多步算法，当遇到带刚性(Stiff)问题时或者使用 ode45 算法计算不理想时，可以试试这种算法。

(5) ode23s(Stiff/Mod. Rosenbrock)。这是一种改进的二阶 Rosenbrock 算法。在容许误差较大时，ode23s 比 ode15s 有效，所以在解算一类带刚性的问题时用 ode15s 处理不了时，可以用 ode23s 算法。

(6) ode23t(Mod. Stiff/Trapezoidal)。一种采用自由内插方法的梯形算法。如果模型有一定刚性，又要求解没有数值衰减时，可以使用这种算法。

(7) ode23tb(stiff/TR - BDF2)。采用 TR - BDF2 算法，即在 Runge - Kutta 法的第一阶段用梯形法，第二阶段用二阶的 Backward Differentiation Formulas 算法。从结构上讲，两个阶段的估计都使用同一矩阵。在容差比较大时，使用 ode23tb 和 ode23t 比 ode15s 好。

2) 固定步长类算法

固定步长类算法，顾名思义，是在解算模型(方程)的过程中步长是固定不变的，在 Simulink 的算法中固定步长类算法有如下几种：

(1) ode5(Dormand - Prince)。基于 Dormand - Prince 算法，也就是 ode45 算法的固定步长版本。

(2) ode4(Rung - Kutta)。四阶 Runge - Kutta 法。

(3) ode3(Bogacki - Shampine)。采用 Bogacki - Shampine 算法。

(4) ode2(Heun)。一种改进的 Euler 算法。

(5) ode1 欧拉(Euler)算法。

(6)Discrete(NoContinuousStates)。不含积分的固定步长解法，它适用于没有连续状态仅有离散状态模型的计算。

需要说明的一点是，实际系统很少是纯粹连续或离散的，大部分系统是混合系统。连续变步长求解器不仅考虑了连续状态的求解，也考虑了离散状态的求解，因此，连续变步长求解器比较常用。连续变步长求解器首先尝试使用最大步长(仿真起始时采用初始步长)进行求解，如果在这个仿真区间内有离散状态更新，则调整步长与离散状态的更新相吻合。

3.6.3　缸内工作过程仿真

1. 通用模块

柴油机模型涉及面很广、模型复杂，宜采用模块化方法建模，把复杂的模型分为多个子模块，方便建模和修改。Simulink 的子系统及其封装技术提供了很好的模块化建模办法。根据物理系统的实际情况，可把复杂的模型划分为多个相互关联的子模型，对每个子模型进行单独建模和封装。这样，使各子模型之间的关系更加明确，便于模型物理意义的理解，并且便于模型的修改和升级。

Simulink 中一个重要功能是可以建立模型库，供重复使用。建模时，可把反复使用的部分模型单独提取出来，建立模型库供重复使用。图 3 - 19 给出了在柴油机模型中常用到的一些封装模块。这样做的好处是，如果改进了某一部分的模型，只要输入、输出关系不变，则只需修改封装模块，所有用到原封装模型的系统将自动使用更新的模型。这样不仅节省了建模时间，而且可以保证在多次建模中不会因失误而在某些系统中出现差错。

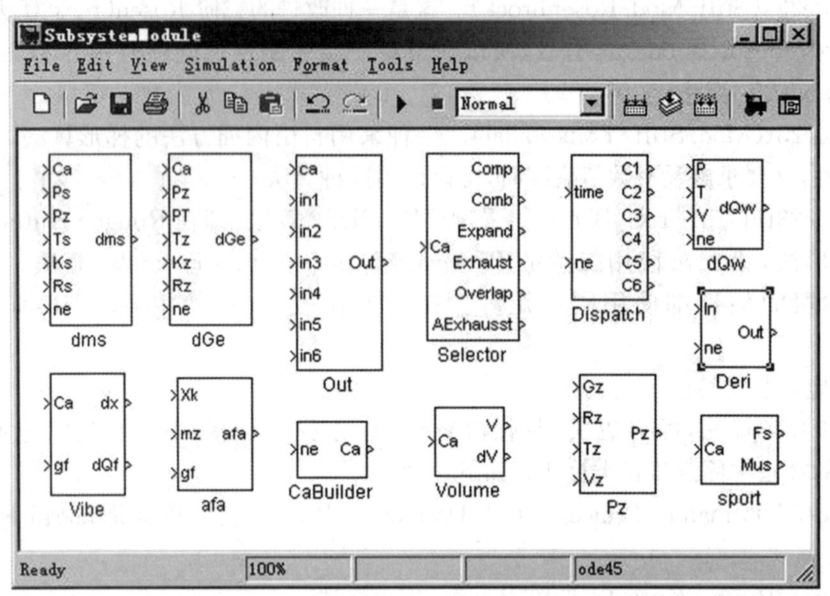

图 3-19 柴油机模型中用到的部分子模块

图 3-19 中通用模块的功能见表 3-15。

表 3-15 部分封装子模块功能

模块名称	模块功能	模块名称	模块功能
afa	计算瞬时过量空气系数	Out	根据曲轴转角控制输出
CaBuilder	计算曲轴转角的模块	Pz	计算气缸压力
Deri	将对时间的微分转化为对角度的微分	Selector	根据曲轴转角选择工作过程
dGe	计算排气气体流量	sport	计算扫气口截面积
Dispatch	多缸模型中调度各缸的运转	Vibe	计算双韦伯燃烧放热规律
dms	计算扫气气体质量流量	Volume	计算气缸容积
dQw	计算气缸周壁的热传导		

2. 缸内工作过程仿真模型

柴油机缸内工作过程仿真模型是容积法模型仿真的基础，只有实现了缸内工作过程的仿真才能进行下一步的工作。根据柴油机活塞行程把缸内工作过程划分为不同的阶段，每个工作阶段都有其特点，缸内工作过程的基本方程形式也有所不同，因此，对缸内工作过程的计算需划分为不同的模块进行分段计算。

大型低速二冲程柴油机一般根据活塞行程把缸内工作过程分为六个阶段：压缩过程（压缩始点到燃烧始点）、燃烧过程（燃烧始点到燃烧终点）、膨胀过程（燃烧终点到排气阀开）、自由排气过程（排气阀开到扫气口开）、扫气过程（扫气口开到排气阀关）、后排气过程（扫气口关至排气阀关）。程序按气缸工作过程划分为六个模块，根据曲轴转角和定时依次调用这六个模块，完成缸内过程的仿真。

根据缸内工作过程的划分方法，在 Simulink 中为每一阶段建立仿真计算模型。各模块通过压力、温度、气体成分、质量等工作过程之间的内在联系结合成一个整体，根据曲轴转角分别调用不同的工作过程模块。整体 Simullink 模型如图 3－20 所示。图中，Selector 模块是根据曲轴转角来调度各工作过程模块的运行，Compress 模块为压缩过程，Combustion 模块为燃烧过程，Expand 模块为膨胀过程，Exhaust 模块为自由排气过程，Overlap 模块为扫气过程，AExhaust 模块为后排气过程。

图 3－20 显示了缸内工作过程仿真模型。Selector 模块的输入 Ca 表示曲轴转角，内部根据曲轴转角计算其六个输出，分别控制各工作过程模块的启动和停止。各模块之间的连线为模块之间、各工作过程之间的相互联系，和数学模型中的表示完全一致。其余几个带有“Out”字样的模块用来控制输出，使输出量与工作模块相对应。因不同的曲轴转角对应不同的工作模块，所以输出也需要根据曲轴转角与不同的工作模块相对应，保证输出量的正确性。

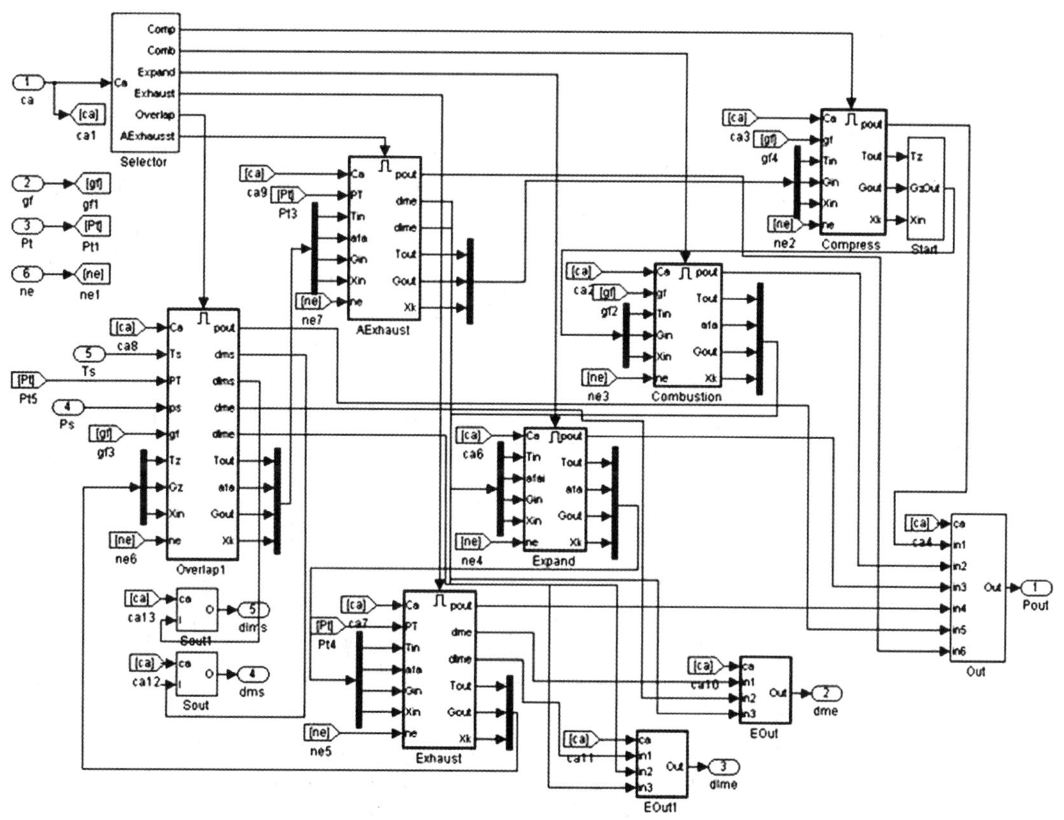

图 3－20 缸内工作过程仿真模型

图 3－21 为扫气过程的 Simulink 仿真模型框图，也就是图 3－20 中的 Overlap 模块的详细内容。

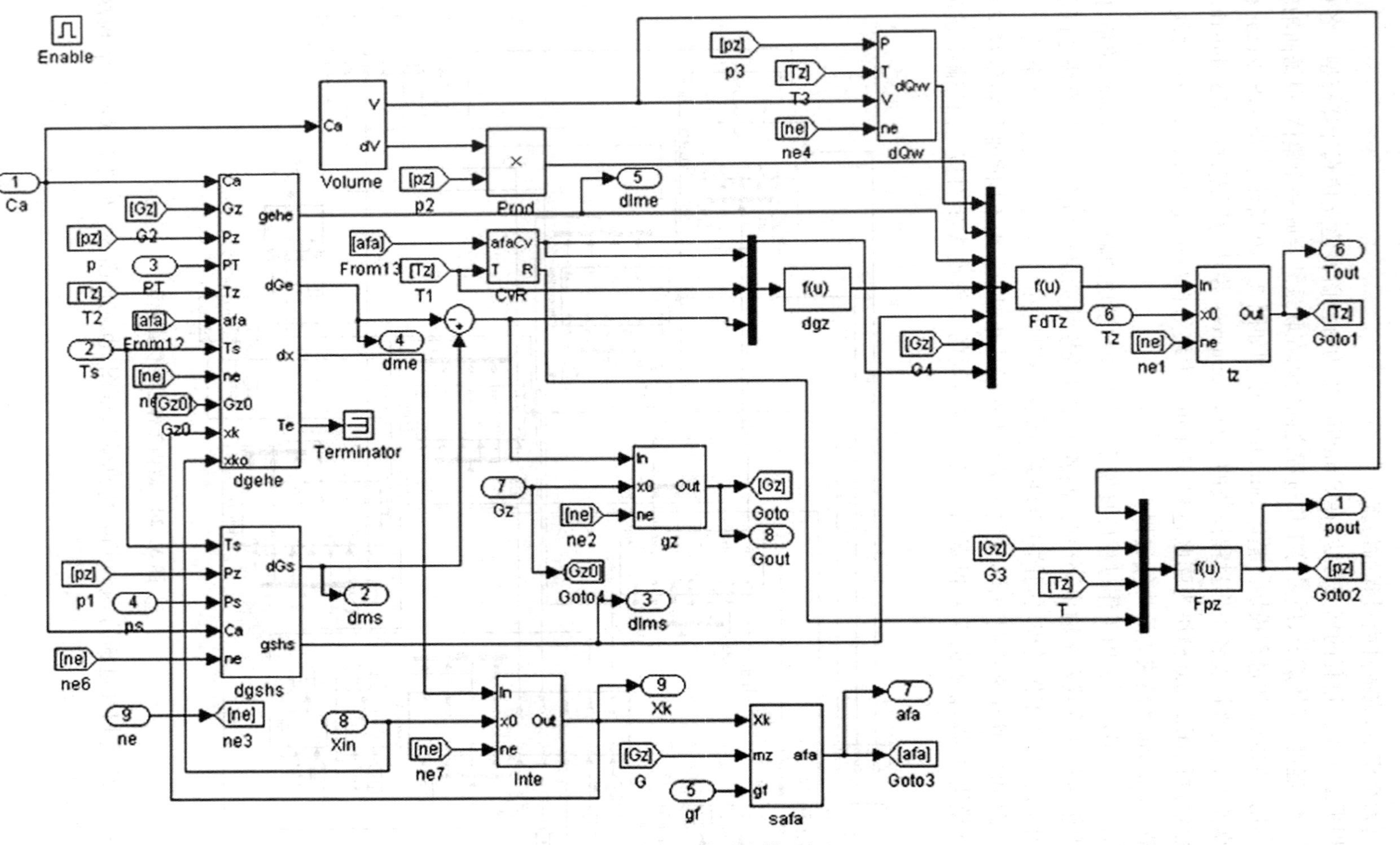

图3–21　扫气过程的仿真模型框图

图 3-21 中,dgehe 模块计算排气气体的有关参数;dgshs 模块计算扫气气体的相关参数;dQw 模块计算气缸周壁的散热;gz 模块计算缸内气体质量;safa 模块计算缸内气体瞬时过量的空气系数;tz 模块用来计算缸内气体的温度。其中扫气过程模型建立在改进的"浓排气"模型基础上,采用 S-函数实现,提高迭代计算的速度。

其他工作过程模块的 Simulink 仿真框图与扫气过程类似,按照前述各过程的特点建立模型,不再赘述。

需要注意的是,Simulink 中的微分或积分都是以时间为自变量的,而在前文所述的模型中,既有以时间为自变量的方程,也有以角度为自变量的方程。在建立 Simulink 模型时,必须将对角度的微分转化为对时间的微分,图 3-19 中的 Deri 模块实现了这一功能。

3. 单缸仿真结果

模型的参数及外部数据保存在一个单独的文件里,仿真之前首先运行这个文件,将参数输入到 MATLAB 的工作空间,Simulink 模型会自动与 MATLAB 的工作空间进行交互,取得参数和外部数据。运行模型,即可计算出示功图和其他主要参数。根据不同工况修改气缸模块输入的外部数据,运行模型,记录仿真数据,并保存仿真得到的 $p-\varphi$ 示功图。

表 3-16 为不同负荷工况下柴油机压缩压力和爆发压力计算值与实测值的比较。表 3-16中数据显示,在各工况下,由模型计算得到的压缩压力及爆发压力与实测值都几乎相等。这说明模型在各工况下都能保证其正确性。图 3-22～图 3-26 分别为 50%,75%,90%,100%和 110%负荷时的仿真 $p-\varphi$ 示功图与实测 $p-\varphi$ 示功图的对比,图中实线表示计算值,虚线为从实测示功图扫描得到的实测值。

表 3-16　各负荷压缩压力与爆炸压力对比

负荷/%		50	75	90	100	110
p_{comp}/MPa	实测值	7.4	10.4	11.7	12.9	14.07
	计算值	7.45	10.4	11.7	13.0	14.15
p_{max}/MPa	实测值	9.5	12.5	14.0	14.2	13.52
	计算值	9.49	12.6	13.9	14.3	13.52

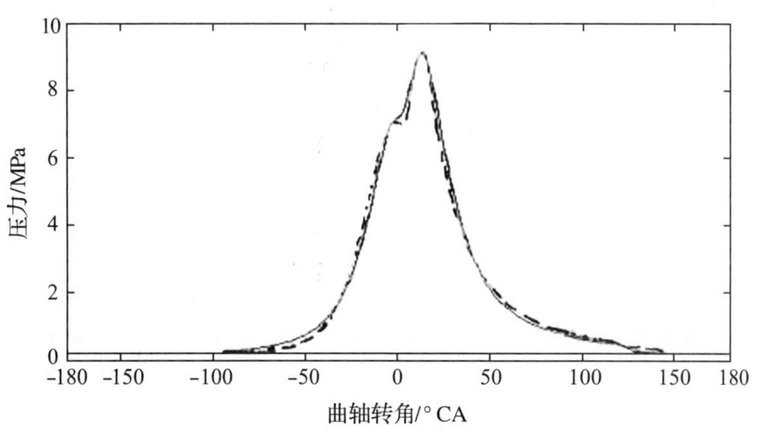

图 3-22　50%负荷示功图对比

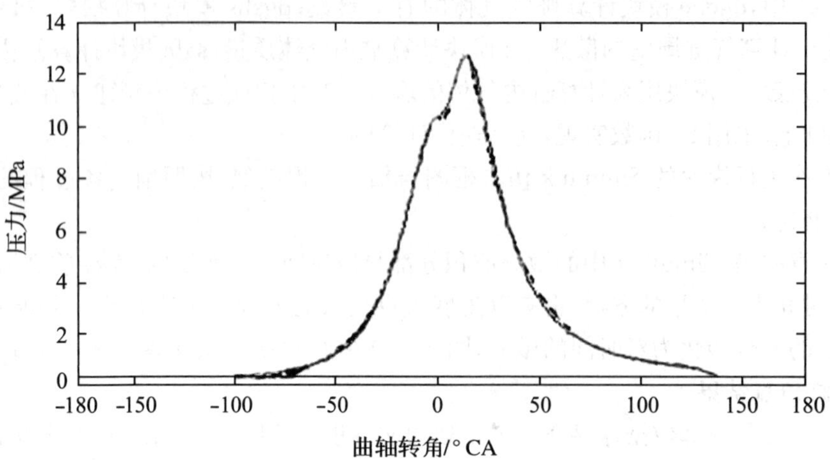

图 3-23　75%负荷示功图对比

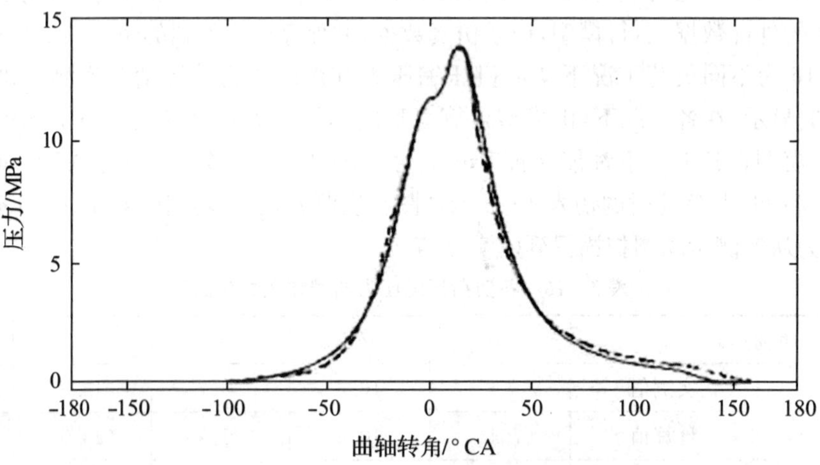

图 3-24　90%负荷示功图对比

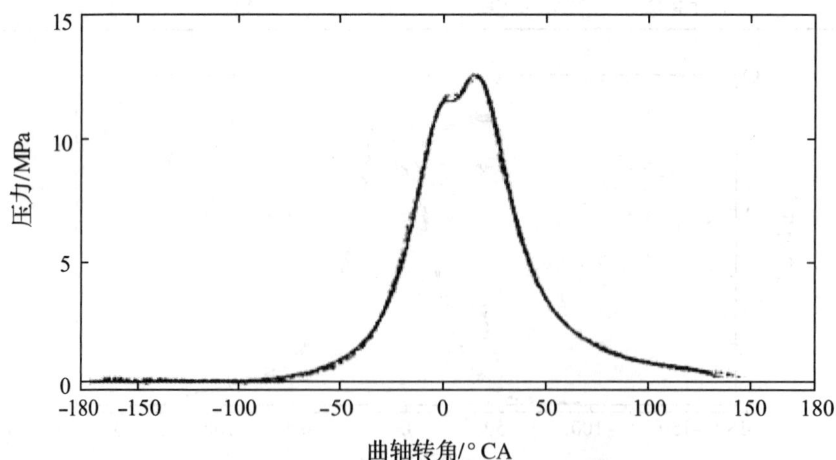

图 3-25　100%负荷示功图对比

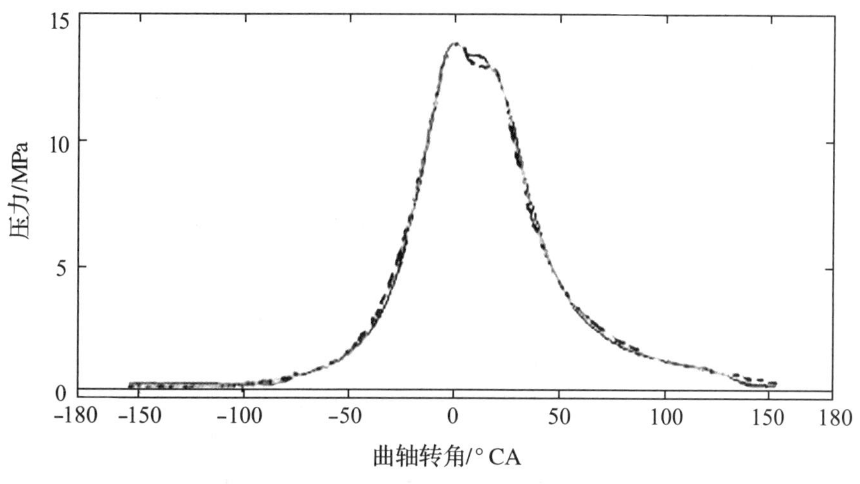

图 3-26　110%负荷示功图对比

从图 3-22～图 3-26 中可以看出，各工况下的仿真示功图曲线与实测曲线几乎重合，仿真曲线能很好地体现缸内气体压力的变化规律，而且压缩压力和爆发压力都可以很清楚地看到。这说明缸内工作过程仿真模型的计算精度可以满足工程实际的要求。对比各工况下示功图可以发现，在不同工况下，尽管喷油、定时等改变使实测示功图的形貌随工况不同而有所变化，如在低负荷时，喷油提前角增大，使爆炸压力相对提高，示功图曲线显得比较陡峭，但模型仿真曲线完全可以跟踪实测示功图曲线在形貌上的变化。这说明采用插值法计算调整燃烧放热规律参数的方法是可行的，效果令人满意。

从图 3-22～图 3-26 中也可以看出，压缩和膨胀过程中计算值和实测值偏差稍大，这主要因为这两个过程中气缸周壁的传热量较大，对缸内气体能量的影响也较大。计算气缸周壁传热时采用的是各壁面的平均温度计算温差，这样做虽然可以从总体上控制传热量，保证整体性能的正确性，但由于实际过程中气缸周壁的瞬时温度是变化的，并且在壁面的不同位置也都有所差别，因此，在曲线的局部就会出现一些偏差，从而使仿真曲线与实测曲线有所差别。

图 3-22 显示在低负荷时模型的准确性略微降低，仿真曲线与实测示功图有较大的差别。造成这种现象的原因不在于缸内工作过程的计算，而主要因为进排气系统在低负荷时本身工作就不太稳定，下文中将给出详细解释。

4. 多缸模型

上述为柴油机单缸仿真结果，仿真多缸柴油机有两种办法：

(1) 重复建立其他各缸的仿真模型，把它们作为一个整体进行叠加，得到整机仿真模型。这样做的好处是可以方便地分别设置每缸的不同参数和仿真各缸性能，并能够考察一缸或多缸性能的变化对柴油机整机性能的影响。其缺点是计算工作量增大；缸数越多，计算量增加越明显。这对计算机的性能要求很高，难于达到实时仿真的要求。

(2) 将单缸计算得到的数据，根据各缸发火顺序分别后移一定的角度进行叠加，由此可得到整机数据。这样虽然不易考察各缸性能对整机性能的影响，却大大节省了计算工作量，从而加快了计算速度，对以控制和仿真为目的的计算机仿真有很大的好处。

根据不同的目的可以选用不同的方法，若需要进行故障诊断等方面的仿真可以选用第一个方法；而对以系统仿真为目的的轮机模拟器而言选用第二个方法可以提高仿真速度。

本书采用了第二种方法，具体办法是应用 MATLAB/Simulink 中的延迟模块将输入量根据各缸发火顺序和转速分别延迟一定的时间得到各缸的输出，然后将各缸输出值进行叠加即可得到整机的输出值。以六缸机为例，具体 Simulink 仿真图如图 3－27 所示。图中 In 为以曲轴转角为自变量的单缸参数输入值，Out 是转化为以时间为自变量的整机输出值，5 个 Delay 模块为延时模块，5 个 t 模块根据转速 n_e 分别计算各缸的延迟时间。各缸的延迟时间可根据发火顺序、曲轴转角及转速之间的关系得到。以 5＃缸为例，它与 1＃缸的发火间隔为 60°曲轴转角，因此 5＃缸对 1＃缸的输出延迟时间为：

$$60/(n_e \times 360/60)=10/n_e \tag{3-134}$$

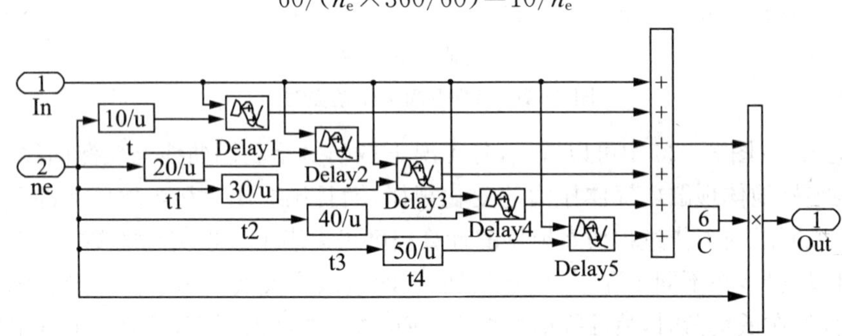

图 3－27　多缸叠加模块

5. 瞬时扭矩计算

由第 2 章可知，柴油机瞬时扭矩计算是建立在缸内工作过程仿真的基础上，并且是实现柴油机船舶动力装置仿真的基础。单缸工作过程计算得到的气体压力，结合曲柄连杆机构动力学即可计算柴油机单缸瞬时扭矩。

图 3－28 为柴油机单缸扭矩预测模型的 Simulink 仿真框图，其中包括气缸模块和动力学模块。模型的输入信号是单缸每循环供油量（g_f）、排气管压力（p_t）、扫气箱温度（T_s）、柴油机转速（n_e）和扫气箱压力。曲轴转角可由转速计算得到。模型可输出气缸内气体瞬时压力、瞬时扭矩、扫气流量、排气流量等参数。

图 3－29 是柴油机单缸每循环指示扭矩的变化。观察图 3－22 和图 3－29 可发现，单缸扭矩的变化规律与示功图中气体压力的变化规律基本一致。单缸扭矩随曲轴转角从正值到负值的变化非常剧烈，在上死点前达到负的峰值，这时压缩过程接近终点，气体压力产生的阻力矩最大；在上死点后一定角度达到正的峰值，这时燃烧过程由定容膨胀过程转变到定压膨胀过程，气体力产生的推力矩最大。由于在一个循环过程中，力矩变化非常剧烈，单缸机造成的转速波动较大，振动也较剧烈。

多缸柴油机瞬时输出扭矩可通过单缸扭矩叠加得到，方法如前述。6S60MC 柴油机为六缸，各缸瞬时扭矩经过叠加得到的整机输出扭矩比单缸机平稳，图 3－30 为六缸瞬时扭矩经叠加后得到的整机输出扭矩。从图中可以看出，柴油机每旋转一周，指示扭矩有六个峰值，各峰值之间的间隔为 60°曲轴转角，与各缸发火顺序相对应。

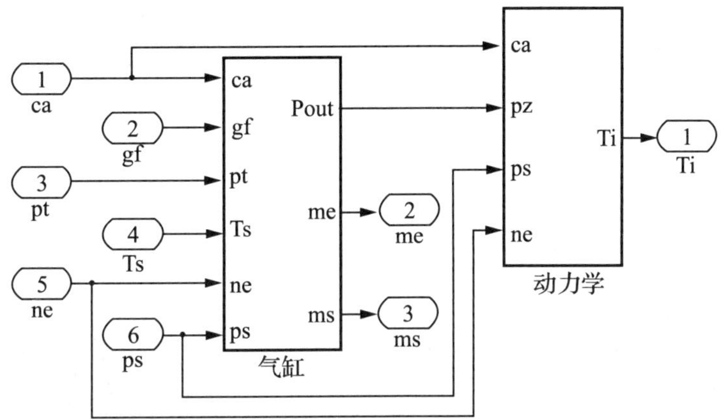

图 3－28　柴油机单缸扭矩仿真框图

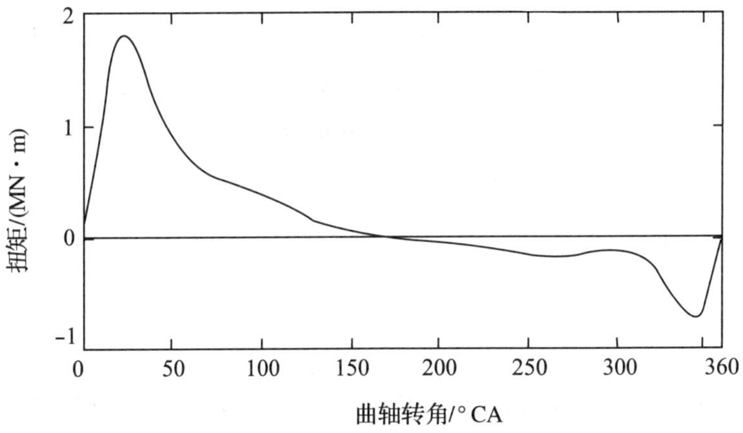

图 3－29　柴油机单缸瞬时扭矩

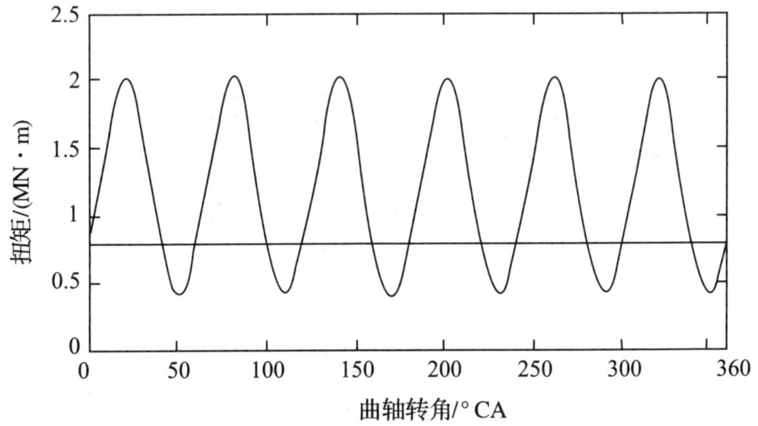

图 3－30　六缸柴油机指示扭矩

通过设置模型的不同参数和变化规律,可以仿真柴油机多种故障。例如,对某一缸的输出扭矩不求和,可以仿真单缸停油情况;调整燃油喷入气缸的时间(曲轴转角),可以仿真定时不正确的情况;减少扫气口的通流面积,可以仿真扫气口脏堵等故障。图 3-31 显示了 100%负荷时,4#缸停油时柴油机整机指示扭矩。图中显示由于 4#缸停油造成整机输出扭矩的巨大波动,这符合实际情况。但这会造成柴油机各项负荷超标,因此,在封缸时必须降负荷运行。

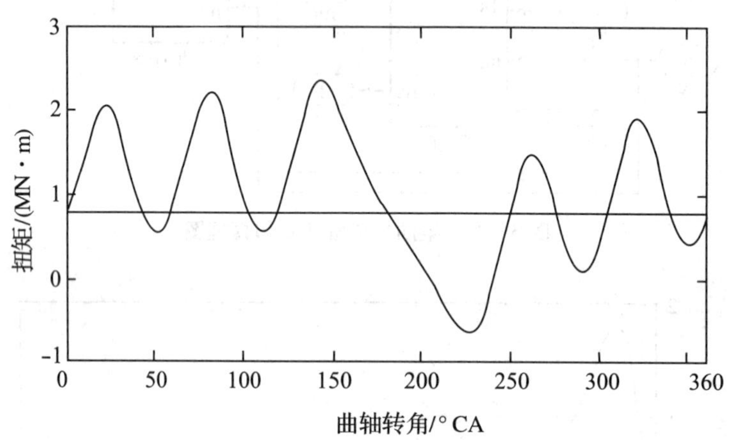

图 3-31　4#缸停油时柴油机指示扭矩

3.6.4　容积法的动态仿真

1. 仿真模型

无论是缸内工作过程还是瞬时扭矩的计算都是进行容积法模型动态仿真的基础。进行动态仿真尚需要建立调速器、扫气箱、排气管、中冷器、涡轮增压器等部件的仿真模型,并且包括动力装置中的轴系及螺旋桨。图 3-32 为容积法模型动态仿真的总体框图,由转速设定模块、调速器模块、柴油机模块、螺旋桨模块和数据文件模块(用于保存计算数据)组成。

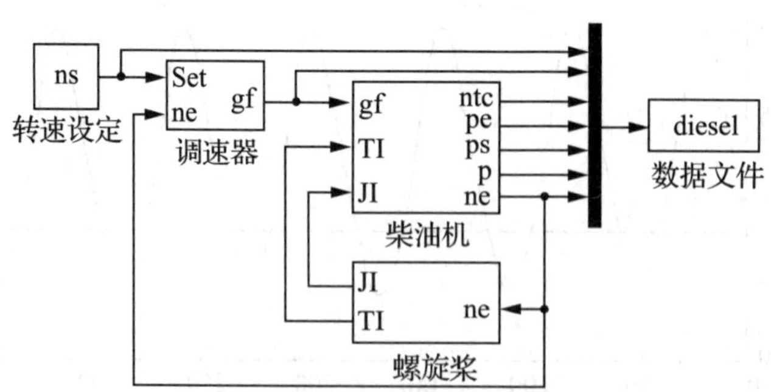

图 3-32　容积法模型动态仿真 Simulink 框图

图 3-33 为柴油机模块的详细框图,包括气缸模块、扫气箱模块、排气管模块、增压器模块、中冷器模块及动力学模块,各自的功能是可以顾名思义的。中冷器模块比较简单,

扫气箱模块中包含辅助风机模块。废气涡轮增压器是一个相对独立的机械，模型较为复杂。

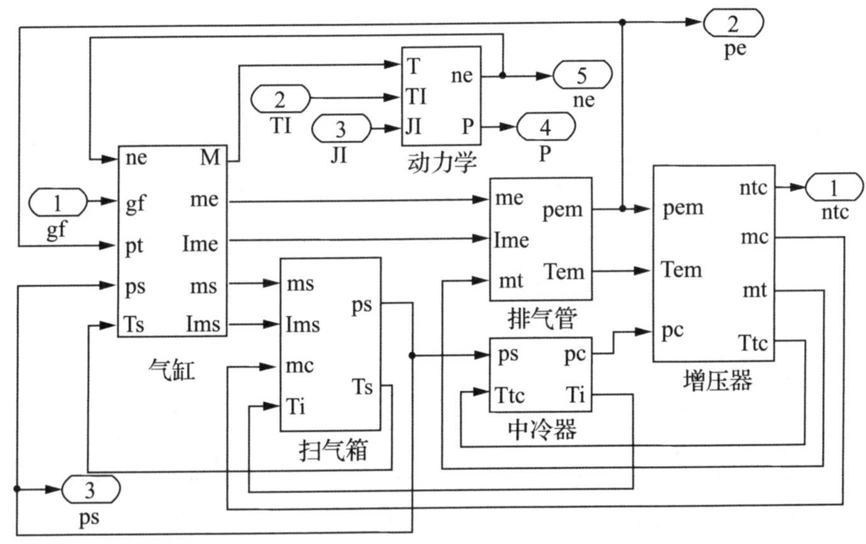

图3-33　柴油机模块的详细框图

2. **推进特性**

柴油机的推进特性是在试验台上测定的。测定推进特性时，预先计算出柴油机在各转速下的功率值，根据这些数据将柴油机在推进特性的各相应的转速和功率点下运行，逐点测量爆炸压力、压缩压力、扫气压力、有效油耗率等技术数据。以负荷(或转速)为横坐标，以各项数据为纵坐标绘制曲线，即为柴油机的推进特性曲线。

柴油机仿真时，按照台架试验测量推进特性的过程进行。在转速设定环节可把转速设为定值，则在调速器作用下，柴油机系统会在设定值条件下运转。同时，由于柴油机仿真模型的负载为螺旋桨，因此，相应的转速下，柴油机的负荷满足推进特性的要求。通过设定不同负荷下相对应的转速值，运行模型，可得到模型各工况时的稳态技术数据(表3-17)。

表3-17　模型仿真数据与试验数据对比

负荷/%		50	75	90	100	110
转速/(r/min)	试验	83.3	95.4	101.4	105	108
	仿真	83.3	95.4	101.4	105	108
功率/kW	试验	6 120	9 180	11 016	12 240	13 464
	仿真	6 115	9 180	11 025	12 240	13 320
油耗率/(g/(kW·h))	试验	181.6	175.8	173.6	176.1	182.8
	仿真	179.6	175	174.3	175.2	182.1

（续表）

负荷/%		50	75	90	100	110
爆压/MPa	试验	9.43	12.57	14.05	14.17	13.52
	仿真	9.51	12.65	14.1	14.13	13.52
压缩压力/MPa	试验	7.38	10.47	11.7	12.97	14.07
	仿真	7.5	10.5	11.98	12.95	14.15
扫气压力/kPa	试验	122	205	252	288	318
	仿真	121	206	254	286	321
排气压力/kPa	试验	106	183	229	265	295
	仿真	107	186	232	262	297
透平转速/(r/min)	试验	9 700	12 700	12 800	13 600	14 400
	仿真	9 736	12 045	12 880	13 600	14 470

表 3－17 模型仿真数据与试验数据对比为模型按照推进特性在不同工况下仿真得到的稳态数据与台架试验数据的对比。表中数据包括分别在 50%，75%，90%，100%，110%等负荷下相应的转速、功率、油耗率、爆压、压缩压力、扫气压力、排气压力、透平转速等重要技术参数。从表 3－17 模型仿真数据与试验数据对比可以看出，在各工作点下，模型仿真数据与实测台架试验数据吻合良好，除在 75%负荷下透平转速与实测值相对误差达到 5.2%和在 50%负荷下压缩压力与实测值相对误差达到 1.6%之外，其他数据相对误差都不超过1.5%。实际上，表 3－17 模型仿真数据与试验数据对比中的数据相对误差基本上都在 1%以下。这说明仿真模型准确可靠，能够反映实际柴油机的稳态特性。

图 3－34 是将表 3－17 模型仿真数据与试验数据对比中各工作点的数据按照推进特性的要求而绘制的推进特性曲线图，横坐标为负荷（负荷与转速是相对应的），纵坐标分为几部分，从上到下依次为油耗率（g/(kW·h)）、压力（kPa）、压力（MPa）和透平转速（r/min）。图中曲线包括试验曲线和仿真曲线，具体见图中标注。图中曲线偏离较大的点出现在 75%负荷时的透平转速，但观察两条曲线的走势，可以认为试验数据本身有一定的误差。另外，在常用负荷附近，仿真油耗率曲线比实测值平坦，不过偏离并不大。总体而言，图 3－34 中的曲线可以更好地说明仿真数据与试验数据无论从具体的工作点看还是从变化趋势看都吻合良好，仿真模型可以很好地模拟柴油机的工作情况。

15 000
14 000
13 000
12 000
11 000
10 000
9 000
8 000
透平转速/(r/min)
试验
仿真
15
14
13
12
11
10
9
8
7
压力/MPa
试验爆炸压力
仿真爆炸压力
试验压缩压力
仿真压缩压力
350
300
250
200
150
100
压力/MPa
试验扫气压力
仿真扫气压力
试验排气压力
仿真排气压力
184
182
180
178
176
174
172
170
168
油耗率/(g/(kW·h))
试验
仿真
50
75
90
100
110
负荷/%

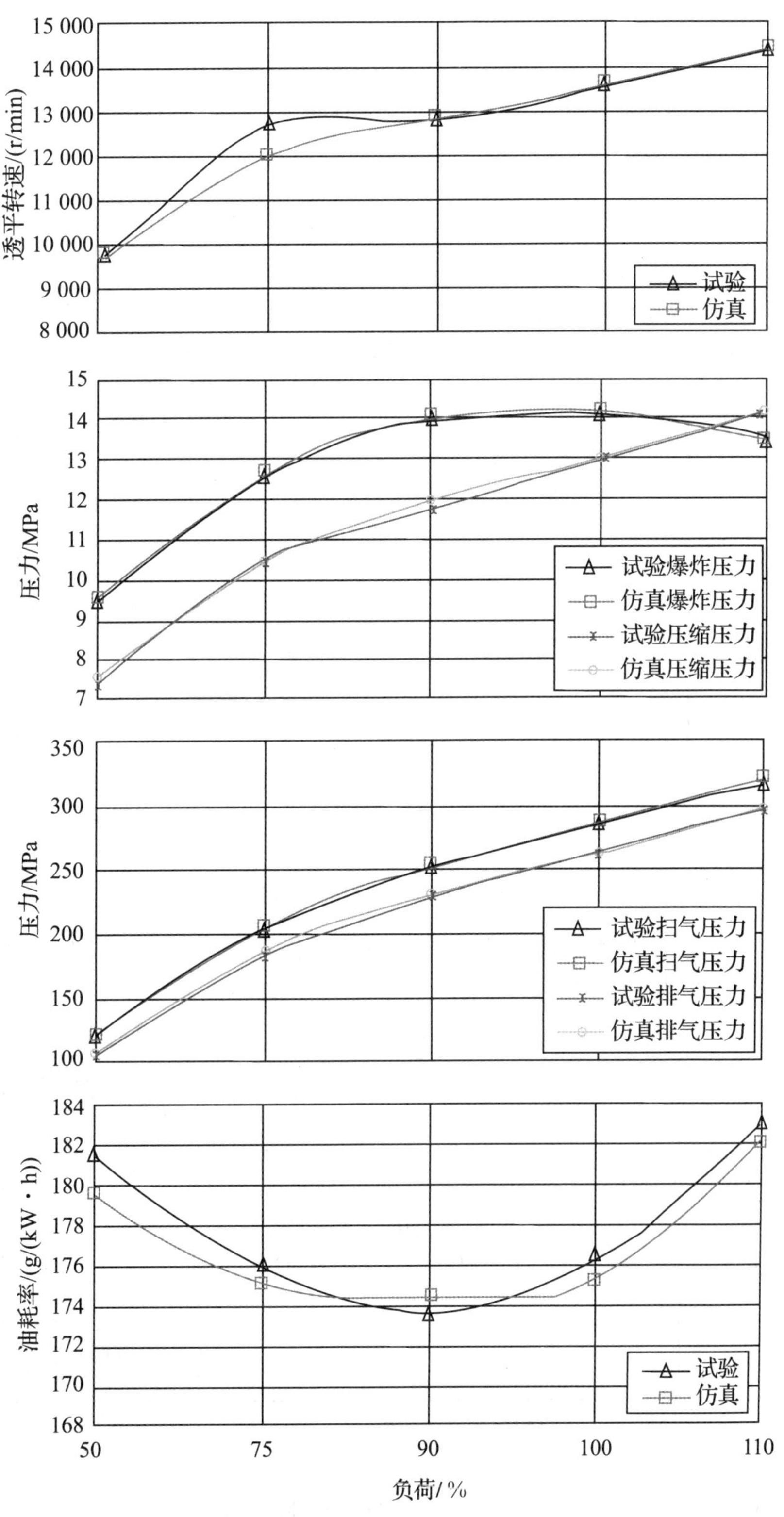

图 3-34 推进特性图

3. 动态过程

在转速设定模块设定柴油机转速变化规律，可进行动态仿真，考察模型的动态仿真能力。仿真开始时柴油机处在额定工况下运行，即转速设定为 105 r/min，60 s 时阶跃变化为 83.3 r/min，到 180 s 时跳变为 95.4 r/min。

图 3－35 为动态过程中设定转速和实际转速的变化规律，从图中可以看出，仿真曲线较好地跟踪设定曲线的变化，说明转速在动态过程中可以满足要求。但仿真开始时，仿真转速会突然跳变，其原因是仿真开始时模型只解出一个缸的工作状态，产生扭矩不足，在调速器作用下，喷油量大幅增加，单缸扭矩远高于额定值。0.5 s 内六个缸依次开始工作，整机发出扭矩过大造成转速的突然升高。然后在调速器的作用下，转速逐渐恢复到设定值。

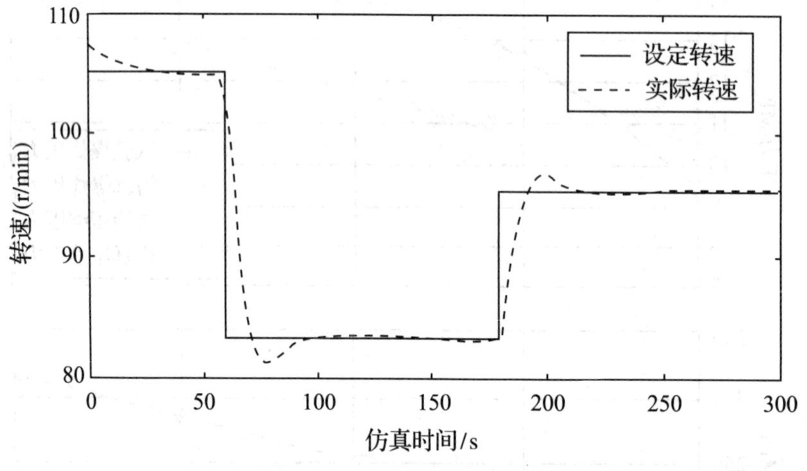

图 3－35　动态过程的转速变化

图 3－36 为图 3－35 的局部放大，从图中可以清楚地看到柴油机瞬时转速波动，显示动态过程中瞬时转速的波动变化规律。图 3－36 显示的是在加速过程中转速的波动，在调速

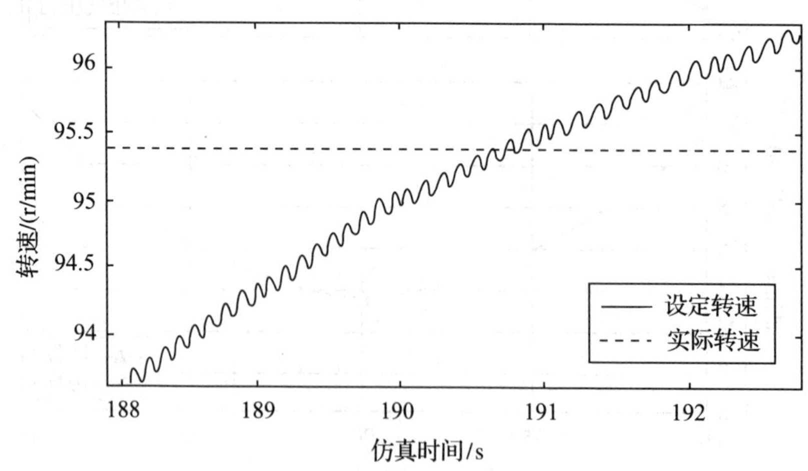

图 3－36　加速过程中的转速波动

器的作用下，各缸油门随调速器变化而依次变化。喷油量的变化引起瞬时扭矩在波动的情况下逐渐增大，这使得转速在波动的情况下逐渐增大。

图 3－37 显示扫气箱压力和排气管压力的变化规律，若将图 3－37 局部放大，可得到动态过程中压力的波动变化规律。图 3－38 为压气机和涡轮质量流量。从这两幅图，尤其图 3－38 可以清晰地看出，容积法动态模型可以很好地模拟柴油机动态变化过程，由于涡轮增压器的滞后引起进排气压力变化，涡轮流量与压气机流量变化不同步。但在调速器作用下，柴油机系统逐渐达到稳定工作状态，涡轮增压器也逐渐恢复到稳定工作点，压气机流量与涡轮流量重新达到平衡。

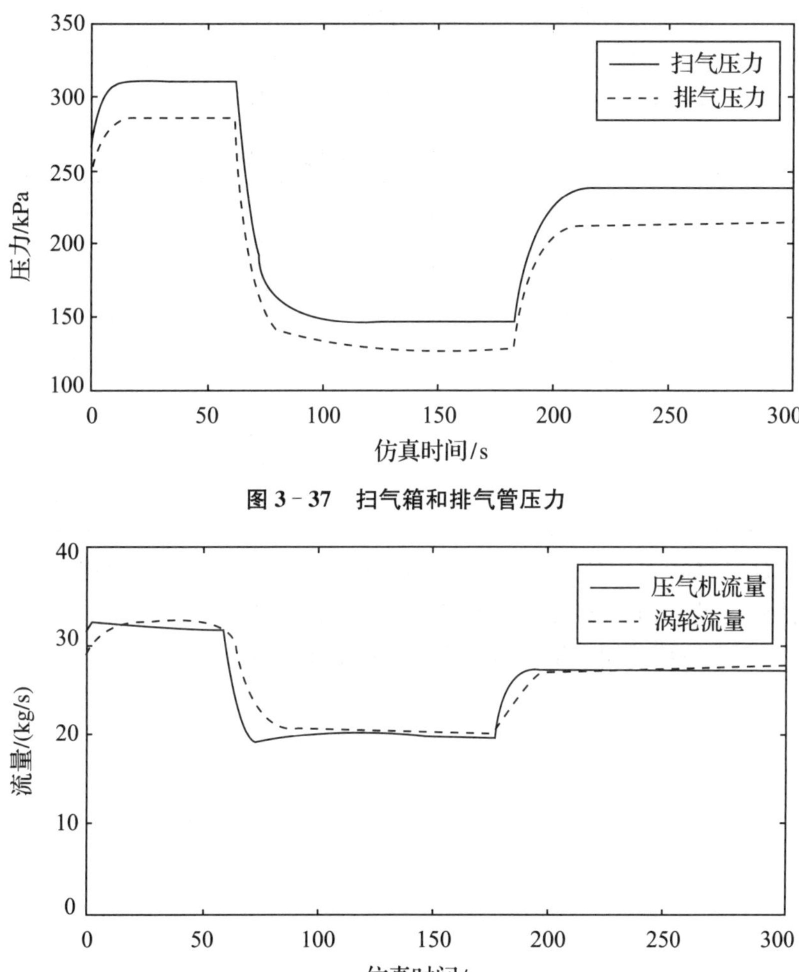

图 3－37　扫气箱和排气管压力

图 3－38　增压器空气流量

4. **仿真算法试验**

容积法模型动态仿真中，既有快速变化的缸内工作过程，尤其在燃烧阶段，变化非常剧烈，也有缓慢变化的动态过程、进排气管内的压力变化过程，这使得有充分的理由怀疑容积法模型是刚性系统。尽管容积法模型非线性特征非常强烈，且模型非常庞大，很难求出其局部Jacobi矩阵，但数学试验是一个有力的工具，可以帮助分析哪种算法更合适。如果采用常规算法求解刚性系统，步长会很小，计算速度会很慢，甚至根本就得不到解。因此，分析用不同算法求解容积法模型所消耗的机时，大体上可以知道应该选择哪种算法。

仿真计算所用计算机的配置为：Intel P4 3.0 G CPU，二级缓存2 M，512 M×2金士顿DDR内存，操作系统为Windows Server 2003(sp1)，MATLAB版本6.5.1。模型仿真时间为300 s，仿真最大步长限制为0.002 s，相对误差限为5×10^{-3}。

表3-18列出了几种主要算法来求解模型所消耗的机时，常用的ode45方法计算平均时间与要求的仿真时间相仿，而平均耗时最短的是ode23t，其次是ode15s，这说明采用刚性系统的解法能有效地提高模型的计算速度。采用ode23的速度比较快，但这是以精度的降低为代价的。ode23s消耗时间最长，说明这一算法不宜采用。

表3-18 不同算法计算耗时对比

仿真算法		ode23	ode45	ode15s	ode23s	ode23t
计算时间/s	1	192.687	290.063	182.109	577.859	171.812
	2	192.641	288.781	180.922	575.016	170.860
	3	192.594	288.984	179.453	578.265	170.734
	4	192.813	289.703	182.969	575.672	171.781
	5	192.016	290.125	181.343	576.024	171.265
平均时间/s		192.55	289.531	181.359	576.567	171.29

通过各算法计算时间的对比可以看出，应用适用于轻度刚性系统的数值计算方法求解柴油机容积法动态模型，能大幅度提高计算速度，因此，可以认为柴油机容积法动态模型是一个轻度刚性系统，应该采用求解轻度刚性问题的数值方法求解。

第4章 基于 xPC 的硬件在环仿真

4.1 硬件在环仿真概述

当今社会,市场对产品的需求呈现多样性、快速性的趋势,这就使企业的新品开发面临着多样性需求与快速开发之间的矛盾,并行工程(即设计、实现、测试和生产准备同时进行)方法的应用逐渐成为主流。

对一些大型的科研应用项目,如果完全遵循过去的开发过程,由于开发过程中存在着需求的更改,软件代码甚至代码运行硬件环境的不可靠性(如新设计制造的控制单元存在缺陷),最终导致项目周期长、费用高,缺乏必要的可靠性,甚至还可能导致项目以失败告终。这就要求在开发的初期阶段就引入各种试验手段,并有可靠性高的实时软/硬件环境作支持。

对于进行控制算法研究的工程师而言,最头疼的莫过于没有一个方便而又快捷的途径,可以将他们用控制系统设计软件(如 MATLAB/Simulink)开发的控制算法在一个实时的硬件平台上实现,以便观察与实际的控制对象相连时控制算法的性能;而且,如果控制算法不理想,还可以很快地进行反复设计、反复试验直到找到理想的控制方案。

另外,当产品型控制器生产出来后,测试工程师又将面临一个严重的问题。由于并行工程的需求,控制对象可能还处于研制阶段,或者控制对象很难得到,用什么方法才能在早期独立地完成对控制器的测试呢?

这些问题可概括为两种:快速控制原型(Rapide Control Prototype, RCP)和硬件在环仿真(Hardware-in-the-loop Simulation, HILS)。

快速控制原型是指在控制系统开发的初期,把实时系统作为控制算法及控制逻辑代码的硬件运行环境,通过各种 I/O 板卡,在原型控制算法和控制对象之间搭建起一座实时的桥梁,让控制工程师将全部精力放在控制算法的研究和试验上,从而开发出最适合控制对象或环境的控制方案。

硬件在环仿真是当产品型控制器制造完成以后,用实时仿真系统来仿真控制对象或外环境,从而允许对产品型控制器进行全面、详细的测试,甚至在极限条件下的应用也可以进行反复测试。

硬件在环仿真,又称半实物仿真,是将需要仿真的部分系统硬件直接放到仿真回路中的仿真系统,它不仅弥补了纯数字仿真中的许多缺陷,提高了整个模型的置信度,而且可以大大减轻编程的工作量。这种仿真的另一个优势在于它实现了仿真模型和实际系统间的实时数据交互,使仿真结果的验证过程非常直观,大大缩短了产品开发周期。仿真时,电脑与实际硬件通过各种信息通道相连,电脑与实际硬件共同完成仿真工作,并将仿真结果在电脑中进行分析,从而判断硬件的运行情况。

图 4-1 展示了发动机的硬件在环仿真系统,在处理器板上运行发动机模型,并通过 I/O 板卡与控制器和传感器连接起来,共同完成实时仿真。

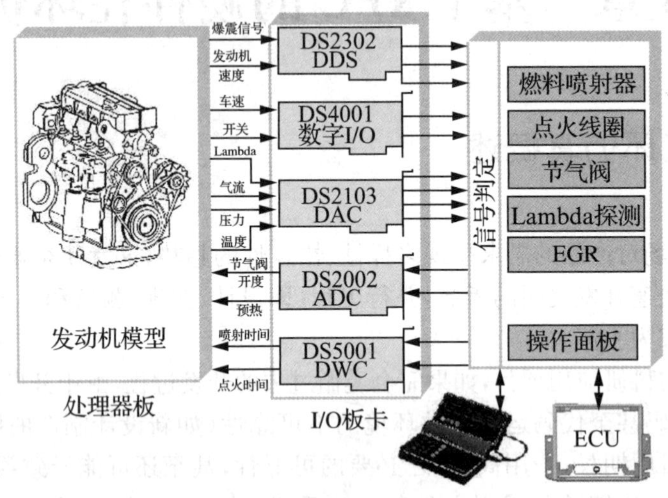

图 4-1 硬件在环仿真示例

目前主流的实时仿真系统一般都可以与 MATLAB/Simulink 无缝集成或者支持 MATLAB/Simulink,因此,本章主要介绍基于 MATLAB/Simulink 的实时仿真系统。

4.1.1 MATLAB/Simulink 实时仿真工具 RTW

RTW(Real Time Workshop)是 MATLAB 图形建模和仿真环境 Simulink 的一个重要的补充功能模块,简而言之,它是一个基于 Simulink 的代码自动生成环境。它能直接从 Simulink 的模型中产生优化的、可移植的和个性化的工程级代码,并根据目标配置自动生成多种环境下的程序。利用它可以加速仿真过程,提供知识产权保护,或生成可以在不同的快速原型化实时环境或产品目标下运行的程序。

RTW 提供了一个实时的开发环境——从系统设计到硬件实现的直接途径。使用 RTW 进行实时硬件的设计测试,用户可以缩短开发周期,降低成本。RTW 可以将模型自动转换为代码,在硬件上运行动态系统的模型,同时还支持基于模型的调试。RTW 非常适用于加速仿真过程、快速原型化、形成完善的实时仿真解决途径和生成产品级嵌入式实时应用程序。

1. 使用 RTW 的优势

完成一个开发项目通常需要涉及几个工作组,如算法设计组、软件开发组、硬件实现组和测试组等。传统的开发过程分为多个工作阶段,每个工作组或者每个阶段使用的工具也不尽相同,各个阶段间的交流需要通过文档来完成。这导致整个开发过程是顺序的,而不是迭代式的。开发者在进行下一阶段前必须首先重新输入上一阶段的结果,这样很容易造成错误,而且发现错误的阶段越晚,则需要越多的代价和时间进行更正。当检测到错误或测试的结果不满足设计要求时,由于这种开发过程不能进行跨越阶段的重复设计,必须重新从头开始进行设计和实现，从而造成开发周期太长而不能满足市场对产品的快速性要求。传统的系统仿真和开发过程由于具有上述缺点，已经不能满足市场的要求，因而现代企业对并行工程提出了要求。从这个角度来看，Mathworks 公司开发的 MATLAB 工具集(包括 RTW)为并行工程的实现提供了一个一体化的快速解决途径。

Mathworks 公司提供的工具集可实现上述任何阶段的开发过程，即可以使用统一的工具完成整个开发过程，使整个开发过程变成一个“V”型的开发过程，如图 4-2 所示。该模式可实现各阶段之间快速的迭代过程，从本质上更接近于并行的开发过程，有助于缩短开发周期和降低造价，具有较大的经济价值和市场前景。

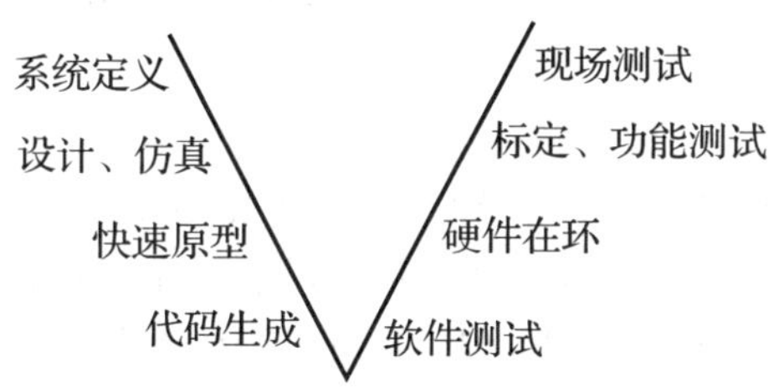

图 4-2　控制器开发“V”模式图

使用 RTW 工具集的另外一个优点在于其可使开发者将精力集中于擅长的工作，例如，控制系统工程师可专注于设计控制规律和参数，嵌入式系统工程师可专注于硬件和底层软件的系统实现，至于其他繁琐的工作(如将一组方程实现为代码的过程)则由 RTW 工具自动完成。这就是 RTW 工具集最显著的特点。

图 4-3 概括了 RTW 在系统开发过程中的作用。

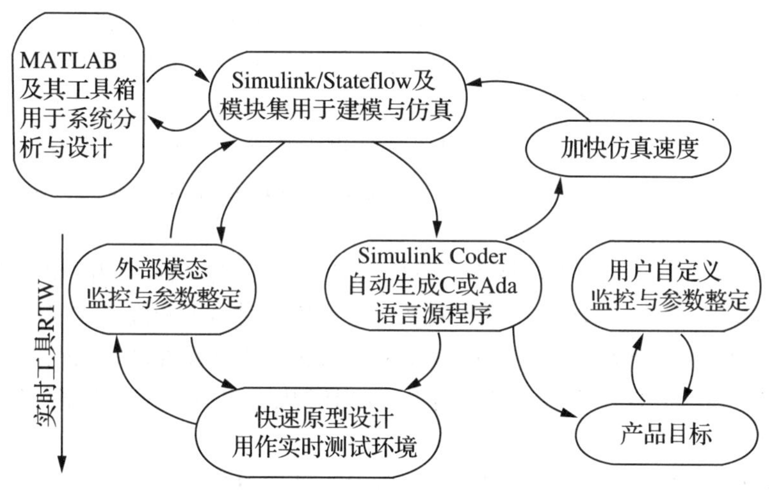

图 4-3　RTW 在系统开发过程中的作用

在设计阶段的早期，设计者可使用 MATLAB 和 Simulink 工具来描述问题，并生成初始的设计方案。在这个阶段可使用 RTW 的 Simulink 加速器目标和 S-函数目标将模型部件化并加速仿真过程。

在拥有了功能性的模型后，设计者可能需要调整模型的参数，这时可以使用 RTW 的快速仿真目标进行蒙特·卡罗类型的仿真,以便加快参数调整过程。

然后,设计者可能要进入系统开发测试阶段,这时可以使用 RTW 的快速原型化系统,如实时视窗目标或 xPC 目标,将模型代码在快速原型化系统中进行测试。通过使用快速原型化目标,设计者实现了计算机模型与物理系统的连接。该过程可以帮助设计者快速地找出设计缺陷和建模方面的错误。

当生成了原型化系统后,设计者可以使用 RTW 的嵌入式代码生成器来生成在自定义目标上使用的嵌入式代码。RTW 提供的信号监视和参数调整功能可以使设计者很容易地将嵌入式代码集成到产品环境中。

采用 RTW 工具集可以有效地缩短产品开发周期,降低开发成本,同时设计出高质量的产品。

2. RTW 的功能

RTW 在 MATLAB 提供的系统设计工具集中起到了关键性的纽带作用。采用 MATLAB/Simulink 工具集进行系统设计的过程可能不完全相同。典型的产品流程首先从 Simulink 环境下建模开始,然后,在 MATLAB 下进行仿真分析。当得到较为满意的仿真结果后,用户可将 RTW 与一个快速原型化目标联合使用。该快速原型化目标与用户的物理系统连接在一起。用户可以使用 Simulink 模型作为连接物理目标的接口,完成对系统的测试和观测。完成模型后,用户可以使用 RTW 将模型转化为 C 或 Ada 代码,并使用 RTW 的程序创建和下载过程生成模型的可执行程序,再将其下载到目标系统中。最后,使用 Simulink 的外部模式进行实时仿真。在这个阶段,用户可以在模型运行在目标环境下的同时,进行实时的监控和参数调整。

RTW 具有以下 5 个基本功能:

(1) Simulink 代码生成。RTW 能自动地从 Simulink 模型中产生 C 和 Ada 代码。

(2) 目标程序创建。可扩展的程序创建过程使用户可以生成与自己目标环境相对应的产品级或快速原型化目标程序。

(3) Simulnik 外部模式仿真。使用外部模式可以将 Simulink 的模型界面与运行在实时环境下的目标模型之间建立通信联系,用户可将 Simulink 模型作为前向终端界面对目标模型进行实时的参数调整和数据观测。

(4) 多目标支持。使用 RTW 捆绑的目标,用户可以针对多种不同的硬件环境创建目标程序,包括 Tomdao 系统、DOS 系统等实时系统。通用实时目标和嵌入式实时目标为开发个性化的快速原型环境或产品目标环境提供框架。除捆绑的目标外,实时视窗目标或 xPC 目标(两者都为独立产品)使用户可以将任何形式的 PC 机变成一个快速原型化目标,或者中小容量的产品级目标。

(5) 快速仿真。使用 Simulink 加速器目标、S-函数目标或快速仿真目标,用户可以大大提高仿真速度,能够以平均 5～20 倍的速度加快仿真过程。

3. RTW 的应用

1) 产品级式实时应用领域

RTW 能直接从 Simulink 模型中生成具有产品级质量的、用于实时系统(如控制器或数字信号处理应用)的 C 或 Ada 代码,通过交叉编译和链接可直接下载到目标处理器中。用户可通过生成S-函数的方法,对所生成代码个性化,或通过使用目标语言编译器指定生成代码的特性。这样可以将主要编写代码的工作集中在产品的特性上(如设备驱动程序和通用设备接口)。

2) 快速原型化

当作为快速原型化工具使用时,RTW可使嵌入式系统的设计工作得以快速实现,而无须进行繁琐的手工编写代码和调试过程。RTW典型的快速原型化可用于设计周期中的软/硬件集成和测试阶段,其功能包括:在模块图建模环境下以快速原型化的方式对算法进行概念化;在设计早期阶段对系统的性能进行估价(配置硬件、生成产品软件或设计定型前);通过算法设计和原型化之间的快速重复对设计进行完善;使用Simulink外部模式,可将Simulink作为图形前向终端,在运行实时模型的同时调整参数。

用户可以使用RTW生成可下载的、能在实时操作系统上运行的C代码。用户还可以生成单频率、单调度可执行程序,以中断形式运行在裸板上(无操作系统),该可执行文件可以从RTW提供的范例中生成。RTW提供了多种快速原型化目标,用户还可以生成自己的快速原型化目标。

对于RTW的快速原型化目标,所生成的代码包含一个数据结构——SimStruct,用于将模型的细节封装起来。该数据结构在外部模式下用于和Simulink进行双向联系,允许直接进行访问。通过Simulink外模式可以容易地对生成的代码进行监视和调试,用户可以在线地监视信号和调整参数,并通过快速重复设计过程进一步精化模型,使用户快速地得到满意的结果。

3) 实时仿真

用户可以为整个系统或指定的子系统生成代码并运行(用于硬件在环中的仿真)。典型的应用包括训练模拟器、实时模型校验和原型化测试。

4) 生成完善的实时解决方案

RTW是一个开放式的开发环境,用户可以以RTW的体系和框架为基础,开发用于快速原型化或嵌入式系统的完善的实时解决方案。目前RTW和第三方厂商提供了多种完善的实时解决方案,可支持多种类型的控制及数字信号处理应用,其中支持的目标环境包括运行在已有的实时操作系统、DOS或Microsoft Windows环境下的嵌入式PC,PCI,ISA,VME和自定义硬件,支持的目标系统处理器包括Motorola MC680x0和PowerPC处理器、Intel-80x86及其兼容机、阿尔法和Texas Instrurments DSPs。第三方开发厂商定期加入其他的体系结构,见MATLAB连接网页http://www.mathworks.com/products/connections。

用户也可以利用RTW的开放式环境生成自己的实时解决途径。

5) 知识产权保护

RTW提供的S-函数目标除了能加速仿真过程外,还可用于保护知识产权(指嵌入在模型中的算法和设计成果)。开发者可以使用S-函数目标环境生成二进制代码,然后进行发布,使用者则只能访问提供的使用界面而不能访问算法本身的内容。

6) 快速仿真

当使用Simulink对动态系统进行建模时,可以使用RTW来加快仿真速度,从而加速整个设计过程。RTW提供了3个可用于加速仿真的目标:Simulink加速器目标(Simulink

Accelerator Target),使用 Simulink 加速器可将速度提高 2～8 倍(相对标准的仿真过程),并且 Simulink 加速器支持定步长和变步长积分器;快速仿真目标(Rapid Simulation Target, RTM),可将仿真速度提高 5～20 倍(相对标准的仿真过程),快速仿真目标非常适用于处理批量参数的仿真过程;S-函数目标,该目标与 Simulink 加速器目标相似,用户可将生成的动态链接库文件加入到其他模型,作为一个 S-函数模块进行使用。

4. RTW 支持的目标环境

RTW 支持多种目标环境,包括 RTW 本身提供的现成目标环境和第三方厂商提供的目标环境,同时用户还可以开发自己的自定义目标环境。

按照目标环境的类型,RTW 支持的目标可分为 5 类,下面分别介绍。

1) 快速仿真目标(Rapid Simulation Target)

快速仿真目标由一组目标文件组成,用于模型程序在宿主机上非实时运行。使用快速仿真目标,用户通过 RTW 生成快速的单机仿真程序,同时 RSIM 支持批量参数调节,并可从 MATLAB 的标准 MAT 文件中下载新的仿真数据(或信号),而无须重新对模型进行编译。

使用 RSIM 生成的代码执行速度快,非常适用于蒙特·卡罗型的仿真。所生成的代码可对 MATLAB 的标准 MAT 文件进行读写。使用 RSIM 目标可使用户同时在宿主机上或其他计算机上运行单机、定步长的仿真程序。例如,若用户需要运行 100 次较大规模的模型,则可以将所生成的仿真程序分配在 10 个相同的计算机上运行。

2) S-函数目标和加速器目标(S-Function and Accelerator Target)

使用 S-函数目标,可将模型转换为 Simulink S-函数组件,所生成的 S-函数组件可用于更大规模的模型中,从而可加速仿真或实现对已有手写代码的重复使用。用户可在同一模型中使用相同 S-函数组件的多个例程,而每个例程都具有自己独立的数据结构。用户可对 S-函数目标组件进行共享使用,而不会暴露原模型的细节,有助于保护开发者的知识产权。

加速器目标与 S-函数目标相似,即从模型中生成 S-函数。不同之处在于加速器目标所生成的 S-函数只能在后台执行。

3) 嵌入式目标(Embedded Target)

嵌入式目标是 RTW 嵌入式代码生成器的主要组成部分,该目标由一组运行时界面文件组成,这些文件用于在用户工作站上执行所生成的嵌入式代码格式的代码。该目标适用于对内存的使用有限制的嵌入式应用。RTW 支持 C 和 Ada 语言的嵌入式代码生成。

在其默认的配置中,嵌入式目标用作定制自定义嵌入式应用的起点,还可作为检验所生成代码的方法。要生成自定义的嵌入式目标,用户可将该目标的运行时界面文件作为起点,对其进行适当的修改。

4) 快速原型化目标

RTW 支持 2 种类型的快速原型化目标:使用实时代码格式和使用实时 malloc 代码格式的目标,其区别在于其声明内存的方式不同(静态声明或动态声明)。大多数快速原型化目标采用了实时代码格式。

快速原型化环境可以分为 2 种类型：①异质快速原型化环境，该环境使用的快速原型化硬件与最终的产品级硬件不同。例如，在一个系统快速原型化阶段可能采用 Intel－80x86/Pentium 或相似的处理器，而最终的产品级系统则可能使用定点 Motorola 微处理器。②同质快速原型化环境，其所用硬件的种类在快速原型化阶段和最终的产品级系统阶段是相似的。2 种类型的主要差别是快速原型化系统需要额外的内存或接口硬件用于支持调试功能，例如，与 Simulink 的外部模式进行通信。

由于同质快速原型化环境与最终的产品级系统很接近，有助于消除由于系统差别所造成的不确定性。但在某些情况下，如与用户特定硬件相关的同质快速原型化环境不存在时，可考虑用现有的异质快速原型化系统进行暂时替代，而无须重新建立一个同质快速原型化系统。

RTW 提供了如下几个快速原型化目标：

(1) 通用实时(GRT)目标。该目标采用了实时代码格式，并且支持外部模式通信。通用实时目标本身是作为生成自定义快速原型化目标的一个基础，或者说是一个起点，同时还可用于对用户工作站所生成的代码进行校验。

(2) 通用实时 malloc(GRTM)目标。该目标与 GRT 目标很相似，区别是使用了实时 malloc 代码格式。malloc 代码格式使用 C 语言中的 malloc 和 free 两个参数来管理所有的数据，因此，用户可在一个可执行程序中生成一个模型的多个例程，或在一个可执行程序中存在多个不同的模型。

(3) Tomado 目标。Tomado 目标既可以使用实时代码格式，也可以使用实时 malloc 代码格式。该目标提供了一组运行时界面文件，可让用户的模型在风河公司(Wind River)的 VxWorks 实时操作系统上执行。Tomado 目标支持单任务和多任务的模型，并且支持连续时间、离散时间和混合时间系统。同时，Tomado 运行时界面文件和设备驱动文件还可以作为定制其他实时操作系统环境的起点，其运行时界面文件提供了对外部模式的完全支持，使用户可以完全利用外部模式提供的参数调节和数据监视(通过图形化的设备)的调试功能。

5) 自带的完善的快速原型化解决方案

实时视窗目标和 xPC 目标是 RTW 的附加产品，可将一台 PC 及其兼容机转变为一个实时系统，且可以支持多种类型的 I/O 板卡。用户只需安装相应的软件、编译器和 I/O 板卡，就可将一个 PC 及其兼容机用作实时系统并通过 I/O 板卡与外部物理设备进行连接，进行实时仿真。

(1) 实时视窗目标(Real－Time Windows Target)。使用实时视窗目标，可使快速原型化过程以及硬件在环中的仿真这两种功能在一台用户计算机上实现。对于配备了 PCMCIA I/O 设备板卡的笔记本电脑，使用该目标是进行快速原型化以及硬件在环中的仿真最便捷的实现途径。实时视窗目标尤其适用于第二台 PC 机或其他实时硬件作为实时系统是不可行或没有必要的场合。

对于实时视窗目标，由于 Simulink 和所生成的代码都运行在同一个 PC 机上，因此又被称为"单机型"快速原型化系统，其运行时界面可使用户 PC 机的处理器在运行 Windows 操作系统的同时，运行由实时视窗目标生成的实时代码，实现实时仿真。实时视窗目标支持 100 余种 I/O 板卡，包括 ISA，PCI，Compact PCI 和 PCMCIA 等多种总线类型。

由于只需要使用一台计算机,实时视窗目标提供一种造价低廉并且有效的快速原型化解决途径,非常适用于高等院校的教育和实验。使用该目标具有极好的便携性,用户甚至可将自己的膝上型电脑作为一个实时测试平台。

(2) xPC 目标(xPC Target)。xPC 目标则是一种“双机型”的解决方案,即 xPC 目标需要使用两台 PC 机,其中宿主机用于运行 MATLAB/Simulink,而目标机则用于执行所生成的实时代码。目标机运行一个高度紧缩型的实时操作系统内核,该实时内核采用了 32 位保护模式,可以通过以太网络或串口连接实现宿主机和目标机之间的通信。图 4-4 显示了快速原型化环境中 xPC 目标的使用情况。

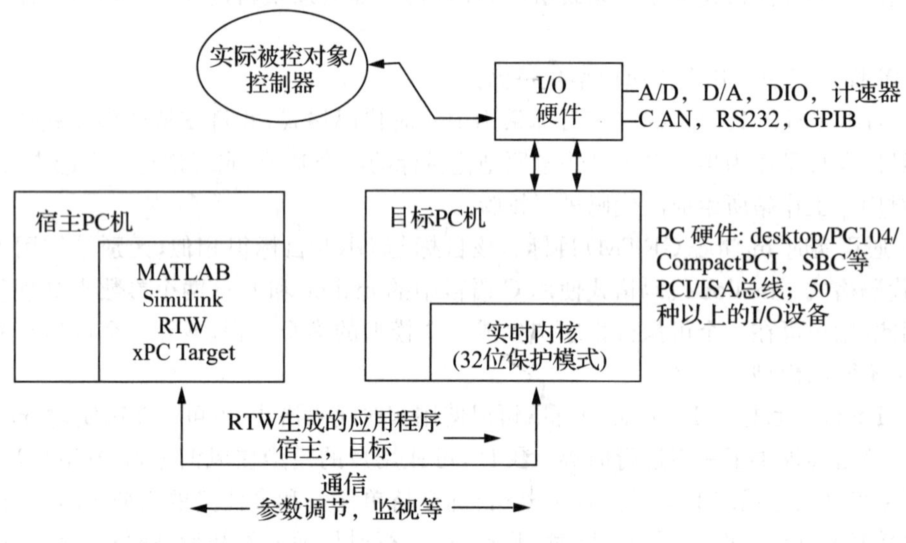

图 4-4　xPC 目标快速原型化环境

由于目标 PC 机专门用于执行所生成的代码,因而 xPC 目标改善了性能,并提高了系统稳定性。目标机要求具有与 PC 机兼容的架构,可以使用以下几种主板: PC 机主板, CompactPCI,PC104 和单板计算机(SBC)。

本章第 2 节将详细介绍 xPC 目标的使用方法和应用。

5. 开放性的、可扩展的建模环境

RTW 本身是一个具有开放性的、可扩展的环境,用户可以按照自己的需要对其进行功能上的扩充。Simulink/Real-Time Workshop 环境在如下几方面具有可扩展性。

1) 自定义代码的支持

Simulink 提供的 S-函数是一种动态链接对象(DLL 文件等),可用于扩展 Smulink 的建模环境。通过对 S-函数进行开发,用户可将自定义模块算法加入到 Simulink 环境中。S-函数具有较强的灵活性,既可以实现复杂的算法方程,也可以实现底层的设备驱动程序。RTW 支持 S-函数的使用,可将 S-函数代码直接内嵌到所生成的代码中。对 S-函数内嵌化(RTW 提供的目标语言编译器支持该功能),可有效地减少内存使用量和函数调用的开销。

2) 支持监管性代码

由 RTW 生成代码所实现的算法精确对应于模型中定义的算法,在使用嵌入式代码格式时，可将所生成的模型代码作为一个进程进行调用。这样可将所生成的代码合并到更大的系统中，该系统可控制何时执行所生成的代码。从概念上讲，可将所生成的代码看成封装到一个函数中的一组方程，该函数由用户编写的监管代码进行调用。这一点很容易将模型代码集成到已有的大型系统中，或集成到由许多信号流处理环节(Simulink)和状态机(Stateflow)组成的环境中。

3) 信号监视和参数调节应用程序界面(API)

Simulink 的外部模式提供了一种方便的通信方式，可在 Simulink 环境下对正在目标机上运行的目标程序进行访问，从而可将 Simulink 视为目标程序的一个调试终端。

通常，外部模式的配置需要使用实时代码格式或实时 malloc 代码格式。而 RTW 还提供了其他机制，使模型信号和模块参数对于用户的监视和调节界面是可访问的。这些机制适用于所有的代码格式，包括：

(1) 通过模型参数配置(Model Parameter Configuration)对话框，确定模型中变量的内存空间分配的声明方法。该对话框可将模块参数指定为可调参数或全局变量，使用户的监管性代码对任何的模块参数都可进行完全访问，并可在模型代码运行的同时对该参数进行改变。用户也可利用上述特性对 ROM 中特定位置的参数进行访问。

(2) 将模型中的信号标记为“测试点(Test Points)”。用户可在模型运行的同时查看信号的数值，即可使用户的监管性代码对该信号进行完全的只读访问，这样用户可监视模型拽行时的内部工作情况。

(3) C 语言和目标语言编译器的应用程序界面提供的另外一种访问模型中信号和参数的方式。目标语言编译器 API 是一种在代码生成阶段访问内部信号和参数的方法。用户可生成信号监视/参数调节代码，代码可针对用户的模型或目标进行优化。

4) 中断支持

使用 RTW 提供的中断模块，可使用户生成的模型能处理同步和异步事件，包括中断服务程序(ISR)、硬件产生的中断和异步读写操作。RTW 提供了用于 Tomado 目标的中断模块，用户也可将这些中断模块作为模板，为用户自定义目标环境生成新的中断模块。

5) 自定义代码库

RTW 提供的自定义代码库包含了一组模块，使用这些模块可以很容易地将目标专用代码插入到模型中，而不必使用内嵌的 S-函数。代码可放置在模型的任何地方。

4.1.2 dSPACE 实时仿真系统简介

dSPACE 实时仿真系统是由德国 dSPACE 公司开发的一套基于 MATLAB/Simulink 的控制系统在实时环境下的开发及测试工作平台，实现了与 MATLAB/Simulink 的无缝连接。dSPACE 公司成立于 1988，总部设在德国帕德博恩(Paderborn)，超过 70%的员工是技术人员。dSPACE 实时仿真系统目前广泛应用于航空航天(如开发飞行模拟器)、电力电子(如电力输配电系统开发与测试)、汽车(如 ABS 控制器的开发与测试)、发动机(如发动机控制与发动机仿真)、机器人(如机器人控制算法的研究)、工业控制(电机控制、加工过程控制)等。

dSPACE 实时仿真系统主要由两大部分组成：硬件系统和软件环境。其中硬件系统的主要特点是具有高速计算能力，包括处理器和 I/O 接口等；软件环境可以方便地实现代码生成、下载和试验/调试等工作。dSPACE 实时仿真系统具有强大的功能，可以很好地完成控制算法的设计、测试与实现，并为这一套并行工程的运行提供一个良好的环境。

dSPACE 实时仿真系统的开发思路是将系统或产品开发诸功能与开发过程一体化，即从一个产品的概念设计到数学分析和仿真，从实时仿真试验的实现到试验结果的监控和调节都可以集成到一套平台中来完成。dSPACE 实时仿真系统与 MATLAB/Simulink 无缝连接，实现从系统概念设计、建模仿真、快速原型实现、实时测试及监控条件等一系列开发过程的集成，如图 4－5 所示，采用 V－型开发流程，实现了设计、实现、测试和生产准备的同时进行，较好地解决了控制器开发面临的多样性需求和快速开发之间的矛盾。

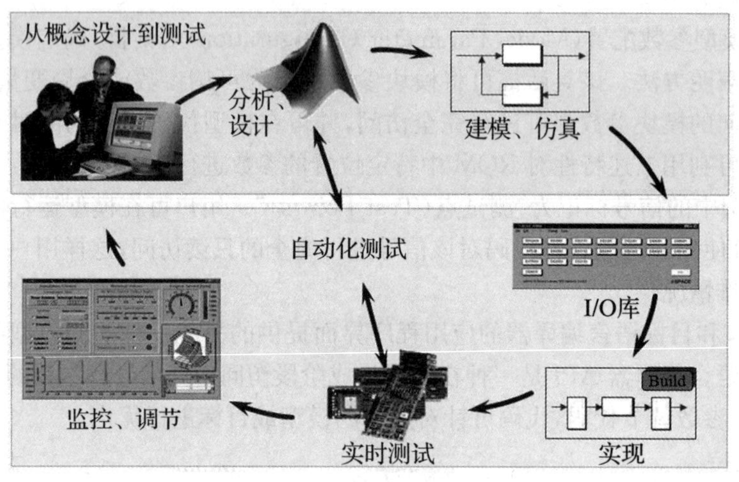

图 4－5　dSPACE 实时仿真系统集成开发平台

dSPACE 实时仿真系统的硬件系统主要有两大类：一是单板系统，即把处理器和 I/O 集成到一个板上，形成一个完整的实时仿真系统（如 DS1103 等控制器板）；二是标准组件系统，它是将实时处理器和用户接口完全分开，以实现处理器能力和 I/O 能力的自由扩展，处理器和 I/O 之间的通信由 PHS(Peripheral High-Speed Bus)总线实现（如 DS1005 PPC 控制器板等）。

软件环境主要由两大部分组成：一部分是实时代码的生成和下载软件 RTI，它是连接 dSPACE 实时仿真系统与 MATLAB/Simulink 的纽带，实现从 Simulink 模型到 dSPACE 实时硬件代码的自动生成和下载；另一部分为测试软件，包括综合实验与测试环境（软件）ControlDesk，自动试验及参数调整软件 AutomationDesk，PC 与实时处理器通信软件 CLIB 以及实时动画软件 MotionDesk 等。

dSPACE 实时仿真系统具有许多其他仿真系统所不能比拟的优点：

(1) dSPACE 实时仿真系统组合性很强。可以利用标准组件系统对仿真系统进行多种组合，以满足不同用户的需求；另外对于不同的用户而言，可以在运算速度不同的多处理器之间进行选择，可以选择不同的 I/O 配置，以组成不同的应用系统。

(2) dSPACE实时仿真系统的过渡性和快速性好。由于dSPACE实时仿真系统与MATLAB的无缝连接,使MATLAB用户可以轻松地掌握dSPACE实时仿真系统的使用,从而方便地从非实时分析、设计过渡到实时的分析和设计上来,也正是由于这种无缝连接,使用户在几分钟之内就可以完成模型参数的修改及代码的生成和下载等工作,从而在短时间内就可以完成对所设计的控制系统进行反复更改和试验,大大节省了时间和费用。

(3) 性能价格比高。对于使用者而言,dSPACE实时仿真系统是一个操作平台,这就意味着用户用dSPACE实时仿真系统完成一种产品的设计和测试后,还可以用它进行其他新产品的开发或实时仿真测试,而不是"一物一用"。

(4) dSPACE实时仿真系统是基于PC机Windows操作系统的,而不是基于UNIX或DOS操作系统的。另外,还考虑到用户普遍使用PC机,dSPACE实时仿真系统与主机的硬件接口一般采用标准ISA或PCI总线,从而避免了用户再附加投资别的设备。

(5) 实时性好、可靠性高。dSPACE实时仿真系统硬件、代码生成及下载软件、试验工具软件都是由dSPACE工程师精心设计、制造和调试的,不用考虑任何兼容性问题,代码一旦下载到实时仿真系统中后,代码本身将是独立运行的,试验工具软件只是通过内存映射访问试验过程中的各种参数及结果变量,不会产生对试验过程的中断,因此,它的实时性和可靠性好,是一个可信赖的软/硬件平台。

1. dSPACE实时仿真功能

在控制工程界几乎所有的控制器,在其设计与研制过程中都需要有不同阶段的仿真过程予以验证。通常先是在计算机上建立一个被控对象的数学模型并对其进行仿真,然后再把控制系统相关部件模型加到仿真中并进行控制器的优化设计、分析与数字仿真等。上述过程是控制系统方案设计阶段需要做的工作,或称功能设计与数字仿真工作。在方案设计初步完成之后,对于进行控制算法研究的工程师而言,他们都希望找到一个既方便又快捷的途径,可以将他们用控制系统设计软件(如MATLAB/Simulink)开发的控制算法在一个实时的硬件基体上实现,以观察与某些实物(部件)相连时控制算法的性能,如果控制算法不理想时,还可以很快地进行反复设计以找到理想的控制方案。另一方面,如果产品型的控制器生产出来后,可能由于控制对象还处于研制阶段,或得不到真实的控制对象,那么工程师就希望找到一个方便的途径来独立完成对控制器的测试。这两方面的问题,连同控制系统方案设计阶段的工作,在dSPACE实时仿真系统中都可以得到很好的解决,它为这两方面问题的解决提供了一个统一的平台。

1) 功能设计以及Simulink仿真

这个过程中的仿真是在Simulink中执行的,这种类型仿真的主要特点是计算机的计算时间与所需的系统仿真时间不一致。如果模型较简单,则计算时间较短,如果模型复杂,则计算时间较长。

2) 用dSPACE快速原型机实现快速控制原型(RCP)

在方案设计给出的控制器通过数学仿真验证后,如果需要在实际的设备上测试控制器性能,则必须采用不同于方案设计过程的仿真过程。对于产品开发阶段初期,考虑到以后可能会对控制器进行修改,用户往往不期望控制器用硬件实现,而是倾向用一台实时仿真机来代替真实的控制器,将实际的物理设备连接到该仿真机上,这就是"快速控制原型(RCP)"。

快速控制原型的主要特点是仿真的运行速度与实际系统的运行速度一致。

3）用 dSPACE 仿真器进行硬件在环中的仿真

当系统或产品的快速控制原型（RCP）试验完成后，就可以生产实际的控制器。最后的测试过程一般需要将实际的控制器连到真实的设备上。这个仿真过程是在实时条件下进行的，这样才能保证控制器中不包含任何可以导致实际设备损害的因素。这种技术被称为“硬件在环仿真（HIL）”。不论对于 RCP 还是 HIL，实时仿真都是非常重要的。实时仿真所需要的计算能力很大一部分取决于仿真模型的特征：如果它包含了大量的计算过程，则需要提供很强的计算能力，否则计算时间就不会满足实时的要求。

4）自动代码生成

对于 dSPACE 实时仿真系统，其软件环境 Real-Time Interface（RTI）或 Real-Time Interface Multiprocessar（RTI－MP）扮演了一个具有连接功能的角色，与 MathWorks 公司的 Real-Time Workshop（RTW）配合使用，可以直接从 Simulink 模型中自动地生成实时代码并且将生成的代码运行在 dSPACE 实时硬件上。其特点在于无须手工将 Simulink 模型转换成其他语言（如 C 语言等），用户不需关心实时程序的结构和 I/O 函数的调用，也不需关心如何应用生成的代码及如何将其下载到 dSPACE 实时硬件中，RTI 会自动执行这些步骤，用户所要完成的工作只是将一些需要的 dSPACE 模块（如 I/O 模块）加入到 Simulink 模型中。

2．dSPACE 实时仿真系统的软件产品

1）代码生成及下载软件

描述控制系统的 C 代码可以用 Simulink 方框图自动生成并下载到实时仿真系统的硬件中。这项工作主要是由 MATLAB/RTW 与 dSPACE 实时仿真系统中的 RTI 完成的。dSPACE 实时仿真系统的 RTI 允许通过国际标准的方式来指定用户 I/O，RTW 则与 RTI 共同生成 dSPACE 实时硬件所需要的代码。因此，无论是单处理器系统还是多处理器系统，代码的生成及下载过程被简化成鼠标的轻轻一击。

RTI 的使用方法就是用图形方式从 dSPACE 实时仿真系统的 RTI 库中选定相应的 I/O 模型，将其拖放到用 Simulink 搭建的系统模型方框图中，并指定 I/O 参数以完成对它的配置。配置完成后，只要鼠标点一下对话框中的 build 命令，RTI 就会自动编译、下载并启动实时模型。另外，RTI 还根据信号和参数产生一个变量文件，可以用 dSPACE 实时仿真系统的试验工具软件如 ControlDesk 来进行变量的访问。

RTI 可以处理连续系统、时变系统、混合系统和多采样频率系统，当仿真系统比较复杂，单处理器系统难以完成时，可能需要多个处理器并行工作。这时，就需要 RTI－MP 的帮助以完成多处理器系统的设计并建立多处理器网络结构（包括处理器之间的通信）。

2）测试软件

dSPACE 实时仿真系统提供的测试软件主要有 ControlDesk，AutomationDesk 和 MotionDesk。

ControlDesk 是 dSPACE 实时仿真系统开发的试验工具软件，使用 MATLAB/Simulink 建立的控制器及仿真模型通过 RTI 实现并下载到 dSPACE 实时仿真系统后，就可以利用 ControlDesk 对试验过程进行综合管理。利用 ControlDesk 可以实现的功能包括：

(1)对实时硬件的图形化管理。ControlDesk 可以方便地对硬件进行注册和管理、检查内存大小及处理器时钟频率，并利用 Windows 拖放方式方便地完成目标程序的下载，用 START 和 STOP 来控制实时程序的启动和停止，并能通过 Error Message Logging 窗口实现错误监视功能。

(2) 用户虚拟仪表的建立。用户可以从仪表库中采用拖放方式建立所需要的虚拟仪表，通过建立的虚拟仪表与实时程序进行动态数据交换，跟踪实时曲线，完成在线调参，并能记录实时数据，实现实时数据回放等。

(3) 变量的可视化管理。ControlDesk 可使用图形方式访问 RTI 生成的变量文件，通过拖放操作在变量和虚拟仪表之间建立联系，除了访问一般变量外，还可访问诸如采样时间、中断优先级、程序执行时间等其他与实时操作相关的变量。

(4) 参数的可视化管理。在 ControlDesk 界面中，可以根据实时变量树生成参数文件，通过参数文件对实时试验进行批参数修改，并可以通过多个参数文件的顺序调入研究不同参数组对实时试验的影响。

AutomationDesk 提供了一个强有力并且方便的测试自动化环境。它提供了一个类似于 ControlDesk 的图形用户界面，用户可以很直观、很方便地对它进行操作。并且它还提供了一个有效的图形化测试序列编辑器，通过这个编辑器可以方便地对自动测试序列进行编辑。另外，用户也可以通过项目管理器，组织大型的测试项目进行序列测试。用户还可以将自动测试函数存储到一个数据库中供自己调用。这个数据库在扩展和维护方面非常方便。

MotionDesk 具有丰富的图形表现能力，可以实现机械系统仿真的实时 3－D 动画显示，支持 VRML2 格式的 3－D 素材库，实现图形化视景设计，提供与其他 dSPACE 工具类似的 GUI，通过纹理贴图真实地再现对象。MotionDesk 可为 dSPACE 处理器板上在线仿真的物体提供三维动画效果。仿真的任何改变所引起的结果都可以马上在屏幕上显示出来。

3. dSPACE 实时仿真系统的开发过程

图 4－6 显示了 dSPACE 实时仿真系统的开发流程，主要可分为以下 4 步：第 1 步，在 MATLAB/Simulink 中建立控制对象的数学模型，设计控制方案，进行离线仿真验证；第 2 步，保留经过离线验证的控制对象模型需要下载到 dSPACE 实时仿真系统中的模块；用 RTI 中的硬件接口模块代替原来模型中与控制器之间的逻辑连接关系；对 I/O 接口进行配置并设定软硬件中断优先级；第 3 步，利用 Simulink RTW 及 dSPACE 提供的 RTI 自动生成代码并下载到 dSPACE 实时仿真系统中；第 4 步，连接好需要外接的实物，并利用 dSPACE 实时仿真系统的综合实验和测试环境进行测试，验证、分析所设计的系统。

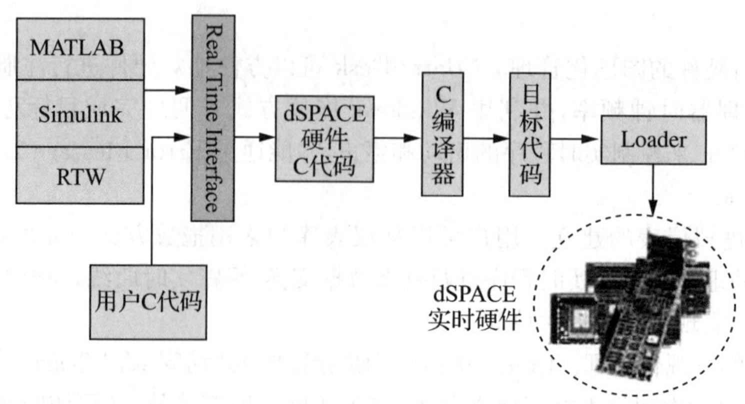

图 4-6　dSPACE 代码生成及下载

4.1.3　其他实时仿真系统

1) NI-基于 PXI 平台的半实物仿真平台

National Instruments(美国国家仪器有限公司,简称 NI)创立于 1976 年。NI 产品的半实时仿真产品 VeriStand 的诞生,为半实物仿真测试带来了全新方案。NI 是 PXI 技术的引领者,基于实时应用的 PXI 平台加上 NI 强有力的实时软件,让半实物仿真测试变得更加容易和可靠。NI 实时仿真软件包括:

(1) NI VeriStand——动态测试和仿真软件。NI VeriStand 是一种配置实时测试应用程序的软件环境。作为新的金牌产品,NI VeriStand 的使用不需要掌握编程知识,但是可以在多种不同的软件环境下进行自定义和扩展,如 NI LabVIEW,MATLAB/Simulink,ANSI C/C++和其他建模及编程环境。

利用 VeriStand 可以轻松地实现 Simulink 模型的导入和 PXI 硬件的配置。通过 VeriStand 还可以快速地实现人机交互界面的搭建,用户可以通过 LabVIEW 创建自定义控件后嵌入到 VeriStand 中。此外,VeriStand 还拥有数据存储分析、可编程执行序列、记录回放等多种试验功能,为仿真测试带来了极大的方便。

(2) NI TestStand——自动化测试管理软件。NI TestStand 是可以立即执行的自动化测试管理软件,用于组织、控制和执行自动化原型设计、验证或制造测试系统。

利用 TestStand 可以轻松地创建用户测试序列,实现无人值守的自动化测试。试验结束后,TestStand 会输出一份全面的测试分析报告。用户只需要检查测试报告,进而快速定位被测对象问题,直至完成测试。

TestStand 可以调用 VeriStand 进行自动化测试,同时 TestStand 具有良好的兼容性和开放性,可支持多种其他软件的联合使用。

(3) MAX (Measurement and Automation Explore)——设备管理及配置软件。MAX 主要用于软硬件的管理,硬件配置、测试以及实时系统配置。

2) Quanser 实时仿真系统

Quanser 实时仿真系统包括加拿大 Quanser 公司研发的控制实验用的各种受控对象装置,MATLAB/Simulink, NI 公司 LabView 等接口板卡和实时控制软件 WinCon 等,可以用类似于 dSPACE 实时仿真系统的方式进行半实物仿真与实时控制研究。Quanser 产品主要用于高校教学及实验室研究，提供了各种各样具有挑战性的控制实验，也允许用户使用并测试各种各样的控制方法。其受控对象装置包括直线运动控制系列实验、旋转运动控制系列实验及各种专门实验装置。

4.2　基于 xPC 硬件在环仿真系统

xPC 工具箱是 Mathworks 公司发布的基于 RTW 的一个实时仿真工具箱，可用来构建、实施实时仿真系统。从功能上讲，xPC 目标与 RTW 结合，通过 RTW 将包含 xPC 板卡驱动模块的 Simulink 模型生成可在 xPC 目标机上运行的实时代码，并下载到 xPC Target 目标上运行，实现实时仿真。

4.2.1　xPC Target 架构及实现

xPC 目标采用了宿主机-目标机的技术途径，即“双机模式”，最基本的组成如图 4－7 所示。其中，宿主机用于运行 MATLAB，Simulink，Stateflow，RTW 及其他工具包，且须安装目标代码编译器。目标机则运行所生成的实时代码，并通过 I/O 板卡与实际被测对象或控制器联合运行。xPC 目标提供了一个高度精简的实时内核运行在目标机上，实时内核采用 32 位保护模式。宿主机和目标机可以通过以太网或串口连接，并实现数据交换。

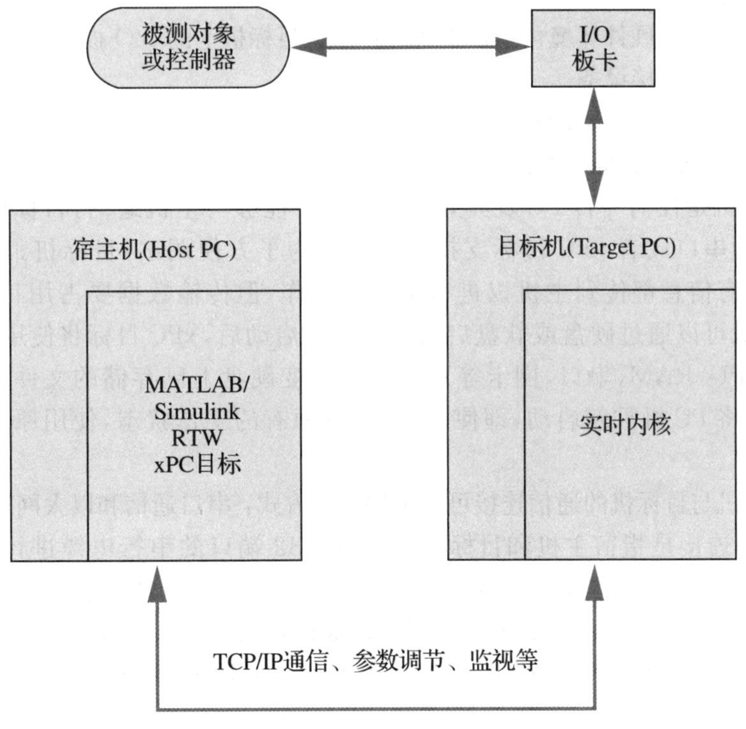

图 4－7　基于 xPC 实时系统的基本组成

图 4－7 中 MATLAB/Simulink 可实现模型或控制器的图形化设计，包括数据输入、数据处理和数据输出。其中数据处理部分可采用 MATLAB 提供的各种功能强大的函数和工具箱来完成，极大地提高了系统设计效率并大大减少了编程出错的可能性。当系统设计完成后，采用 RTW 生成 xPC 实时代码（又称为 xPC 目标），并下载到目标机上，然后在主机上控制目标机的 xPC 目标运行；在目标机上配置相应的输入输出设备，就可以完成数据的输入、输出等任务，也可以把采集数据进行实时可视化。当目标运行完成后，可以把数据存盘，也可以把数据上传到主机以进行进一步分析。对于简单的任务，xPC 可实现间隔 10 μs 的实时任务。

在宿主机与目标机之间有四类信息进行交换：目标应用程序从宿主机下载到目标机；宿主机对目标机的控制信息；在宿主机上更改模型参数值，相应参数及时更新下载到目标机；目标机上的运行结果上传到宿主机以进行数据记录和分析。

1．xPC 架构的软件配置

xPC 架构的软件配置是指可对目标应用程序进行设计、建模及在实时和非实时的情况下进行测试的软件环境，包括宿主机与目标机之间的信息通信。

（1）宿主机上运行的用于图形化建模和离线仿真软件 MATLAB/Simulink，完成对目标机控制的 MATLAB 软件，实现实时环境的 RTW 和用于代码生成的 C 语言编译器，以及支持目标机 I/O 板卡的 xPC 驱动程序模块工具箱。

（2）用于启动目标机的 xPC 实时内核以及用于仿真的由宿主机生成的实时代码。目标机上的 BIOS 是除实时内核外目标机唯一需要的软件。

2．xPC 架构的硬件环境

xPC 目标所需的硬件环境包括宿主机、目标机、目标机上的 I/O 板卡及宿主机与目标机之间的串口或网络连接设备。

（1）宿主机是任何一台能够运行宿主机所需软件配置的 PC 及其兼容机，但必须要有一个串口或网卡，以便与目标机通信。

（2）目标机是任何一台 PC 及其兼容机。为了能够与主机通信，目标机必须具有与主机相对应的串口或者 xPC 目标支持的网卡。为了方便调试，目标机最好带显示器；如果不带，所有信息都传到主机以进行可视化操作，但传输数据要占用目标机 CPU 的时间。目标机可以通过硬盘或软盘启动。目标机启动后，xPC 目标将使用 PC 机上的硬件资源（如 CPU，RAM，串口，网卡等），但不会改变硬盘上已存储的文件。当不再使用目标机时，可将 PC 机重新启动，即使 PC 机回到原有的工作状态，使用原有的操作系统和应用软件等。

（3）宿主机与目标机的通信连接可以采用两种方式：串口通信和以太网通信。

串口通信连接是指宿主机和目标机通过 RS232 端口的串行电缆进行通信连接，如图 4－8 所示。若采用直接连接方式，串口电缆长达 5 m。串口通信连接的传输速率可在 1 200～115 200 bit/s 之间变化。采用串口通信，其设置简单、只需一根串口线、成本较低；而且一般计算机上都带有串口，易于实现；但串口通信速度较慢，最快只有115 200 bit/s。

图 4-8　xPC 目标的 RS232 通信连接

在 xPC 目标中，宿主机和目标机常采用以太网进行通信连接，可以是局域网、因特网(Internet)或直接用交叉线型的以太网电缆进行连接，如图 4-9 所示。宿主机和目标机通过以太网卡连接到网络中，使用 TCP/IP 协议进行通信连接。采用 TCP/IP 通信可实现 100 Mbit/s的通信速率，如采用中继器和网关，宿主机和目标机的物理距离不受限制，可通过 Internet 进行远距离通信。不过，在使用以太网连接时，目标机必须使用 xPC 目标支持的网卡，相对而言成本略高。

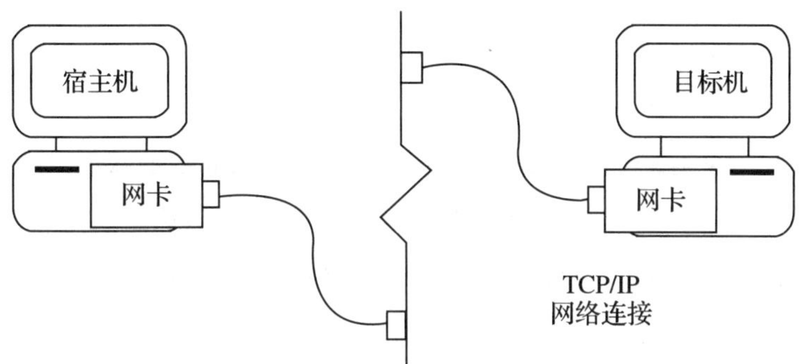

图 4-9　xPC 目标的基于 TCP/IP 协议的网络连接

(4) I/O 设备

xPC 目标支持多种类型的设备，并提供 xPC 模块库，支持超过 250 种商业 I/O 板卡，其中包括 ISA 总线、PC/104 总线、PCI 总线、CompactPCI 总线的各种 I/O 板卡，所支持的 I/O 类型包括 A/D,D/A,数字 I/O,CAN,计数器，增量编码器，脉冲发生和采集器，音频输入输出，GPIB,连续端口，LVDT/RVDT 测试设备和仿真设备等。这些设备的驱动程序通过 Simulink 模块进行描述。用户可通过 Simulink 模块及其参数对话框实现对设备驱动程序的访问。I/O 板模块库中包括 xPC 目标提供的 Simulink 模块。像使用其他任何标准的 Simulink 模块的方法一样，用户可以通过鼠标拖动将设备驱动模块添加到用户模型中使用。

选取 xPC 目标支持的 I/O 板卡能给测控系统设计带来极大方便，但是这些产品一般价格较高。对于大量的国内产品，xPC 目标基本不支持，这就需用 C 语言利用 S-函数开发设备驱动程序模块。Mathworks 公司在发布 xPC 工具箱时也提供了所支持设备的源程序，只要用户懂得 C 语言知识，结合设备手册，以现有源程序为模板进行适当修改，就可以开发出符合要求的驱动程序，然后封装成 S-函数驱动程序模块，而且这种程序一旦编好就可重复利用，就像 Simulink 中的模块一样，非常方便。

3. 宿主机和目标机的连接

参照上文所述准备好相应的软硬件，包括 MATLAB/Simulink，RTW，xPC Target，C 语言编译器等软件和宿主机、目标机、通信设备等硬件，然后即可根据选定的通信方式和设备将目标机和宿主机连接起来，进行相应的配置，并完成与宿主机的通信。

如前文所述，目标机和宿主机之间有两种通信方式：串口通信和以太网通信。这两种通信方式可在 xPC 目标浏览器(xPC Target Explorer)中进行配置。

启动 xPC 目标浏览器有两种方式：①在 MATLAB 命令窗口中键入“xpcexplr”命令并回车；②在已建立的 Simulink 模型中，单击“Tools→Real - Time Workshop→ xPC Target Explorer”菜单，如图 4 - 10 所示。当然，也可以采用相应的快捷键打开。

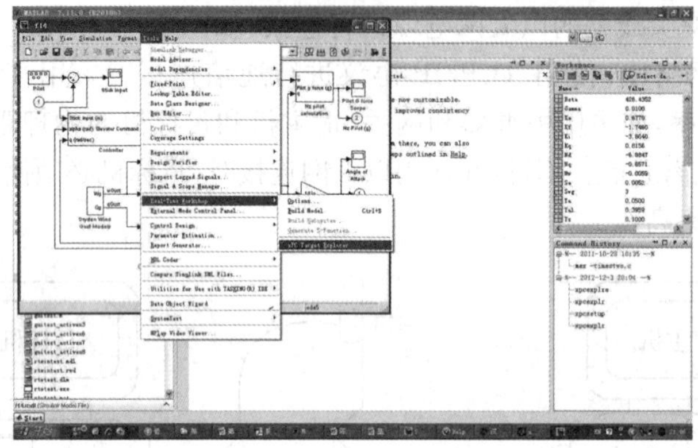

图 4 - 10　通过菜单命令打开 xPC 目标浏览器

打开 xPC 目标浏览器，打开后有一个默认的目标机节点(TargetPC1，可根据需要重命名)。选择“Target PC1→Configuration→Communication”，显示通信方式配置页面，如图 4 - 11 所示。

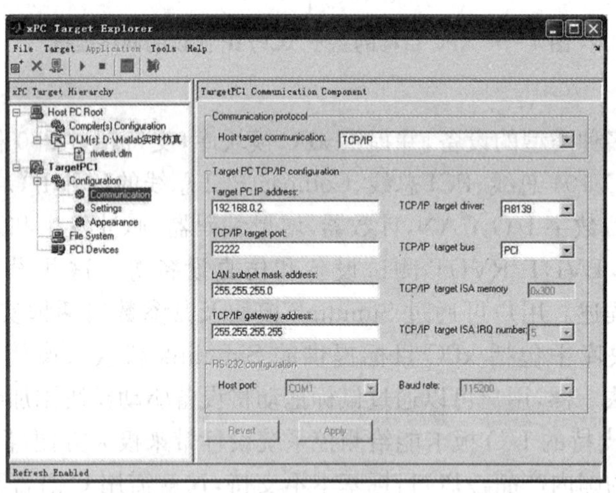

图 4 - 11　宿主机与目标机通信方式配置

在此界面中“Host target communication”下拉列表框中可以选择使用以太网(TCP/IP)通信方式，也可选择串口(RS232)通信方式。

在设置了 xPC 目标环境后，不需退出或重启 MATLAB，即使将目标机与主机的通信方式从 RS232 修改为 TCP/IP(或相反)后也不需退出或重启。但用户必须重新生成目标启动盘，然后在 Simulink 模式下重新创建目标应用程序。

如选择串口(RS232)通信方式,需要设置与宿主机连接的端口(COM1 或 COM2)和通信波特率(最小 1 200 bit/s,最大 115 200 bit/s)。串口(RS232)通信方式需要使用直连串口线(Null Modem Cable)。特别注意的是不能采用简易连接方式,而必须采用完全连接的方式,因此,xPC 目标需要用到读、写允许等信号线。PC 机一般采用 9 针串口,图 4－12 显示了 9 针串口的接线方式。

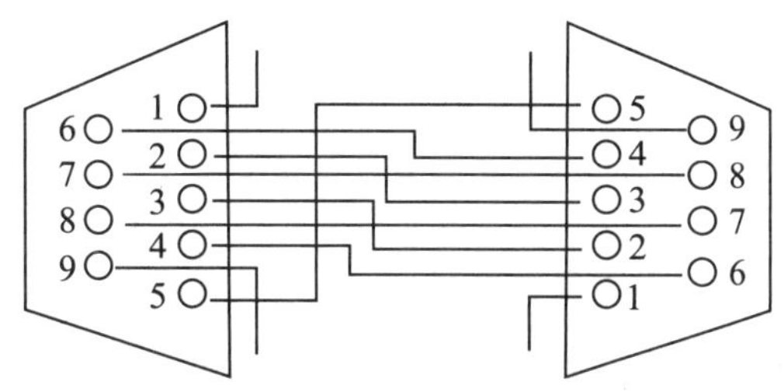

图 4－12　DB9 串口接线方式

使用串口(RS232)通信方式,如果使用的波特率小于最大可能的波特率,可能导致通信失败。如果通信失败,应使用大于 19 200 bit/s 的波特率。

另外,串口通信速度较慢,如果使用串口通信,对较大量数据的传输将引起较长时间的延迟,因此,将不能使用宿主机示波器实时获取和显示仿真数据。

以太网(TCP/IP)通信方式的通信速度可达 100 Mbit/s,通信速度快,一般情况下建议作为首选的通信方式。选择以太网(TCP/IP)通信方式需要设置目标机的 IP 地址、通信端口、子网掩码和网关地址。设置网络参数时,要使宿主机可通过该网络参数访问到目标机。如果在局域网内,则不需要设置网关参数。如果采用双机直连的方式,可按照图 4－11 所示设置即可。特别注意的是目标机上的网卡必须是 xPC 目标支持的网卡(可参考 Mathworks 网站给出的最新列表),并需要设置目标机上的网卡类型、总线类型。如果是 ISA 总线,还需要设置 I/O 端口的基地址和中断号,这些参数必须与 ISA 总线网卡上的跳线设置一致。

完成属性设置后,单击“Apply”按钮,即可应用设置。

4.2.2　xPC 目标机的启动

在运行 xPC 目标的过程中,目标机的启动是必不可少的。如图 4－13 所示,xPC 目标机支持五种启动模式:软盘启动(Boot Floopy)、光盘启动(CD Boot)、DOS 载入器启动(DOS Loader)、网络启动(Network Boot)和单机模式(Stand Alone)。在宿主机上的 xPC Target Explorer 里面设置好通信等相关参数后,可采用上述方式生成 xPC 实时内核等启动文件,利用生成的启动文件启动目标机。每次配置修改后都应该重新生成启动文件,否则系统不能正常运行。

软盘启动就是在宿主机上生成一张用于启动目标机的 3.5 寸软盘,在软驱中插入软盘,根据实际计算机软驱盘符名称修改位置,如图 4－13 所示,然后单击 Creat boot disk 按钮,显示提示是否生成启动盘画面,单击确认即可生成启动盘。启动软盘包含 xPC 目标的实时内核等,将这张软盘插入目标机软驱,重新启动即可启动目标机,进入 xPC 目标运行。这种方法的前提是宿主机和目标机都有软驱。

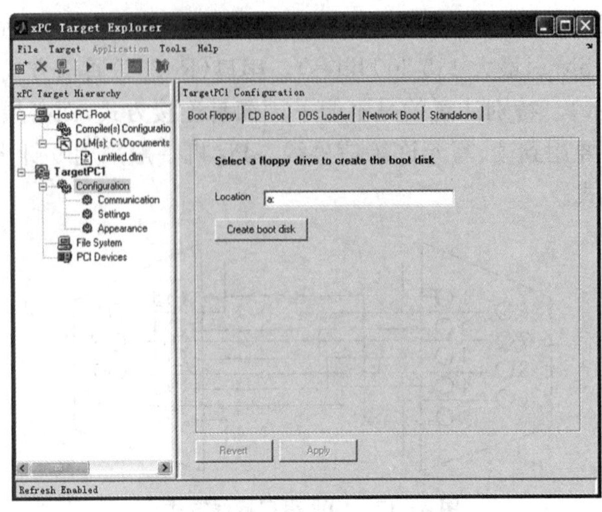

图 4-13　xPC 目标机的启动方式

光盘启动就是生成可以启动目标机的 ISO 光盘镜像，并将镜像刻录到启动 CD 或 DVD 光盘上，该光盘可以运行实时内核。将刻录成功的光盘插入到目标机的光驱，重新启动，即可启动目标机。这种方法需要宿主机和目标机都有光驱，并且宿主机的光驱必须具有刻录功能。生成启动光盘可以采用 xPC Target Explorer 或者采用命令行形式，具体操作步骤可参见帮助文件。需要注意的是，应将生成的 ISO 镜像文件烧制进 CD 或 DVD 光盘，而不能采用拷贝的形式，否则将不能启动目标机。

DOS 载入器启动就是在宿主机的硬盘上生成 xPC 的实时内核文件(xpmtgo. rtb 和 xpcboot. com)和一个批处理程序(autoexec. bat)，把这些文件放到 DOS 启动盘中，先用 DOS 启动盘启动目标机进入 DOS 状态，然后“autoexec. bat”自动运行，调用“xpcboot. com”装载 xPC 的实时内核文件，完成目标机的启动。

网络启动(Network Boot)是通过专用网络启动目标机的方式，采用该方式不需要启动软盘或光盘，但要求目标机与宿主机间的连接通过以太网完成。采用这种方式启动时，必须采用专用网络，比如，将目标机和宿主机通过网线连接，而不能接入单位网络或其他非专用网络，因为这种方式可能会影响 DHCP 服务器。在采用网络启动之前，需按照以太网连接方式先配置好宿主机和目标机的网络设置。目标机的网卡还应该具有兼容 PXE 的启动 ROM。

单机模式首先在 MATLAB 当前工作路径中生成一个“模型名称_xpc_emb”的文件夹，比如，当前的模型文件为“myxpc. mdl”，则生成的文件夹名称为“myxpc_xpc_emb”，这个文件夹一般包括“xpcboot. com”“autoexec. bat”和“myxpc. rtb”文件，然后把这个文件夹下的全部文件放到启动盘上启动目标机，目标机开机后执行“autoexec. bat”“autoexec. bat”调用“xpcboot. com”和“myxpc. rtb”文件装载内核、通信协议和目标文件，装载完成后一直运行目标文件，直到目标机关机。对于单机模式来说，要想改变模型，必须在主机上改变模型，生成文件，用所生成的文件重新启动目标机，这样做效率很低，所以这种模式只适用于成熟的方案。

对于软盘启动和 DOS 启动模式来说，它们启动后完成的任务是一样的。在这两个过程中，需要一张软盘来生成目标机的启动文件，而目前计算机基本上都没有软驱，而且软盘也很容易损坏，这给实际应用带来了不便。使用光盘启动，一旦配置修改，需要重新刻录，而且宿主机和目标机都必须有光盘，造成成本增加。因此，推荐采用U盘启动、硬盘启动和网络启动方式。其中U盘和硬盘启动都用到DOS(DOS Loader)启动模式。

1. U盘启动

目前，USB总线是计算机的标准配置，一般计算机也支持USB总线启动，USB闪存盘也取代软盘成为最广泛的移动存储设备。只要把一个USB闪存盘做成能把目标机启动到DOS状态下的启动型闪存盘，然后在计算机启动时进入BIOS，设置为相应的USB启动就可以启动目标机。因此，实现U盘启动目标机分为两个步骤：①将U盘做成DOS启动盘；②生成DOS载入器的目标启动盘。

DOS启动盘上应安装最小的DOS系统。传统安装方法是在Windows 95，Windows 98或DOS环境下，使用“Sys a：”命令生成DOS启动盘。但许多PC机已不再安装Windows 95，Windows 98系统。因此，可采用专门的U盘DOS启动盘制作软件，目前有两种比较流行的U盘DOS启动盘制作软件：USBoot和FlashBoot。USBoot可将U盘制作成FDD，HDD和ZIP三种模式，但超过256 M的U盘只能制作成FDD模式；而FlashBoot只能将U盘制作成HDD和ZIP模式，它可支持大容量的U盘。这两种软件都很方便、实用，自带使用手册，在此不对制作过程作详细说明。

U盘DOS启动盘制作好后，将U盘插到目标机的USB接口上。启动目标机，并对目标机的BIOS进行相应的设置，使目标机从USB启动。若目标机能启动到DOS环境，则U盘DOS启动盘制作成功。

生成DOS载入器的目标启动盘的具体步骤如下：打开xPC目标环境设置对话框，单击目标机节点的“Configuration”，选择“DOS Loader”标签，出现图4-14的对话框，单击“Browser”按钮选择载入器文件的生成地址，然后单击“Create DOS Loader”按钮，在制定的文件夹中生成启动文件，将生成的启动文件拷贝到启动盘的根目录下。即U盘DOS启动盘做好，此时可以将目标机启动成功。

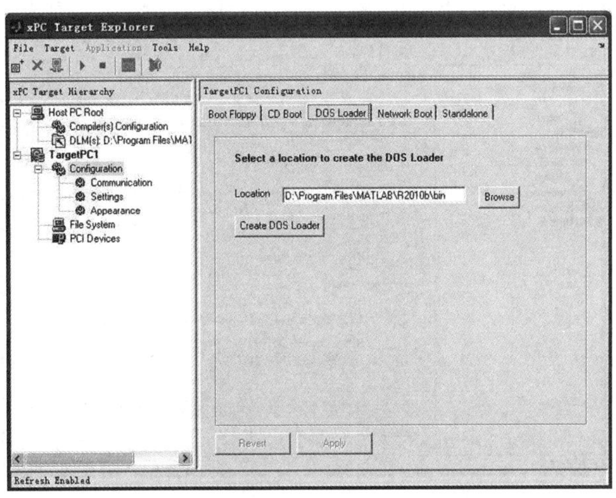

图4-14　DOS载入器启动盘的生成

2. 硬盘启动

与使用 U 盘做启动盘类似，也可以直接使用硬盘做启动盘。这种方式是先采用硬盘启动进入 DOS 方式，再加载 xPC 实时内核。因此，首先目标机应装有 DOS 系统。

目前计算机上一般采用 Windows 系统，不再带有 DOS 系统。因此，首先应该在硬盘上建立一个小于 4 GB 的分区，该分区应采用 FAT32 格式，而不能是 NTFS 格式，其原因在于 DOS 系统不支持 NTFS 文件格式；然后在此分区安装独立的 DOS 系统，用于引导目标机进入 DOS 系统运行。最后采用 DOS 载入器模式生成 xPC 目标启动文件，并拷贝到目标机上的 FAT32 格式的分区上。

目标机开机时首先根据启动菜单进入 DOS 环境，然后到相应的分区中运行"autoexec. bat"，xPC实时内核文件将被装载，目标机得以启动。笔者安装的 MAX－DOS7 工具箱，开机时进入纯 DOS 模式，成功启动目标机。

3. 网络启动

如前所述，网络启动时需使用专用网络连接宿主机和目标机，一般情况下可以采用网线直连的方式。确认目标机支持网络启动模式，目标机网卡收到 xPC 的支持，并具有兼容 PXE 的启动 ROM。满足上述环境要求后的启动步骤如下：

1）启动目标机

进入 BIOS，将目标机设置为 LAN 或者网络启动。可考虑将 USB 启动放在启动顺序的第一位，将 LAN 启动放在第二位。可保证在没有 USB 启动盘的情况下，通过网络启动实时内核。

2）设置宿主机

在"xPC Target Explorer"中将"Target PC1"配置为 TCP/IP 连接，并正确设置网络参数，这一过程可参考通信连接。

在配置面板上选择"Network Boot"，如图 4－15 所示。在面板中，可以选择手动输入目标机网卡的物理 MAC 地址，或者由软件自动搜索目标机网卡的物理 MAC 地址。如果选择手动输入，需以 16 进制的形式输入目标机网卡的物理 MAC 地址。

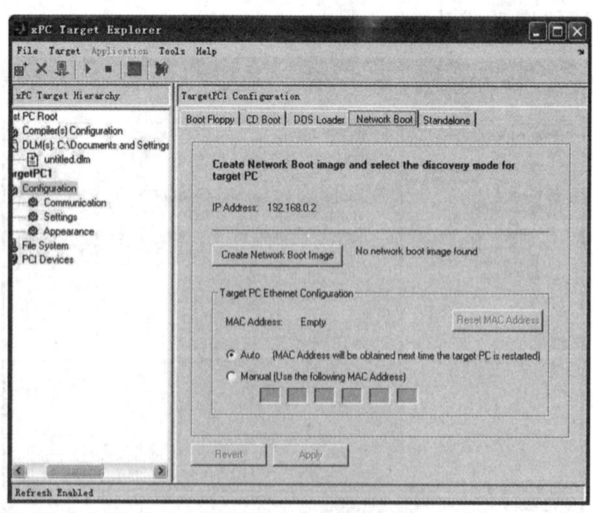

图 4－15 配置网络启动方式

单击“Create Network Boot Image”按钮，开始在宿主机上创建网络服务器。网络启动服务器进程将最小化运行，并显示在宿主机的系统托盘上。

3）重启目标机

重启目标机时，宿主机上的网络服务器将弹出一个窗口显示正在下载启动服务器到目标机。如果“xPC Target Explorer”中显示的目标机还没有与实际目标机的物理MAC地址联系起来，第一次启动时，网络启动服务器将检查已添加的目标机，并显示在一个对话框中，显示信息包括目标机名称及其IP地址，如图4-16所示。从这个列表中选择正确的目标机名称，并单击“OK”按钮。目标机将接收到xPC目标实时内核，并用此内核启动。如果单击“Cancel”按钮，而没有选择联系实际目标机，则下次通过网络启动目标机时，实时内核将等待90 s，在90 s后才会响应目标机的启动请求。

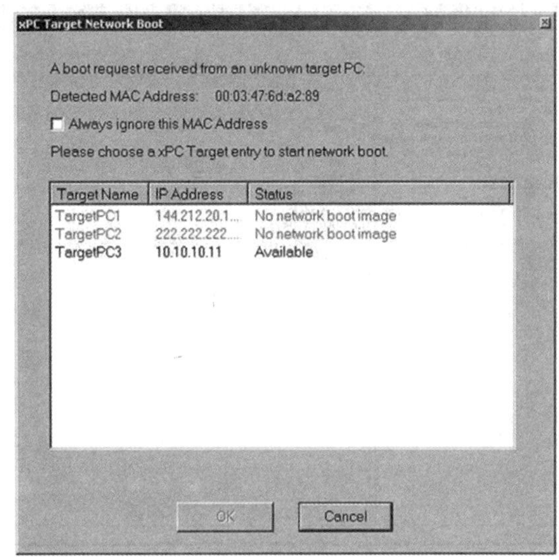

图4-16　目标机与物理MAC地址联系对话框

4. 宿主机和目标机的联机测试

本节以硬盘启动的方式启动目标机，采用以太网连接方式连接目标机和宿主机。

首先在目标机上安装xPC目标支持的网卡，并按照4.2.1节所叙述的方法设置目标机和宿主机的网络通信配置。然后在目标机上开辟新的FAT32格式的分区，安装DOS系统。最后在宿主机上打开xPC目标环境设置对话框，生成载入器启动文件，将生成的启动文件拷贝到目标机的DOS系统根目录下。

重新启动目标机。进入DOS系统，在相应的分区中找到启动文件，并运行“autoexec.bat”。目标机将加载实时内核，加载成功后显示界面如图4-17所示。图4-17为整个屏幕的上部，显示仿真应用及目标机的信息。其中左侧显示目前没有加载应用，目标机内存为1 013MB，启动模式为DOS Loader；右侧显示目标机系统信息，目标机为双核CPU，与宿主机通过TCP/IP连接，IP地址为192.168.0.2，端口为22222，网卡为PCI总线，驱动程序为R8139等信息。

图 4-17　实时内核启动后的目标机屏幕显示

打开“xPC Target Explorer”，右键单击目标机节点，连接目标机后，将显示目标机上的PCI设备及文件系统，如图4-18所示。在这个界面上可以控制目标机的连接和断开，下载或删除目标应用程序，启动或停止仿真，可添加目标机示波器等。具体操作方法可参见帮助文档。

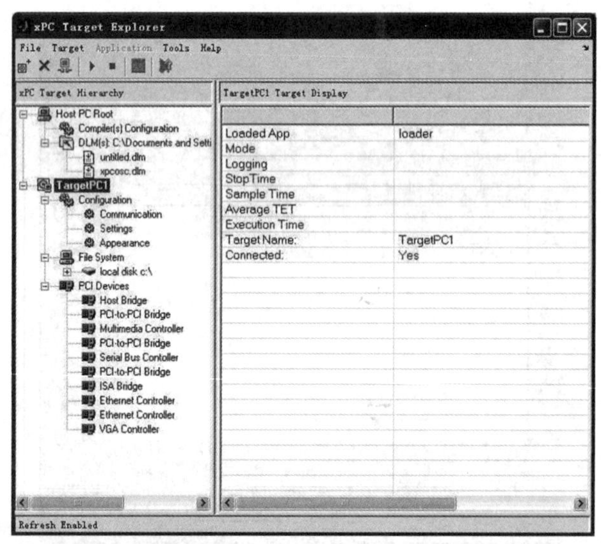

图 4-18　宿主机与目标机连接后的 xPC Target Explorer

为了测试目标机与宿主机连接情况，可在MATLAB命令窗口键入“xpctest”命令。MATLAB将运行测试脚本文件，并显示测试成功或失败的信息，如下文所示：

```
### xPC Target v4.4 Test Suite
### Host-Target interface is: TCP/IP(Ethernet)
### Test 1, Ping target PC 'TargetPC1' using system ping: ...OK
### Test 2, Ping target PC 'TargetPC1' using xpctargetping: ...OK
### Test 3, Software reboot the target PC 'TargetPC1': ...OK
### Test 4, Build and download an xPC Target application using model xpcosc to target PC 'TargetPC1': ...OK
### Test 5, Check host-target command communications with 'TargetPC1': ...OK
### Test 6, Download a pre-built xPC Target application to target PC 'TargetPC1': ...OK
### Test 7, Execute the xPC Target application for 0.2s: ...OK
### Test 8, Upload logged data and compare with simulation results: ...OK
### Test Suite successfully finished
```

测试内容包括网络连接、软件重新启动目标机、生成和下载示例目标机应用“xpcosc”、宿主机和目标机间命令的通信、下载预先生成的目标应用、执行0.2 s左右的目标应用、上传数据并比较仿真结果。如果以上测试结果全部为OK，则系统测试成功，可以进行下一步的应用。否则，应该根据现实具体情况逐步解决问题，然后重新测试，直到成功为止。

图4-19和图4-20分别显示测试成功后的目标机显示界面和“xPC Target Explorer”。从图中可见当前加载的应用名称、运行时间、采样时间、执行状态等信息。

图4-19　测试成功后的目标机显示界面

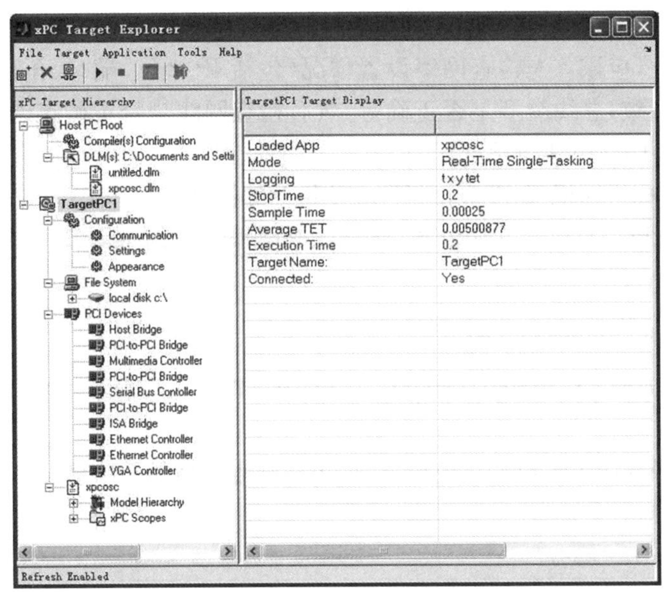

图4-20　测试成功后的xPC Target Explorer

部分测试失败的原因及处理步骤如下。

测试1：对目标机的网络通信进行系统标准测试。

由于使用以太网通信，本步骤是通过系统Ping命令对目标机网络通信进行系统标准检测。如果测试1失败，可使用以下步骤解决：

在Windows系统中，选择“开始→运行”，打开运行窗口，输入目标机的IP地址，如图4-21所示。

单击确定运行后，将显示一个DOS窗口，如Ping命令成功，显示类似下面的信息：

```
Pinging xxx.xxx.xxx.xxx with 32 bytes of data
Replay form: cix_xxx.xxx.xxx: bytes - 32 time<1nx JTL< = 64
```

图 4－21 运行窗口

如果在 DOS 窗口显示以下信息：

```
Pinging xxx.xxx.xxx.xxx with 32 bytes of data:
Request timed out
```

表示 Ping 命令失败，问题可能是使用了有缺陷的网线或者宿主机与目标机的网络设置出现了错误。为此，应该首先检查网络设置情况（包括 IP 地址、端口、子网掩码、网卡类型）是否与实际网卡一致，总线类型是否正确等；然后检查网线是否正确连通；最后检查目标机网卡是否为 xPC 目标所支持的型号。

测试 2：对目标机网络工作情况进行 xPC 目标的检测。

该测试是用 xPC 目标 Ping 命令对目标机进行测试。如果测试 2 失败，可在 MATLAB 窗口输入如下命令：

```
tg = xpctarget.xpc('argument-list')
```

其中，“argument-list”指明正在工作的目标机，如果没有任何参数，则测试默认的目标机。

检查 MATLAB 命令窗口的反应信息，如正常则应包括如下信息：

```
xPC Object
Connected              = Yes
Application            = xpcosc
```

如果没有显示以上信息，可能是使用了已损坏的目标启动盘。要解决这个问题，应重新生成一个目标启动盘。

测试 3：采用直接的命令调用重启目标机。

该测试过程使用 xPC 目标命令启动目标机。如果测试失败，可使用如下步骤诊断故障：

在 MATLAB 命令窗口输入命令：

```
xpctest('-noreboot')
```

该命令是在不使用 reboot 命令的情况下进行再次测试，显示如下信息：

```
### Test 3, Software reboot the target PC 'TargetPC1': ...SKIPPED
```

在目标程序创建过程中观察 MATLAB 窗口的显示信息。

如果重启失败，但越过重启过程后程序创建过程正常——如果命令“xpctest”在越过重启命令后,可顺利地创建和下载目标应用程序,则问题可能是目标硬件不支持 xPC 目标的“reboot”命令。在这种情况下,就不能使用“reboot”命令来重启目标机,而需要使用硬件的“reset”按钮进行重启。

测试 4:创建和下载目标应用程序。

该测试过程是尝试建立演示模型“xpcosc. mdl”的目标程序并进行下载。如果测试失败,需在 MATLAB 命令窗口中检测错误信息。如果得到如下错误信息:

```
xPC Target loader not ready
```

则需要重启目标机。有时候,即使目标机已显示下载正常,可能仍然会出现此信息。这时候重启目标机即可。

4.2.3　xPC 目标的应用

本节通过一个 Simulink 演示模型,介绍 xPC 目标的基本功能和使用方法。这个模型是 MATLAB 自带的 f14 战斗机的仿真模型,模型中没有使用 I/O 模块,即使用户的目标机没有 I/O 设备硬件,也能对该模型进行实验。

1. Simulink 模型及非实时仿真

在 MATLAB 窗口输入如下命令:

```
f14
```

MATLAB 会装入该演示模型,并显示如图 4-22 所示的 Simulink 模型框图。

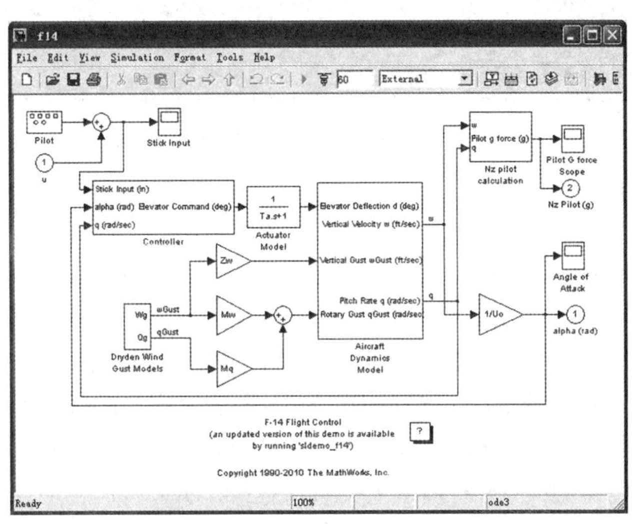

图 4-22　f14 战斗机仿真模型

在 xPC 目标应用的过程中,需对模型仿真参数进行修改,为了保证再次使用能得到原始模型,建议在进行下一步操作之前,先将模型副本另存到自己的工作目录中,此后的操作都以此副本为对象。

将仿真模式设为“Normal”,在工具栏单击启动按钮或者通过菜单命令“Simulation→Start”,或者在 MATLAB 命令窗口键入“sim(‘f14’)”命令可启动仿真,运算结果如图 4-23 所示。

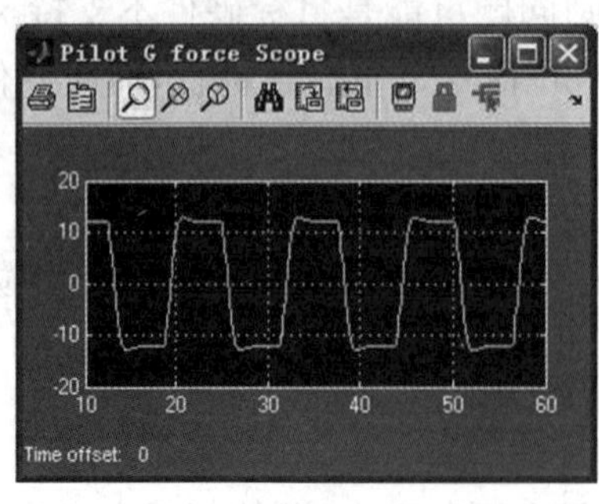

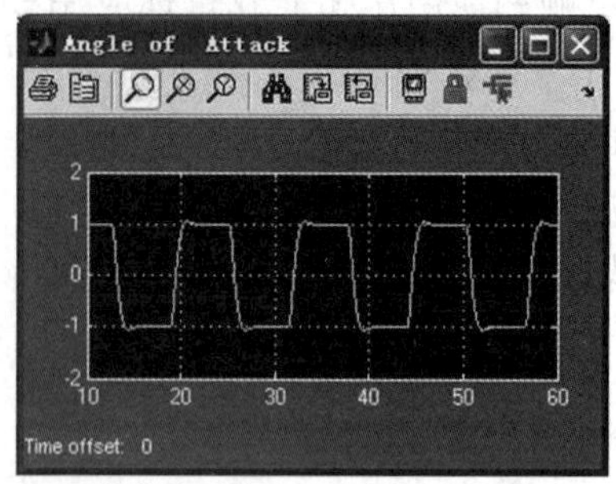

图 4-23　f14 战斗机仿真非实时仿真结果

2. 创建 xPC 目标应用程序

在 Simulink 环境下可对模型进行非实时的离线仿真，验证模型在非实时状态下的正确性和准确度，但要完成快速控制原型或硬件在环仿真，需要生成运行目标应用程序，以观察模型在实时情况下的仿真特性。

生成 xPC 目标应用程序之前，首先采用 4.2.2 节所述方法启动 xPC 目标机，宿主机和目标机之间采用以太网连接。启动目标机后，xPC 内核启动运行，处于 Loader 模式下，等待从宿主机上下载目标应用程序，如图 4-24 所示。此时 1 024 MB 内存中有 1 013 MB 处于空闲状态。xPC 目标就使用这空闲的 1 013 MB 内存来装载、运行 Scope 和采集数据。

图 4-24　等待状态的 xPC 目标机内核状态

1) 设置仿真参数

对于 Simulink 模型，仿真和实时运行参数均在“Configuration Parameters”对话框中设置，这些信息将提供给“Real-Time Workshop”以便从 Simulink 模型中创建目标应用程序。

当 Simulink 模型已载入到 MATLAB 工作空间和启动目标机过程完成后，就可设置仿真参数。下面仍以 Simulink 的演示模型 f14 为例，并假定用户已载入了该模型。

在 Simulink 模型窗口下，从 Simulation 菜单中选择“Configuration Parameters”命令。然后在“Simulation Parameters”对话框中单击“Solver”标签。在 Solver 选项卡中可定义目标程序初始的仿真终止时间和采样时间，如图 4-25 所示。

在“Start time”文本框中，输入“0.0 s”。在“Stop time”文本框中输入最初的终止时间，如可输入“60 s”，或者可输入“inf”(infinity，表示无限时间)。在创建目标应用程序后，用户可以通过改变目标对象属性“tg. Stoptime”来改变仿真终止时间。

在“Type”下拉列表中选择“Fixed-step”选项。因为 RTW 不支持变步长算法，因此，在此处只能选择固定步长的算法。根据模型的系统特征和需要，从积分算法列表中选择一种积分求解器，例如，可选择 ode3 积分求解器。在“Fixed-step size”文本框中输入目标应用程序的采样时间，如可输入“0.001 s”。用户同样可以在创建目标应用程序之后改变该参数值。如果发现 0.001 s 的采样时间将导致目标机上的 CPU 过载，应采用较大一些的步长。如果模型中包括离散状态，即模型为一个混合模型，则离散状态的采样时间只能是定步长时间的整数倍。如果模型中不包括任何连续状态，则可输入“auto”，RTW 可根据模型自动设置采样时间。

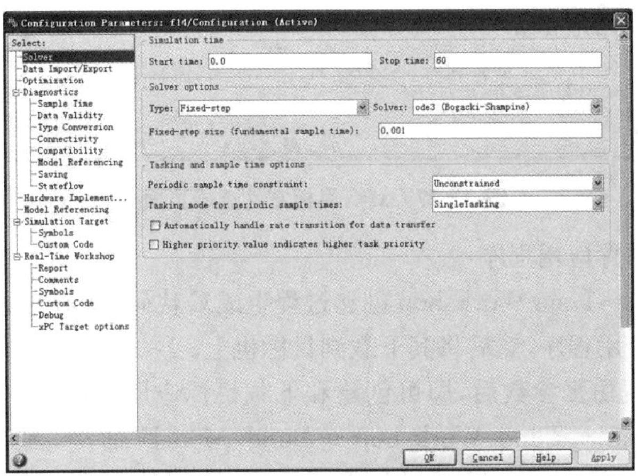

图 4-25　模型算法参数设置窗口

在“Configuration Parameters”对话框中选择“Real - Time Workshop”标签，打开“Real - Time Workshop”设置页面，如图 4-26 所示。

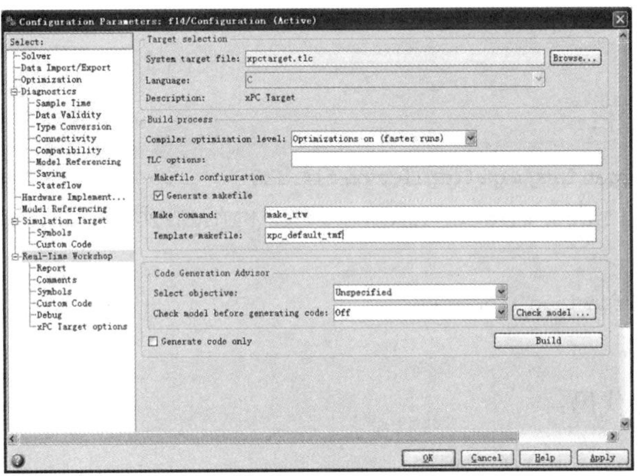

图 4-26　xPC 目标环境配置页面

单击“System Target File”右侧的“Browser”按钮，打开选择系统目标文件的对话框，如图 4-27 所示。在此选择“xpctarget.tlc”文件，并单击“OK”按钮返回。

xPC 目标对应的系统目标文件为“xpctarget.tlc”，对应的编程语言为 C 语言。其对应的模板联编文件“xpc_default_tmf”和 Make 命令“make_rtw”将自动填写在“Real - Tirne Workshop”选项卡对应的位置上。其他配置采用系统默认即可。

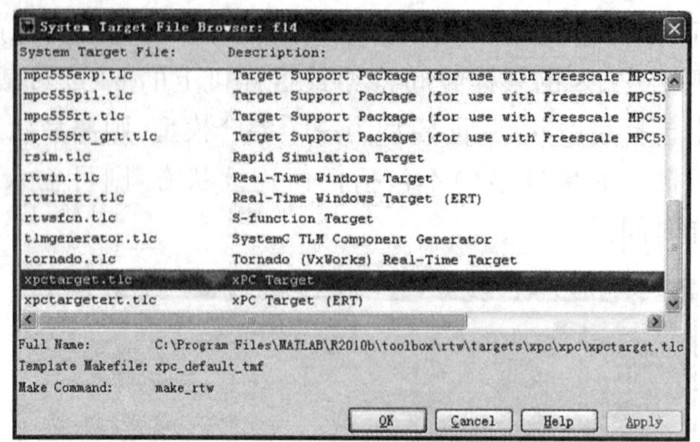

图 4-27　xPC 目标文件选择页面

2) 创建和下载目标应用程序

用户可使用 Real-Time Workshop 创建过程生成 C 代码,并对其进行编译、链接,生成可执行的 xPC 目标应用程序,然后将其下载到目标机上。

启动目标机,设置仿真参数后,即可创建和下载目标应用程序。在 Simulink 模型窗口中单击"Tools→Real - Time Workshop→Build Model"命令,或者在"Real - Time Workshop"设置窗口单击"Build"按钮,开始程序的创建过程。编译和下载程序时,MATLAB 命令窗口显示整个工作过程信息如下(限于篇幅,在此没有全部显示)。

开始时,显示启动 f14 模型的生成过程信息:

```
### Starting xPC Target build procedure for model: f14
### Generating code into build directory: C:\Documents and Settings\yings\My Documents\MATLAB\f14_xpc_rtw
```

调用系统目标文件:

```
### Invoking Target Language Compiler on f14.rtw
### Using System Target File: C:\Program Files\MATLAB\R2010b\toolbox\rtw\targets\xpc\xpc\xpctarget.tlc
### Loading TLC function libraries
......
```

生成 C 语言程序代码:

```
### Writing source file f14_capi.c
......
### Writing header file f14_capi.h
......
```

生成联编文件:

```
### Creating project marker file: rtw_proj.tmw
......
```

调用 VC 编译器编译 f14 模型：

```
### Compiling f14.c
……
```

链接：

```
### Linking...
……
```

生成目标文件：

```
### Created DLM..\f14.dlm
```

生成过程完成，搜索目标机，并限制目标程序：

```
C:\Documents and Settings\yings\My Documents\MATLAB\f14_xpc_rtw>exit /B 0
### Successful completion of Real-Time Workshop build procedure for model: f14
### Looking for target: TargetPC1
### Download model onto target: TargetPC1
### Create xPC Object tg
```

在编译、链接和下载过程完成后，生成一个默认名为“tg”，包含了属性和相关方法的目标对象。显示信息如下：

```
xPC Object
Connected          = Yes
Application        = f14
Mode               = Real-Time Single-Tasking
Status             = stopped
CPUOverload        = none
ExecTime           = 0.0000
SessionTime        = 370.4936
StopTime           = 60.000000
SampleTime         = 0.001000
AvgTET             = NaN
MinTET             = 9999999.000000
MaxTET             = 0.000000
ViewMode           = 0
TimeLog            = Off
StateLog           = Off
OutputLog          = Off
TETLog             = Vector(0)
MaxLogSamples      = 100000
NumLogWraps        = 0
LogMode            = Normal
```

```
Scopes              = No Scopes defined
NumSignals          = 36
ShowSignals         = off
NumParameters       = 40
ShowParameters      = off
```

而目标机上则显示如图 4－28 所示的信息。

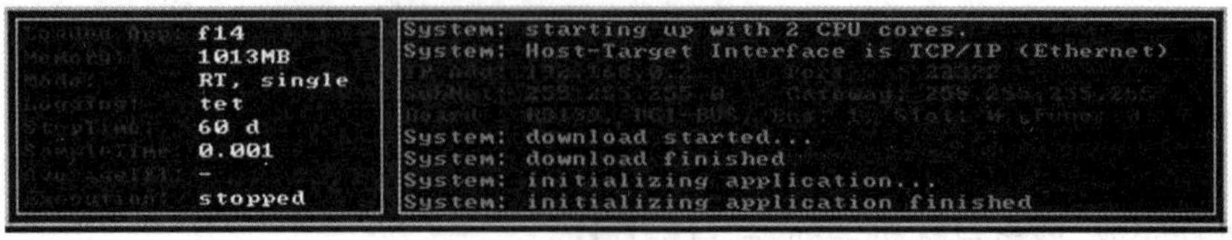

图 4－28　目标程序下载完毕后的目标机屏幕显示

在 MATLAB 窗口，输入如下命令：tg，则同样会显示目标属性信息。

3. 控制目标程序

在 xPC 目标应用程序创建过程和下载过程完成后，生成 xPC 目标对象，该对象代表了目标计算机和目标应用程序。xPC 目标对象由一组属性和相关方法定义，用户可以通过目标对象方法改变目标对象属性，以此对目标应用程序的运行和目标机进行控制。

控制目标程序有三种途径：一是通过 MATLAB 命令；二是使用 xPC Explorer 窗口；三是使用 Simulink 的外部模式。

xPC Target 下载目标应用程序到目标机后，即可运行目标应用程序。设目标对象的默认名为 tg。在 MATLAB 窗口输入如下命令：

```
+ tg 或 tg.start 或者 start(tg)
```

目标应用程序开始在目标机上运行。此时 MATLAB 窗口将显示目标对象从停止到运行改变过程的状态信息。

同时，图 4－28 中目标机的屏幕上，Execution 行将从 stopped 变为 running，AverageTET 行上的数值也不断更新。

在 MATLAB 窗口输入如下命令：

```
- tg 或 tg.stop 或者 stop(tg)
```

目标应用程序即停止运行。

在不重新编译目标应用程序的情况下，xPC 目标允许用户改变许多属性和参数。其中两个属性是停止时间和采样时间。

用户可以在所创建的目标应用程序运行前，改变采样时间，并且可以在目标程序运行前或运行过程中改变仿真停止时间。

改变停止时间：如将停止时间改为 1 000 s，可输入如下命令：

```
tg.StopTime = 1 000 或 set(tg,'StopTime',1 000)
```

改变采样时间：如将采样时间改为 0.01 s，可输入如下命令：

```
tg.SampleTime = 0.01 或 set(tg,'SampleTime',0.01)
```

尽管可以改变不同的运行过程的采样时间，但在特定的环境下，并在不重新编译应用程序的条件下，只能改变整体采样时间。如果采样时间选取得过小，CPU 会发生超载现象，此时目标对象属性"CPU Overload"就会自动变为"detected"。如果出现这种情况，应将"Configuration Parameters"对话框中"Solver"选项中的"Fixed step size"文本框中的数值设为较大的值。

可以通过目标机浏览器(xPC Explorer)界面控制目标程序，如图 4-29 所示。在此页面可以设置停止时间、采样时间、数据记录模式、记录哪些数据以及变量名称等参数。

在图 4-29 左侧树状视图中，顶端为"Host PC Root"，即宿主机根目录。其中有一个子节点"DLM(s)"，显示的是在宿主机根目录中以及编译、生成的目标机程序，将其中的任何一个拖入相应的目标机节点，即可完成目标程序的下载。

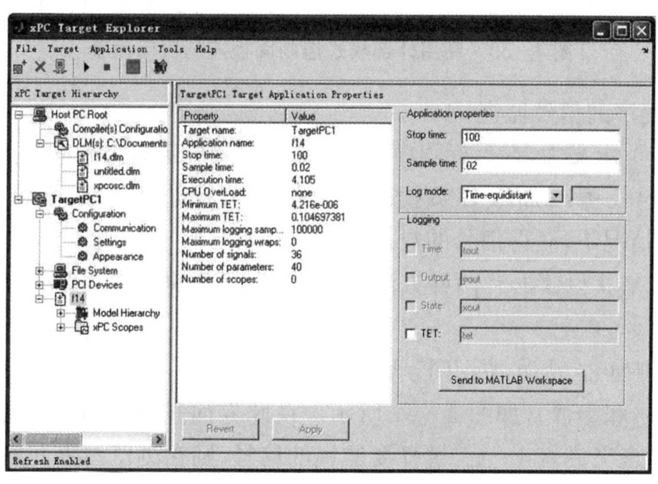

图 4-29　利用目标机浏览器控制目标程序

第三种控制目标程序的方法是通过 Simulink 的外部模式。在 Simulink 模型窗体上，将 Simulink 模型的仿真模式修改为 External 模式，方法是在 Simulation 菜单中选择"External"模式。在外部模式下，Simulink 模型仅能连接到默认目标机。使用 Simulink 外部模式时，最好关闭"xPC Target Explorer"，在同一时刻仅使用一种界面。在外部模式下，Simulink 模型仅仅作为一个用户界面。选择了用户模式后，还需要将模型连接到目标对象，可在 Simulation 菜单上选择"Connect to target"。将界面和目标连接起来后，像在非实时仿真状态下一样对目标机进行仿真控制。利用外部模式进行目标机控制的另一种方式是打开外部模式控制面板，在面板上完成控制，如图 4-30 所示。

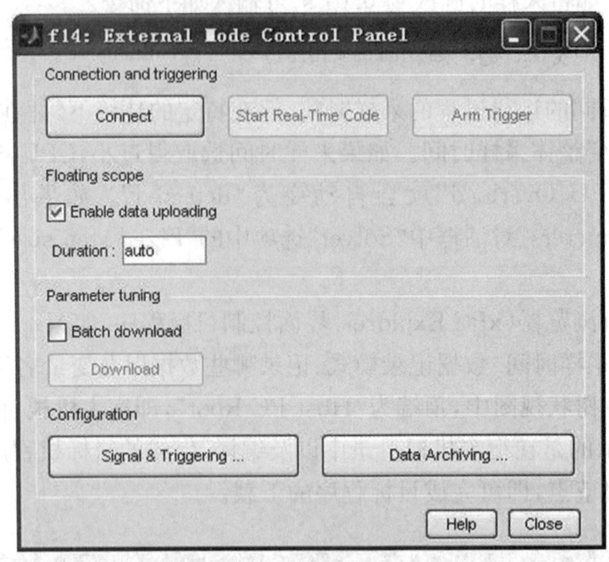

图 4-30　利用外部模式控制面板控制目标程序

4. xPC 目标程序的信号监视

信号监视过程可定义为，在目标程序实时运行过程中，获取无时间信息数据的过程。其优点是不会给实时任务增加额外负担。使用信号监视过程可在不生成目标机示波器(Target Scope)的情况下，获得信号的数据。

使用信号监视来获得数据有两种方法，分别是目标机浏览器(xPC Target Explorer)界面和 MATLAB 命令。

打开目标机浏览器界面，展开模型 f14 的模型层级(Model Hierarchy)节点，显示 Simulink 模块(信号和参数)，如图 4-31 所示。在此界面只显示目标程序的信号和可调整的参数。各图标的含义见表 4-1。选择要监视的信号，则在浏览器界面的右侧显示信号值，如图 4-31 所示。

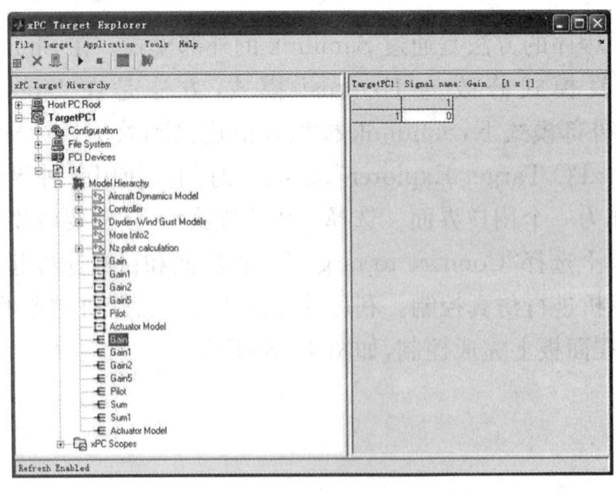

图 4-31　目标程序的信号和参数

表 4-1　信号和参数图标含义

图标	含　义
	子系统，包括其信号和参数
	参考模型，包括其作为实验点的信号
	参数
	信号

如需改变信号值的显示格式，可在“Model Hierarchy”节点上右键单击，在弹出的菜单中选择“Edit Signals Format String”，则弹出如图 4-32 所示窗口。在此窗口输入相应的字符串即可改变显示格式，具体格式字符串及说明见表 4-2。

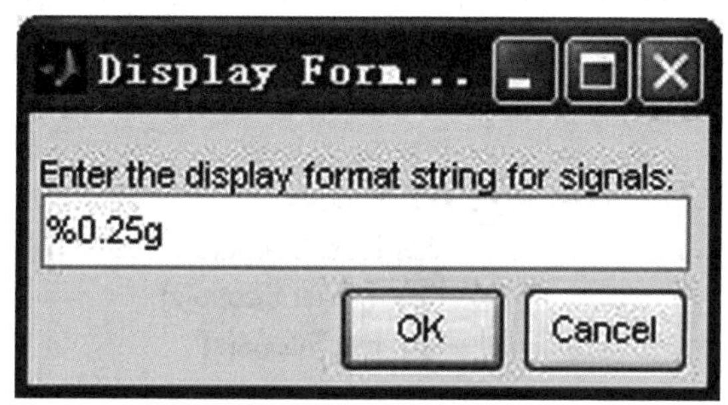

图 4-32　信号显示方式字符串修改窗口

表 4-2　信号和参数图标含义

类型	说　明
%e or %E	使用 e 或 E 的指数式
%f	浮点数
%g	有符号数，可采用 f 或 e 形式显示，具体取决于那个较小
%G	有符号数，可采用 f 或 E 形式显示，具体取决于那个较小

在 MATLAB 命令窗口输入如下命令：

```
set(tg, 'ShowSignals', 'On')或者 tg.ShowSignals = 'On'
```

则 MATLAB 命令窗口将显示所有信号和参数的信息。

要显示 0 号信号的值，可在 MATLAB 窗口输入如下命令：

```
tg.getsignal(0)
```

MATLAB 窗口将会显示索引为 0 的信号的当前值。

5. xPC 目标程序的信号跟踪

所谓的信号跟踪过程是指在目标程序实时运行中获取信号并使其可视化的过程。采用信号跟踪模式，用户可在目标机获取信号数据使其可视化，或在目标应用程序运行中上传信号数据到宿主机上，然后进行可视化。信号跟踪过程不同于信号记录，信号记录只能在目标程序运行结束后查看信号,得到的数据是整个运行过程中的所有数据,而信号跟踪得到的是实时数据。信号记录和信号跟踪的方式方法相差不大,因此不再单独讲解信号记录方法,读者可从信号跟踪方法中得到启示,自行查找 xPC 的帮助文件找到相应的数据记录方法。

信号跟踪可通过多种方式进行,分别是 xPC Target Explorer,MATLAB 界面,Simulink 的外部模式和网页模式。

1) 使用 xPC Target Explorer 进行信号跟踪

使用“”xPC Target Explorer 进行信号跟踪的关键是创建示波器(Scope),并将信号添加到示波器中。

打开“xPC Target Explorer”,展开模型 f14 的子节点“xPC Scopes”,显示有三种类型的示波器,如图 4-33 所示,分别是“Host Scope(s)”(宿主机示波器)、“Target Scope(s)”(目标机示波器)和“File Scope(s)”(文件示波器)。三者的区别在于宿主机示波器运行在宿主机上;目标机示波器运行于目标机上;文件示波器用来跟踪和记录信号数据,并生成数据文件,保存在目标机的文件系统中。

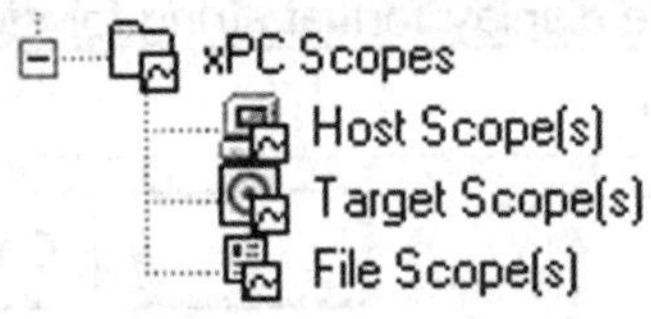

图 4-33 xPC 目标的示波器类型

要使用示波器跟踪和显示信号,首先需要创建相应类型的示波器,创建方法是分别在对应的节点上单击鼠标右键,在弹出的菜单中选择“Add xxx Scope”(xxx 代表示波器类型),并单击即可创建,所创建的示波器具有唯一的名称。创建成功后可以显示示波器,显示方法如图 4-34 所示。打开后的宿主机示波器界面如图 4-35 所示,由图 4-35 可见,宿主机示波器与 Simulink 示波器有所区别,主要是菜单命令更为丰富。

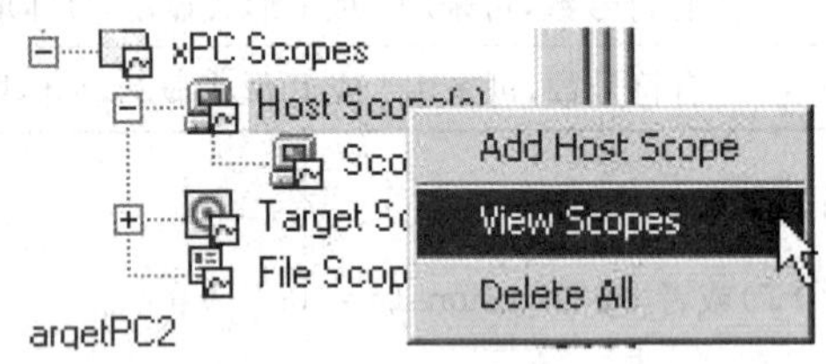

图 4-34 显示 xPC 目标示波器

创建示波器成功后的下一步工作是向示波器中添加信号。添加信号过程很简单,只需在模型层级节点下选择对应的信号,然后单击鼠标右键,在弹出的上下文菜单中选择“Add to Scopes”命令并单击,然后从弹出的示波器列表中选择要将信号加入的示波器即可。同一个信号可加入多种、多个示波器。

如果将信号加入宿主机示波器,鼠标右键单击宿主机示波器,在上下文菜单中选择“Start”命令,宿主机示波器显示界面将把接收到的数据包显示在屏幕上,可观察信号的运动轨迹,如图 4-35 所示。

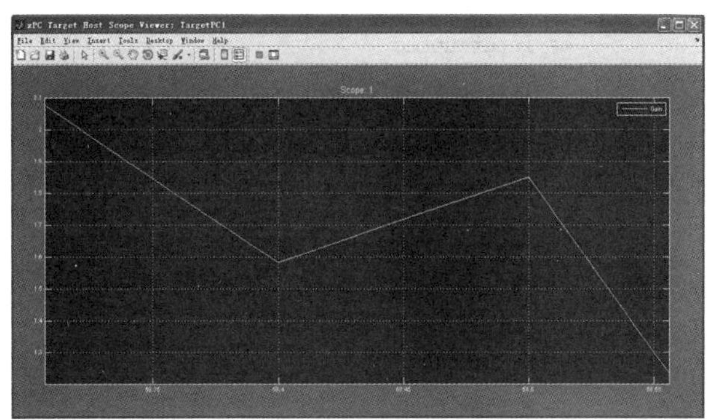

图 4-35　xPC 目标宿主机示波器界面

如果将信号加入目标机示波器，目标机屏幕上将显示示波器，在仿真进行中目标机示波器将显示所添加信号的运动轨迹，如图 4-36 所示。

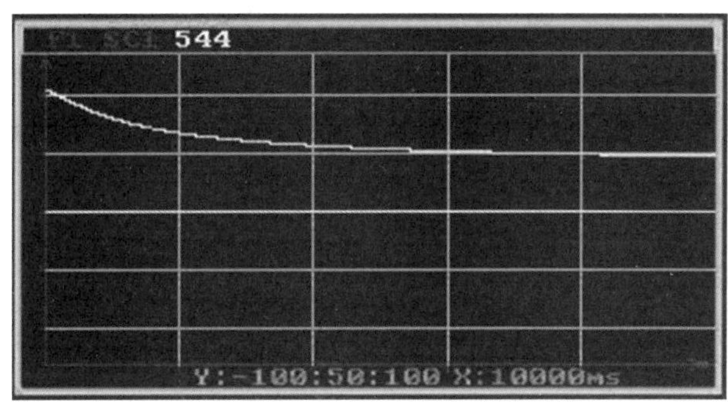

图 4-36　目标机示波器界面

将信号加入文件示波器，可修改要保存的文件名和位置，启动后信号数据将保存在文件中。可将文件示波器中的数据导出到 MATLAB 的工作空间，或者将保存的数据文件从目标机的文件系统下载到宿主机上，用于查看和处理。这些操作都可以在“xPC Target Explorer”中通过鼠标操作完成，限于篇幅，这里就不一一介绍了。

2) 使用 MATLAB 命令进行信号跟踪

另外一种进行信号跟踪的方法是，在 MATLAB 命令窗口使用 xPC 目标提供的函数生成目标(Scope)对象，对信号进行选择和观察。假设目标对象名字为“tg”，并且已经在运行。以目标机示波器为例介绍在 MATLAB 命令窗口中如何控制示波器，文件示波器与此类似。

要在目标机上创建一个目标机示波器，编号为“1”，名称为“sc1”，可在 MATLAB 命令窗口中键入：

```
sc1 = tg.addscope('target', 1)或 sc1 = addscope(tg, 'target', 1)
```

要查看示波器属性，可在 MATLAB 命令窗口中键入：sc1

MATLAB 命令窗口中将列出示波器 sc1 的属性，显示如下：

```
xPC Scope Object
    Application              = f14
```

```
ScopeId                = 1
Status                 = Interrupted
Type                   = Target
NumSamples             = 250
NumPrePostSamples      = 0
Decimation             = 1
TriggerMode            = FreeRun
TriggerSignal          = -1
TriggerLevel           = 0.000000
TriggerSlope           = Either
TriggerScope           = 1
TriggerSample          = -1
Mode                   = Redraw(Graphical)
YLimit                 = Auto
Grid                   = On
Signals                = no Signals defined
```

向示波器加入信号，例如，加入 0 号和 1 号信号，可在 MATLAB 命令窗口键入：

sc1.addsignal([0,1])或 addsignal(sc1,[0,1])

目标机将显示如下信息：

```
Scope: 1, signal 0 added
Scope: 1, signal 1 added
```

加入信号以后，信号并不能立即显示在示波器中，若要显示信号必须启动示波器。在 MATLAB 命令窗口键入如下命令即可启动 sc1 示波器：

+ sc1 或 sc1.start 或 start(sc1)

若要停止示波器，可在 MATLAB 命令窗口键入如下命令：

- sc1 或 sc1.stop 或 stop(sc1)

这样，目标机上的信号显示将停止更新。如果目标程序仍在运行，目标机将显示如下信息：

```
Scope: 1, set to state 'interrupted'
```

表示 1 号示波器被终止。

3) Simulink 的外部模式

可以使用 Simulink 的外部模式建立 Simulink 模型框图与目标程序之间的数据传输通道，Simulink 模型框图成为目标程序的图形用户界面，Simulink 示波器能够从目标程序中获取数据。此时，xPC Target 软件为每个 Simulink 示波器添加一个宿主机类型的 xPC 目标示波器用于获取数据，可以通过外部信号及触发(the External Signal & Triggering)对话框控制获取的信号。

打开 Simulink 模型框图，在“Tool”菜单上选择“External Mode Control Panel”，单击打开外部模式控制面板，如图 4-30 所示。单击“Signal & Triggering”按钮，打开外部信号及触发对话框，如图 4-37 所示。将 Signal 参数设为“signal”，将 Mode 参数设为“normal”(确保示波器连续获取数据)，选中“Arm when connecting to target”复选框，同时将“Duration”文本框中的数值修改为需要记录数据的采样个数。需要注意的是，在设置信号触发时，必须明确指出信号元素(Element)，如果信号是标量，Trigger signal：Element 域设为“1”；如果信号是矢量，该域应设为 1～10 之间的值，不能将该域设置为“Last”或者“Any”。设置完成后，即可连接并运行目标程序，Simulink 示波器将显示获取的数据图形，如图 4-38 所示。

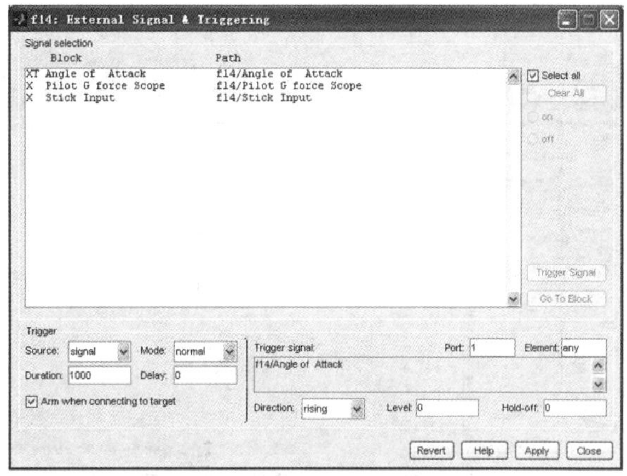

图 4-37　外部信号及触发对话框

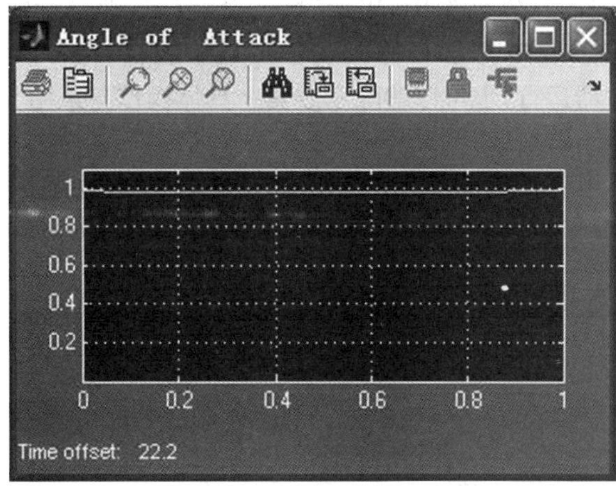

图 4-38　在外部模式下利用 Simulink 示波器显示信号

4) 网页模式

xPC 目标软件内核中内置了一个 Web 服务器，此服务器允许通过 Web 浏览器连接目标应用程序，而且目标机和宿主机之间的连接可以通过 TCP/IP 或 RS232 串口连接。如果目标应用程序连接成功，就可以使用任何一台在线的 PC 机通过 Web 浏览器连接到目标程序。Web 浏览器界面允许使用图形化界面显示数据。通过网页浏览器连接到目标机后，就可以使用示波器页面添加、删除和控制示波器。

xPC 目标软件内核的 TCP/IP 协议栈只提供了一个连接，因此，使用 Web 浏览器连接时就不能使用 MATLAB 界面连接，反之亦然。在使用 Web 浏览器连接前，关闭所有 MATLAB 与 xPC 目标的连接，并在 MATLAB 窗口中输入如下命令：

```
xpcwwwenable
```

然后打开 Web 浏览器，在地址栏中输入：

```
http://192.168.0.2:22222/
```

其中，192.168.0.2 为目标机的 IP 地址，22222 为目标机使用的端口号。键入地址后，按下回车键，即可连接到目标机，打开 Web 浏览器页面，如图 4-39 所示。

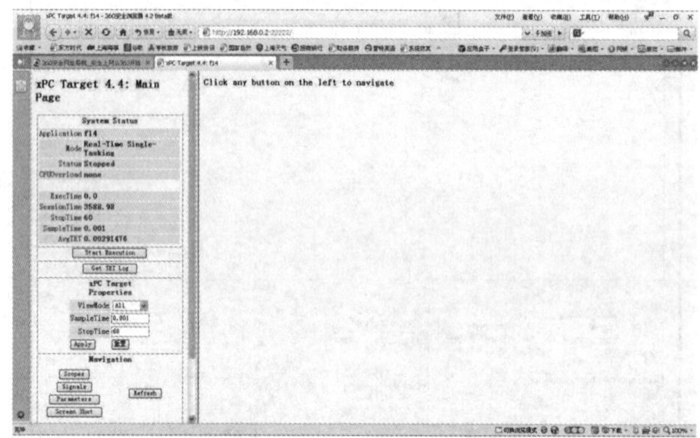

图 4-39　Web 浏览器连接页面

图 4-39 所示界面的左侧框架中，单击“Scopes”按钮，即打开示波器显示界面，如图 4-40所示。图 4-40 中，可以添加目标机或宿主机示波器，向示波器中添加信号（通过“Edit”按钮），启动示波器运行，也可以移除示波器。具体操作与采用 xPC 目标浏览器类似，这里就不再赘述了。

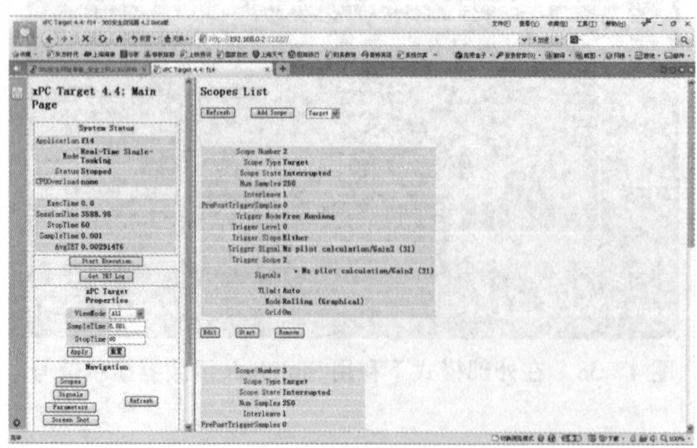

图 4-40　Web 浏览器连接页面中的示波器控制页面

6. 参数在线调整

默认情况下，xPC 目标软件允许在目标应用程序运行的情况下实时修改模型参数。调整模型参数的途径有四种，分别是 MATLAB 命令窗口、xPC 目标浏览器、Simulink 外部模式和网页模式。

MATLAB 函数可被用来修改参数值。这种方式不需要将 Simulink 模型设为外部模式，也不需要将 Simulink 模型连接到目标应用程序。可在目标程序运行时或运行间隙将参数下载到目标机中，但不需要重新编译目标程序。

在 MATLAB 命令窗口中输入如下指令可显示目标程序的参数列表：

```
set(tg,'ShowParameters','on')或 tg.ShowParameters = 'on'
```

改变某个参数值，可通过参数编号找到相应的参数写入新值即可，在 MATLAB 命令窗口中可键入：

```
tg.setparam(1,800)或 setparam(tg,1,800)
```

一旦参数值被改变，将立即下载到目标程序，如果正在使用示波器，则示波器的绘图框架立即发生变化。宿主机的 MATLAB 命令窗口显示如下信息：

```
ans =
    parIndexVec: 1
    OldValues: 400
    NewValues: 800
```

在 MATLAB 命令窗口中还可以将参数值恢复到原来的值。setparam 方法返回一个储存有参数编号、原值和新值的结构体。如果用户期望将参数值重新设置为原值，可以给 setparam 方法指定一个返回变量，然后用此变量储存的原值更新参数值即可，举例如下。

首先在 MATLAB 命令窗口键入：

```
pt = tg.setparam(1,800)
```

命令运行后显示信息：

```
pt =
    parIndexVec: 1
    OldValues: 400
    NewValues: 800
```

然后用参数原值对参数赋值，命令如下：

```
setparam(tg, pt.parIndexVec, pt.OldValues)
ans =
parIndexVec: 1
OldValues: 800
NewValues: 400
```

与使用 MATLAB 调整参数一样，使用 xPC 目标浏览器调整参数不需要将 Simulink 模型设为外部模式，也不需要将 Simulink 模型连接到目标应用程序。可在目标程序运行时或运行间隙将参数下载到目标机中，但不需要重新编译目标程序。通过 xPC 目标浏览器调整参数时只需在目标机模型节点中选择需要调整的参数，在出现的界面中双击参数编辑框，即可输入新值。新值输入后将立即起作用，如果正在使用示波器，则示波器的绘图框架立即发生变化。

在 Simulink 外部模式下运行目标机时,Simulink 模型框图界面就是参数调整界面:与非实时仿真一样,用户可以双击可设置参数的模块,在弹出的对话框中输入新值,并点击"Apply"或"OK"按钮应用新值即可。

如果通过网页连接目标机,则可以通过网页模式修改参数。在网页左边框架中选择"Parameters"面板,在右边框架中输入新值,并点击"Apply"按钮即可应用新参数值。

4.2.4 xPC 目标 I/O 设备驱动模块

xPC 目标环境具有丰富的 I/O 设备驱动模块库,用户可以很方便地将这些模块添加到自己建立的模型中,将模型与物理 I/O 设备联系起来,进而连接到各种传感器和执行元件,形成较完善的硬件在环仿真系统或快速控制原型系统。同时 xPC 允许用户自己编写基于 S-函数的扩展 I/O 设备驱动,这为用户使用 xPC Target 的实时环境带来了方便。丰富的硬件设备接口和 I/O 设备可扩展支持正是用户使用 xPC 目标的最重要的原因之一。

xPC 目标提供了 I/O 驱动模块的 Simulink 模块库,用户可以通过简单的鼠标操作,把 I/O 模块从库中拖动到 Simulink 模型中。访问 I/O 驱动模块库有两种方法:一种是通过 xPC 目标模块库,另外一种是通过 Simulink 模块库浏览器。

在 MATLAB 命令窗口输入如下命令,可打开 I/O 驱动模块库,如图 4-41 所示:

```
xpclib
```

xPC 目标模块库和 Simulink 模块库浏览器所指向的模块库是一致的,因此,这两种方法本质上是相同的。

在 xPC 目标模块库中,一个驱动模块只能实现一个 I/O 设备板的部分功能,因此,对于每个物理 I/O 板卡,xPC 目标模块库中可能需要多个模块才能实现其全部功能。

为便于组织,xPC 目标模块库是分层划分的。I/O 模块库中最高一级(最顶层)是按其功能进行划分的,其中包括 A/D,D/A,数字输入,数字输出,计数器,看门狗,递增编码器,RS232,CAN,GPIB 和共享内存等模块组。双击每个第一级功能模块,可打开对应的第二级模块组。第二级模块组是按 I/O 板卡的制造厂家来划分的,在这一级中包含了按厂家名称划分的专用板卡组。双击每个第二级功能模块,可打开对应的第三级模块组,第三级功能模块是按 I/O 板卡的型号来划分的,在这一级中可根据选用的板卡选择相应的驱动模块。

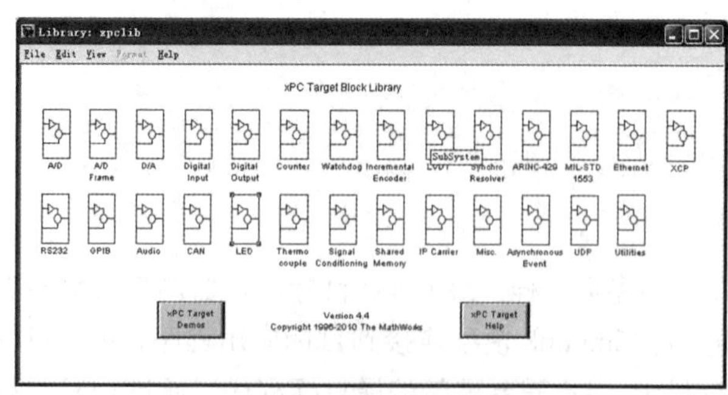

图 4-41 xPC 目标 I/O 驱动模块库

将 xPC 目标的 I/O 设备驱动模块添加到 Simulink 模型中只需使用鼠标将选用的模块

拖拽到 Simulink 模型中即可。这里以使用 Simulink 模型“xpcosc. mdl”为例，演示如何将 I/O 模块连接到模型中。在 MATLAB 命令窗口中输入：

```
xpcosc
```

打开 xpcosc. mdl 模型，然后删除 Signal Generator 模块，在原处添加 A/D 模块；删除 Scope 模块，在原处添加 D/A 模块。由于采用研华公司(Advantech)的 PCL－711B 模拟量输入输出板，因此，分别在 A/D 模块和 D/A 模块组中找到研华公司(Advantech)的 PCL－711B 板驱动模块，分别代替相应的 Signal Generator 模块和 Scope 模块，得到如图 4－42 所示的模型。

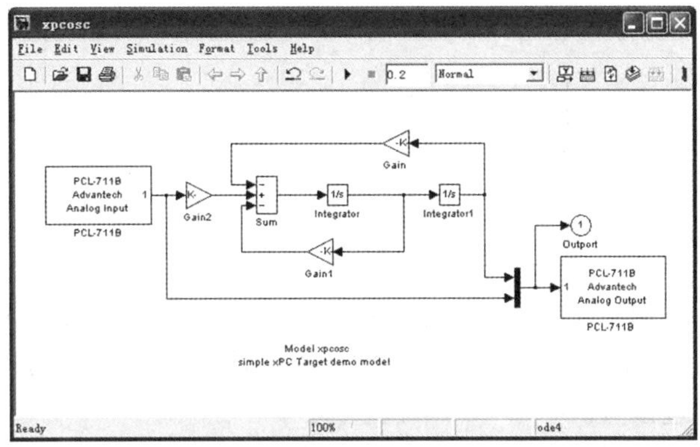

图 4－42　加入 I/O 设备驱动模块的 xpcosc 模型

添加了驱动模块后还需要对驱动模块的参数进行设置，才能够进行实时仿真。I/O 模块参数对话框中的参数定义了与物理 I/O 板卡相对应的参数值，如各板卡的通道数目、输入输出电压范围和采样时间等。对这些参数的设置要与物理设备的需求一致。每个模块的参数及其范围并不一致，对每个模块的具体参数设置，应查看相应的帮助文件。下面以 PCL－711B 模拟量输入为例进行简单说明。

在 xpcosc 模型中双击“PCL－711B Advantech Analog Input”模块，打开参数设置对话框，设置参数后，如图 4－43 所示。

Source Block Parameters: PCL-711B
adadvpcl711b (mask) (link)
PCL-711B
Advantech
Analog Input
Parameters
Channel vector:
[1,2]
Range vector:
[-5,-2.5]
Sample time:
0.001
Base address (for example 0xd000):
0x220
OK　Cancel　Help

图 4－43　“PCL－711B Advantech Analog Input”参数设置对话框

参数“Channel vector”为通道向量，用来设置要使用的通道号。PCL－711B有8路输入通道，在此应输入1～8之间的数字，图4－43所示的[1，2]表示使用1号和2号通道。需注意的是，不论硬件上通道的编号是从0或从1开始，本参数的设置都从1开始。

参数“Range vector”中，输入表示与通道向量相对应的通道工作电压范围代码。PCL－711B允许每个输入通道采用不同的工作电压范围，见表4－3。

表4－3 PCL－711B工作对应范围代码

输入电压/V	范围代码
－5～＋5	－5
－2.5～＋2.5	－2.5
－1.25～＋1.25	－1.25
－0.625～＋0.625	－0.625
－0.312 5～＋0.312 5	－0.312 5

参数“Sample time”用于设置采样时间，应设置为基本采样时间或其整数倍。

参数“Base address”用来设置ISA总线设备的基地址，用16进制数表示。对应PCI总线设备则不需要基地址设置。

完成I/O模块的参数设置工作后，就可创建模型的目标程序，然后运行所生成的目标应用程序，完成硬件在环系统仿真。

4.2.5 S－函数驱动程序

虽然xPC目标驱动模块库提供了很多设备的驱动，但自带的驱动程序有如下局限性：①只支持一些知名厂商的部分设备，基本不支持国产设备；②对于支持的某些设备，不支持其某些功能，或支持的功能无法满足要求。这时须自行开发驱动程序，以满足系统的需求。

xPC目标的驱动程序是通过C语言编写的S－函数来实现的。S－函数是System function系统函数的简称，是指采用非图形化（即计算机语言，而非Simulink系统模块）的方式描述的功能模块。S－函数使用一种特殊的调用格式可以与Simulink方程求解器相互作用，这与发生在求解器和内置Simulink块之间的相互作用非常相似。S－函数的形式是非常通用的，且适用于连续、离散和混合系统。

在MATLAB中，用户除了可以使用MATLAB的M语言代码编写S－函数以外，还可以使用C，C＋＋，C＃，FORTRAN或Ada语言编写S－函数，只不过用这些语言编写程序时需要用编译器生成动态连接库（DLL）文件，然后才能在Simulink中直接调用。在xPC目标的设备驱动模块中只能使用C语言编写的S－函数。

利用C MEX S－函数创建驱动，一般有如下几个步骤：

（1）用C语言编写一个驱动，保存为c文件，如“DO1727.c”，该文件需满足C MEX S－函数驱动程序的要求。

（2）编写驱动后，在MATLAB下使用MEX命令将编写好的c文件编译成MEX文件，提供给S－函数模块使用，如“MEX DO1727.c”。

(3) 打开 Simulink,创建一个 library,保存为 mdl 文件,如“DO1727. mdl”。

(4) 在新建的 library 中,创建一个 S-函数,从 Simulink 库中拖出一个 S-函数 Block 到新建的 library 中。

(5) 配置好 S-函数,在 S-函数 name 中填写驱动的名字,S-函数 parameter 中填写需要输入的变量,各变量间用逗号分隔。

(6) 通过封装(Mask)对话框对新建的模块(Block)进行包装。

(7) 将保存好的 mdl 文件移动到“MATLABroot\toolbox\rtw\targets\xpc\target\build\xpcblocks\thirdpartydrivers”文件夹中去。

(8) 为了能够将新建的驱动导入到 Simulink 库中,需要创建一个 m 文件。在“MATLABroot\toolbox\rtw\targets\xpc\target\build\xpcblocks\thirdpartydrivers”文件夹中找到“sample_xpcblocks. m”文件,将“sample”改为需要创建的库的名字,如“advantech_xpcblocks. m”。在“Sample_ xpcblacks. m”文件中,修改“out. Library=‘your_company_namelib’”和“out. Name=‘your_company_namelib Blockset’”,将“your_company_namelib”改为要创建的库的名字,如“out. Library=‘advantech’;out. Name=‘advantech’”。

(9) 通过上述步骤,新建的驱动就已经被封装到 Simulink 库中了,在 MATLAB 中输入“rehash toolbox”,再重新打开 Simulink,就可以在 Simulink 中找到刚刚封装进去的库。

(10) 为了能在 xpc 信息中看到自己添加的板卡,需要创建一个 supported 文件,从“MATLABroot\toolbox\rtw\targets\xpc\target\build\xpcblocks\thirdpartydrivers”文件夹中找到“your_company_namelib_supported. m”,保存为 * _supported. m,如“advantech_supported. m”,将文件里数据结构前面的注释号去掉,将分号里的信息改成自己的板卡的信息,例如:

```
boards(1).VendorID = '13FE';
boards(1).DeviceID = '1727';
boards(1).SubVendorID = '13FE';
boards(1).SubDeviceID = 'A102';
boards(1).DeviceName = '1727';
boards(1).VendorName = 'advantech';
boards(1).DeviceType = 'advantech 1727';
```

前面 4 个可以从 xpc 帮助信息中找到,后面 3 个需要自己填写。在文件中可以添加任意多个板卡信息,从 boards(1)开始,第二个板卡为 boards(2)。

其中,(1)～(5)步是创建 S-函数驱动必须的步骤,(6)～(10)步是为了将创建的驱动程序模块添加到 Simulink 模块库中。

1. S-函数的工作原理

要创建 S-函数驱动,必须了解 S-函数是如何工作的。要了解 S-函数如何工作,则需要了解 Simulink 是如何进行模型仿真的。

一个 Simulink 模块包含一组输入、一组状态和一组输出。其中,输出是采样时间、输入和模块状态的函数。Simulink 模块中输入、输出及状态间的关系如图 4-44 所示。

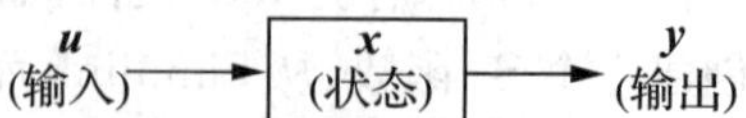

图 4-44 Simulink 模块中输入、输出及状态间的关系

下面的方程式表述了输入、输出和状态之间的数学关系：

$$\begin{cases} y=f_0(t,x,u) \\ \dot{x}=f_d(t,x,u) \\ x_{k+1}=f_u(t,x,\dot{x},u) \end{cases} \tag{4-1}$$

式中：t 表示时间；x 表示状态量；$\dot{x}$表示状态量的导数；u 表示输入量；y 表示输出量。

式(4-1)说明模块的输出是时间、状态量及输入量的函数；状态量的导数就是描述模块的微分方程；下一采样步长中状态量的值是时间、状态量、状态量的导数以及输入量的函数。模块运行时，Simulink 根据设定的不同算法，依次计算模块的输出、导数及下一采样步长。

实际上，Simulink 模型的执行是分几个阶段进行的。首先进行的是初始化阶段，在此阶段，Simulink 将库中的模块合并到用户建立的模型中，确定传送数据宽度、数据类型和采样时间，计算模块参数，确定各模块的执行顺序，并分配内存。然后，Simulink 进入到"仿真循环"阶段，每次循环可认为是一个"仿真步"。每个仿真步期间，Simulink 按照初始化阶段确定的各模块执行顺序依次调用模型中的每个模块。对于每个模块而言，Simulink 调用模块函数计算模块在当前采样时间下的状态、导数和输出。如此反复，一直持续到仿真时间结束。

Simulink 对一个模型(或模块)进行仿真的步骤如图 4-45 所示，图中显示的积分微步是指在某些仿真算法中(如 Runge-Kutta 法)，为求得每一仿真步中系统的状态，需要多次计算导数和输出，然后将多次计算的结果合成为仿真步的结果。每一次计算导数和输出认为是一个仿真微步。

Simulink 对一个 S-函数的仿真与一般模块仿真过程是类似的，在 S-函数中，每个仿真阶段所必需的任务是通过一组回调函数来执行的。在模型仿真期间，Simulink 对于模型中的每个 S-函数块调用适当的回调函数。通过 S-函数来执行的任务包括：

(1) 初始化。在仿真循环之前，Simulink 初始化 S-函数。在该阶段期间，Simulink 将初始化一个名为 SimStruct 的数据结构，其中包含了关于 S-函数的信息；设置输入和输出端口的数量和宽度；设置块的采样时间；分配存储空间和参数 sizes 的阵列。

(2) 计算下一步采样点。如果你创建了一个变步长模块，那么在这里计算下一步的采样点，即计算下一个仿真步长。

(3) 计算主步长的输出。在该调用完成后，所有块的输出端口对于当前仿真步长有效。

(4) 按主步长更新离散状态。在这个调用中，如为下一个仿真循环更新离散状态，则所有的块应该执行"每步一次"的动作。

(5) 计算积分。这适用于连续状态和/或非采样过零的状态。如果 S-函数中具有连续状态，则 Simulink 在积分微步中调用 S-函数的输出和导数部分。这是 Simulink 能够计算 S-函数状态的原因。如果 S-函数(仅对于 C MEX)具有非采样过零的状态，Simulink 在积分微步中调用 S-函数的输出和过零部分，这样可以检测到过零点。

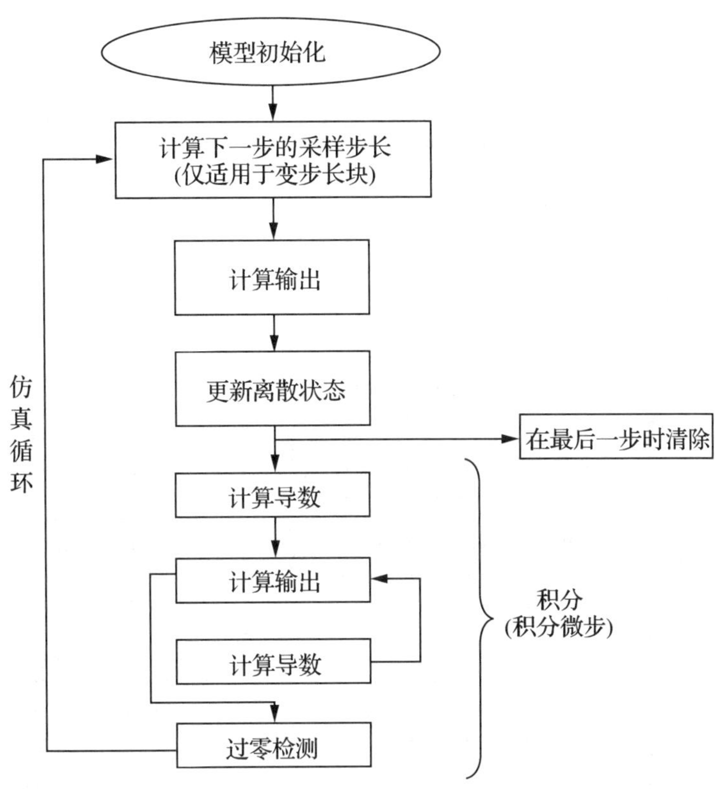

图 4－45　Simulink 执行仿真的步骤

2. S－函数驱动程序模板

Simulink 对 S－函数进行仿真是通过调用一组回调函数实现的，其函数流程如图 4－46 所示。C MEX S－函数仅需实现其中一组很少的回调函数即可，如图 4－46 所示，一个基本的 C MEX S－函数所必需包含的回调函数用实线表示，其他用虚线表示。当 Simulink 与 S－函数相互作用时，Simulink 所调用的第一个回调函数是 mdlInitializeSizes，随后调用其他 S－函数回调函数（所有的函数名均以 mdl 开头）。仿真结束时，Simulink 调用 mdlTerminate 函数。

创建 C MEX S－函数最简单的方法是使用 S－函数 Builder，该工具可以根据提供的要求和部分代码构建一个 C MEX S－函数。这省去了从最初构想到程序流程设计整个工作。但是，S－函数 Builder 生成的 S－函数限制较多，例如，它生成的 S－函数不能有一个以上的输入或输出，也不能处理 double 以外的其他数据类型。对于 S－函数设备驱动程序而言，最好通过自己手动编写代码实现。

Simulink 提供了实现一个 C MEX S－函数的架构文件，称之为模板。它是专门为用户编写的用于指导用户编写自己的 S－函数。该模板包含了实现回调函数的框架结构，并加以注释说明用法。该模板文件名为“sfuntmpl_basic. c”，存放在 MATLAB 根目录下的 Simulink/src 目录中，它适合于编写普通用途的 S－函数程序。另外一个模板包含了所有有效的程序（并有更详细的注释），存放在相同目录下，文件名为“sfuntmpl_doc. c”。

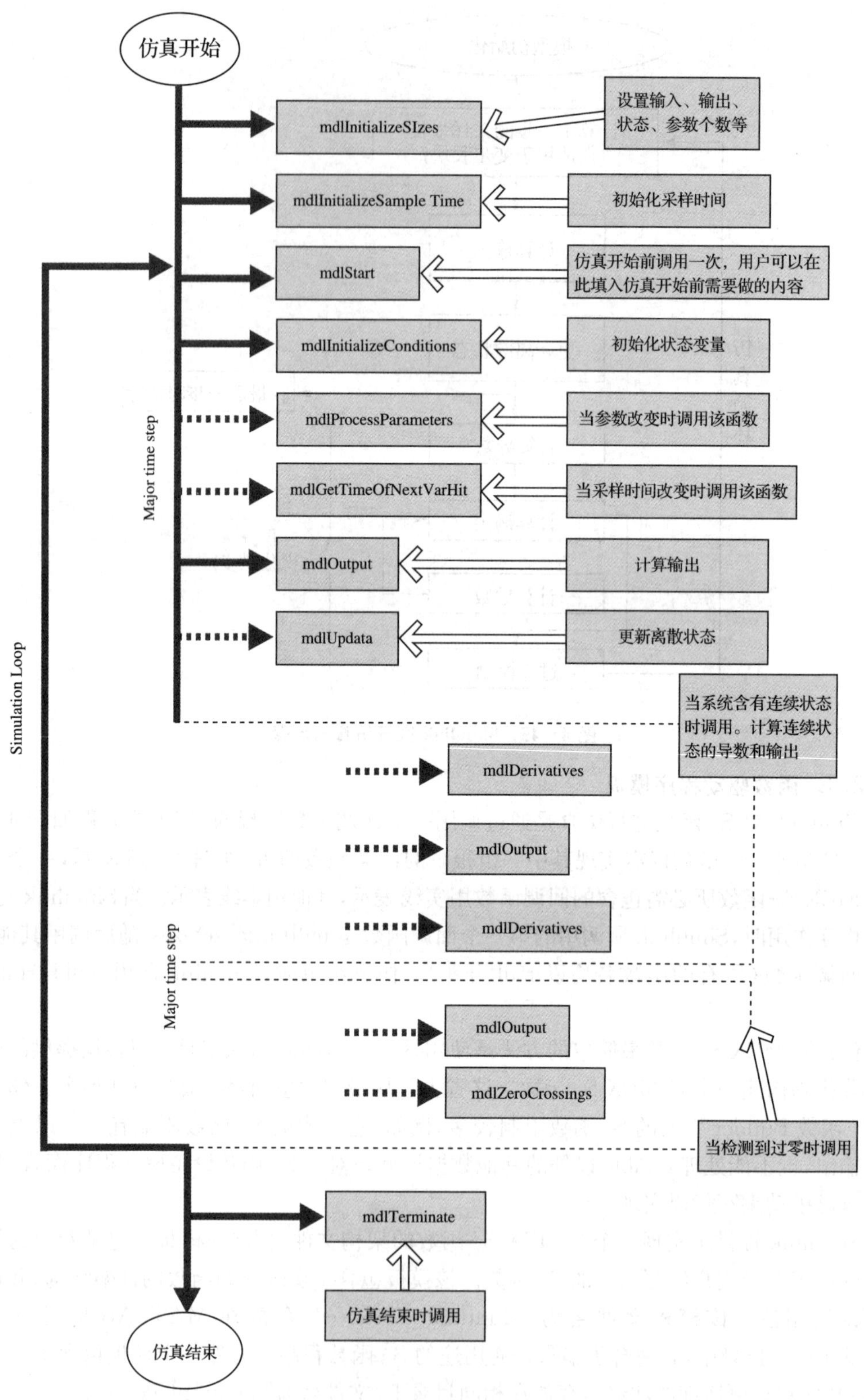

图 4-46　S-函数的回调函数工作流程

在"sfuntmpl_basic.c"中删除注释和回调函数的具体实现，可看出C MEX S-函数的基本机构，如以下程序范例所示：

```
#define S_FUNCTION_NAME   sfuntmpl_basic
#define S_FUNCTION_LEVEL 2
#include "simstruc.h"
static void mdlInitializeSizes(SimStruct *S)
{}
static void mdlInitializeSampleTimes(SimStruct *S)
{}
#define MDL_INITIALIZE_CONDITIONS   /* Change to #undef to remove function */
#if defined(MDL_INITIALIZE_CONDITIONS)
static void mdlInitializeConditions(SimStruct *S)
{  }
#endif /* MDL_INITIALIZE_CONDITIONS */
#define MDL_START   /* Change to #undef to remove function */
#if defined(MDL_START)
static void mdlStart(SimStruct *S)
{  }
#endif /*   MDL_START */
static void mdlOutputs(SimStruct *S, int_T tid)
{}
#define MDL_UPDATE   /* Change to #undef to remove function */
#if defined(MDL_UPDATE)
static void mdlUpdate(SimStruct *S, int_T tid)
{  }
#endif /* MDL_UPDATE */
#define MDL_DERIVATIVES   /* Change to #undef to remove function */
#if defined(MDL_DERIVATIVES)
static void mdlDerivatives(SimStruct *S)
{  }
#endif /* MDL_DERIVATIVES */
static void mdlTerminate(SimStruct *S)
{}
#ifdef  MATLAB_MEX_FILE      /* Is this file being compiled as a MEX-file? */
#include "Simulink.c"        /* MEX-file interface mechanism */
#else
#include "cg_sfun.h"         /* Code generation registration function */
#endif
```

该范例以以下的定义开头：

```
#define S_FUNCTION_NAME sfuntmpl_basic
```

```
#define S_FUNCTION_LEVEL 2
#include"simstruc.h"
```

第一条指定了S-函数的名字，这里应使用自己的函数名字如“DO1727”替代“sfuntmpl_basic”；第二条指定了该S-函数是按照level 2格式进行编写的，level 2格式可以自由地增加或减少输入输出端口的数量。

在定义了上述两条宏之后，该范例包含了“simstruc.h”文件，这是一个头文件。“simstruc.h”文件定义了一个名为SimStruct的数据结构，Simulink使用它来维护S-函数的有关信息。“simstruc.h”文件也定义了一些宏，可让MEX文件在SimStruct中设置某些值，或从SimStruct中获取某些值。

从函数mdlInitializeSizes到函数mdlTerminate是实现S-函数的主体。

Simulink调用mdlInitializeSizes来获取输入端口和输出端口的数量、端口宽度以及S-函数所需的任何其他有关信息（诸如状态数量）。该函数内部采用一些宏函数来获取信息，说明如下：

```
static void mdlInitializeSizes(SimStruct *S)
{
    /*设置S-函数的参数个数(用参数数目代替其中的0)*/
    ssSetNumSFcnParams(S, 0);
    /*检查S-函数参数数目是否与设置的一致*/
    if (ssGetNumSFcnParams(S)! = ssGetSFcnParamsCount(S)){
      return;/*如果不一致则直接返回*/
}
ssSetNumContStates(S,0);/*设置S-函数的连续状态个数*/
ssSetNumDiscStates(S,0);/*设置S-函数的离散状态个数*/
if(! ssSetNumInputPorts(S,1))return;/*设置S-函数的输入端口个数为1*/
ssSetInputPortWidth(S,0,1);/*设置S-函数输入端口的宽度,即维度,一般设置为1*/
ssSetInputPortRequiredContiguous(S,0,true);/*设置各个输入端口中的元素是否存放在连续内存中*/
ssSetInputPortDirectFeedThrough(S,0,1);/*设置S-函数存在直接反馈*//*直接馈通意味着输出直接受控于一个输入口的值。*/
if(! ssSetNumOutputPorts(S,1))return;/*设置S-函数的输出端口个数为1*/
ssSetOutputPortWidth(S,0,1);/*设置S-函数输出端口的宽度*/
ssSetNumSampleTimes(S,1);/*设置采样时间个数(采样时间在mdlInitializeSampleTimes中定义)*/
ssSetNumRWork(S,0);/*设置浮点数工作向量的长度*/
ssSetNumIWork(S,0);/*设置整数工作向量的长度*/
ssSetNumPWork(S,0);/*设置指针工作向量的长度*/
ssSetNumModes(S,0);/*设置工作模式向量的长度*/
ssSetNumNonsampledZCs(S,0);/*设置过零点检测状态的长度*/
ssSetSimStateCompliance(S,USE_DEFAULT_SIM_STATE);/*指定sim状态与内置的模块一致*/
ssSetOptions(S,0);/*设置S-函数工作模式的选项*/
```

Simulink调用mdlInitializeSampleTimes来设置S-函数的采样时间和采样时间偏移。

```
static void mdlInitializeSampleTimes(SimStruct *S)
{
ssSetSampleTime(S,0,CONTINUOUS_SAMPLE_TIME);/*设置采样时间*/
ssSetOffsetTime(S,0,0.0);/*设置采样时间偏移*/
}
```

然后开始对板卡进行操作，主要是 PCI 板卡地址的获取和板卡寄存器的初始化。对于 PCI 板卡，其地址是计算机自动分配的，如果硬件有变动，其地址也会变动，所以用户不能事先确定其地址，地址一般是映射到 I/O 空间的，对板卡的操作都是通过直接读写其地址实现的。

首先要获取板卡的基址，XPC 提供了一个函数 rl32eGetPCIInfo 来获取 PCI 设备的基址：

```
rl32eGetPCIInfo((unsigned short)Vendor_ID,(unsigned short)Device_ID,&pciinfo)
```

Vendor_ID 是设备的厂商标识，由 PCI 总线协会唯一指定，Device_ID 是设备标示，由厂商确定，pciinfo 为保存设备信息的数据结构，如果找到设备，函数会返回 0，并且把设备的一些信息存储到 pciinfo 中，否则返回 1。获取板卡标识的方法是把目标机引导到 Windows 环境中，在设备管理器中查找相应设备的信息(有时需安装设备的 Windows 驱动程序)，在其“属性”的“详细信息”选项卡中的“设备范例 ID”中给出相应的信息。对于 PCI1727，设备范例前面部分为“PCI\VEN_13fe&DEV_1727”，其中，VEN 代表厂商(VENDOR)，下划线后面的 13fe 是厂商标识；DEV 代表设备(DEVICE)，下划线后面的 1727 是设备标识。在“资源”选项卡中的输入输出信息中还可以直接看到 PCI 设备的基地址。

如果目标机上安装 2 个或 2 个以上的同样设备，查找设备的基址时就需要用到函数 rl32eGetPCIInfoAtSlot，方法是：

```
rl32eGetPCIInfoAtSlot((unsigned short)Vendor_ID,(unsigned short)Device_ID,(unsigned short)
Bus_Slot, &pciinfo)
```

与前述函数相比多了 Bus_Slot 参数，它是由设备所占的总线号(Bus)和插槽号(Slot)2 个参数合成的双字节参数，这 2 个参数值可在主机上的 xPC 信息中看到。上述函数中的 pciinfo 是一个结构型变量，其结构如下：

```
{unsigned long BaseAddress[6]; unsigned short AddressSpaceIndicator[6]; unsigned short
MemoryType[6];unsigned short Prefetchable[6];unsigned short InterruptLine;}
```

其中，BaseAddress 字段存放最重要的基址信息。根据 PCI 协议，PCI BIOS 可给设备分配 6 个基址，但其中有些基址是无效的。要确定哪些基址是有效的，可以采用如下方法：

在调试 xPC 驱动程序前，把目标机启动到 Windows 下，运行设备自带的测试软件，测试软件会给出有用的基址；或从设备管理器中找到相应的硬件，查看其占用的资源，资源起始地址就是基址。由于这些资源在操作系统启动之前已经分配，因此与操作系统无关，一般情况下，在启动 xPC 目标环境中时与启动 Windows 环境时保持不变。

在每个采样时间步长内，Simulink 调用 mdlOutputs 计算块的输出。这个函数的作用就是根据板卡功能的需求对板卡进行操作，实现板卡的功能。输出部分的编写非常灵活和多样，主要功能是对相关寄存器进行读写，因此，需结合设备硬件板的特点和所需实现的功能进行。

在 mdlterminate()子函数中编写结束仿真所需的所有工作，主要是重置硬件设备到理想的状态。例如，在 mdlinitializesizes()或 mdlstart()中分配了内存，此时要释放。

MATLAB 所示 S-函数模板中程序体的末尾 5 行语句是每个设备驱动程序都必须包含的，并且是固定句式。这些语句是为特定程序选择合适的代码。形式为：

```
#ifdef MATLAB_MEX_FILE /*如果本函数编译成 MEX 文件则链接 Simulink.c 文件*/
    #include "Simulink.c" /* MEX 文件的接口机理*/
#else/*否则，链接 cg_sfun.h*/
    #include"cg_sfun.h"/*代码生成记录函数*/
#endif
```

3. S-函数驱动程序示例

要在 xPC 环境下编写设备驱动程序，用户必须熟悉 Simulink C MEX S-函数格式、应用程序接口(API)以及板卡寄存器编程信息。编写设备驱动程序的步骤如下：①编写 C 格式的 S-函数的驱动源代码；②通过 MATLAB 的 MEX 实用程序将 C 代码编译成可执行的 MEX 文件；③对设备驱动模块进行封装，以生成自定义的用户界面。

在开始动手编写设备驱动程序之前，必须注意以下要点：

(1) 了解板卡的接口以及访问方式。PCI 接口的板卡有两种访问方式：一种是通过板卡的厂商 ID 和设备 ID，另一种是通过板卡的插槽号。在 PCI-1727 驱动中采用第一种方法。例如，

```
PCIDevicelnfo pciinfo;
r132eGetPCllnfo(0x13fe,0x1727,&pciinfo);
```

可以得到包括基地址在内的板卡信息。

(2) 清楚板卡的地址映像方式，是 I/O 映像还是内存映像。如果板卡是 I/O 映像的，将使用 io_xpcimport.h 头文件中的以下函数：

```
r132elnpB,r132eOutpB(字节读写,8 位)
rl32eInpW,r132eOutpW(字读写,16 位)
r132eInpDW,r132eOutpDW(双节读写,32 位)
```

驱动程序通过对这些函数的调用对板卡寄存器地址(通常是"基地址"+"偏移量")进行数据读写。例如，r132eOutpB((unsigned short)(base_pci+2),0)。

如果板卡是内存映像的，则还需要再调用头文件"io_xpcimport.h"下的函数：r132eGetDevicePtr()使在保护模式下的页表进行更新，以避免地址错误。

(3) 确定编写的是内嵌的还是非内嵌的设备驱动。内嵌是在应用程序中生成例程的显式代码，消除了调用过程的开销，提高了性能却大大增加了开发和维护的开销；非内嵌是基于例程的调用，编写灵活方便，移植性好，因而得到了广泛的使用。

(4) 对一个 I/O 板卡,应当分别编写输入驱动模块和输出驱动模块。这里以 di1727 为例说明完整编写一个 xPC Target 驱动的大致流程。这是一个非常简单的驱动,只需要从 PCI 板卡的数字量输入(Digital Input)端口读取数据,然后通过 S-函数的输出口输出到 xPC Scope 以观察结果或提供给其他的 S-函数使用。这个 S-函数模块没有输入口,有任意个输出口,可以根据需要配置。它需要两个外部输入的变量 channel 和 sample time,即通道号和采样时间,channel 的个数决定了这个 S-函数模块需要使用几个 DI 口。预处理阶段的代码基本都是固定的模板,只有少量的地方需要修改。

首先是文件名和 S-函数的等级,对于文件名为"di1727. c"的驱动,需要定义"S_FUNCTION_NAME"为"di1727":

```
#define S_FUNCTION_NAME di1727
#define S_FUNCTION_LEVEL 2
```

接下来是一些头文件,这些基本都是固定的:

```
#include<stddef.h>
#include<stdlib.h>
#include"simstruc.h"
#ifdef MATLAB_MEX_FILE
#include"MEX.h"
#else #include<windows.h>
#include"io_xpcimport.h"
#endif
```

然后是输入变量的定义:

```
#define NUM_PARAMS(2)
#define CHANNEL_ARG(ssGetSFcnParam(S,0))
#define SAMPLE_TIME_PARAM(ssGetSFcnParam(S,1))
#define SAMPLE_TIME((real_T)mxGetPr(SAMPLE_TIME_PARAM)[0])
```

CHANNEL_ARG 和 SAMPLE_TIME_PARAM 分别对应两个输入变量,因为 MATLAB 中变量都是以向量的形式表示的,并且通过函数获得的参数或输入都是 double 类型的,如果要转换成整型必须要在获得值之后才转换,否则会出现错误,所以需要通过 mxGetPr(SAMPLE_TIME_PARAM)[0]读取一个变量。mdlInitializeSizes 中需要对 S-函数的参数进行初始化,首先是检测输入变量的数量是否正确:

```
ssSetNumSFcnParams(S,NUM_PARAMS);/*设置S-函数的参数个数*/
if(ssGetNumSFcnParams(S)==ssGetSFcnParamsCount(S))
{mdlCheckParameters(S);
if(ssGetErrorStatus(S)!=NULL){return;}}/*检查S-函数参数数目是否与设置的一致*/
else{return;}/*如果不一致则直接返回*/
```

由于要根据 channel 的数量来确定 S-函数的输出口,需要进行以下配置:

```
if(! ssSetNumOutputPorts(S,mxGetNumberOfElements(CHANNEL_ARG)))
return;/*设置 S-函数的输出端口个数为 1*/
for(i=0;i<mxGetNumberOfElements(CHANNEL_ARG);i++)
{ssSetOutputPortWidth(S,i,1);}/*设置 S-函数输出端口的宽度*/
```

mxGetNumberOfElements(CHANNEL_ARG)是获取 CHANNEL_ARG 数组中元素的个数,即需要使用的 DI 端口的数量。接下来需要在 mdlInitializeSampleTimes 中设置采样时间和采样时间偏移:

```
ssSetSampleTime(S,0,SAMPLE_TIME);/*设置采样时间*/
ssSetOffsetTime(S,0,SAMPLE_OFFSET);/*设置采样时间偏移*/
PCIDeviceInfo pciinfo;
char devName[20]="do1727";//int devId;
if(rl32eGetPCIInfo((unsigned short)Vendor_ID,(unsigned short)Device_ID,&pciinfo)){sprintf
(msg,"%s: board not present",devName);ssSetErrorStatus(S,msg);return;}
```

如果找到设备,rl32eGetPCIInfo 会返回 0,并且在 pciinfo 中存储相关信息,否则返回 1,输出错误信息。Digit Input 是在 mdlOutputs 中完成的,首先需要创建一个变量来存储从 DI 口读取到的信息,然后通过 S-函数 Block 输出预先定义的通道上的信息:

```
real_T*y;
uint_T tempPortData;
tempPortData=(rl32eInpB((unsigned short)din_high)<<8)|(rl32eInpB((unsigned short)din_
low)&0xff);
for(i=0;i<mxGetNumberOfElements(CHANNEL_ARG);i++){
y=ssGetOutputPortSignal(S,i);y[0]=(tempPortData>>(((short)mxGetPr(CHANNEL_ARG)[i])-
1))&0x01;}
```

tempPortData 中存储着从 DI 口的低地址 din_low 和高地址 din_high 中读取到的信息,然后将输出指针 *y* 指向当前输出口,与输入变量一样,输出变量也是一个数组,输出时将输出值赋给 *y*[0]即可。在调试过程中如果想观察某个变量的值,可以使用 printf 命令,会在 xPC 下位机中输出想看到的变量,具体用法与普通 C 语言的一样。

4. 封装 S-函数驱动程序

在编写完驱动代码后,就可以包装成 S-函数,然后封装到 Simulink 库中。首先在 MATLAB 的命令窗口中输入编译代码:

```
>>MEX di1727.c
```

将其编译成 Simulink 可调用的动态库 di1727.MEXw32,然后在 Simulink 中新建一个 library,再从 Simulink 的 user-defined function 中拖一个 S-函数到新建的 library 中去,之后开始对新建的 S-函数进行配置(图 4-47)。

图 4-47　S-函数驱动程序参数设置

设置好参数后，需要对S-函数进行包装，右键单击S-函数选择Mask S-函数，首先是对S-函数的外观进行设计，在“Icon Drawing commands”中输入名称等信息；然后是变量的设置，前面设计了两个变量channels和sample time，需要添加进来，每个变量值可以使用edit，popup和checkbox三种方式，edit即自己输入，popup可以预设一些值用来选择。其他的两个标签Initialization和documentation是用于参数的检测和S-函数的介绍(图4-48，图4-49)。

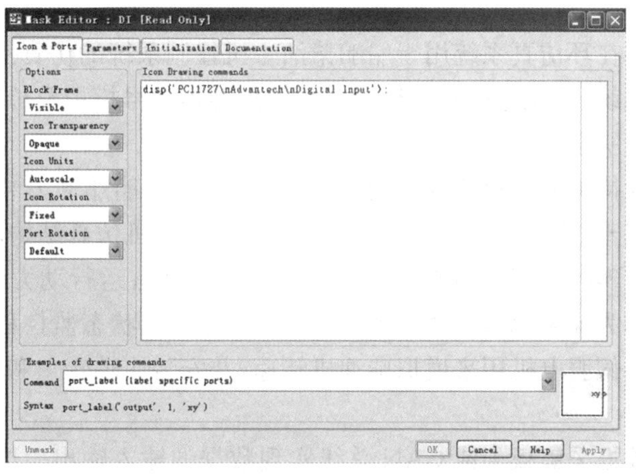

图 4-48　驱动模块外观显示设计

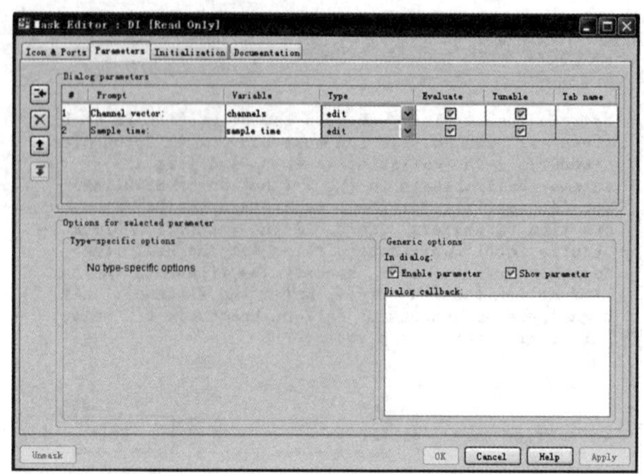

图 4-49　驱动模块参数显示设计

4.3　主动力装置的硬件在环仿真

硬件在环仿真技术在各个领域都得到了广泛应用,在船舶主动力装置方面也不例外。船舶主动力装置硬件在环实时仿真早在 20 世纪 90 年代就有研究,并应用于油船监控系统的调试和评估,也有研究实现了基于 RTW 的战舰动力装置仿真。但基于 xPC 的硬件在环实时仿真还不多见,本章介绍上海海事大学轮机模拟器课题组实现的主动力装置硬件在环仿真系统。

4.3.1　系统硬件组成

1. 总体结构

主动力装置硬件在环仿真系统用于船舶柴油主机控制系统的仿真测试。该系统主要由 xPC 双机实时仿真系统、伺服电机转速模拟系统和传感器信号模拟及传输系统三部分组成,具体框架如图 4-50 所示。

虚线以下部分为待测的主机控制系统,虚线以上部分是船舶动力装置硬件在环仿真示意图。该平台采用基于 MATLAB/Simulink xPC 目标的双机仿真结构,由监控计算机和实时仿真计算机组成。实时仿真计算机为 xPC 体系的目标机,运行动力装置实时仿真程序;监控计算机一方面作为 xPC 体系的宿主机,另一方面也运行状态监控程序。目标机和宿主机通过以太网通信。伺服电机用来模拟柴油机转速,并安装曲轴转角和转速传感器,为遥控系统提供信号。

目标机可通过数据采集板卡或 CAN 总线实现数据的输入输出。仿真系统计算的实时数据经过传感器信号模拟器,转换为实际船舶的常用传感器信号再输出,使仿真器能够提供更真实的仿真环境。遥控系统的命令信号经过仿真系统内部的信号分配器,分别送入目标机和宿主机,控制仿真系统的运行并在监控系统中记录。

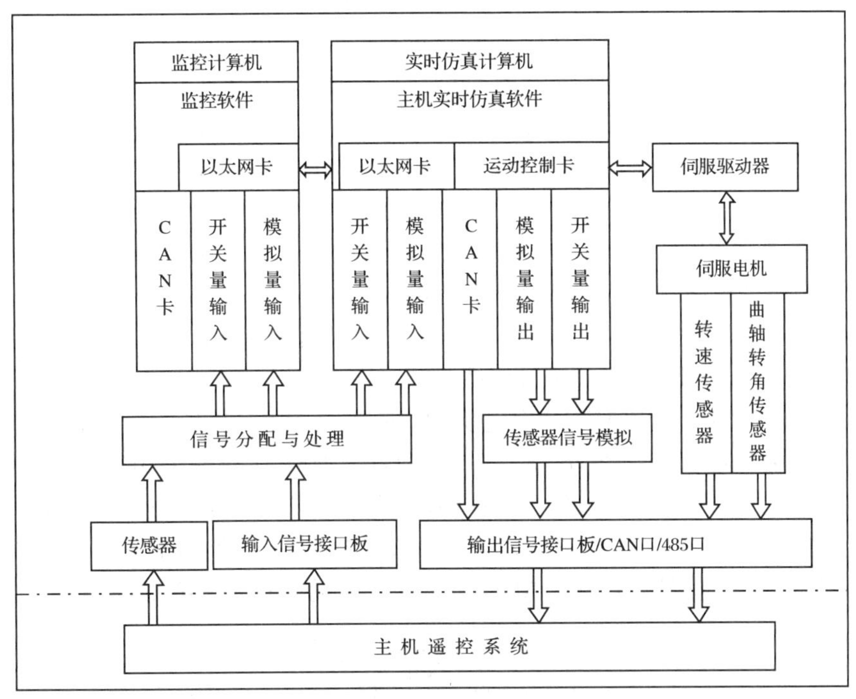

图 4-50 船舶动力装置仿真试验台结构

监控计算机作为 xPC 双机仿真中的上位机，在 Windows 系统下工作，主要运行 MATLAB/Simulink 和 Real-Time Workshop，将建好的机-桨-船 Simulink 模型在实时仿真计算机上运行，同时监控计算机，并运行状态监控程序，用来检测主机遥控系统的工作性能；实时仿真计算机作为下位机，在 DOS 实时系统下工作，运行柴油机动力装置及辅助系统模型，处理 xPC 实时任务。监控计算机和实时仿真计算机之间采用以太网通信，且都安装有独立的以太网卡，实时仿真计算机和监控计算机分别装有 CAN 通信卡，实现与主机遥控系统之间的 CAN 总线通信。另外，目标机上还装有一块运动控制卡，通过控制伺服驱动器来控制伺服电机，模拟柴油机工作，并安装转速转角传感器，为主机遥控系统提供信号。进行测试时，监控计算机把模型数据输送到实时仿真计算机中运行，实时仿真计算机再把运算结果发回到监控计算机中，状态监控软件通过对这些数据的分析，从而得出主机遥控系统性能优劣的评价。

2. 转速模拟伺服系统

转速控制是主机控制系统的最重要的功能之一，因此，设置了转速模拟装置。该装置由伺服驱动器、伺服电机、转速传感器及曲轴转角传感器等组成。仿真系统通过运动控制卡向转速模拟装置发出转速信号，然后通过伺服驱动器控制伺服电机达到设定转速，转速传感器和曲轴转角传感器则检测到实际转速和曲轴转角，并准备发送到遥控系统。这样，遥控系统得到的就是真实的传感器信号，提高了测试系统的真实性；通过更换不同种类的传感器可得到不同的信号，提高了系统的灵活性。当然，转换和曲轴转角信号也可以通过信号的输出通道发送到遥控系统中。

实验装置伺服系统选用 ADT－8940A1 运动控制卡为伺服驱动器提供位置脉冲指令。ADT－8940A1 运动控制卡是基于 PCI 总线的高性能四轴伺服/步进控制卡，支持即插即用；脉冲输出方式可用单脉冲（脉冲＋方向）或双脉冲（脉冲＋脉冲）方式，最大脉冲频率为 2 MHz；位置锁存可以锁存逻辑计数器或实位计数器的值；速度控制可用定速和梯形加减速；具有大容量硬件缓存功能；I/O 延时 500 μs 左右；位置管理采用两个加/减计数器作为实际位置计数器，一个用于管理内部驱动脉冲输出的逻辑位置计数器，一个用于接收外部的输入，输入信号是 A/B 相输入的编码器或光栅尺；运动中可以实时读出逻辑位置、实际位置、驱动速度；计数器位数高达 32 位，最大计数范围为－2 147 483 648～＋2 147 483 647；提供 DOS，WINDOWS 95/98 /NT/2000/XP/WINCE 开发库，可用 Visual C＋＋，Visual Basic，LabView，Delphi，C＋＋Builder 等进行软件开发。

将 ADT－8940A1 运动控制卡插在电脑 PCI 插槽中，将 D62GG 连接线的一端和 ADT－8940A1 运动控制卡的 J1 接口相连，另一端和 ADT－9162 接线端子相连；将 ADT－DB37 运动扁平线的一端和 ADT－8940A1 运动控制卡的 J2 接口相连，另一端和 ADT－DB37 转接板的 P2 相连；在机箱后面固定好 ADT－DB37 转接板；将 ADT－D37GG 分别和转接板的 P2 和ADT－D37GG 接线端子相连。ADT－8940A1 运动控制卡连接图如图 4－51 所示。

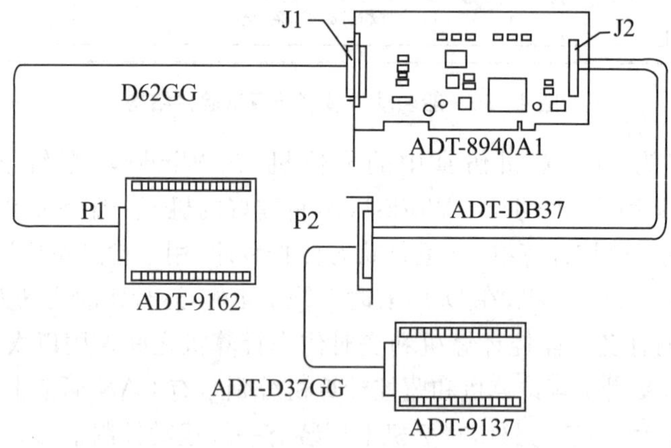

图 4－51　ADT－8940A1 运动控制卡连接图

本实验装置选用了台达 ECMA 系列交流永磁同步伺服电动机及其相应的 ASDA－B2 系列伺服驱动器。伺服电机型号为 ECMA－C20604PS，伺服驱动器型号为 ASD－B2－0421－B。

台达 ECMA 系列交流永磁同步伺服电动机为正弦波永磁同步电机，转子由永磁体制造，定子上对称地安装着三相绕组。电机的气隙磁场按正弦波分布，因此，在定子绕组中具有正弦波反电动势。电机的转子轴上装有编码器，其输出信号用于转子速度和位置反馈。ECMA－C20604PS 电机额定电压为 220 V，额定转速为 3 000 r/min，编码器为 17－bit 光学编码器，电机框架尺寸为 60 mm，额定输出功率为 400 W，输出轴无刹车无油封。

ASDA－B2 系列伺服驱动器为一开放型伺服驱动器，操作时须安装于遮敝式的控制箱内。本驱动器利用精密的反馈控制及结合高速运算能力的数字信号处理器，控制 IGBT 产生精确的电流输出，用来驱动三相永磁式同步交流伺服电机（PMSM）达到精准定位。驱动器中带有电流环和速度环，可以选择位置控制方式、速度控制方式和转矩控制方式。本伺服系统中驱动器设定的是位置控制方式，电机的速度通过光电编码器的脉冲输出反馈到驱动器中形成闭环速度控制系统。其内部编码器为电机后部光电编码器，通过屏蔽电缆与驱动器相连，将电机转速以数字量反馈给电机。它的控制信号包括公用运行信号，如正反转限位、伺服使能、驱动报警等；运行控制信号，如位置定位脉冲和速度电压指令等；运行监视信号，如转矩及速度大小输出信号等。通过对这些信号的组合控制，可使电机按照各种外部指令运行。

3. **传感器信号**

由于遥控系统使用的传感器种类较多，因此，传感器信号的确定和传输是系统成功的一个重要因素。遥控系统所需要的全部传感器信号都由目标机的仿真模型计算得到，并通过接口电路提供给遥控系统。

下面以MC型12缸柴油机为例，主机遥控系统采集信号根据不同的系统分类见表4-4。

表4-4 遥控系统信号采集表

<table>
<tr><th>序号</th><th>系统分类</th><th>测量点名称</th><th>传感器</th></tr>
<tr><td>1</td><td rowspan="2">转速系统</td><td>转速</td><td>磁脉冲</td></tr>
<tr><td>2</td><td>转角</td><td>磁脉冲</td></tr>
<tr><td>3</td><td rowspan="5">燃油系统</td><td rowspan="2">燃油进机压力</td><td>压力开关</td></tr>
<tr><td>4</td><td>压力传感器4～20 mA</td></tr>
<tr><td>5</td><td rowspan="2">燃油进机温度</td><td>PT100</td></tr>
<tr><td>6</td><td>温度传感器4～20 mA</td></tr>
<tr><td>7</td><td>高压燃油管</td><td>液位开关</td></tr>
<tr><td>8</td><td rowspan="8">主润滑油系统</td><td rowspan="2">滑油进机压力1</td><td>压力开关</td></tr>
<tr><td>9</td><td>压力传感器4～20 mA</td></tr>
<tr><td>10</td><td rowspan="2">滑油进机压力2</td><td>压力开关</td></tr>
<tr><td>11</td><td>压力传感器4～20 mA</td></tr>
<tr><td>12</td><td rowspan="2">滑油进机温度</td><td>PT100</td></tr>
<tr><td>13</td><td>温度传感器4～20 mA</td></tr>
<tr><td>14</td><td rowspan="2">滑油出机温度</td><td>PT100</td></tr>
<tr><td>15</td><td>温度传感器4～20 mA</td></tr>
<tr><td>16</td><td rowspan="2">涡轮增压器系统</td><td rowspan="2">增压器轴承滑油进口压力</td><td>压力开关</td></tr>
<tr><td>17</td><td>压力传感器4～20 mA</td></tr>
</table>

（续表）

序号	系统分类	测量点名称	传感器
18	滑油系统	凸轮轴滑油进口压力	压力开关
19			压力传感器 4～20 mA
20		主推进轴承滑油压力	压力开关
21			压力传感器 4～20 mA
22		主推进轴承滑油温度	PT100
23			温度传感器 4～20 mA
24	淡水冷却系统	缸套冷却淡水进口压力	压力传感器 4～20 mA
25		缸套冷却淡水出口压力	压力传感器 4～20 mA
26		缸套冷却淡水出口温度 1	PT100
27			温度传感器 4～20 mA
28		缸套冷却淡水出口温度 2	PT100
29			温度传感器 4～20 mA
30	排气系统	第 1 缸排气温度	热电偶
31		第 2 缸排气温度	热电偶
32		第 3 缸排气温度	热电偶
33		第 4 缸排气温度	热电偶
34		第 5 缸排气温度	热电偶
35		第 6 缸排气温度	热电偶
36		第 7 缸排气温度	热电偶
37		第 8 缸排气温度	热电偶
38		第 9 缸排气温度	热电偶
39		第 10 缸排气温度	热电偶
40		第 11 缸排气温度	热电偶
41		第 12 缸排气温度	热电偶
42		总排气温度 1	热电偶
43		总排气温度 2	热电偶

4.3.2 系统软件

动力装置实验台系统的软件包括宿主机建立的模型、目标机实时模型软件、宿主机监控软件和模拟调试软件，本章的内容是实时仿真，因此，只介绍试验台的核心软件：主动力装置模型。该模型包括柴油机模型、螺旋桨模型和船舶直航运动模型，用来模拟在船舶直航运动的各种工况下的柴油机性能。

整体模型在 Simulink 中搭建，如图 4-52 所示。图中 Order 模块用来接收遥控系统通过 CAN 总线发来的命令，Paras 模块用来输出柴油机参数和船舶航速参数，其中柴油机性能参数通过 CAN 总线和 I/O 板卡输出，转速则通过运动控制卡控制伺服电机输出。M. E 模块为柴油机模型，Propeller 模块为螺旋桨模型，Resistance 模块用来计算船舶直航阻力，Ship 模块用来计算船体的各种流体导数和船舶速度。

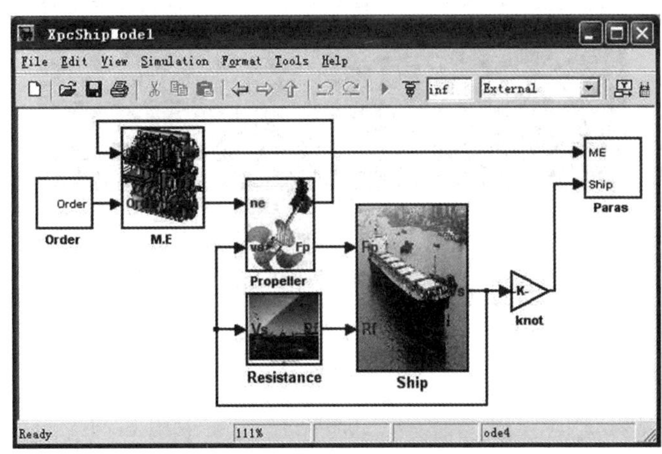

图 4-52　动力装置 Simulink 模型

启动目标机，并与宿主机通过 TCP/IP 协议连接，设置仿真步长为 0.01 s，算法为定步长龙格-库塔法(ode4)，系统目标文件为 xpctarget. tlc。通过菜单命令生成目标程序，并下载到目标机中。将目标机通过 CAN 总线接入主机遥控系统，然后启动目标机和遥控系统进行硬件在环仿真。

在目标机上添加四个目标机示波器，分别显示柴油机转速(单位为 r/min)、船速(单位为 n mile/h)、扫气压力(单位为 MPa)和排气压力(单位为 MPa)，如图 4-53 所示。图 4-53 显示的是船舶全速前进时，将车钟手柄从全速前进挡拉到全速后退挡时的仿真曲线，由于船舶惯性大、运动时间长，因此，目标机上只显示起始阶段。

利用上述模型进行硬件在环仿真，特别计算了全速正车(105 r/min)到全速倒车(−75 r/min)工况的船舶运动和主机运动的全过程，并与试航数据进行了对比，见表 4-5，仿真数据与试航数据基本吻合，但在 120 s 和 489 s 时误差稍大，主要原因是船舶剩余阻力系数与实际剩余阻力特性有所差异。另外，船舶位移较试航数据小，主要原因是模型中未考虑螺旋桨的横向力和船舶的横漂运动，但不影响模型的使用价值。图 4-54所示为急停工况时的船舶运动与柴油机性能仿真曲线，曲线连续，变化规律符合实际情况。

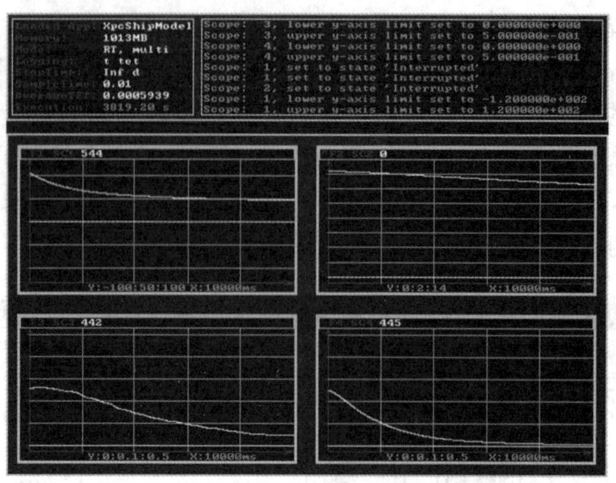

图 4－53　目标机屏幕

表 4－5　急停工况下船舶运动仿真数据

时间/s	船速/(m/s)			位移/m		
	试航	仿真	误差	试航	仿真	误差
0	14.2	14.2	0.0%	0	0	0.0%
60	12.2	12.3	−0.8%	427	409	4.2%
120	11.4	10.7	4.4%	782	757	3.2%
180	9.4	9.4	0.0%	1 101	1 063	3.5%
240	8.5	8.5	0.0%	1 383	1 334	3.5%
300	7.7	7.6	1.3%	1 627	1 579	3.0%
360	5.7	5.7	0.0%	1 848	1 784	3.5%
420	3.9	3.8	2.6%	1 970	1 928	2.1%
480	1.8	1.8	0.0%	2 049	2 013	1.8%
489	1.7	1.6	5.9%	2 057	2 021	1.8%

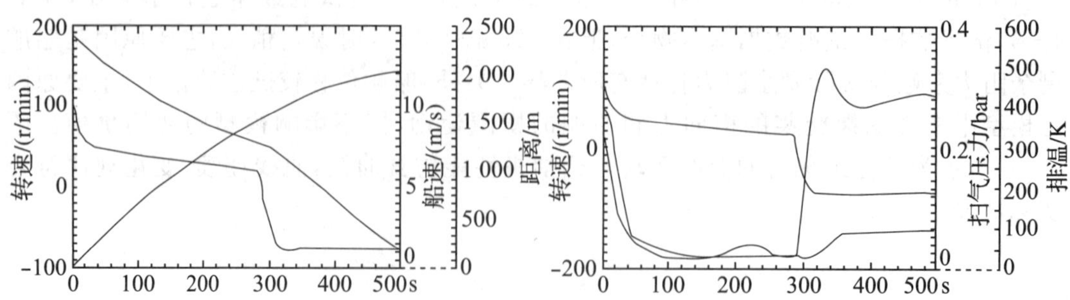

图 4－54　急停工况时的船舶运动与柴油机性能曲线

第5章　轮机模拟器的开发技术

5.1　轮机模拟器的系统概述

大型轮机模拟器是由计算机软硬件组成的大型仿真系统，模拟整个机舱的设备，具有机舱各种设备的操作、参数模拟、声音和环境模拟等多种功能。

5.1.1　功能区域

轮机模拟器具有外形上与实船完全相同的驾驶台、集中控制台、主配电屏、应急配电屏、机旁控制箱等操作盘台以及相应的监控仪表，所不同的是轮机模拟器没有真实的发动机、发电机、泵浦等机电设备，所有的机电设备都由计算机数学模型所代替。此外，一般还有大型图解板，用于显示机舱各系统管系流程图；一个教练控制台，控制整个模拟器的运行。

船舶轮机模拟器主要划分为模拟机舱、模拟集控室、模拟驾驶室/教员工作室和模拟轮机长室等几个部分。

1. 模拟机舱

设有主机机旁操作台，当主机遥控系统失灵或船舶处于机动操作时，可直接控制主机的启停和运行。在模拟机舱内还布置有大型辅机管系图解板，以替代机舱中各种类型的机电设备。另外，还有挂壁式控制箱，可实现压缩空气、海水、淡水、滑油、燃油、锅炉、污水等各系统的手动操作、自动调控、遥控和故障仿真。有些模拟器还布置有船舶推进装置模型和主机遥控气动系统图解板。

图5-1　模拟机舱

图5-1是上海海事大学自行研制的轮机模拟器的模拟机舱。

2. 模拟集控室

设有机舱集中控制台和船舶电站配电屏。其中集中控制台与实船的集控台相似，有车钟、监控仪表、集中监视报警屏、延伸报警板、主机安保报警板、重要的检测装置和调节仪表、辅机泵控按钮等。船舶电站配电屏也与实船的配电屏相似，有柴油发电机组控制屏、轴带发电机组控制屏、同步并车屏和负载屏。有时在较远的地方还设有应急配电屏，在室内两边还布置有多台学员培训终端。

3. **模拟驾驶室/教员工作室**

轮机模拟器通常与操纵模拟器分开独立运行，因此，它也有一个模拟驾驶台，与教员台同置一室。教员工作室担当着整个仿真系统的主控任务和网络通信，可控制各仿真工作站的启动、冻结、隔离、运行速度、外部环境、故障设置、过程记录等。

4. **模拟轮机长室**

设有一套实时微机监控工作站和延伸报警板，用于轮机长的培训。当选择机舱无人值班时，可兼作值班室。

5.1.2 硬件组成

1. **辅机管系图解板**

目前轮机模拟器的图解板都是由小块的马赛克耐火材料制成的，它的特点是组装和改造比较方便。图解板上布置有各种监控仪表、液晶显示仪表、指示灯、转换开关、操作按钮。有些大型图解板的重要管路用很多的发光二极管或指示灯来显示管内流体的动态变速流动情况，机舱重要油柜或水柜的液位用 14 in 的显示器显示。

图解板上刻有机舱管系流程图，便于学员了解机舱各种辅助系统之间的联系，并可监控和操作海水、低温淡水、高温淡水、主机燃油、滑油、压缩空气、船舶污水、锅炉、发电机组等机舱系统，如油水的添加和泄放、泵浦的启动和停车、滤器的清洗、阀门的打开和关闭、发电机励磁等。

图 5－2 是上海海事大学自行开发的船舶机舱管系图解板。

图 5－2　船舶机舱管系图解板

2. **集中控制台**

船舶机舱集控台一般可分为 5 个部分：主机控制和监控部分、泵控遥控和监控部分、油柜的液位监控部分、发电柴油机监控部分、中央报警和机舱管路监控部分。

图 5－3 是上海海事大学为中远集装箱运输公司研制的模拟器集中控制台。该集控台分左、中、右 3 段分体组合，其造型及面板结构的设计充分基于 2 700 TEU 集装箱船舶的实

图 5－3　模拟器集中控制台

际情况，又借鉴了世界上最先进的 5 250 TEU 集装箱船舶的优点。5 台彩色显示器用来监控主机气缸热力工况和动力装置热工系统流程图、主机遥控及调速系统、辅机各系统流程图、船舶电站系统和集中监视报警系统。

3. 驾驶台/主机机旁操纵盘台

与实船驾驶台上的主机控制台相仿，驾驶台上有遥控车钟、主机遥控面板、车钟记录仪、舵角操纵手柄、延伸报警板、声力电话和指示仪表等。另外还有航速表、主机转速指示仪、舵角指示仪和启动空气压力表。机旁操纵盘台上布置有主机转速等重要仪表、油门开度指示仪、油门操纵手轮或油门杆、驾驶台-机舱联系用的指示灯与按钮、机旁/遥控转换开关、正倒车转换开关、应答车钟等。

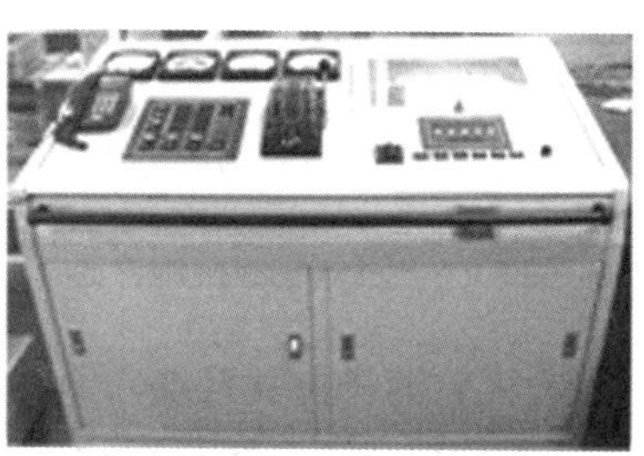

图 5-4　模拟驾驶台

图 5-4 是上海海事大学自行研制的轮机模拟器模拟驾驶台。

4. 配电屏

船舶电站的配电屏有主配电屏、应急配电屏和音响模拟装置。主配电屏一般包括三个柴油发电机组控制屏或一个轴带发电机组控制屏、一个同步并车屏、两个负载屏。有的还配置有透平发电机组控制屏。应急配电屏由一台应急发电机控制屏和应急负载屏组成。可实现单机、任意双机、多台发电机和应急发电机的各种操作和保护。

图 5-5 是上海海事大学自行研制的模拟电站主配电屏。

图 5-5　模拟电站主配电屏

5.1.3　软件系统

轮机模拟器的软件系统主要包括自动化船舶电站、机舱辅机管系、主机及遥控、机舱集中监视和报警四个仿真系统和教员主控管理系统。

1. 自动化船舶电站仿真系统

自动化船舶电站仿真系统可在主配电屏或应急配电屏上实现：

(1) 发电柴油机的起动、停车，发电机单机手动/自动起动、合闸、调速、调频、调压的操作。

(2) 任意两台发电机组的手动/自动并车、负载均分、负载转移、解列以及停机后负载变化时发电机运行台数的自动控制操作。

(3) 欠载时自动减机，重载时自动增机，重载询问自动起动备用机组。

(4) 轴带发电机组和透平发电机的起动和运行管理。

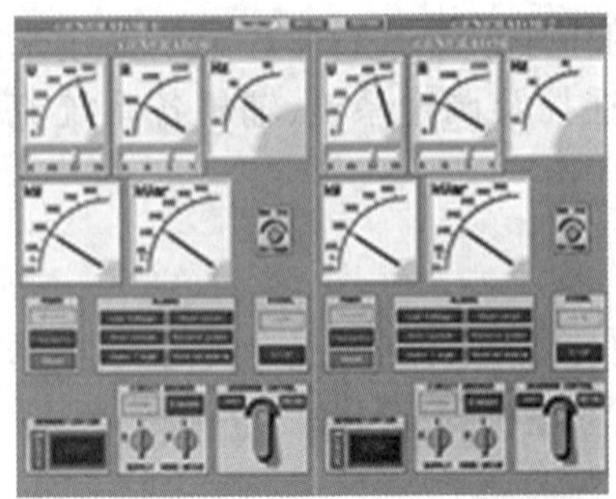
图 5-6　发电机组控制界面

(5) 多台发电机运行时的调频调载、无功功率自动调节的控制、大功率电机起动请求、电网绝缘监视、负荷自动均分、分级卸载。

(6) 应急发电机手动/自动启动和供电测试，自动电站的发电机过载、短路、欠频、欠压及逆功率保护的操作。

(7) 能进行岸电供电保护、绝缘电阻过低报警、并车失败和故障停机操作等。

图 5-6 是英国 TRANSAS 公司的轮机模拟器发电机组控制界面。

2. 机舱辅机仿真系统

机舱辅机仿真系统可在辅机管系图解板、机舱控制箱或集控台上实现：

(1) 机舱水柜补水、油柜补油/驳油，海水系统的管理与水温的调节，淡水系统的管理与水温的调节，燃油系统的管理与黏度的自动调节。

(2) 预润滑油泵和滑油滤器的开启，淡水泵及有关阀门的开启和水温检查。

(3) 燃油的驳运，油柜燃油的加热，燃油的净化，主机燃油温度/黏度的调节，燃油柜的放残。

(4) 滑油温度的调节，重油的加热，轻-重油的转换，滑油系统的管理与自清洗滤器的使用，滑油净化及滑油分油机起动。

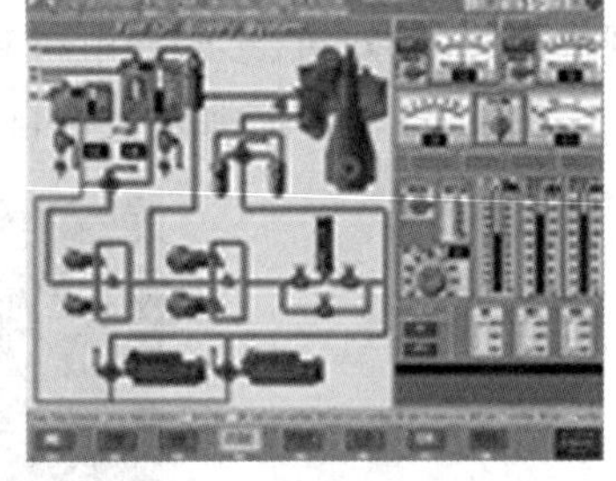
图 5-7　燃油输送系统界面

(5) 油水分离器操作管理，压载水系统操作，淡水排放、海水漏泄及污油柜溢出到污水井的操作，舱底进水报警及应急操作，油水分离器操作管理。

(6) 燃油锅炉的起动，轻油转重油，停炉操作，透平货油泵的操作与运行管理等。

图 5-7 是英国 TRANSAS 公司的轮机模拟器的燃油输送系统界面。

3. 主机及遥控仿真系统

主机及遥控仿真系统可在主机机旁操纵盘台、集中控制台和驾驶台上实现：

(1) 主机冲车、起动、停车、换向、加减速的操作，具有换向逻辑控制、转速限制、燃油限制、加减速限制功能。

(2) 主机自动调速，机旁手动，集控室手动/自动操作转换，主机安全保护，平均指示压力工况监测。

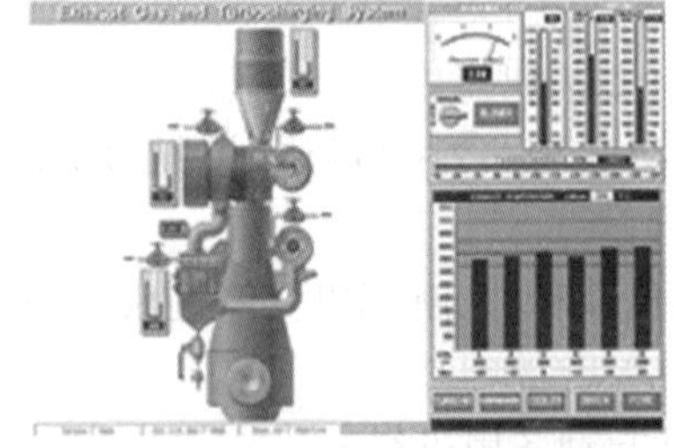

图 5-8　主机系统仿真界面

(3) 机旁和集中控制台的手动操作，车钟驾机联系，主机紧急操作和越控操作。

(4) 电子调速器的参数调节，主机系统的速度限制控制，遥控系统状态及图形显示。

(5) 主机单缸停油和封增压器运行，主机典型故障实时仿真及操作应答评分，主机燃烧系统、换气系统、轴承系统实时动画显示。

图 5-8 是 TRANSAS 公司的轮机模拟器的主机

系统仿真界面。

4. 集中监视和报警仿真系统

集中监视和报警仿真系统可在集控台和延伸报警板上实现：

(1) 报警信息显示、故障声响报警、故障灯光报警、故障延伸报警、故障延时报警、值班报警、失职报警、值班呼叫。

(2) 报警单点闭锁与解锁、报警成组闭锁与解锁、报警系统闭锁与解锁、故障参数分组显示、故障信息打印。

(3) 报警屏试灯、报警功能测试、报警设置参数修改、轮机长远程监视等功能。

5. 教员主控管理系统

教员主控管理系统可在教员台上实现：

(1) 各仿真工作站的文件完备性检查、软件功能检查、硬件 I/O 线预检。

(2) 仿真系统的声响控制，仪表噪声控制，仿真外部环境，如船舶航行模式、大气温度、海水温度、气候、海况的设置。

(3) 整个轮机模拟器各仿真工作站的起动、冻结、运行速度、过程记录和过程回放。

5.2 轮机模拟器的软硬件开发系统

轮机模拟器按照其功能及布置可以分为多个软硬件模块，这些模块按照一定的组织形式和技术联合工作。但要实现这些设备的仿真功能，这些模块的背后还需要一系列的软硬件技术来支撑。硬件系统是实现轮机模拟器的物理基础，没有相应的硬件设备就不存在轮机模拟器。最初的模拟器，硬件系统的性能几乎决定了模拟器的水平。但随着计算机技术的发展，软件技术变得更加重要。目前而言，轮机模拟器的水平更多地体现在仿真软件上。

5.2.1 硬件系统

模拟器的硬件系统是指为完成模拟器功能而必需的计算机、输入输出设备、控制台、显示仪表等全部硬件设备的总称。模拟器所有的软件都与硬件系统密切相关，硬件系统的结构在一定程度上决定着系统的总体结构。

图 5-9 为轮机模拟器仿真机硬件系统组态示意图，由图可以看出，硬件系统主要由下述设备构成：

(1) 微型计算机系统。微型计算机系统是轮机模拟器的核心和基础，采用惠普 HEWLETT PACK ARD Netsorrer 服务器和 Vectra Pentium 机作为工作站构成微型计算机系统，主要包括 Pentium CPU、16 MB 内存、1.2 G 外存、CRT 显示器、键盘、跟踪球或鼠标、网卡等硬件设备。

(2) I/O 接口系统。I/O 接口系统是微型计算机与配电板之间信息传输接口，采用研华工控产品，PCL727D/A 板和 PCL724 数字输入/输出板，研华工控产品支持在 Windows 环境下编程，动态数据交换 DDE。

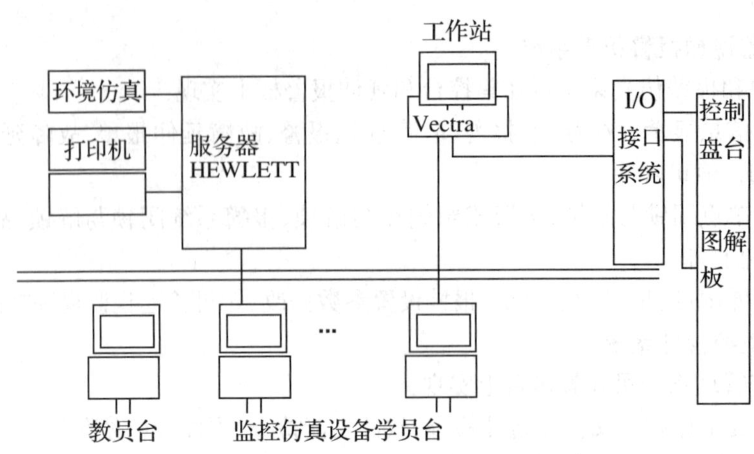

图 5-9 轮机模拟器仿真机硬件系统组态示意图

(3) 控制盘台。控制盘台是真实轮机设备的物理仿真模型(即使是 DCS 控制系统,从安全角度出发也配备有控制屏)。控制盘台由发电机控制屏、并车屏、负载屏、集控台、驾控台等组成,包括面板上全部仪表、指示灯、开关、按钮等设备。控制盘台是监视和控制轮机设备的最重要设备,是培训人员和仿真机之间又一个界面,用于培训人员对轮机设备的监视、操作和控制,它的操作控制级别高于学员台。

(4) 环境仿真。环境仿真包括声响、灯光等设备。电网失电、小应急、大应急照明状态直接通过灯光表现,利用多媒体技术由音响仿真柴油发电机组运行,使人有身临其境的感受。

(5) 教员台。教员台是仿真机特有的设备,在真实的轮机设备中没有这个设备,它是教员和仿真机之间的接口,教员通过它控制仿真机运行,设置各种仿真故障,指导学员培训和记录培训操作过程。

5.2.2 软件系统

轮机模拟器的主要功能是在硬件基础上通过软件实现的。上一节根据模拟器的功能介绍了模拟器仿真软件的组成,实际上,模拟器仿真软件只是整个软件系统的一部分,是呈现给用户的。要完成轮机模拟器的技术开发,还需要如仿真系统软件、支持系统软件等。简单介绍如下:

(1) 轮机模拟器仿真软件。轮机模拟器仿真软件是轮机仿真机最重要、最关键的软件,是实现计算机数学仿真的软件系统。实现轮机模拟器全部设备包括主机系统、辅机系统和船舶电站的监视、操作、控制、保护和故障等仿真。

(2) 计算机系统软件。计算机系统软件是指为了方便用户和充分发挥计算机的交通效能,由计算机制造厂家提供的一系列软件,包括操作系统、编译程序、诊断程序、网络通信软件等。轮机模拟器仿真计算机操作系统一般采用当时流行的 Windows 视窗系统。

(3) 仿真软件开发支持系统。仿真软件开发支持系统(仿真软件支撑系统)功能是支持仿真软件开发、调试、维护和实时运行。

（4）教员台软件。教员台是轮机模拟器共用的，其中包含实现船舶电站仿真的教员控制和培训功能的软件系统。

（5）I/O 诊断软件。I/O 诊断软件用于在培训前或维修中检查轮机模拟器设备是否损坏的软件系统。

5.3　轮机模拟器的实现技术

现在以 SMSC－2000 轮机模拟器为例介绍整个轮机模拟器软件系统的实现。

5.3.1　仿真模型的基本要求

模拟器是仿真技术在现实中的一个重要应用，它不同于仿真技术的其他应用，如预测等。模拟器与其他应用相比，仿真软件具有更强的实时动态性，它所模拟出的参数是一种实时数据。其次模拟器是实际系统的模拟，因此，它有很大一部分是模拟实际系统操作。仿真软件应反映有关系统的运行规律，与实际系统相一致性是评价其性能的主要指标。

轮机模拟器是分布式技术与多媒体技术相结合的计算机仿真系统。将所模拟的系统分成多个子系统，如冷却水系统、空气系统、滑油系统、电站系统、主机系统等。在不同的工作站上对有关子系统进行模拟，再利用计算机网络将各工作站连接起来，利用分布式处理技术计算各站点上的仿真模型，各仿真模型并发运行，且采用消息、参数传递的方式相互作用。

子系统仿真环境具备如下特点：

（1）分布式条件下建模。在分布式多媒体仿真环境下，建模者可以在不同仿真节点上建立相应系统的模型，但所有模型应遵循相同的建模理论和建模原则。分布式条件下建立的系统模型要遵循模型之间的信息传递的通信协议。

（2）实时并发仿真功能。仿真系统可以单独运行，但更多是处于整个系统下的并发运行。实体活动的并发是指在同一时刻有多个系统在同时运行，且各个系统间是相互影响、相互联系的，这种联系和影响体现在各个子系统间相互传递信息或参数。因此，子系统的仿真应能对这种并发现象进行控制。

（3）仿真结果的多媒体表现。采用多媒体技术进行表现可以使仿真过程达到可视、可听的效果，使培训者可以更加自然、逼真地感知仿真结果，这是仿真技术向虚拟现实技术的发展。

（4）人机交互功能。人机交互功能体现在两方面：一是操作者从计算机获得有关的仿真结果；二是人对仿真进程进行实时控制以及实时查询。

轮机模拟器的主要功能是培训船员。当培训者操作时，它应给出其操作是否正确的信息。而当系统运行时，它应给出有关系统运行参数是否正确的信息，需要时给出报警信息。因此，有关提示信息、报警信息也是轮机模拟器数学模型的有关重要内容。

系统仿真数学模型的运行结果要呈现给操作者，最后还要通过 HMI 人机界面来实现，将其连接至有关仪表、趋势图、指示灯等控件上。因此，仿真数学模型的有关参数应与 HMI 人机界面上所应用的参数一致，且为其提供实时服务。

综上所述，轮机模拟器仿真模型应具有以下基本要求：

(1) 应能模拟出系统的操作。

(2) 应体现出系统的实时状态性。

(3) 应反映出系统的运行规律,与实时系统相一致。

(4) 能与外界进行数据通信。

(5) 应具有自身的独立性,可单独运行。

(6) 提供有关的报警模型。

(7) 为 HMI 上的有关结果提供服务。

为实现上述要求,仿真软件应遵循下述设计原则:

(1) 采用面向对象的方法。面向对象的特点是对象化、模块化、封装化、多态性。

(2) 各分布节点的独立性。仿真节点负责保存节点中对象系统的仿真信息,并发送消息到其他节点或接收处理由其他仿真节点传送来的信息。消息传递遵循约定的通信协议,在该通信协议下仿真节点对消息的处理过程完全是独立的。

(3) 采用并发仿真控制。分布式仿真过程是一个并发的过程,即分布在不同节点上的模型要在并发的意义上运行和交互。独立的仿真系统使用自身的仿真时钟,各节点的仿真时钟存在一定的差异,消息传递过程中存在时间延迟,各节点仿真计算花费的时间有所不同。因此,需采用并发的仿真控制机制以保证仿真构成和消息传递的同步。

(4) 采用标准的通信协议。通信是实现交互的手段。在分布式多媒体仿真系统中有两类交互通信方式:一是各仿真工作站之间通过计算机网络进行交互;二是仿真对象模型(子系统)之间通过消息传递进行交互。在仿真过程中,必须制定标准的网络通信协议和消息传递机制,同时要制定仿真节点端口上的信息交互协议和仿真子系统端口上的信息转换协议。

5.3.2 轮机模拟器软件开发

上海海事大学最初开发的 SMSC-2000 轮机模拟器的软件系统包括操作系统软件、支撑软件、实时仿真软件、系统总控与管理软件,它们之间的相互关系如图 5-10 所示。

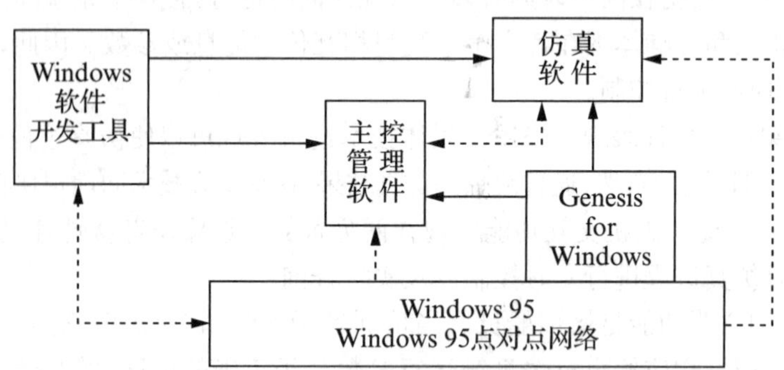

图 5-10 SMSC-2000 轮机模拟器软件系统组成

采用 Microsoft Windows 95 作为操作系统,它是一种当时应用最为广泛的微机操作系统软件;采用美国 ICONICS 公司的 Genesis for Windows(简称 GFW)作为支撑软件,它既作为系统开发环境的一部分,也作为模拟器系统的运行环境。国内许多成功的开发工作已经证明,采用适当的支撑软件,可以有效地提高开发工作的技术起点,明显地减小开发周期,并提高系统的整体性能。而选择支撑软件产品的主要标准是看它是否能满足系统开发的具体要求、性能价格比以及它在相关领域的应用情况。实时仿真软件以及总控与管理软件就是在 Windows 95 和 GFW 环境下开发、集成的，在开发过程中应用了多种 Windows 软件开发工具。采用 Microsoft 公司推出的新一代面向 Windows 的应用程序开发工具 Visual Basic。它一方面包含了一些人们早已熟悉和易于使用的编程语言，如曾广为流行的 BASIC 等，同时又提供了高效的交互式环境，可完全按照“可视化”风格进行应用程序开发，设计过程中完全遵循“面向对象、事件驱动”的机制。这种语言和环境的独特组合，使 Visual Basic 迅速成为当前 Windows 开发的一种大众化的工具，并被认为是当今软件开发优良的首选工具。事实上，Microsoft 之所以推出 Visual Basic，目的也正是想使它成为 Windows 应用程序开发的主导工具。本系统中，综合了 GFW 及 Visual Basic 的特点，采用了“GFW 策略＋GFW 手稿＋Visual Basic”的技术路线来完成仿真软件的开发任务，正是它们构成了本书仿真软件开发的基本方法。

1. 开发方法

1）“策略”仿真

“策略”(Strategy)是 GFW 中的一个重要部分，它由 GFW 工程管理器自动执行。当它运行时，其内部包含的全部信息可由(实时服务器 RTS)向外部客户程序提供服务。所谓“策略”，实质上也就是系统的控制算法。由于 GFW 不但提供了丰富的实时控制算法功能模块(如 PID 控制模块、程序控制模块、输入输出模块等)，而且还提供了丰富的数学和逻辑运算模块(如用传递函数形式表示的动态环节模块、多变量的函数算法模块等)，正是这些运算模块的存在，使得 GFW 不但可以用于实时控制，而且还可以用作仿真计算，并且与实时控制模块相结合，起到简化软件开发的作用。

GFW 提供了一种面向对象、图标驱动的有力工具帮助用户构造策略，该工具即为“策略构建器”(Strategy Builder)，它也是构造 GFW 数据库的一种基本手段。在策略构建器的环境下，构造系统的仿真策略就如同绘制系统的控制流程图一样直观。一旦完成了“策略”的构造，它就能够在实时运行的方式下由 GFW 的工程管理器自动执行。

在本系统中，“策略”主要被用于构造与 I/O 数据采集以及自动控制系统有关的仿真模块。之所以采取这样的技术路线，也正是考虑了 GFW 策略的主要优点。众所周知，在传统的系统仿真方式下，对于由微分方程来描述的动态过程及其自动控制系统，必须编制相应的微分方程数值求解程序实现其动态仿真。虽然对于线性系统已有了较为成熟的算法，但当涉及大量的动态环节时，仿真编程的工作量依然极大，对非线性系统的处理则更为复杂。尤其是在网络环境的分布式交互仿真系统中，各仿真模块的可靠性将起着至关重要的作用。而 GFW 的“策略”能较好地解决这一问题，它易于建立仿真算法，具有内嵌的 PID 等控制模块，并且具有带优先级的创先式多任务内核，因而可确保系统的可靠性。

2）“手稿”仿真

手稿(Script)是 GFW 支撑软件中内嵌的一个软件开发工具平台。在编程语言上，它与 Microsoft Visual Basic 兼容，并且支持 OOP 编程技术。此外，GFW 提供了 Script Wizard 的功能，可以帮助用户便捷地建立特定的应用程序。正是这些灵活的特性，使“手稿”成了 SMSC－2000 轮机模拟器仿真系统开发的又一种基本方法。

SMSC－2000轮机模拟器在设计上大量采用了“以软代硬”的方法，虽然为了体现船舶机舱的总体操作环境而设立了基本的硬件盘台设备，但许多操作界面将由软件来模拟。这种“以软代硬”的设计方案在达到同样系统功能的前提下可以明显地节省硬件投资，并且给今后系统的升级和功能扩展提供了很大的余地，也大大提高了整个系统的可靠性。资料表明，这种设计方案符合当今国际上的新趋势。这意味着，大量的学员操作界面（控制设备、开关按钮、报警指示等）将由软件方法实现仿真。专业术语上，这些软件化（通常即图形化）的设备、开关按钮、指示灯等被称为“对象”（Object）。对于这些对象来说，面向对象的编程（OOP）技术是唯一可行的仿真方法。

本系统中“手稿”主要被用于解决“以软代硬”这一问题。由于它直接基于GFW运行，所以可以与GFW动态数据库建立即时的联系。针对软件化操作界面上的控件，应用“手稿”分别建立各自相应的仿真程序段，并与整个仿真系统对应连接，从而切实可靠地实现“以软代硬”的操作界面设计方案。由于“手稿”具有与普通高级编程语言类似功能的语句，它也可以被用于子系统的仿真软件开发。事实上，本系统就是基于这一仿真方法开发了主机遥控系统的仿真软件。

3）“Visual Basic”仿真

船舶机舱系统是由主机、主机遥控、电站、辅机、监视报警等相互关联的子系统构成的复杂机电系统，考虑到对船舶备车、离港、正常海上航行、进港、停泊等不同工况，不同海况（海水、大气、风力与风向、海流、海浪等）以及各种故障工况和应急工况的模拟任务，轮机模拟器的仿真模型相当复杂，仿真软件涉及大量的复杂计算。这种复杂的计算完全由GFW的“策略”或“手稿”来承担是不合适的。对“策略”来说，若使其担负整个机舱系统的仿真任务，一方面势必将导致GFW数据库无谓的极大膨胀，从而严重影响系统的运行效率，另一方面许多需要反复迭代才能完成的仿真算法也完全不可能由它来完成。对“手稿”来说，由于它毕竟只是GFW一个内嵌的、相对较为简单的软件开发环境，其源程序代码仅以解释方式执行，考虑到系统的运行速度、开发效率以及系统的安全性和维护因素等，它也不适合用于全系统的软件开发。因此，必须寻求一种快速、精确且可靠的仿真软件开发方法。

Visual Basic是结构化的编程语言，同时又是一个完整的应用程序开发环境，与C＋＋和SDK等开发工具相比，Visual Basic具有如下显著的特点：

（1）摒弃了传统的消息处理、回调函数模式，采用了事件驱动的编程模式，从而明显简化了程序设计，使程序开发更加大众化。

（2）程序开发遵循“三步骤”进行，即设计界面、定义属性、编写代码。这种统一的进程易于实现应用程序开发的流线化。

（3）集成的开发环境和强大的调试功能。

（4）对多文档界面（Multiple Document Interface，MDI），OLE和ODBC等高级编程技术能提供简捷有效的支持。

（5）有众多的第三方开发商支持，因而可获得大量的Visual Basic控件。

本系统选用Microsoft Visual Basic（VB）语言作为工作站仿真软件的主要开发工具，各仿真工作站的核心软件、各分系统的仿真主模块以及部分教员台主控软件，均采用Visual Basic语言完成开发。

2. GFW与Visual Basic之间的数据通信

采用Visual Basic作为仿真软件的基本开发方法之一时，首先必须解决它与GFW动态数据库之间的通信（数据存取访问）问题。GFW可以与Visual Basic（包括C和C++）进行数据通信，这是通过GFW的一个选项模块产品GFW－ODBK（即开放数据库工具包）来实现的。ODBK中提供了一系列DLL（动态连接库）函数，通过它们可让Visual Basic等应用程序直接与GFW的数据库相连，从而实现支撑软件与用户软件开发工具之间的“独立开发、协调运行”。这种通过ODBK实现Visual Basic与GFW之间通信的方法比DDE具有更快的数据交换速度。要实现GFW和Visual Basic之间的数据通信，必须遵循以下步骤：

（1）DLL声明。在Visual Basic应用程序的General Declaration部分声明以下DLL库函数：

```
WWXRegisterClient()——注册客户函数；
WWXRequestPoint() ——请求数据点函数；
WWXReadPoint()    ——读数据点函数；
WWXWritePoint()   ——写数据点函数；
WWXReleasePoint() ——撤消数据点函数；
WWXReleaseAll()   ——撤消全部数据点函数；
WWXRemoveClient() ——取消客户注册函数。
```

（2）定义GFW数据库中的参数点。为了实现对GFW数据库中的参数点的读入和回写操作，Visual Basic程序中须定义以下程序变量：

```
PointName——字符串型变量，代表参数点名称；
PointType——整数型变量，代表参数点的类型（字符、数值）；
FltVal   ——单精度浮点数变量，当访问数值型参数点时，它代表读入或回写的数值；
StrVal   ——字符串型变量，当访问字符型参数点时，它代表读入或回写的字符串；
StrTemp  ——字符串型中间变量，访问字符串型参数点时起作用；
PointHnd ——长整型变量，代表参数点的句柄(Handle)。
```

（3）注册客户。只有将当前的Visual Basic应用程序注册成为GFW的一个“客户”程序后，它们之间才能实现数据通信。以下程序段实现了客户注册：

```
Sub ClientRegister( )
    Dim Ret As Integer
    Ret = WWXRegisterClient(hWnd)
    If Ret <> 0 Then
          MsgBox"Client Not Registered Successfully"
    End If
  End Sub
```

（4）向GFW请求数据点。完成客户注册后，Visual Basic还需要向GFW请求数据点，即指明要读写的具体参数点。设要访问的参数点为[SCR]. Ext_Cond. SWTemp，则请求数据点可采用以下程序段完成：

```
Sub RequestPoint()
    Dim Ret As Integer
    PointName = "[SCR].Ext_Cond.SWTemp"   / * 定义点的名称
    PointHnd = 0        / * 定义该点的句柄
    PointType = -1      / * 指定该点的类型(数值型)
    Ret = WWXRequestPoint(hWnd,PointHnd,PointName,PointType)
End Sub
```

(5) 从 GFW 数据库中读取数据。如下的程序语句可将已请求的参数点数值从 GFW 数据库中读入：

```
Ret = WWXReadPoint(hWnd,PointHnd,PointType,FltVal,StrVal)
```

当参数点是数值型时，读取的数据放在变量 FltVal 中；对字符串型参数点，其读入值放在变量 StrVal 中。变量 Ret 表示此函数的调用情况，0 表示正常，非 0 值表示出错。

(6) 数据回写到 GFW。如下的程序语句可将新的数据从 Visual Basic 写到 GFW 数据库：

```
Ret = WWXWritePoint(hWnd,PointHnd,PointType,FltVal,StrVal)
```

当参数点是数值型时，待回写的数据应预先放在变量 FltVal 中；对字符串型参数点，预先放在变量 StrVal 中。变量 Ret 表示此函数的调用情况，0 表示正常，非 0 值表示出错。

(7) 结束数据通信。可以用 WWXReleasePoint 库函数释放已注册的某个参数点：

```
Ret = WWXReleasePoint(hWnd,PointHnd)
```

当整个 Visual Basic 运行结束退出时，需自动申明与 GFW 脱离客户关系：

```
Ret = WWXremoveClient(hWnd)
```

3. 软件开发流程

1) 运行方式及控制命令

根据 SMSC-2000 轮机模拟器总体功能大纲设计的要求，运行时，它将有 4 种不同的工作方式，分别称为方式 0、方式 1、方式 2、方式 3。

(1) 方式 0：测试方式，即各个仿真分站分别对自身的仿真软件进行功能测试。该方式用于系统功能测试(自检)和评价。

(2) 方式 1：全工方式，在这种方式下模拟器各仿真工作站均工作在输入输出全开放状态下，即各工作站运行工况交互影响。该方式用于船舶机舱全系统操作培训。

(3) 方式 2：半隔离方式(输入隔离)，在这种方式下，某个工作站(对应船舶机舱的某个分系统，即主机、辅机和电站)的全部输入参数被设置在相应的标准工况，因此不受其他分系统的影响，但其输出仍将反映在其他分系统上。该方式用于培训某个特定分系统的操作技能。在同一时刻只有一个分系统处于半隔离方式，而其他分系统则处于被动响应的工作状态。

(4) 方式 3：全隔离方式(输入输出隔离)，在这种方式下，各个分系统(工作站)之间独立运行，来自其他分系统的输入参数由标准工况设置，仿真的结果也仅用于本系统的参数显示，不送往其他分系统。该方式用于各分系统的独立培训。

除了上述 4 种工作方式外，各仿真工作站的进程均由教员台控制。为了实现较为灵活丰富的功能，SMSC－2000轮机模拟器设置了多种教员台控制命令与参数，其中与仿真软件开发直接有关的命令和参数如下：

主控命令为

Start/Shut down　——模拟器启动/停止命令
Run/Freeze　——模拟器运行/冻结命令
Replay　——操作过程重演命令

工况条件设置参数为

外部工况条件：包括海况、船况等，共有16个参数

故障代码：模拟器设置的故障工况，用于故障排除训练

时间比例：用于改变模拟器的进程速度

入口参数：当前机舱内部的初始工况

实现上述方式、命令和参数的设置及传送是教员台软件、亦是仿真系统控制管理软件的任务。相应的软件运行在教员台服务器上。

2）仿真工作站软件总流程

根据以上总体功能设计的要求以及本课题所选用的支撑软件、开发工具的特性，为SMSC－2000轮机模拟器各个仿真工作站所设计的仿真软件总流程如图5－11所示。其核心模块为图中的"分系统仿真主模块"，其他外围各程序功能块为实现轮机模拟器的总体仿真任务、协调各工作站的运行而设置。下面具体说明仿真工作站软件总流程中有关程序功能块的作用及主要开发方法。

（1）注册功能块。该功能块位于Visual Basic程序的Form_Load或者Main过程中，有关申明则在表单代码的General或者模块文件(BAS文件)中完成。其主要作用在于一方面将当前的仿真工作站Visual Basic程序向GFW登记注册，作为后者的一个客户，另一方面向GFW数据库请求所需通信的数据点(I/O变量)。这里的I/O变量应包含本程序与外界连接的所有参数：①需要的教员台控制命令和有关参数(输入)；②需要由其他分站提供的参数(输入)；③其他分系统需要本站提供的参数(输出，回送至服务器GFW数据库)；④仅在本工作站上显示的参数(输出)。

（2）定时器Timer1功能块。定时器(Timer)是Visual Basic的一个标准控件，可用于按设定的周期反复运行某一程序段。Timer1即用于不断监视教员台对模拟器运行方式的新命令。该功能块始终处于运行状态。当发现"工作方式0"时，转入测试状态运行，否则它将激活第二个定时器功能块Timer2以进入实时仿真运行。

（3）定时器Timer2功能块。该功能块首先定时读取教员台发出的其他主控命令(Start/Shut down，Run/Freeze，Replay)，并完成对相应命令的处理。当读到Start时，继续读取教员台的工况设置参数并激活第三个定时器功能块Timer3；当读取到Shut down时，关闭所有事件过程、撤消参数请求、取消客户注册、结束程序运行；当读取到Freeze时，挂起本程序、保持当前状态不变，直到再次读到Run命令后从当前状态继续运行；当读取到Replay时，自动转入Freeze状态，并调用相应的子程序执行操作过程的历史重演。

(4) 定时器 Timer3 功能块。该功能块仍然按设定的周期反复运行，并且其周期可以根据教员台发出的“时间比例”参数自动作相应的调节。它根据相应的工作方式，完成仿真输入参数的读取、分系统仿真主模块的运行以及参数的输出和回显。

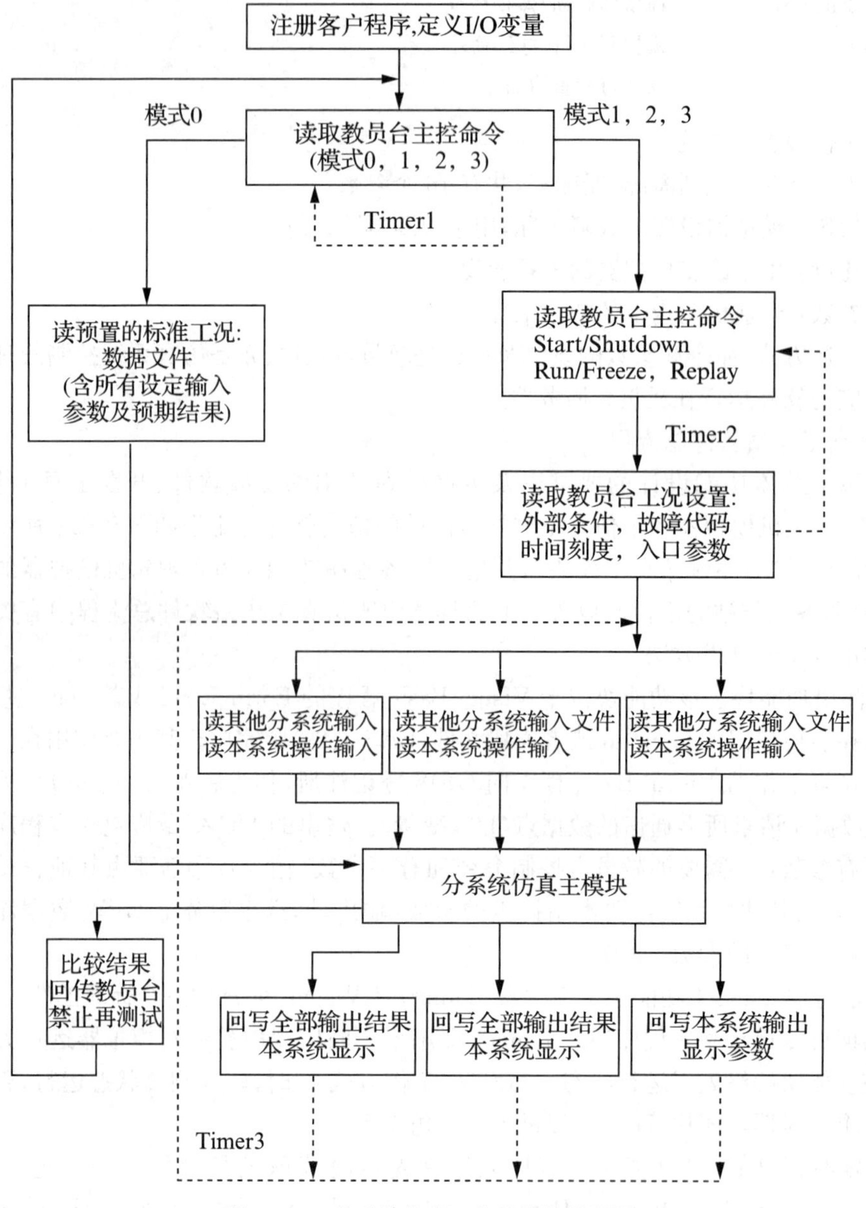

图 5-11 分系统仿真工作站软件流程图

5.3.3 仿真软件界面设计

1. 用户界面设计

轮机模拟器辅机系统界面是学员与模拟器系统的接口，学员通过界面向系统发出各种命令，而系统通过界面向学员提供直观生动的系统管路图、各种工况运行结果、参数以及报警、趋势显示等，使学员更好地达到培训的目的。因此，界面图应达到以下几个要求：

(1) 界面应提供给学员直观、生动、形象的界面图。

(2) 学员能通过界面图发出各种控制命令。

(3) 界面应提供给学员正确的管路图和系统运行结果。

为此界面应提供以下功能：

(1) 各种界面图之间应能相互切换。

(2) 各子图应含弹出功能，可以弹出子图、对话框、帮助信息。

(3) 提供实时参数，界面将反应系统特性的重要参数提供给学员。

(4) 界面应包含各种仪表，仪表是界面的一个重要组成部分。由于实船上包含大量仪表，那么反应实船的人机界面图也应包含大量仪表。

(5) 界面应含有趋势图，既包含历史趋势图，又包含实时趋势图。

(6) 界面应含各种控制功能，包括系统的启动，各种阀的开、闭，泵的开、关，主机、柴油机的开、启等。

(7) 实时动画功能。

图像用户界面采用 Visual Basic 6.0 语言编程。Visual Basic 是一种功能强大的编程工具，采用事件驱动编程机制，用 Visual Basic 编程时，要编的不是大量的程序代码，而是由若干个微小程序组成的应用程序，这些微小程序由用户启动的事件来激发，从而大大降低编程的难度和工作量，提高程序开发效率。Visual Basic 有许多功能齐全的控件并且受到许多公司开发的新型控件的支持，有利于软件的维护、扩展和升级。

图像用户界面采用 Visual Basic 的基本控件，逼真地组成控制屏上的仪表、开关、按钮、断路器、指示灯。对于形状特异的转换开关则利用图像控件和用 Paint 绘成的 BMP 文件来模仿。图像用户界面有以下几个特点：

(1) 使窗体文件尽可能小。在控制屏上有许多转换开关，这些开关由 BMP 文件模仿。界面在窗体中只存放一套开关 BMP 文件，所有控制屏上转换开关的 BMP 文件在程序运行时再装入，这样窗体文件可小 1～2 个数量级，从而大大减小了可执行文件，并且无须随可执行文件一起提供需装入的 BMP 文件。

(2) 事件过程和子过程及模块清晰、简洁、分工明确，尽管各控制屏不同，但仍设法找出其共同点，编写子程序，予以调用，从而大大缩短了整个子过程，使今后维护、扩展、升级程序简便可靠。

(3) 解决画面闪烁问题。虚拟的控制屏必须显示配电屏最新状态，故画面必须定时刷新，但仅简单定时刷新则产生严重的闪烁。因此，程序在刷新前先判断各控件的状态是否发生变化，如未变化，则不予刷新，仅当状态发生变化才予以刷新，从而解决了闪烁问题。

(4) 界面采用 OLE 动态数据交换技术，以用于与轮机模拟器其他部分交换数据，同时也可用于教员台和学员台之间的数据交换。

(5) 增添了模拟的直线事件。在 Visual Basic 控件中，直线是不产生事件的。为此添加一个图像控件在直线周围，其 Visible 特性为 False。这样当鼠标点击直线时，图像控件产生事件，从外观上就似乎直线产生了事件，从而响应了用户。

2. **船舶电站用户界面**

船舶电站系统的用户界面由 29 个窗体和程序组成，窗体包括主配电屏、应急配电屏、其他虚拟控制屏、电路图等画面。

程序由大量从属各窗体的事件过程和初始化、计算、显示三大模块组成。

(1) 初始化模块分成全局变量和组数的定义子过程及初始化子过程。

(2) 计算模块将各仪表数值转换成窗体上的坐标以显示仪表指针。

(3) 显示模块分成数个子过程，显示窗体上各开关、按钮、指示灯、仪表等控件。

利用过程进行编程与以往一个大型程序输入所有的语句相比具有很多的优越性，主要有以下三点：

(1) 可对每个过程单独进行检测，由于过程语句较少，故调试也较容易。

(2) 在每次需要进行某项工作时，可通过调用过程而不是重复输入语句来取消一些多余的语句。

(3) 可以建立一个能够在程序中使用的过程库，这样就可在编程时节省开发时间。

本船舶电站模拟器是按 2 700 TEU 集装箱船舶电站仿真的，有 3 台 1 000 kW 发电机组，主要用于对海船轮机管理人员进行训练，是一套由计算机、自动化装置和各种物理设备及仪表构成的模拟设备。根据发电机组的电气系统及电力生产过程建立其数学模型，并在计算机上计算，按照真实系统构造电站主配电屏、应急配电屏，再通过 I/O 接口将它们连接成系统。模拟器是物理-数学混合仿真器。

电站仿真软件运行时，图像用户界面作为主程序运行，它定时调用其他子系统以响应用户的指令，显示配电屏和其他虚拟控制屏的最新状态。图像用户界面可用于离线和在线两种工作方式。

(1) 离线工作方式：电站仿真软件＝图像用户界面＋电站模型＋I/O 诊断。此时无须配电屏物理仿真模型，只需一台计算机即可运行电站模拟器，它是全软件仿真。用户可用鼠标、键盘直接在 CRT 所显示的配电屏和其他虚拟控制屏上进行操作。效果和物理配电屏一样。

(2) 在线工作方式：电站仿真软件＝图像用户界面＋数据采集处理＋电站模型＋I/O 诊断。此时根据硬件优先原则，CRT 反映物理配电屏的真实状态，不响应用户在虚拟配电屏上的操作，仅用作监视。

图像用户界面在 CRT 上逼真地显示配电屏、其他虚拟控制屏以及电路图等画面，可进行逼真的模拟控制和操作及各种过程监视、I/O 诊断等。

图像用户界面通过一批全局变量和数组与其他子系统交换数据，其输入包括配电屏所有开关、按钮、指示灯信号等由物理仿真模型产生的硬输入、由鼠标键盘等事件引起的变化量及由电站模型输出的各仪表数值所组成的软输入。图像用户界面的输出是界面在离线工作状态时由用户在 CRT 虚拟配电屏和控制屏上进行的操作信号。图 5－12 和图 5－13 是电站模拟器同步屏和控制屏的操作界面。

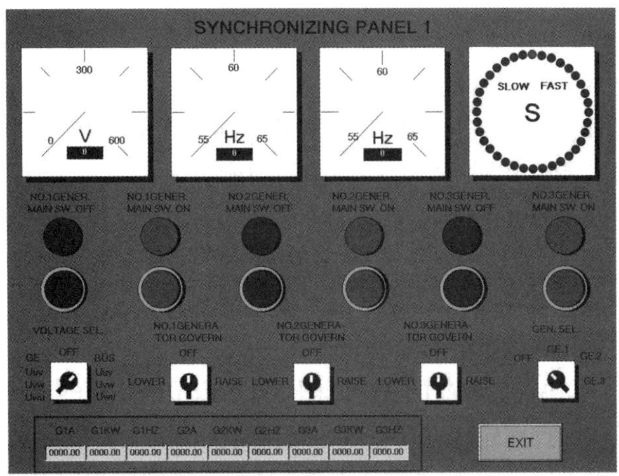

图 5－12　发电机同步屏界面

图 5－13　发电机控制屏界面

3. 辅机系统用户界面

辅机系统分为燃油系统、滑油系统、空气系统、水系统、锅炉系统、污水系统，每部分由三种类型的界面图组成：①主界面图，反映整个子系统管路情况；②子图，反映子系统部分管路的界面图；③控制面板图，通过面板上的控件向系统发送各种操作命令，并将结果反馈给学员。

利用 GFW 提供的 GraphWorX＋模块可以方便地设计所需的界面图，有关功能的实现如下：

(1) 实现子图之间的切换功能。利用了 GENESIS 图形功能中的载入(Load)子图功能来实现。

(2) 设计弹出功能。主要利用了 GENESIS 的弹出子图(Pop-up Subwindow)功能，并结合 Script 中的载入对话框功能及 dynamic 中的 hide 功能。

(3) 提供实时参数。首先需定义参数点，其次需编写反映系统模型的程序，再次将程序载入工程 period script 中。

(4) 各种仪表的制作。综合利用 GENESIS 的图形功能(dynamic 的 rotation, local, color 功能)及其相连的实时参数功能等。

(5) 趋势图的设计。主要利用 GENESIS 所提供的 TrendWorX+,其中既有制作历史(History)趋势图,又有制作实时(Real)趋势图的功能。

(6) 界面各种控制功能的制作。在鼠标的操作下,利用 GENESIS 中的 pushbutton 运行(Run)某一 Script 程序,而这一 Script 程序反映了所要操作的控件的状态。

(7) 实时动画功能。利用了 dynamic 中所提供的各种动态功能,如 rotation, local, color 等,将所选对象与某一反映其变化的参数相连。

为了帮助用户制作快捷、满意的 HMI 图,GENESIS 给用户提供了功能强大的图符(Symbols)功能。用户可直接应用 GENESIS 提供有关图符,如有关按钮、电动机、罐等。另外,用户还可以制作自己的图符,将其存入 Symbols 中,需要时再将其调出,这样在遇到同类设备、部件时只需将其从 Symbols 中调出,既节省了时间,提高了设计效率,又增加了系统图标的一致性。

将辅机界面上常用的控件制作成标准图符存入图库,具体有阀(包括单向阀、三通阀、截止阀)、泵、仪表(包括方型、长型、圆型)、指示灯、滤器(包括双联、单联、自清滤器)、管路、液柜、冷却器。现以压缩空气系统为例加以具体说明:

压缩空气系统是船舶机舱的一个重要部分,它主要由 3 台空压机、2 只空气瓶和其他用气设备组成。压缩空气系统通过空气瓶向机舱的各种控制设备、气动工具等提供压缩空气,也向甲板供应工作用的空气。因此,当压缩空气系统工作不正常而不能正常供气时,轻则各种传动控制命令不能即时执行,重则影响主机、柴油发电机的正常工作。根据系统组成及工作要求,SMSC 2000 设计了 9 幅界面图、6 幅管路图、3 幅控制面板图。

(1) Start Air System: General 主界面显示了整个压缩空气系统的全貌,3 台空压机产生气体,通过管路送至 2 只空气瓶,然后空气由空气瓶送至各用气装置。

(2) SMSC-2000 HMI 0801 显示了主机和柴油发电机空气管路图;SMSC-2000 HMI 0802 显示了压缩空气系统的空压机部分;SMSC-2000 HMI 0803 显示了压缩空气系统的 Air Relieve Sys(I);SMSC-2000 HMI 0804 显示了压缩空气系统的 Air Relieve Sys(Ⅰ)的细节部分;SMSC-2000 HMI 0805 显示了压缩空气系统的 Air Relieve Sys(Ⅱ)的细节部分。

(3) 本系统控制面板主要由 3 幅子图组成。SMSC-2000 HMI 0806 为用气装置面板;SMSC-2000 HMI 0807 为空压机装置控制面板;SMSC-2000 HMI 0808 为空气接收装置控制面板。

最后将有关参数与相应控制连接,参数包括反映阀、泵、空压机操作的输入参数及反映空气瓶压力的输出参数。操作者可通过面板向压缩空气系统发出各种控制命令,而系统反馈给操作者各种操作信息及系统运行结果。图 5-14 和图 5-15 是压缩空气系统的系统管路图和操作面板界面。

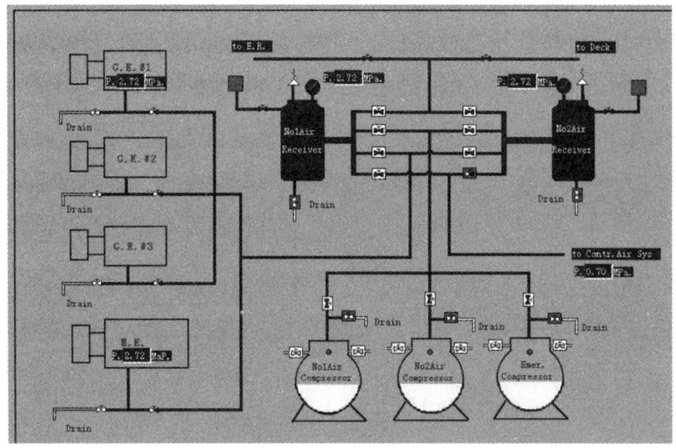

图 5－14　压缩空气系统的系统管路图界面

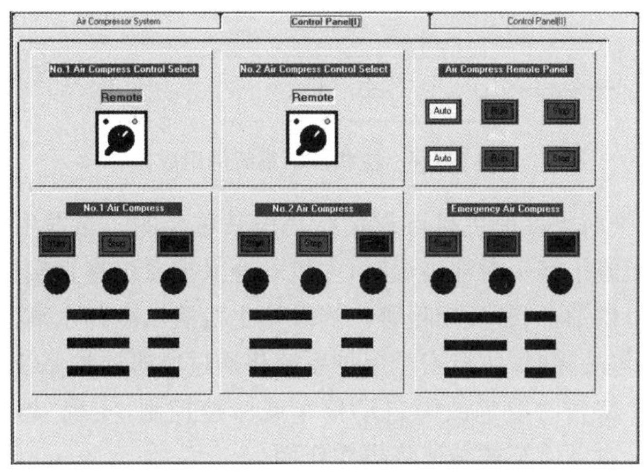

图 5－15　压缩空气系统的操作面板界面

4．主机控制系统的用户界面

主机控制系统是机舱自动化系统的核心，是现代化船舶不可缺少的设备之一。依据控制设备和手段的不同可分为全气动式、全电动式、电-气式、电-液式和微机控制系统。微机控制系统中的各种功能是由计算机软件实现的，因此非常灵活，而且功能强、可靠性高，是现代化船舶的主要标志。主机控制系统主要由遥控系统、调速系统、安全保护系统组成。其组成结构如图 5－16 所示。

遥控系统是整个控制系统的控制中心，操纵人员通过车钟及紧急操纵发出各种指令信息传送到遥控系统。同时，测速系统把主机的转速、转向等状态信息也馈送到遥控系统，遥控系统将指令信息与状态信息进行比较、判断、运算及处理后，向遥控执行机构发出符合主机操作规律的控制信号，最后由执行机构及其主机操纵系统操纵主机，改变其运行状态。主机的运行参数、工况状态及报警状态由遥控系统通过显示屏予以显示。

本系统采用 ICONICS 公司的 GFW 作为仿真软件的支撑平台。通过 GFW，可以方便地与 I/O 接口进行数据通信，将有关数据传给仿真软件。系统内的各子系统仿真软件通过 GFW 连接成一个统一的整体，各子系统可通过 GFW 的有关客户/服务器进行数据交换。GFW 具有的 GraphWorX＋模块有强大的界面设计功能，利于设计逼真、生动的人机界面图。

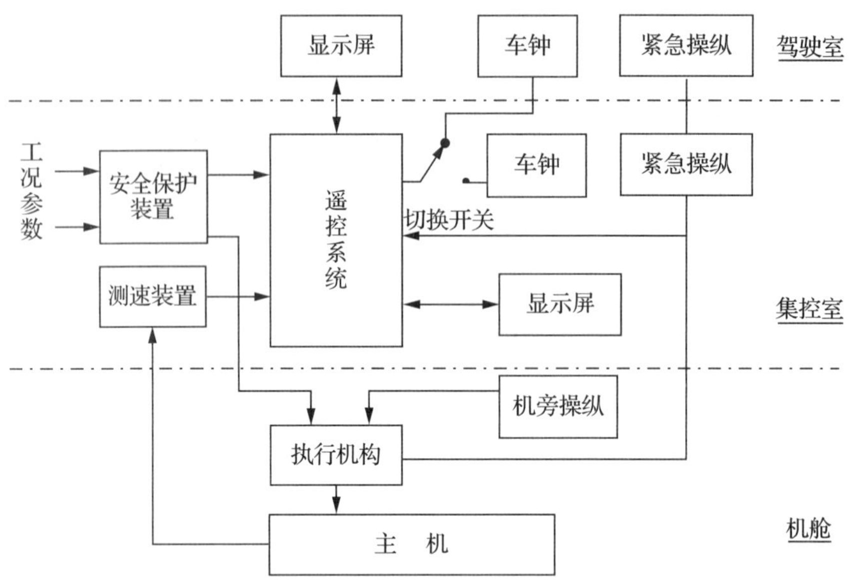

图 5－16　主机控制系统的组成

船舶主机安全系统对于保证主机可靠运行是极其重要的。当发生主机超速、主机滑油低压、凸轮轴滑油低压或十字头滑油高温时，主机安全保护系统将直接控制主机的应急停车电磁阀动作，切断主机供油，同时发出报警。当发生主机淡水冷却水高温、主机油雾浓度高、主机凸轮轴滑油低压等故障时，主机安全保护系统将通过主机遥控系统自动控制主机减速。若按下紧急操纵按钮，将暂时取消故障自动停车或减速控制，实现“越控”，同时发出报警。当“越控”撤消时，故障自动停车或减速将再次作用。

本系统提供了两种操作方法：一种是通过机舱集控台上的安全系统控制屏进行操作，另一种是通过 CRT 上安全系统控制屏软界面进行操作。除了一般安全系统提供的功能外，本系统还提供了监测点的动态数值显示、监测点的动态曲线显示和报警参数设定值修改等功能。图 5－17 为调距桨船舶主机模拟器的主界面图。

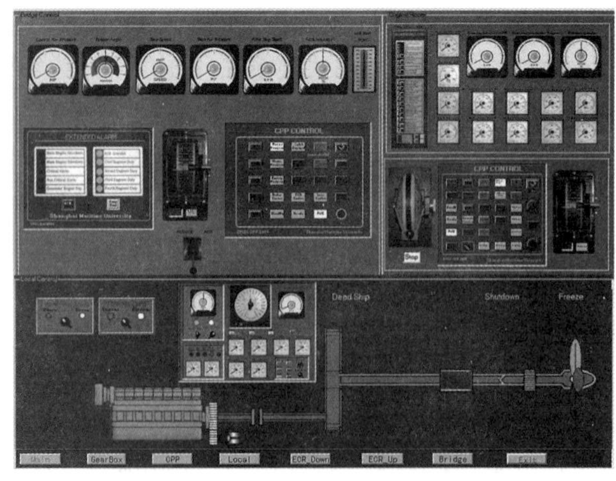

图 5－17　调距桨船舶主机模拟器的主界面图

5.4　虚拟现实技术及应用

随着计算机技术的发展，计算机系统的功能不断增强，尽管建立和谐的人机环境所需的基本理论问题和一些技术已经突破，但仍存在着一系列亟待解决的问题。例如，在人机界面如何进一步开发多模式的人机接口技术；又如，在信息表示方面，能否将单一的数字化信息发展表示为多维的多媒体信息；再如，在信息处理方面，怎样逐步建立起一个使人能够沉浸在其中，并通过交互作用和驾驭其上的虚拟系统(而虚拟现实技术正是实现和谐人机环境的关键技术)。

5.4.1　虚拟现实技术概念

虚拟现实(Virtual Reality, VR)，是一种基于可计算信息的沉浸式交互环境。具体来说，就是采用以计算机技术为核心的现代高科技生成逼真的视、听、触觉一体化的特定范围的虚拟环境，用户借助必要的设备以自然的方式与虚拟环境中的对象进行交互作用、相互影响，从而产生身临其境的感受和体验。

VR 思想的起源可追溯到 1965 年 Ivan Sutherland 在 IFIP 会议上的《终极的显示》报告，而 Virtual Reality 一词是 20 世纪 80 年代初美国 VPL 公司的创建人之一 Jaron Lanier 提出来的。虚拟现实系统在若干领域的成功应用，导致了它在 20 世纪 90 年代的兴起。VR 是高度发展的计算机技术在各种领域的应用过程中的结晶和反映，不仅包括图形学、图像处理、模式识别、网络技术、并行处理技术、人工智能等高性能计算机处理技术，而且涉及数学、物理、通信，甚至与气象、地理、美学、心理学和社会学等相关学科。

总的来说，实物虚化、虚物实化和高性能计算处理技术是 VR 技术的 3 个主要方面。

1) 实物虚化

实物虚化是现实世界空间向多维信息化空间的一种映射，主要包括基本模型构建、空间跟踪、声音定位、视觉跟踪和视点感应等关键技术。这些技术使得真实感虚拟世界的生成、虚拟环境对用户操作的检测和操作数据的获取成为可能。它具体基于以下几种技术：

(1) 基本模型构建技术。它是应用计算机技术生成虚拟世界的基础，它将真实世界的对象物体在相应的 3D 虚拟世界中重构，并根据系统需求保存部分物理属性。例如，车辆在柏油地、草地、沙地和泥地上行驶时，情况会有所不同，或对气象数据进行建模生成虚拟环境的气象情况(阴天、晴天、雨、雾)等。

(2) 空间跟踪技术。主要是通过头盔显示器、数据手套、数据衣等常用的交互设备上的空间传感器，确定用户的头、手、躯体或其他操作物在 3D 虚拟环境中的位置和方向。

(3) 声音跟踪技术。利用不同声源的声音到达某一特定地点的时间差、相位差、声压差等进行虚拟环境的声音跟踪。

(4) 视觉跟踪与视点感应技术。使用从视频摄像机到 X－Y 平面阵列、周围光或者跟踪光在图像投影平面不同时刻和不同位置上的投影，计算被跟踪对象的位置和方向。

2）虚物实化

虚物实化是指确保用户从虚拟环境中获取同真实环境中一样或相似的视觉、听觉、力觉和触觉等感官认知的关键技术。能否让参与者产生沉浸感的关键因素除了视觉和听觉感知外，还有用户能否在操纵虚拟物体的同时，感受到虚拟物体的反作用力，从而产生触觉和力觉感知。力觉感知主要由计算机通过力反馈手套、力反馈操纵杆对手指产生运动阻尼从而使用户感受到作用力的方向和大小。触觉反馈主要是基于视觉、气压感、振动触感、电子触感和神经、肌肉模拟等方法来实现的。

3）高性能计算处理技术

高性能计算处理技术主要包括数据转换和数据预处理技术；实时、逼真图形图像生成与显示技术；多种声音的合成与声音空间化技术；多维信息数据的融合、数据压缩以及数据库的生成；包括命令识别、语音识别以及手势和人的面部表情信息的检测等在内的模式识别；分布式与并行计算以及高速、大规模的远程网络技术。

5.4.2 虚拟现实系统的构成

虚拟现实系统涉及硬件组成和软件体系，它一般由以下模块组成：

（1）输入模块是虚拟现实系统的输入接口，其功能是检测用户的输入信号，并通过传感器模块作用于虚拟环境。输入模块一般是数据手套、头盔显示器上的传感器，用于感应手的工作和头部的位置。对于一般简单的虚拟现实系统而言，输入模块一般指键盘、鼠标、麦克风等。

（2）传感器模块是虚拟现实系统中操作者与虚拟环境之间的桥梁。一方面，传感器接受输入模块产生的信息，并将其作用于虚拟环境。另一方面，将操作后产生的结果反馈给输出模块。

（3）响应模块是虚拟现实系统的控制中心。响应模块一般是软件模块，其作用是处理来自传感器模块的信息。如根据用户视点位置和角度实时生成三维模型，根据用户头部的位置实时生成实效。

（4）反馈模块是虚拟现实系统的输出接口，其功能是将响应模块生成的信息通过传感器传给输出设备（如头盔显示器、耳机等），实时渲染视觉效果和声音效果。

从系统组成结构来看，虚拟现实的体系机构如图 5－18 所示。

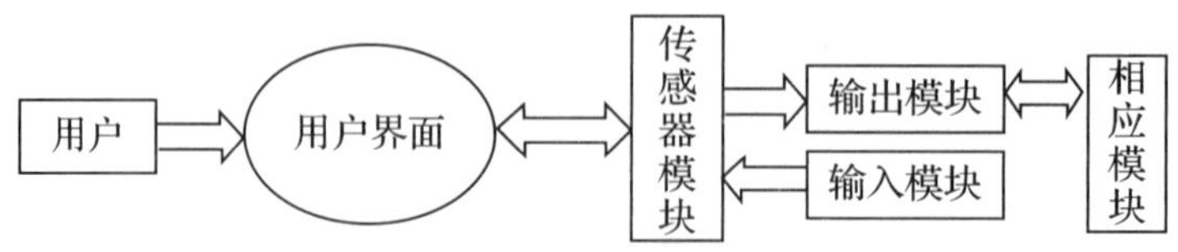

图 5－18 虚拟现实系统组成

5.4.3 虚拟现实系统的分类

虚拟现实的最本质特征是用户在虚拟场景的沉浸。根据用户参与 VR 的不同形式以及沉浸的程度不同，可以把各种类型的虚拟现实技术划分为如下几类：

(1) 桌面级的虚拟现实是利用个人计算机或低级工作站实现虚拟仿真，计算机屏幕作为参与者观察虚拟世界的一个窗口，各种外设用来驾驭该虚拟环境，并且用于操纵虚拟场景中的各种虚拟物体。在这种虚拟现实当中，用户并没有完全投入，所以还是会受外界的干扰。桌面级的虚拟现实是一种初级的虚拟状态，沉浸程度也不是很高。如果提供头盔 HMD 或立体眼镜就能达到较好的沉浸感。这种虚拟现实由于没有昂贵的硬件和软件支持，投入也不是很高，目前应用已较为广泛。

(2) 投影式虚拟现实系统利用单个或多个投影显示器在超大屏幕上形成立体虚拟环境，可提供多人的高度沉浸。

(3) CAVE 系统，也称为洞穴式立体显示系统，是一个立方体空间。其中一个面用于进出和通风，其余五个面共同作用产生立体图像，整个立方体空间内形成立体虚拟环境，可实现多人的全沉浸，整个系统设备昂贵，技术含量很高。1999 年春夏之交，浙江大学计算机辅助设计与图形学国家重点实验室建立了我国第一个 CAVE 系统。

(4) 分布式虚拟现实系统是在沉浸式虚拟现实系统的基础上，将不同的用户参与者连接在一起共享一个虚拟空间，使用户协同工作达到一个更高的境界。目前，分布式虚拟现实的研究基于两类网络平台：一类是在 Internet 上，可追溯到早期基于文本的多参与者游戏 MUD，还有基于 VRML 标准的远程虚拟购物等。虚拟现实建模语言是一种可以发布 3D 网页的跨平台语言，可提供一种更自然的体验方式，包括交互性、动态效果、延续性以及用户的参与探索。另一类则是在高速专用网上，如采用 ATM 技术的美国军方的国防仿真互联网。最早的分布式虚拟战场环境是 1983 年美国陆军制订的虚拟环境研究计划，这一计划将分散在不同地点的地面坦克、车辆仿真器通过计算机网络联合在一起，进行各种复杂任务的训练和作战演练。

5.4.4　虚拟漫游系统

虚拟漫游是虚拟现实中一个重要的研究方向，是对虚拟三维场景的实时漫游。虚拟漫游系统包括一个逼真的视、听、触觉一体化的特定范围的虚拟环境。它是一个真实空间或假想空间的实时仿真虚拟空间，用户借助必要的装备以自然的方式在该虚拟空间中漫游，从任意角度对环境中的虚拟对象进行观察，从而产生身临其境的感觉，同时也可以对其中的物体进行规划和操作。一般来说，虚拟漫游系统具有如图 5-19 所示的总体框图。

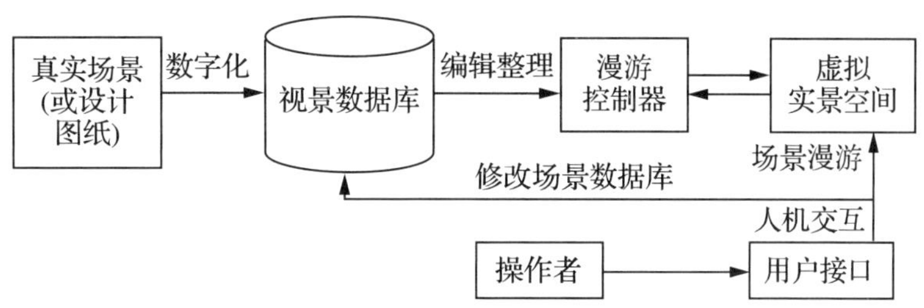

图 5-19　虚拟漫游系统总体框架

基于虚拟现实技术的城市规划、场景漫游的重要特点和将会产生的巨大社会、经济效益使一些西方发达国家从20世纪80年代中期开始投入大量资金及人员支持上述方面的研究。众多的国外大学及科研机构都在从事虚拟漫游的研究，如ATC，Atlandia Design (Mirage Resorts)，UNC，Paradigm Inc等机构在理论和实践上都取得了许多成果。其中，美国的北卡罗来纳大学(UNC)计算机系研究了用于建筑设计的Walk-through虚拟建筑漫游系统，用户可以在虚拟的UNC计算机系大楼里漫游，他们对NURBS模型的建立、拣选、多边形简化处理进行了深入研究，取得了一系列成果。

在国内，清华大学、北京航空航天大学、浙江大学、中国矿业大学等都已开展虚拟漫游技术的研究。1996年，杭州大学工业心理学研究室实现了故宫漫游，采用脚踏车作为交互工具，让漫游者原地不动地在虚拟故宫里骑行。暨南大学土木工程系研制了拙政园巡游系统，北京航空航天大学为北京城市规划设计的"数字朝阳"和微软研究院设计的"数字奥运博物馆"等都是应用虚拟漫游技术。国防科技大学开发了一个基于Internet的三维虚拟漫游环境Universe3，浙江大学CAD&CG国家重点实验室开发出了一套桌面型虚拟环境实时漫游系统。另外，浙江大学还研制出了在虚拟环境中一种新的快速漫游算法和一种递进网格的快速生成算法。中国科学技术馆研制的"虚拟珠峰飞行漫游系统"，用户可以驾驶虚拟直升机飞越虚拟的珠穆朗玛峰，以体验VR的魅力。虚拟漫游技术应用于房地产中，开发了室内外漫游系统，用户可以在虚拟房屋中漫游审视，以决定是否订购这种拟建房产。

在船舶机舱虚拟现实技术方面，英国船商公司推出最新轮机模拟器ERS-4000将"虚拟现实"技术引入轮机模拟器，实现机舱的漫游和机舱设备的基本操作等功能。在软件设计方面，船舶设计及工程系统软件NUPAS-CADMATIC实现了虚拟漫游功能以观测三维模型，用户可以进入三维模型中漫游，它给出了整个船舶的真实面貌，在区域建造和装配之前就可以进行预装配，从而减少了上船的次数。Tribon Solutions公司推出Tribon M3船舶设计建造信息系统设计的船舶模型，可以依据相关数据在计算机上进行三维设计，造一艘完整的"数字船"。点击鼠标，即可让来访者到船上漫游一番，不仅能看到船体的外部形状和设施、船舱内部的设备和管线，还可看到船体在模拟大海中航行的状态。

大连海事大学研制的DMS-2000型轮机仿真器实现了机舱虚拟现实仿真系统，在国内首次使得轮机仿真器具有船舶柴油主机三维运动可控制模型和虚拟机舱漫游等机舱视景，实现了虚拟现实三维建模、双目视差分时式立体视觉显示、视觉现场感产生等关键技术，首次实现了虚拟集控台、虚拟驾控台和机旁应急操纵仿真系统的虚拟车钟、虚拟油门手柄和虚拟按钮对于船舶柴油主机三维运动模型的实时操纵控制，成功地建立了实现虚拟环境与物理盘台数据交换的数据库。应用VGA墙组合图形显示系统，该显示系统具有高分辨率(3 200×2 400像素点)、图像生动、显示信息量大、能够形象地反映管路中工质的流动和设备的运行状态、可软件编程等优点。其中虚拟机舱漫游系统由虚拟环境软件工具包WorldToolKit(WTK)生成，虚拟驾驶台、虚拟机舱控制室、虚拟控制台及虚拟仪表等由虚拟现实环境编程开发工具SUPERSCAPE VRT实现(图5-20～图5-23)。

图 5-20 虚拟机舱漫游的一个场景

图 5-21 虚拟船舶柴油主机

图 5-22 虚拟驾驶台

图 5-23 虚拟集控室

由以上国内外虚拟漫游技术发展现状可知，船舶机舱方面的虚拟漫游应用相对较少，这是由于长期以来轮机机舱设备繁多、视景杂乱、图像制作困难，使轮机模拟器至今与机舱视景无缘，只有推进装置运转工况参数的仪表指示和报警显示。除仪表控制台(物理模型)之外，训练中不见机舱真面目，不知机舱为何物，只是用操作手柄或按钮实现相应的运转工况参数和声音，实现操纵程序的训练，进而设置各种故障时运转工况参数的变化以训练判断故障的能力，在视景方面轮机模拟器明显落后于其他载运工具操纵模拟器。因此，开发机舱虚拟漫游系统不但可以弥补这个缺陷，而且可以再现机舱真实面目，使被训练的轮机操作人员有身临其境的感觉。由于“虚拟环境”与学员的实时交互，学员从三维动态环境下获得的设备信息、操作规程比以往简单的微机界面的信息更牢固、有效，大大提高船员培训的实效性和经济性。因此，机舱虚拟漫游系统的开发具有重要的现实意义。当然，也有些学者认为，轮机员的实操训练应以手动操作比较真实，以培养学员的实际动手能力和反应能力。过多地依赖虚拟仿真技术，会误导轮机员对真实设备操作的谨慎态度，忽视了设备误操作的潜在危险性。轮机模拟器的技术发展，应更注重其培训的场景设置和故障训练内容，而不仅仅在于仿真的技术层面。

主要参考文献

[1] 张晓华. 系统建模与仿真[M]. 北京：清华大学出版社，2007.

[2] 张维竞. 舰船动力装置系统仿真[M]. 上海：上海交通大学出版社，2006.

[3] 张显库. 控制系统建模与数字仿真[M]. 大连：大连海事大学出版社，2002.

[4] 顾宏中. 涡轮增压柴油机性能研究[M]. 上海：上海交通大学出版社，1998.

[5] 王海燕. 大型低速船用柴油机建模与系统仿真[D]. 大连：大连海事大学，2007.

[6] 贾欣乐，杨盐生. 船舶运动数学模型-机理建模与辨识建模[M]. 大连：大连海事大学出版社，1999.

[7] 姚晓山，李琳，张友荣. 多缸柴油机摩擦扭矩的建模与仿真[J]. 内燃机车，2011(12)：15-18.

[8] 彭水生. 轮机模拟器 6S60MC 柴油主机仿真系统与故障模拟[D]. 大连：大连海事大学，2000.

[9] 罗红英. 柴油机故障仿真计算与分析[J]. 内燃机工程，2004，25(3)：58-63.

[10] 胡以怀，万碧玉，詹玉龙. 柴油机性能故障仿真及信息特征分析[J]. 内燃机学报，1999，17(3)：233-240.

[11] 霍学亮. 基于 PC 机的船舶舵机系统动态仿真研究[D]. 大连：大连海事大学，2007.

[12] WANG H，TANG H. Modeling and simulation of diesel propulsion system in maneuvering navigation condition [J]. Applied Mechanics and Materials，2012(128/129)：1168-1172.

[13] 肖田元，范文慧. 连续系统建模与仿真[M]. 北京：电子工业出版社，2010.

[14] 徐绪海. 刚性微分方程的数值方法[M]. 武汉：武汉大学出版社，1997.

[15] 袁兆鼎，费景高，刘德贵. 刚性常微分方程初值问题的数值解法[M]. 北京：科学出版社，1987.